# 한국 민주주의 100년,

## 100년,

### 가치와 문화

100 Years of Korea Democracy, Value & Culture

한국
민주주의
토대 연구
총서 2

김동춘
김아람
김정인
문지영
서복경
신진욱
이나미
전강수
정상호
지음

민주화운동기념사업회
한국민주주의연구소
엮음

# 한국 민주주의 100년,

## 가치와 문화

한울
아카데미

## 책 을 펴 내 며

우람하고 장엄한 산맥이 아름다운 것은, 산을 이루는 초목 하나하나가 개성을 유지하며 살아 있기 때문입니다. 산속 깊이 들어가면 무수한 기화요초(琪花瑤草)가 상호 보완적인 관계에서 서로 해치지 않고 사는 모습을 볼 수 있습니다. 이들은 자기를 뽐내거나 자랑하는 것이 아니라, 남들이 알아주든 말든 피었다가 숨었다가 하며 나름의 역할을 충실히 하면서 자기 생명을 유지하고 있습니다. 모든 개체 개체가 계급이나 자기 존재 형태를 떠나 조화를 이루는 것이지요. 이러한 조화야말로 생명 있는 것들이 추구해야 할 이상적인 존재의 방식이며, 민주화 자체입니다.

이러한 자연은 외부적인 것이지만, 진짜 사람의 운명을 결정짓는 것은 결국 사람입니다. 사람은 만물의 영장답게 사유하고 실천해야 합니다. 투쟁을 하면 할수록 자기 운명이 달라지고, 투쟁을 하면 할수록 민주주의는 발전합니다. 사회와 자기 개인의 삶터가 그렇게 늘 무한히 부정하고 긍정하면서 개조해 가는 것입니다.

민주화운동기념사업회 한국민주주의연구소는 전 세계적 자산인 한국 민주주의에 대한 국내외적 물음에 답하기 위해 '한국 민주주의 토대연구'를 진행하고 있습니다. 촛불혁명으로 고조된 한국 민주주의에 대한 세계의 관심은 코로나19 시대의 K-방역과 시민의식으로 정점에 달했습니다. 현재 한국의 민주주의가 외형적으로 크게 발전한 것도 사실입니다. 이는 삼국시대부터 조선시대에 이르기까지 무수한 민중의 난을 겪으면서 쌓아온 변화와 혁명의 역사적 전통 덕분이라는 것을 잊어서는 안 됩니다. 2020년은 한국전쟁 70년, 4월혁명 60년, 전태일 열사 50주기, 5·18민주화운동 40년 등 중요한 계기성이 있는 해이기도 합니다.

토대연구 첫 연구 결과로 2019년에 발간된 『한국 민주주의, 100년의 혁명 1919~2019』은 학술적 성과를 인정받아 세종도서로 선정되었습니다. 1권이 민주주의 100년의 역사를 성과 중심으로 살펴봤다면, 2권은 성찰적 시각으로 한국 민주주의의 가치와 문화를 심층 연구했습니다. 한국 민주주의 발전 과정에서 추구해 왔던 자유·민주·평등·소유라는 가치에 대한 시민들의 생각이 어떻게 변화하는지 추적했고, 저항·정당·여성·조직 분야에서의 운동 문화가 민주주의와 어떤 영향을 주고받았는지 분석했습니다.

팬데믹과 기후 위기 등으로 한 치 앞을 예측하기 힘든 상황에서, 한국 민주주의의 미래 100년을 전망하는 후속 작업이 과제로 남았습니다.

어려운 과제를 맡아 훌륭한 연구를 수행해 주신 문지영·이나미·정상호·전강수·신진욱·서복경·김아람·김정인 선생님께 감사의 마음을 전합니다. 기획과 편집에 깊이 관여한 한국민주주의연구소 연구원들과, 1권부터 함께 호흡을 맞춰온 한울엠플러스(주)의 노고에도 깊이 감사드립니다.

이 책이 한국 민주주의 100년의 실천 토대와 발전 과정을 정리하고, 민주화운동의 위상을 강화하는 데 기여하기를 바랍니다.

2020년 12월
민주화운동기념사업회 이사장
지선

# 차 례

## | 1부 |  한국 민주주의의 가치와 지향

## 한국 민주주의 100년,
## 가치와 문화의 변화

김동춘(성공회대학교 사회과학부, 한국민주주의연구소 소장)

## 1 | 민주주의에 대한 시민의 의지

민주주의란 무엇이고 과연 그것은 바람직한 제도, 체제인가에 대한 논란
은 수없이 많이 이뤄졌고 오늘도 반복된다(사워드, 2018). 정치적 결정에 이
르는 절차나 방법으로 보자는 조지프 슘페터(Joseph Schumpeter)의 최소주
의 정의에서부터 하나의 정치체제로서 다두제(polyarchy)로 보는 로버트 달
(Robert Dahl)과 같은 정치학자, 엘리트가 아닌 인민의 직접 의사결정 참여를
민주주의로 보는 시각 등 매우 다양하다(슘페터, 1985; 달, 1999; 월린, 2013).
오늘날의 세계 거의 모든 나라는 공식적으로 국민주권, 삼권분립, 대의제,
경쟁적 정당정치, 주기적인 선거와 정권교체의 가능성을 열어둔 민주주의
국가임을 표방한다. 이 글에서는 통상 자유민주주의의 요건으로 거론되는
이상의 특징을 가진 정치체제를 민주주의라 정의하면서 논의를 전개한다.
　여러 비서구 국가와 마찬가지로 19세기 말 이후 한국에서의 민주주의는
내부의 동력이나 발전단계보다는 '조숙하게' 혹은 '그와 무관하게' 외부로부

터 발단되었다(강정인, 2002: 29). 민주주의는 그리스 로마에서 시작한 서구의 역사 문화, 가치, 사상의 토대 위에 성립된 것이 '원초적'인 것이지만, 한국에서는 다른 비서구 국가가 그렇듯이 '파생적 민주주의'의 양상으로 나타났다(강정인, 2002: 31). 오랜 유교적·수직적 사회질서와 신분제, 일제의 식민지적 폭력 지배, 군사독재의 경험을 가진 한국은 그것을 물리치면서 서구가 가르쳐준 근대 자유주의, 민주주의, 자본주의의 길을 걸었다. 3·1운동, 4·19혁명, 1987년 민주화와 2016~2017년 촛불시위를 거쳐 한국은 이제 아시아에서는 물론이고 세계적으로도 민주화와 민주주의를 성취한 모범 국가로 평가받고 있다. 물론 오랜 전통을 가진 관료주의와 권위주의, 정당의 취약한 사회적 기반, 언론과 검찰의 정치 편향, 경제 권력의 과도한 영향은 한국 민주주의의 발전을 여전히 가로막고 있지만, 극우 인종주의, 혐오, 유사파시즘 세력이 득세하는 미국과 일부 유럽국가나 군부의 전횡, 법치의 부재, 사적 폭력이 국가와 정치의 정상적 작동을 압도하는 남아시아의 여러 국가와 비교해 볼 때, 민주주의에 관한 한 적어도 선진 대열에 들어섰다.

2019년은 한국 근대 민주화운동과 민주주의의 기초를 닦은 3·1운동이 거행되고 '대한민국임시헌장'이 선포된 지 100주년을 맞는 뜻깊은 해였다. 500년을 내려온 조선왕조가 일제에 의해 붕괴한 지 10년밖에 지나지 않았던 시점에, 특히 서구 민주주의 선진국도 그제야 여성에게 보통선거권을 부여하기 시작하던 그 무렵에, 일제의 폭력적 지배하에 신음하던 조선의 항일운동가들이 자유·평등·평화를 제창하면서 장차 건설될 나라는 국민주권에 기초한 민주공화제에 기초해야 한다고 천명한 것은 놀라운 일이었다. 이것은 당시 경제적으로나 문화적으로 아시아의 최후진국에 속했던 식민지 조선의 처지에 비춰보면 획기적인 선언이 아닐 수 없었다. 당시는 조선의 지식인들이 자유·평등·인민주권과 민주공화주의 등의 가치를 학습한 지 겨우

20~30년 정도에 불과했고, 대다수 교육받은 사람들은 아직 전통적인 유교적 사고와 가치관에서 벗어나지 못했으며, 노비·상민의 신분적 굴레에서 막 벗어난 농민들은 권리 의식을 거의 갖지 못한 상태였다는 점을 생각해 보면 3·1운동과 그 직후 우리 선각자들의 민주공화제 선언은 더욱 놀라운 일이 아닐 수 없다. 조선 말의 부패하고 무능한 왕조 체제, 한일 강제병합 직전의 서구 사상의 영향, 그 이후 조선인들이 일제하에서 겪었던 굴욕과 억압, 멸시와 착취의 쓰라린 체험이 당시 조선 지식인들의 자유와 민주주의에 대한 열망을 부추겼을 것이다.

그러나 이러한 외적인 정치적·문화적인 충격만으로 지난 20세기 한국인들이 감행해 온 피어린 민주화 투쟁, 민주주의 실현 의지를 설명할 수는 없을 것이다. 한국의 민주화운동은 언론자유, 대통령 직선, 사법 독립, 권력의 중립성 보장 등 단순한 민주주의 절차의 준수만을 목표로 하지는 않았다. 민주주의는 그러한 제도의 도입 여부로 보장되는 것도, 정착되는 것도 아니다. 민주주의는 정치공동체의 구성원인 시민이 권리주체로서 자각을 한 다음, 자신의 권익 보장 내지 사회경제적 처지와 관련된 의사결정과정이나 권력 행사에 직접 개입하는 것이다. 즉 민주주의가 유럽 문화의 특수한 전통의 산물이라고 하더라도,[1] 동아시아를 비롯한 근대 이전 비유럽 지역에서도 다양한 방식의 권익 투쟁, 권력에 대한 저항과 공론의 형성 작업이 존재했기 때문에 서구의 자유·평등·공화·민주의 사상이 쉽게 받아들여졌을 것이고, 대중의 투쟁을 거쳐 현실화·제도화될 수 있었을 것이다. 특히 저항 방식, 시위와 조직문화는 한국 민주화운동의 특성이 가장 두드러진 영역이다.

---

1    리처드 로티(Richard Rorty)는 근대 대의제 민주주의는 '북대서양 문화'의 특수한 현상이라 지적한다(킨, 2017: 1050).

그렇다면 지난 100년 동안 한국인들의 정치적 행동, 특히 민주주의 실현 의지와 노력에 영향을 미친 외부에서 수입된 주요 가치와 철학, 내생적인 의식, 문화와 집합적인 실천이 무엇인지를 다시 살펴볼 필요가 있다. 우리는 비판적 성찰의 관점에서 오늘의 성취를 가져온 과거를 돌아보고, 그 결함과 한계를 통해 미래를 전망해 봐야 할 것이다.

## 2 ı 민주주의를 둘러싼 논란

20세기 초반까지만 해도 (자유)민주주의는 그다지 이상적인 정치제도로 받아들여지지 않았다. 그런데 파시즘, 냉전, 현실 사회주의 붕괴 등의 역사적 대사건을 거치면서 오늘날 자유민주주의는 이제 전 세계적인 보편 가치의 지위를 차지했다. 여전히 일당체제가 유지되는 중국, 베트남, 북한, 쿠바 등 몇몇 사회주의 국가, 여전히 왕이나 종교지도자에게 최고 권력이 있는 아시아의 태국, 이슬람권의 몇 나라를 제외하고 세계는 이제 자유민주주의의 가치나 표준에 대해 어느 정도 합의하고 있다.

그러나 어떤 나라가 헌법 등에서 이러한 자유민주주의 제도와 원칙을 보장한다고 해서 실제 민주주의가 작동한다고 볼 수는 없다. 선거 절차나 과정도 심각한 파행을 겪는 경우가 많지만, 선거로 선출된 권력이 국민 다수 의 의사를 배반하는 것은 거의 일반화된 현상이다. 과거 군사정권 시절의 한국처럼 아프리카, 남미, 구 동구권의 여러 나라는 여전히 국가 위의 국가인 정보기관이 대통령에 반대하는 세력을 표적으로 지목하여 편파적으로 수사하거나 비밀리에 살해하기도 하고, 경찰이 정치적 반대 세력을 '적'으로 몰아서 진압하면서도 버젓이 자유민주주의를 지킨다고 주장하는 경우가 많다. 러시아, 폴란드 등 구 동구권 여러 나라, 필리핀 등 아시아 국가, 사우디아라비아 등 이슬람 국가, 콜롬비아 등의 남미 국가처럼 거대 자본이나 거대 지주, 마피아와 유사한 강력한 자본 세력이 특정 정치집단과 결탁해서 특정 인물이나 선거로 합법적 지위를 얻은 정치적 반대 세력을 암살하거나 정치적으로 제거하기도 한다. 이 경우 선거·의회 등은 민주주의를 치장하는 외피에 불과하다 할 것이다.

2018년 ≪이코노미스트(Economist)≫가 행한 60개 정도의 민주주의 지표 조사에 의하면 전 세계에서 '완전한 민주주의'를 누리는 인구는 5%에 미치지 못하며 거의 3분의 1 이상의 인구가 권위주의 체제하에 있고, 조사 대상 167개국 중에서 대략 89개 국가가 2017년 당시 그 전해에 비해 더 낮은 점수를 받았다고 한다(*Economist*, 2018.1.31). 스웨덴 예테보리(Gothenburg)대학교 민주주의 다양성 연구소의 민주주의 지표에서도 전 세계 24개국 약 3분의 1의 인구가 '제3의 전제정치 물결(The Third Wave of Autocratization)'하에 신음하고 있다고 보고했다(V-Dem Institute at the University of Gothenburg, 2019).[2] 최근 서구 여러 나라에서 우익 포퓰리즘 세력이 지지를 받고 있고, 정당 자체에 대한 불신이 확산되자 자유민주주의 혹은 대의제 민주주의 이념에 대한 회의감도 커지고 있다.

오늘날의 미국과 서유럽 몇 나라는 민주주의에 관한 '원초적' 제도나 절차를 발전시켜 온 나라들이지만, 트럼프 대통령하의 미국이 보여주듯이 선출된 대통령이 실제로는 거대 이익집단의 민원 처리 기구로 기능하기도 하는 등 이제 원조 민주주의 국가들이 민주주의를 지키지 않는 것은 물론이고,

---

2    여기에서는 자유민주주의, 선거, 자유, 평등, 참여, 숙의 등 6개의 지표로 전 세계 모든 국가의 민주주의를 조사했다.

미국은 이제 민주주의가 아니라 '전도된 전체주의' 국가에 불과하다는 비판을 받기에 이르렀다(웰린, 2013). 그래서 알랭 바디우(Alain Badiou)는 "의회 민주주의는 사실상 자본주의 체제를 위해 복무하는 과두정치에 불과하다"(≪한겨레≫, 2013.9.28)라고 말하기도 했다. 스위스처럼 직접민주주의를 실천하는 나라들도 있지만, 대의제 민주주의를 자랑하는 민주주의 선진국에서도 선거를 제외하고는 국민이 여러 정치과정에 참여할 기회는 여전히 제한되고, 상업화된 언론은 국민들의 판단력을 심각하게 흐릴 정도로 편향되어 있으며, 청년·하층민·여성은 선거에 참여할 의지와 관심도 갖지 못한다. 자유민주주의의 종주국 미국과 패권경쟁에 들어간 시진핑 체제하의 중국이 이런 서구 민주주의를 비웃고 있지만, '중국 특색의 사회주의'라는 이름 하에 오히려 권위주의, 전체주의로 회귀하는 모습도 보여준다.

사실 민주주의는 고대 아테네나 근대 영국·프랑스·미국 등이 그렇듯이 '제국'만이 누리는 일종의 '사치'일 수도 있다. 식민제국의 종속 상태에 있었던 전 세계 주민들에게 민주주의의 실현은 자주독립 국가의 수립, 강대국의 정치적 간섭과 경제적 수탈의 극복 없이는 가능하지 않았다. 과거 제국주의는 식민지 주민들 내부의 전통적 지배관계나 지주 세력의 수탈을 강화한 것은 물론이고, 자치와 참여를 전혀 허용하지 않았고 시민권을 전혀 부여하지 않았기 때문에 이들에게 자유나 민주는 오직 반식민주의 투쟁을 통해서만 가능했다. 이 경우 반식민주의 투쟁이 곧 민주화였고 민주주의의 관문이었다. 한편 제2차 세계대전 후 형식적 독립을 쟁취한 후발 국가들은 만성적인 빈곤과 내외부의 안보 위기, 강대국의 지속적인 간섭과 다국적기업의 지배 아래에서 대외적 주권은 물론이고 대내적 주권도 온전하게 보장하기 어려운 경우가 많았다. 그래서 이 제3세계 국가들에서는 민족주의나 발전주의가 자유와 민주의 가치를 대신했다. 그런데 이 나라들에서는 민족의 이름으로 독재나 전제정치, 인권탄압이 자행되고 더 심각한 경우 아예 선거 절차나 정당정치는 물론이고 기본적 자유마저 심각하게 제약되기도 했다. 이런 나라에서는 군사 지휘관이나 엘리트, 지주나 자본가가 민주주의를 압살했다.

물론 과거의 영국, 제2차 세계대전 후의 미국과 같은 패권국가라 해서 민주주의가 제대로 작동한 것은 아니다. 오히려 그 반대다. 자본의 경제적 이윤을 확보하기 위한 지구적 팽창주의는 전쟁을 만성화했는데, 1950년대 이후 미국의 군산복합체가 미국의 국내 정치를 지배한 것처럼 이 대외적 전쟁준비나 수행은 국내의 민주주의 작동을 어렵게 만든다. 즉 식민지·후발국·종속국은 그 예속적인 조건 때문에, 패권국이나 강대국은 바로 세계정치를 지배하려는 전쟁 수행 때문에, 국제정치는 언제나 국내 정치에 영향을 준다. 이처럼 내외부의 장벽과 마주하는 모든 나라에 민주주의는 사실상 성취하기가 매우 어려운 제도다(Held, 1995: 5). 즉 대외적인 패권경쟁, 안보 위협, 전쟁, 그리고 국내에서의 관료주의, 각종 비밀주의 행정, 애국주의 동원 등의 모든 조건이 민주주의의 이상은 물론이고 최소한의 절차까지도 위협한다. 이러한 조건하에서 대중의 불만은 선거나 정당을 통한 제도적 통로보다는 비제도적인 집단 항의, 시위, 폭동 혹은 혁명으로 표출되는 경우가 많다.

자유로운 토론, 권리주체로서 개인, 법 제정의 담당자인 정치적 대표자를 보통선거를 통해 선출하여 정부를 구성하는 것, 법은 모든 사람에게 동일하게 적용된다는 생각은 서구 계몽주의 및 부르주아 세력의 세계관과 이익을 집약한 자유주의, 그것들이 초래한 모순에 항의하면서 성장한 노동자계급의 민주주의 사상이 결합한 것이다. 이렇게 서구의 역사적 경험을 반영하는 '원초적인' 자유민주주의의 가치와 제도는 매우 불안정하기는 하지만, 20세기를 거치면서 살아남았다. 즉 '인민의 지배'를 뜻하는 민주주의는 자본주의 경제질서와 불안하게 공존할뿐더러, '인민' 내부에 경제적 이해가 충돌하는 집단이 공존하고 있고, 지배 역시 매우 복잡한 정치제도나 법의 집행을 통해 이뤄지기 때문에, 사실 어느 것이 인민의 지배이고 어느 것이 아닌지 구분하기 쉽지 않다. 그래서 인민민주주의, 민족적 민주주의, 사회민주주의, 참여민주주의 등 수많은 형용사가 붙는 민주주의가 나타났다.

물론 정치체(polity) 운영 방법으로서 민주주의가 좋은 것인지, 인류가 추구할 보편적인 정치제도인지에 대한 회의론과 반론도 만만치 않다.[3] 과두제로의 필연적 전락을 강조한 로베르트 미헬스(Robert Michels)의 주장이 대표적이지만, 전통과 권위, 엘리트의 지배를 옹호하는 보수주의, 개인의 자유와 재산권 보장을 가장 중요시하는 자유주의도 민주주의에 대해 부정적인 태도를 버리지 않고 있다. 그래서 국가가 내외부에서 위기를 맞을 경우 이 보수주의와 자유주의가 합작하여, 실업과 빈곤의 불안에 빠진 대중을 선동해 파시즘이나 독재를 불러오는 일이 빈번하게 발생했다. 특히 앞서 말한 것처럼 정치경제적으로 위기 상황을 맞은 국가나 사회에서, 여전히 민주주의가 바람직한 정치체제인지에 대한 회의론이 강력하게 대두하는 경향이 있다.

그래서 민주주의는 하나의 '가치'나 정치체제로 보기보다는 절차나 방법, 주로 선거의 실제 작동 여부, 선거의 절차적 합법성과 투명성, 선거 과정에서 대중이 제대로 선택할 수 있는 조건의 마련, 법 집행의 공정성과 합법성 등 최소주의로 정의하자는 제안이 많다. 슘페터는 다수결이라는 것이 인민의 의사를 왜곡시킬 수 있다는 전제 위에서 민주주의를 '지도자를 선출하는 절차나 방법'으로 국한하자고 제안한다(슘페터, 1985: 368). 존 킨(John Keane)은 민주주의가 진정한 보편성을 갖기 위해서는 대의제 민주주의 혹

---

3    민주주의 자체에 대한 각종 부정적 의견과 회의론에 대해서는 사워드(2018: 19~66) 참조.

은 자유민주주의 등 지금 세계에서 거의 부인할 수 없는 공준이 되어버린 제도로 정의하기보다는 권력에 대한 감시와 견제, 절대권력의 행사 가능성을 차단하는 파수꾼 민주주의가 되어야 한다고 주장한다(킨, 2017).

그러나 이렇게 민주주의에 대한 최소주의 정의를 받아들인다고 하더라도 우선 국가나 사회의 구성원인 인민의 다수가 자신의 권익을 자각하는 주권자로서 판단하고 행동할 수 있는 조건이 마련되지 않는다면, 그들이 정치과정에서는 물론 자신의 생활에 결정적인 영향을 미치는 경제사회 영역에 참여할 지식과 역량을 육성할 기회가 마련되어 있지 않다면, 그리고 구성원들이 자신의 의사와 이익을 상호 조정하거나 숙고하여 그것을 자유롭게 표현하고 실현할 조건이 마련되어 있지 않다면, 절차와 방법은 그냥 껍데기에 불과하고 민주주의는 작동하지 않을 것이다(김동춘, 2005: 20~38). 지도자를 제대로 선출하여 '인민의 지배'를 보장하기 위해서는 경제적 조건의 차별화와 사회적 불평등, 인민 이해의 다양성이 공식적으로 인정되어야 하고, 국가나 질서 혹은 그 어떤 명분으로도 그것을 강압적이거나 일방적으로 선포하거나 해석할 수 없도록 하는 장치가 마련되어 있어야 할 것이다.

다수자인 인민들의 의사가 대표자들을 통해서 정치적 의사결정, 행정의 집행, 사법적인 과정에 반영되기 위해서는 민주주의의 가장 중요한 전제인 의사표현의 자유와 기회의 평등이 보장되어야 할 것이다. 구성원들이 신분, 인종, 성이 다르다는 이유로 차별받지 않아야 하는 것은 물론이고 빈곤과 경제적인 불평등에서도 어느 정도 벗어나야 한다. 그래서 삼권분립, 언론자유, 선거를 통한 권력 교체 가능성을 명문화하더라도 민주주의를 제대로 작동하게 하는 것은 매우 어려운 문제다(마넹, 2004). 바로 이런 이유 때문에 자유민주주의가 세계적 표준이 된 오늘날, 앞서 언급한 것처럼 자유민주주의는 그 원산지인 미국이나 서유럽 국가에서조차 역전되거나 심각한 도전에 직면했으며, 외국인들과 소수자에 대한 혐오나 테러가 점점 심해져 급기야 대중은 민주주의 자체를 회의하게 되었다.

19세기 이후 자유·평등·민주주의·공화주의 등 서구 근대의 가치는 이웃 일본, 중국을 거쳐 조선으로 들어왔다. 당시 지식인들이 이런 근대사상을 접했기 때문에 반봉건·반일 투쟁을 할 수 있었던 것은 아니지만, 이러한 사상의 영향이 없었다면 그들의 개화·민권·독립의 주장과 실천은 한계가 있었을 것이다. 그런데 3·1운동에서 6월 항쟁 이전까지 이렇게 학습된 자유, 평등, 민주의 이상은 보통 한국인들의 정신세계 심층에 뿌리내리기보다는 주로 억압적 권력에 대한 투쟁의 무기로 사용되었다. 냉정하게 말해 3·1운동 이후 한국인들은 '한국의 민주화'를 위해 투쟁했지, '민주주의의 한국적 수용'을 위해 심도 있게 고민을 해본 적이 없다(강정인 외, 2002: 19~61). 특히 1960년대 이후 반독재 민주화운동이 '민주주의의 정착'을 보장해 주지는 않았다. 혁명이나 사회운동을 통해 봉건적 압제, 파시즘, 군사독재를 무너뜨리는 것도 어렵지만, 민주주의 질서를 수립하고 정착시키는 것은 더욱 어렵다.[4] 엘리트주의·관료주의·전문가주의 등의 장벽이 민주화 이후에 본격적인 걸림돌로 부각되지만, 보통 사람들의 의식과 관습이 하루아침에 바뀌지는 않기 때문일 것이다.

1950년대 이후 민주주의의 기반이 되는 자유·평등·공화 등의 개념과 언어는 지배 집단과 저항 지식인들이 먼저 사용했으나, 저항 세력은 그러한 언어를 투쟁의 근거로 사용했다. 특히 휴전 이후에는 지배 세력이나 저항 세력 모두 자유·민주주의 등의 용어를 사용했지만, 각각 다르게 해석해 왔다. 광

---

[4] 그래서 엘리트주의자들은 민주화는 반민주주의로 귀결된다고 비판하기도 한다(서규환, 2007: 19).

서문 한국 민주주의 100년, 가치와 문화의 변화 | **19**

주 5·18 항쟁 당시의 대중은 국가의 폭력 행사 앞에 무장투쟁으로 맞서면서도 「애국가」를 부르고 태극기를 흔들었다. 서구에서도 민주주의는 언제나 혁명이나 직접행동의 결과로 도입되었지, 지배 세력이 양보하여 순순히 민주적 제도를 도입한 적은 없다. 특히 왕을 몰아내고 공화제를 실시한 것이나 보통선거권을 확보한 것도 모두 봉건귀족 세력과의 유혈 투쟁, 전쟁과 내전, 봉기와 집단 저항의 결과였고, 그러한 투쟁에 나선 주체는 일반 대중, 노동자들이었다. 모든 나라에서 대중의 생존 투쟁, 이들 간의 강력한 연대 의식이 없었다면 아주 초보적인 민주주의도 성취하기 어려웠을 것이다. 지식인들의 사상과 이념만 중요한 것이 아니라, 대중이 어떤 의미 부여 작업을 통해 그런 가치나 구호에 공명해서 그처럼 생존을 위해 목숨을 건 봉기와 투쟁을 감행했는지 물어야 할 것이다.

## 3 ǀ 근대 한국 민주화, 민주주의 운동의 작용과 반작용

민본(民本), 민생(民生)을 가장 중요한 가치로 여긴 조선은 건국의 주역인 정도전 이래로 민작주(民作主), 즉 민이 나라의 주인이라고 강조했다. 그러나 조선시대 내내 백성은 통치와 교화의 대상이었지 참여나 의사결정의 주체가 아니었으며, 무엇보다도 엄격한 반상(班常)의 구분, 마치 물건처럼 취급하던 노비의 존재, 적서(嫡庶)와 남녀의 차별이 엄존했다. 조선 사회가 '민작주'의 근처에도 갈 수 없는 것은 너무나 당연했다. 즉 유교적 명분론, 차별과 상하의 구분에 기초해 사회를 유지했던 조선은 가장 반민주적인 사회였다고 해도 과언이 아니다. 물론 조선시대에도 군주가 의사결정을 하는 과정에서 대신들과 논의하고 공론을 참작하는 과정이 있었고, 인사에서의 탄핵과 비토,

왕에게 직소하는 역할을 하는 언관(言官)이 제도화되어 있어 민주주의의 몇 몇 요소가 존재했던 것은 사실이나, 조선의 민본의 개념을 오늘의 민주주의와 같은 것으로 해석할 수는 없을 것이다(계승범, 2012: 597~599). 마찬가지로 주자학적 명분론에 의거해서 19세기 말에서 20세기 초에 의병투쟁에 나섰던 유림들 역시 평등이나 자유 사상은 매우 위험한 것으로 보았고, 서양의 공화정을 매우 부정적으로 생각했다.

그러나 조선왕조가 위기에 처한 19세기 중반 이후 삼정의 문란과 관리들과 이서들의 탐학에 분노한 삼남 일대의 농민들이 빈번하게 봉기를 일으켰다. 당시 이들은 권리 의식보다는 가혹한 조세와 관리들의 수탈로 생존이 절박해지자 이에 항의하며 봉기에 나섰지만, 조선의 봉건 체제에 저항하는 과정에 대중의 요구나 의견을 집결하기 위해 자발적인 집회나 조직, 공론의 장을 만들어냈다. 이들의 자발적 모임이나 집회를 민회(民會)라고 불렀는데, 민회·도회(都會)·향회(鄉會) 등의 모임에 하층민뿐만 아니라 양반 사족들도 일부 참여했다. 이를 통해 신분 차별을 넘어서는 농민 일반의 결집이 가능했다. 그들은 자신들의 요구 사항을 중앙정부나 관청에 전달하거나, 방화나 살인 등 폭력적인 저항 행동을 감행하기도 했다(송찬섭, 1988). 농민들은 이제 통치의 객체, 지배 대상의 지위에서 벗어나려는 움직임을 보였다. 이러한 민란이 지속되다가 그것이 확대·발전된 계기가 전국적으로 일어난 동학농민운동이었다. 동학농민운동 진영에서는 반상의 차별, 노비와 백정에 대한 차별도 사라졌다. 실로 혁명적인 움직임이었다.

한편 개화파 지식인들이 주도한 독립협회나 만민공동회는 조선 말 최초의 시민사회라 할 수 있는데, 이 모임의 주도자들은 서구 근대화 과정에서 만들어진 조건에서 형성된 근대 민주주의의 모든 원칙을 조선에 적용하여 조선을 문명개화로 이끌려 했다. 특히 《독립신문》은 근대적 공론장 형성과 민주주의 도입에 결정적 영향을 미쳤다(서울대정치학과 독립신문강독회, 2005: 444). 특히 만민공동회에는 양반층의 차별적 지배와 학정에 신음하던 상민들이 수만 명까지 참여했는데, 이 운동에서 양반 사족 출신들과 평민들이 함께 모였다. 이를 통해 20세기 이후 지속된 독립운동과 민주화운동을 전개하고, 민주주의 체제를 수립할 새로운 주체의 맹아가 형성되었다. 즉 조선 말에는 유럽의 근대 부르주아계급에 해당하는 상인이나 자본가들이 정치적으로 형성되지는 않았지만, 독립협회와 만민공동회에서 지식인과 평민들이 결합해 독립·개화·언론의 자유와 법치 수립을 요구하면서 민주화·민주주의의 내적 동력이 만들어졌다(김정인, 2018).

이처럼 농촌에서의 민중 봉기와 저항, 그리고 도시에서의 지식인·상인·평민이 결합한 대중 시위운동이 따로 진행되면서 군주제 개혁과 의회제 도입 논의가 전개되었다. 그러나 일본의 군사력에 의존한 고종과 관료들의 반동적인 탄압 조치로 해산·무력화되었고, 이러한 민주화운동의 잠재력이 3·1운동으로 결집·대폭발했다. 즉 3·1운동을 주도한 33인을 포함하여, 수도인 경성(서울)과 여러 지방에서 만세 시위를 조직했던 학생들, 그리고 시위에 가담했다가 일본군의 폭력적 진압에 맞서 대항 폭력을 행사한 전국 각지의 농민들은 모두 그 이전의 민란, 동학 농민전쟁, 독립협회 운동의 역사에 대한 경험과 기억이 있었다. 3·1 시위 직후 경성에서는 근대 민주주의의 새 주체인 노동자와 학생들 주도로 파출소나 전차 투석, 횃불 시위, 게릴라성 시위 방식으로 저항이 계속되었다(권보드래, 2019: 371).

3·1운동 직후 국내외에서 활동하던 항일 지식인들이 결집해서 '대한민국임시헌장'을 채택했는데, 이 헌장에서는 '왕정복고' 대신에 '민주공화제'의 국체를 채택할 것과 남녀와 빈부의 차별을 없애는 것도 분명히 했다. 3·1운동 직후 이러한 헌장이 채택될 수 있었던 것은 서구의 자유·평등 사상의 영

향도 있었지만, 그 이전 수십 년 동안 진행된 반봉건 투쟁, 제국주의 일본에 대한 저항운동의 경험이 축적되어 있었기 때문이다. 일제강점기 독립운동 세력 내부에서도 출신 신분, 출신 지역, 남녀 간의 차별이 여전히 존재하기는 했으나, 그들 모두 장차 독립해서 세울 나라가 민주주의 국가여야 한다는 데는 이견이 없었다.

즉 항일 독립운동은 분명히 조선 말 서구 근대사상의 유입과 이와 같은 새 사상과 이념에 각성된 지식인들이 주도한 것은 사실이지만, 제국주의의 침략과 일제 강점이라는 당시 상황에서 이 제국주의 국가들과 결탁한 이씨 왕족, 최상층 관료 집단과 지방관, 중앙과 지방의 양반 사족 세력에 저항하는 과정에서 그 동력을 얻었다. 주자학적 세계관과 조선왕조에 대한 미련을 버리지 못했던 일부 양반 사족 출신 의병 세력은 이제 항일운동 전선에서 이탈했고, 일제의 지배를 현실로 받아들이거나 조선의 독립에 대해 유보적이거나 부정적으로 생각했던 지주·부르주아 출신 지식인과 기독교 지도자들도 일제에 '자치'를 요구하는 선에서 그쳤다(이나미, 2009: 249~255). 즉 항일 독립운동은 자유화·민주화 운동이었지만, 자유·평등·민주의 가치를 지지한 사람들 중에서도 독립운동을 비판하고 참정권 운동을 벌이거나 동화를 추구한 사람들도 있었다(송규진: 249~255). 일제의 무단통치를 비판한 자유주의자들의 참정권 청원 운동은 '독립이 없는 민주주의'를 추구했다.

항일 독립운동 세력 내에서도 독립 후의 조선의 정치경제 체제를 둘러싸고 보수주의 우파 세력과 좌파 세력 간의 이견과 충돌은 지속되었다. 이미 19세기 후반~20세기 초반에 영국, 프랑스 등 민주주의 선진 국가에서도 시장경제의 독점화 경향과 제국주의화, 노동자 대중의 형성과 노동운동의 등장에 직면하여 사회적 민주주의 혹은 자유주의의 변형에 대한 적극적인 고민이 시작되었다. 게다가 러시아 혁명의 충격이 세계를 강타하자, 당시 조선에도 사회주의·무정부주의 영향이 거세게 밀려와서, 동시대의 서구와 거의 마찬가지로 '민주주의'의 성격을 둘러싼 정치 세력들 간의 갈등이 본격화되었다. 물론 1941년 임시정부의 '건국강령'에 명시된 것처럼, 우파 독립운동 세력이라고 하더라도 중요 산업의 국유화, 토지의 국유화 등을 주장했고, 민주주의를 순수하게 정치제도로만 보지는 않았다. 즉 사유재산제도를 인정한다고 해도 경제적 평등과 정의에 기초하지 않고서는 민주주의를 온전하게 작동시킬 수 없다고 판단했다. 그러나 일제 강점하의 이러한 정책과 강령은 오직 구상에 그칠 뿐이었기 때문에 8·15 직후 그것을 실천하려 했을 때는 심각한 갈등과 강력한 반발에 직면했다. 단지 8·15 직후 천황제 존속을 지지하는 의견이 다수였던 일본과 달리 조선왕조의 복원을 주장하는 사람이 거의 없었다는 사실을 보면, 일제의 강점과 조선 이씨 왕가 및 양반층의 친일 행적이 봉건적인 입헌군주제를 설 자리가 없게 만들었다는 사실은 명백하다.

역설적이지만, 일제강점기에 일본 자본주의의 필요로 실시한 토지조사 사업, '회사령' 등 근대적·배타적 소유권의 관념과 자본주의 경제질서를 도입한 일본의 점령 정책이 결과적으로는 유교적 명분론, 신분제의 잔재, 군주주의 전통 등을 빠른 시간 내에 청산하는 데 매우 긍정적인 역할을 했다. 그러나 물론 전제군주제와 유사한 총독부 체제, 헌병경찰 체제, 모든 조선인에 대한 감시와 통제 체제로서의 제국주의는 분명히 조선인들의 자유·민주 의식을 계속 억압했다. 이것은 일본의 식민지적 근대화 정책과 총독부의 전제 정치가 가져온 이중적 효과라고 봐도 좋을 것이다. 자본주의 경제질서와 문화정책은 자유주의 사상과 세력을 일정 정도 형성시켜 민주주의의 기반 조성에 유리한 조건이 되기도 했지만, 폭력적인 지배 특히 일제 말기의 총력전 체제와 전시체제는 민주주의 의식을 억압하고 권력에 순종하는 신민 양성의 기반이 된 것도 사실이기 때문이다. 이런 조건에서 전통적인 신분 차별 의식, 남녀 차별 의식도 상당 부분 잔존했다.

8·15 직후 미군의 점령과 이후 한국의 미국화는 오늘의 자유민주주의 표준을 한국에 심어놓은 가장 중요한 외생적 환경이었다. 그것은 내재적 필요에 의한 것이 아니라 차용된 것, '빌려온 정당성'이었다(강정인, 2002: 37). 그래서 구조와 현실의 괴리가 만성화되었다. 지구적 냉전체제하의 분단, 6·25전쟁, 그리고 그 이후의 준전쟁 체제, 군사정권은 민주주의를 오직 '선거 민주주의'로만 제한했다. 북한 공산주의에 대한 공포는 일제 말 식민지의 법과 통치 체제, 관행을 지속시켰다.[5] 먼저 실질적으로 헌법 기능을 해온 '국가보안법'이 자유·민주의 원칙을 심대하게 침해했다. 국민의 표현의 자유, 언론의 자유를 위협한 안보 담론과 반공주의, 군사적인 주권의 제한, 헌법 위에 군림해 온 수사·정보 기관 등은 민주주의를 심각하게 제약하는 요인이었다. 유신체제는 일종의 '저강도 파시즘'이었다. 물론 조선시대 이래 관인(官人) 사회 전통이, 국가가 시민사회에 계속 군림하게 했다는 점도 무시할수 없다. 경제개발이 본격화되고 대자본이 형성되기 시작한 1970년대 이후에는 재벌기업이 정부, 입법부, 사법부, 언론, 인민의 의사와 참여를 굴절하거나 좌우하기에 이르렀다.

이러한 조건 속에서 이승만부터 전두환에 이르는 권위주의 정권은 민주주의의 마지노선인 선거, 의회주의, 삼권분립의 원칙조차 지키지 않았다. 민주주의는 안보와 경제에 방해만 되는 사치재로 간주되기도 했다. 박정희 정권은 10월유신을 정당화하기 위해 '생산적인 정치'를 강조했다. 그것은 국가 목표를 달성하기 위한 국민적 합의의 조성, 부질없는 상쟁과 분열의 억

---

5    필자는 반공 체제가 구조적인 파시즘을 가져온다고 보았다(김동춘, 2014).

제, 정치의 안정, 조용한 간접선거, 국가 긴급 사안에 대해 국회의 일방적 협조를 요구했고, 야당은 허용되기는 했으나 지지층의 이익 대변보다는 국가 목표를 국민에게 이해시키고 국민 동의의 기반을 넓히는 일에 동참해야 한다고 강조했다(박정희, 1978: 58~61).

박정희, 전두환 두 군사정권의 개발주의와 효율지상주의는 사회 각 영역에서의 권리주장, 이익갈등을 폭력적으로 억제했다. 당시 농촌과 도시에 조직된 수많은 단체는 거의 행정기관의 직접 통제를 받았으며, 단체장은 사실상 말단 행정기관의 끄나풀이었다. 박정희 정권하의 농촌과 도시의 새마을운동은 주민의 자발적 참여를 유도한다는 명분을 내세웠으나 실제로는 반강제적으로 실시하는 경우가 많았다. 언론 역시 통치 기구의 일부가 되었다. 각종 간행물의 정간·휴간·폐간, 기자의 구속·연행·테러 등의 물리적인 통제 방법이 동원되었으나, 1970년대 들어서는 좀 더 확실히 언론을 장악하기 위해 언론에 대해 보도지침을 직접 하달하고, 식민지 및 한국전쟁의 유산인 매카시즘적인 '사상 통제'가 실시되었다.

통상 전쟁 상황에서 등장하는 전체주의나 파시즘은 대체로 경제위기 극복, 물질적 번영, 완전고용과 안정적인 성장 등을 그 정당화의 기반으로 삼는다. 박정희 정권이 선포한 유신체제는 1939년 히틀러 등장 이후의 독일과 매우 유사했다. 입법부의 3분의 1을 대통령이 임명하는 유정회 국회의원으로 채웠던 정치 현실은 절차로서의 민주주의 원칙을 근본적으로 위배한 것이다. 또한 정치적 반대자들에 대한 고문과 테러, 살해가 아무런 제약 없이 자행되었다.

박정희, 전두환 정권 시기의 개발을 위한 동원, 반대 세력을 향한 구조적인 국가 폭력 체제하에서 민주화운동과 민주주의 투쟁은 주로 항쟁의 형태를 지닐 수밖에 없었고, 남미 등 제3세계 모든 국가에서 그러했던 것처럼 학살, 고문, 의문사를 수반했다. 즉 한국의 민주화운동은 한반도에 드리운 식민지 잔재, 분단과 전쟁 체제, 그리고 군사정권의 억압, 초보적인 정치적 자유나 절차적 민주주의도 허용하지 않는 모든 국내외적인 장벽과 맞선 행동이었다. 그래서 일제하의 민주화운동이 항일 독립운동으로 나타났듯이, 6·25전쟁 후의 민주화운동은 통일·인권·노동운동 등 다양한 양상으로 나타났다. 1987년 이전까지 한국의 민주화운동은 민주주의로 나아가기 위한 하나의 선택이 아니라 '유일한' 선택이었다.

한국의 민주주의는 4·19혁명, 반독재 민주화운동, 광주 5·18 민중항쟁, 6월 항쟁, 2008년과 2016년 두 번의 전국적인 촛불시위 등 계속된 국민의 저항과 봉기, 직접행동을 통해 한 걸음씩 진전되었다. 물론 제도정치권 내 야당과 정치인들의 장외투쟁도 중요한 역할을 했고, 정당의 개혁, 국회 내에서의 입법 활동, 언론·사법부·행정부 등 여러 엘리트 집단의 노력이 없었던 것은 아니나, 제도정치권 밖 대중의 직접행동에 비해 그 기여는 부차적이었다.

## 4 | 4·19혁명 이후 민주화운동과 '민주주의'

### 1) 민주화운동에서 민주주의의 의미

이승만 정권을 무너뜨린 학생 주도의 4·19혁명, 박정희 정권하에서 민주화운동의 목표는 매우 원론적인 자유민주주의였다. 이미 동시대 세계의 민주주의 표준을 조숙하게 혹은 뒤늦게 받아들인 한국의 지배권력을 향해 민주화 세력은 민주적 제도·법치 등을 그대로 실천하라고 요구했다. 특히 강압적 지배가 노골화된 1972년 이후 민주화운동에서 나타난 모든 구호에는 유신헌법 폐지, 학원의 자유, 학도호국단 폐지, 언론자유 보장, 평화적인 정권교체, 노동3권 보장, 통일주체국민회의 자진 해산 등 자유민주주의, 법의 지배, 인권 보장 등의 요구와 정신이 포함되어 있었다. 당시 반독재 민주화운동이 견지했던 자유민주주의는 한국의 헌법적 가치와 충돌한 것이 아니라 오히려 헌법 원칙 그 자체였다. 안보 논리와 반공주의, 국가주의를 상위에 둔 지배권력의 자유민주주의는 대중이 학교에서 배운 자유민주주의와는 정면으로 배치되는 것이었다.

그러나 1970~1980년대 당시 보통의 한국인들은 물론이고 민주화운동에 나선 학생이나 재야 지식인들 역시 자유민주주의를 정치적 가치나 철학으로 받아들였다고 보기는 어렵다. 당시 일반 한국인들은 조선시대의 전제군주제와 대통령제의 차이를 거의 인식하지 못했고, 헌법의 내용이나 정신에 관심도 없었으며, 공화국이 무엇인지 고민하는 사람도 거의 없었다. 그래서 당시의 보통 한국인은 물론이고 민주화운동에 나선 학생, 지식인층도 지배 담론인 자유민주주의의 가치와 정당성을 받아들였기 때문에 태극기를 흔들고 「애국가」를 불렀다(김정한, 2013: 109). 그런데 이런 원론적인 자유민주주의 구호는 국가안보, 경제성장의 논리 한계 내에 머무를 수밖에 없다. 즉 민주주의를 개인의 자유의사 표현보다는 국가의 부강을 위한 국력 결집의 수단으로 인식하던(유용태, 2012: 48) 초기 중국 지식인의 사고가 20세기 한국의 정치지도자뿐만 아니라 저항 세력에게도 그대로 남아 있었다.

1970년대 중반 이후 민주화운동 세력은 그 이전에 주창한 자유민주주의보다 민중민주주의에 가까운 구호를 내걸기 시작했다. 그 이유는 박정희의 개발독재가 친자본, 민중 배제적 성격을 띠었기 때문이다. 당시 제기된 노조민주화, 노조 설립의 자유 추구, 노동자 인권 보장 등의 구호는 맹아적이지만 민중민주주의의 요구를 담고 있었다. 그것은 단지 정치적민주화에 머물지 않고 약자의 요구와 의견에 귀를 기울여주는 정부, 관료, 언론, 지식인 사회 등을 요구한 것이며, 안보·성장 두 축을 기둥으로 삼고 있던 지배 질서에 변혁의 요청한 것이었다. 당시 민중민주주의는 개발주의와 성장주의의 희생자였던 노동자들의 인권 보장 요구를 담고 있었다. 박정희 정권은 기독교 인사들의 민중 지원 활동을 '빨갱이'로 몰았는데, 정부 비판적 목회자나 청년들은 역사상 처음으로 한국 노동자들을 위한 인권헌장을 만들었다.[6]

과거 일제하의 전시 파시즘 상태에서 그런 양상이 나타났듯이 한국의 분단과 전쟁, 반공 극우 체제의 형성, 그리고 군사독재와 유신 파시즘하에서 개인주의·자유주의 성향의 중간층과 지식인 대부분은 군사독재에 비판적이기보다는 오히려 순응적이고 복종적인 태도를 취했다. 오늘날 일본의 극우파들이 자신의 입장을 '자유주의' 사관이라 지칭하고 한국의 뉴라이트(new right)가 자신들 조직 명칭을 '자유시민연대'라고 부르고 있듯이, 한국에서도 '자유'의 레토릭은 대체로 국가주의·권위주의 체제와 충돌하지 하기보다 반공주의 혹은 극우 이데올로기와 결합했다. 그래서 박정희 정권 시기에는 자유민주주의와 민중민주주의가 충돌한 것이 아니라 이 두 흐름이 유신 파시즘, 국가주의, 안보, 성장주의 담론과 대결했다. 그러다가 1980년대 중반 들어서 민중민주주의는 더 급진적인 계급투쟁론, 민중해방론으로 변했다.

박정희·전두환 정권이 표방한 '성장' 담론은 국민에게 권력에는 순종하

---

6    학생들은 "민중의 이해와 지지기반에 선 정권만이 민주주의를 실현할 수 있는 정치집단이라고 볼 때 민주학생이 현 파쇼체제하에서 노동운동에 지지를 표명하는 것은 필연적이다"라고 주장했다(NCC인권위원회, 1987: 1934).

고 정치에 관심을 갖기보다는 오직 가족의 복리에만 신경 쓰라는 논리였다. 그것은 겉으로는 공적 규율이 유지되지만, 실상은 적나라하게 가족주의적 이기심을 부추기는 사회다. 이러한 상황에서 민주화운동 세력은 정권이 위로부터 강요한 가족이기주의, 그리고 그 반면(半面)인 국가 혹은 정권에 대한 충성을 거부하고, 정치사회 공동체 일반과 민족에 대한 책임감 및 헌신성을 표현했다. 정의의 요청, 책임감과 자기 결단은 언제나 투쟁 구호와 함께 나타났다. 그래서 현실에 대한 과학적 분석과 변혁 필연성에 대한 인식보다는 도덕적 비판과 당위론적 문제 제기, 그리고 그것의 실현 가능성에 대한 확신 등 신앙적 자세가 민주화운동의 주된 정신적 기조였다. 민주화운동의 주요 지도자 함석헌은 "4·19는 지성의 발로요, 5·16는 물성의 발로이므로 4·19와 5·16의 충돌은 지성과 물성의 충돌이며, 지가 능에 진 것은 덕의 부족"이라고 진단했다(함석헌, 1965: 601~610). 그는 박정희 정권의 독재 측면만 본 것이 아니라 반민중적 측면(씨올을 업신여김)을 함께 보았으며, 반혁명성과 반동성, 군사주의, 도덕적 타락, 위선의 측면까지 지적했다.

박정희 시기 민주화운동은 기독교인들을 비롯한 종교인과 재야인사가 주도했다. 국가 폭력 및 극우 반공주의의 지배체제라는 조건이 인권·정의 등의 가치를 표방하는 기독교의 사회적 역할, 선과 진리의 관점에서 세상과 대면하는 종교인의 자기고백적·성찰적 사회참여를 요청했다. 특히 대학생과 기독교 인사들의 모든 언술에는 자신이 속한 집단 혹은 정권이 강요하는 국가가 아닌 사회공동체에 대한 책임 의식으로 가득 차 있었고, 그 기저에는 대학인들의 대학 교육의 파행에 대한 책임 의식, 교회가 제 기능을 하지 못하는 데 대한 기독교인들의 반성과 책임 의식, 부패를 비판하지 못하는 반성 등이 깔려 있었다.

학생들의 저항 동기는 대학의 자유 압살, 부도덕하고 부정의한 권력에 대한 분노였다. 경찰의 대학 상주, 교수들과 학교 당국의 굴종적인 태도, 사회에 만연한 부패와 억압, 언론 자유의 제약, 노동자들의 비참한 처지 등이 이들을 저항의 전선으로 내몰았다. 물론 일제하 3·1운동 이래 지켜온 민족사회 내 준지식인이라는 학생들의 자기 정체감과 역사적 사명감 등도 행동의 주요 동기였다. 1970년대 후반기 이후에는 이러한 엘리트주의적인 사명감이 점차 줄어들고, 공동체에 대한 헌신성, 민중과의 일체화가 점점 더 행동의 배경으로 자리 잡았고, 이후 1980년대에 그것은 반미 민족주의 혹은 계급투쟁 노선으로 이행해 갔다.

한편 일제강점기에는 민족의 자주독립을 향한 투쟁이 사실상 민주주의 실현의 관문이었고, 분단하에서는 반외세 민족자주 운동이 국내 민주화운동과 결합되었다. 제3세계에서의 민주화운동은 민족주의와 명확히 분리되기 어려운 점이 있었지만, 분단하의 한국은 특히 더 그러했다. 1964년 6·3 운동, 즉 '대일굴욕외교 반대운동'에서 민족주의는 가장 강력하게 등장했다. 그러나 이 민족주의는 박정희의 민족적 민주주의 혹은 '국민교육헌장'에서 나타난 국가주의적 민족주의, 이후 충효사상의 부활과 맞물린 국수적 민족주의와는 성격을 달리하고 있다. 즉 박정희 정권 시기 민주화운동은 냉전체제 이완기에 있었던 제3세계 민족주의의 부활과 맥을 같이했다. 그러나 한국은 대북 적대와 반공주의가 압도적인 조건이었으므로 민족자주의 정서가 반미주의로까지 확대되지는 않았다.[7]

4·19혁명을 출발점으로 한 한국의 민주화운동은 구식민지 국가의 탈식민운동의 성격과 냉전 분단국으로서 평화·통일 운동의 성격도 띠고 있었다.

---

7    목회자들은 미군 철수를 반대하는 입장을 분명히 했다(NCC인권위원회, 1987: 1114~ 1115).

당시 민주화 세력은 군국주의의 안보 개념을 전면 비판하면서 평화·민주 통일의 길로 나아가자고 요구했다. 따라서 이들의 민중민주주의 혹은 민족주의는 남북한의 평화와 통일을 강조했다.[8] 1970년대 시점에서 무정부주의나 노장철학에 기초해 반국가주의 평화 사상을 견지한 인사는 함석헌 외에 거의 없었다. 따라서 그만이 박정희 정권의 부국강병론과 국가주의의 문제점을 정면으로 비판할 수 있었다. 이는 당시 한국 민주화운동의 이론적·사상적 토대가 대단히 취약했다는 것을 말해준다.

## 2) 민주화운동, 민주주의의 주체

휴전 이후 1987년까지 한국은 국가가 사회에 대해 압도적 우위에 서고, 자유·민주·평등을 지향하는 정치 세력이 정치의 장은 물론이고 시민사회에서도 거의 다 소멸되어 극우 독재 세력이 전일적으로 지배하는 우익 반동 체제였다. 이러한 조건에서는 대중의 불만을 반영하는 제도 밖 정치가 제도 내 정치를 압도할 수밖에 없었다. 그래서 정당 외 '정치'인 각종 시위와 데모를 감행하는 재야 세력과 학생, 노동자 대중이 정치 즉 민주주의의 실천 주체였다. '재야' 세력은 정치사회, 즉 정당이 정권의 하부가 되고 시민사회의 자율성이 보장되지 않는 조건에서 정당의 역할을 대신한 정치사회의 경쟁적인 엘리트 세력이었다.

정당이 대중의 요구를 대변하기 어려운 분단 내지 전쟁 상황에서 지식인

---

8    "우리는 백지식의 선통일은 반대한다. 내용있는 통일, 즉 민주통일을 원한다", "평화를 바라지만 남북한의 분단이 고착화되는 댓가를 만족해 하면서 평화를 원하지는 않는다"(NCC인권위원회, 1987: 1911).

들의 발언, 대중의 청원, 학생들의 항의 시위 등이 초보적인 민주화 행동이었고, 조선시대 이래의 도덕 정치가 새로운 방식으로 재편되어 군부독재에 반대하는 '비제도적인 지식인 정치'의 공간을 열어주었다.[9] 이들 학생·지식인 주도의 재야 정치는 자본주의 경제의 저발전, 사회의 다양한 이익의 미분화 상태에서 '이익정치'가 아직 정착되지 않은 전환기적 정치사회 상황의 산물이기도 하지만, 위로부터의 '이식된 근대화'로 지주 세력이 소멸된 이후 산업사회의 새로운 '계급' 혹은 사회 세력이 형성되지 않는 상황을 반영한 것이기도 했다.

제도 밖 정치, 즉 항의·시위·봉기는 탄압과 투옥, 심지어 목숨을 걸어야 하는 매우 위험한 일이었다. 이 점에서 조선 말의 민란에서부터 20세기의 3·1운동, 4·19혁명, 민주화운동은 깊은 연속성이 있다. 즉 민주화는 민주주의의 가치와 이념을 잘 학습한 엘리트 지식인이 아니라 극히 초보적이고 상식적인 차원에서 분노를 표출하고 정의를 주창한 학생·청년·노동자들에 의해 추동되었다. 민주화운동은 학생·지식인 등 생산 현장이나 시민사회 내의 경제적 이해관계와 거리가 있는 집단이 먼저 시작했다. 1987년 6월 항쟁 당시 가장 많이 동원된 세력도 학생이었다. 1987년 6월 서울이나 대도시에서는 화이트칼라와 블루칼라 노동자들이 시위에 참여하기도 했지만, 거의 모든 시위는 학생들이 조직하고 추진했다.

1970년대~1980년대 중반까지 민주화운동 관련 수형자들의 직업별 분

---

9    도덕정치란 정치적 갈등이 집단 간의 이해관계에 기초하기보다는 도덕적 명분과 정당성에 기초하는 경우를 말한다. 물론 이해관계, 권력투쟁을 도덕적 혹은 종교적 담론으로 포장하는 경우도 있을 것이다. 그러한 정치를 도덕화하거나 도덕적 갈등으로 해석하는 것도 한국 대중이 이러한 도덕주의에 기초해 세상을 바라보려고 하기 때문일 것이다.

포를 살펴보면, 먼저 1970년에서 1979년 사이의 수형자 2704명 중에서 학생과 청년이 1197명, 그다음이 노동·농업 관련자 242명, 성직자가 82명, 종교단체 종사자 50명, 언론인 및 문인 82명, 회사원 및 연구원 70명, 교원 52명, 빈민이 43명이다. 즉 1970년대 민주화운동은 지식인과 준지식인인 학생들이 추동했다고 볼 수 있다. 노동자·농민·빈민 등 민중 세력은 구속자 수로만 보면 10%를 넘지 않았다. 그러나 1980년부터 1985년 사이에는 전체 구속자 3291명 중에서 학생과 청년이 1981명, 성직자 6명, 종교단체 종사자 23명, 언론인 및 문인 35명, 교원 53명, 노동 및 농업 490명이어서 여전히 학생 및 청년의 비중이 압도적으로 높기는 하지만, 1970년대에 비해서는 줄어들었다(NCC인권위원회, 1987: 2067~2068).

민주화운동의 시위를 당긴 학생, 재야 세력은 어떤 기반 위에서 민주화운동에 나서게 되었는가? 먼저 이들은 대학 교육을 받았다는 점에서 공통점이 있다. 한국에서 교육은 자유, 민주주의의 가치, 보편적 가치, 공공적 참여의 의지를 일깨워 주는 기반이 된다. 이들은 서구 자유민주주의 혹은 사회주의적 민주주의, 민중민주주의라는 이론적·이념적 준거로서 한국 지배 질서를 비판했다. 그래서 지배 담론과 지배적 실천 간의 엄청난 괴리에 분노하여 행동하게 된다. 이들을 정치적 국면에서 하나로 묶어주는 것은 '이해관계'보다는 공공성 혹은 '도덕적 명분'이다. 물론 지식인 지배자/저항 지식인(성균관 유생, 재야 학자) 동원의 정치 패턴은 이미 조선시대 당시부터 존재했는데, 이것은 '백성'의 배제와 탈정치화라는 조건을 반영했다. 백성들은 직접행동을 하는 '예외적인 경우'를 제외하고는 자신의 불만과 요구를 이들 '저항 지식인'에게 위임했고, 저항 지식인은 그들과 같은 처지에서 함께 행동하려는 의지와 도덕적 의무감이 있었다.

그러나 4·19혁명이나 1980년 5·18민주화운동 당시 시위를 시작한 세력은 학생들이었지만, 진압 작전이 폭력화되고 희생자가 나오자 이를 목격한 바닥 청년들이 가세했고 이들이 마지막까지 저항했다. 한국 민주화운동의 작용이 권력의 반작용을 불러올 경우, 즉 폭력적인 진압과 항쟁으로 비화하는 단계에서는 도시의 바닥 청소년·청년들이 결합했다. 이러한 도시의 청년들은 민주화나 민주주의에 대해 거의 들어본 적도, 학습한 적도 없는 사람들이었다. 그런데 '정치'로부터 가장 멀리 있던 이들이 독재정권에 도전한 가장 투쟁적인 행위자였다. 이들은 이념이나 가치관 때문에 봉기와 항쟁에 가담한 것이 아니라, 불공정하고 부정의한 사회에서 평소 겪었던 수모와 분노, 그리고 친구와 동료의 억울한 희생을 그냥 지나칠 수 없어서 적극적인 행동에 가담을 한 것이다.[10]

결국 19세기 내내 진행된 프랑스의 혁명이 그러했듯이, 한국에서도 민주화운동과 민주주의 실현 운동은 자유·공화 등 민주주의 사상을 숙지한 사람들이 점화는 했지만, 그러한 가치를 숙고하거나 학습하지 않은 보통의 도시 사람들, 보통의 청년들, 실업자, 노동자의 분노와 폭력적 저항에 의해 한 걸음 나아갔다.


## 5 ㅣ 한국 민주화운동과 민주주의 역사 개괄

한국의 민주주의가 서구 민주주의, 특히 미국의 영향을 받아 보통선거제도 등이 되입되면서 본격화되었다고 보기는 어렵다. 자유·평등·공화의 가

---

10  5·18항쟁 당시 광주에서의 공동체 형성은 형제애에 기초한 것이었다(김정한, 2013: 103~129).

치는 비록 애초에는 외생적인 것이었으나, 한국의 지식인과 대중은 그러한 틀을 활용해 억압적 권력에 저항하고 민주주의를 실행할 수 있는 기반을 만들어왔다. 그러나 민주화운동과 민주주의의 실현 간에는 간극이 있을 수밖에 없기 때문에 1987년 민주화 이후 민주주의를 실현하기 위한 새로운 노력이 시민운동, 제도 정치권, 언론, 정부, 각종 민관 기구 등에서 본격화되었다.

한국과 같은 탈식민주의 독립국가나 제3세계에서의 자유민주주의는 국가주의와 천민자본주의를 정당화하는 장식품에 불과한 경우가 많았다. 민주화운동은 자유민주주의의 틀을 저항 담론으로 활용했으나, 반공군사주의의 기조를 갖고 있으면서도 '자유민주주의'를 허울로 내세운 정권에 정면으로 맞섰다. 준전시 상황에 있는 국가, 군사·정치적으로 자주성이 결여된 국가는 국민을 주권자로 인정할 수 없다. 그래서 민주화운동은 민족자주운동과 동시에 진행되었다. 한국의 민주화운동은 원론적인 자유민주주의를 주창하는 수준에 머물러 있었으며, 운동 주체의 가치와 이념은 사실상 매우 온건하고 보수적이었다. 1987년 6월 항쟁은 절차적 민주주의의 하나인 대통령 직접'선거'의 회복을 성취했으나, 그것은 사실 1972년 이전으로 되돌아간 것이었다.

한국의 민주주의는 민주화운동을 통해 현실화될 계기를 맞이했기 때문에, 대체로 '방법'과 절차의 측면에 주로 초점을 맞추었다. 어떤 민주주의를 건설할 것인가에 대한 논의를 민주주의의 '회복' 담론이 압도했다. 그래서 민주주의가 제대로 작동하기 위해 정당조직, 시민사회, 학교교육, 일상의 시민참여가 어떻게 전개되어야 하는지를 논의하기보다는 교과서적인 민주주의, "민주공화제를 실천하라"라고 요구하는 투쟁으로 일관해 왔다. 1987년 6월 항쟁 직후 선거제도와 정부형태의 변화를 포함한 헌법개정 작업이 거의 민주화운동 세력의 관심 밖에서 추진된 것도 이런 이유 때문이다. 물론 그렇다고 해서 1987년 이후 민주화 세력이 선거가 곧 민주주의의 전부이며, 대통령을 국민이 직접 선출하면 민주주의가 달성된다고 생각한 것은 아니었다. 그들은 언제나 냉전 분단체제, 대외적 자주성 결여된 국가가 국내적으로는 어떻게 절차적인 민주주의 정도도 허용하지 못하는지 비판했다.

행정부·입법부 등 민주주의를 실질적으로 작동하게 만드는 각종 제도 개혁, 사회개혁의 의제가 본격적으로 거론된 것은 1990년대 이후였다. 기업의 토지 독점, 소유권 만능주의, 심화되는 경제적 불평등이 어떻게 인민이 주권자로서 역할을 하지 못하게 하는지, 오랜 관료주의의 전통과 선출되지 않는 권력이 어떻게 선거 정치를 무력화할 수 있는지, 중앙 권력이 지방정부나 지역사회를 사실상 식민지화한 상태에서는 왜 민주주의가 지탱될 수 없는지를 주목한 것도 1990년대 이후였다. 2016~2017년 촛불시위 이후에는 민주공화국의 가치, '인민의 지배'를 실질화할 수 있는 절차, 대표성을 현실화할 수 있는 문제가 더 부각되었다. 그래서 5년 단임제 대통령제의 개편, 정당명부식비례대표제도의 확대를 포함한 선거제도의 개편, 수사권과 기소권을 독점한 검찰 권력의 제한, 시민 의회를 통한 헌법개정 등이 의제로 떠올랐다.

특히 이 시기에 인민들은 신자유주의 시대의 과도한 경쟁주의가 인간을 새로운 노예상태로 몰아넣는다는 것을 체험했다. 인간은 자본주의 임노동자로서 '임금노예'와 같은 존재가 되거나, 안보 위기론의 압박 속에서 파시즘과 국가주의의 노예가 되거나, 종교 집단이나 성직자의 카리스마 앞에서 노예적 삶을 살기도 한다. 이런 조건에 놓인 인간에게 절차로서의 민주주의 혹은 자유민주주의 담론 자체는 구시대의 것이고, 일종의 사치에 불과할 수 있다. 따라서 민주주의를 단순한 제도와 절차가 아니라 하나의 가치로 받아들이고 실천하기 위해서는 자신이 노예상태로 빠지지 않을 정도의 최소한의 경제적 버팀목이 있어야 하며, 자신의 주변과 사회, 정치를 판단할 수 있는 능력, 특히 비판적 시각과 성찰적 사고력이 필요하다는 것, 즉 학교나 사회에서의 일상적인 민주시민교육 없이는 주권자·시민을 상상할 수 없고, 주권자가 없는 나라에서는 민주주의 역시 기대하기 어렵다는 점을 한국의 인민들은 확실히 자각하게 되었다.

## 6 │ 이 책의 서술 방향

민주화운동기념사업회의 한국민주주의연구소는 2018년 이후 한국 민주주의 토대연구 작업을 시작했다. 첫 연구 결과로 2019년 연구총서 제1권 『한국 민주주의, 100년의 혁명 1919~2019』를 발간했다. 이 책은 문화체육관광부 주최하고 한국출판문화산업진흥원 주관하는 '2019년 세종도서 선정·보급사업'에서 학술 부문 세종도서(우수학술도서)로 선정되었다. 제1권이 민주주의 100년의 역사에 관한 성과 중심의 연구인 점을 고려하여, 제2권은 성찰적 관점을 중심으로 한국 민주주의의 '가치와 문화'를 연구 과제로 삼았다.

그래서 이 책은 한국 민주주의가 지향했던 가치와 문화에 대한 심층 분석 및 비판과 성찰적 관점을 통해 한국 민주주의 미래 전망을 학술적으로 조명하고, 한국 민주주의 발전 과정에서 추구해 왔던 자유·민주·평등·공화의 가치가 전개되는 과정을 연구하고, 일상에서의 민주주의 관련 생활문화, 조직, 정당, 시위와 집회, 여성젠더 문화 등을 살펴보았다. 그래서 전반적으로 100년 동안 각 시기마다 한국인들이 민주주의를 어떻게 인식하고 있었는지 추적하려 했다. 수록한 논문들은 두 부분으로 구분했는데, 전반부는 일제강점기와 해방 뒤 정부수립 이후 시기에 지식인과 시민들이 지향했던 자유·평등·민주공화국·소유권 등 4개의 범주에 관해 그 변화와 지향점, 한계를 서술했다. 후반부에는 민주주의를 향한 저항문화, 정당조직, 여성젠더 문화, 민주화운동 세력의 조직문화를 주로 살펴보았다. 이 책에 실린 글들이 3·1운동 이후 20세기를 대상으로 하고 있으나, 토지 소유권 개념, 평등주의, 시위와 저항의 문화 등은 근대 이전의 전통과 근대 이후의 연속성에도 주목했다.

이 책 전반을 통해 19세기 말 이래 한국에서 자유·평등·민주주의 실현을 위해 투쟁한 사람들이 그들이 학습한 가치와 사상을 어떻게 해석하여 어떻게 혁명과 개혁 투쟁의 무기로 활용했는지, 그리고 일반 대중은 자신들이 이전부터 갖고 있던 관념들과 사고방식, 관례화된 일상적 실천을 어떻게 이러한 외생적 가치와 결합시켰는지 살펴볼 것이다. 민주주의 가치나 문화는 지식인들이 먼저 학습하고 전파하지만, 통상 대중은 부당한 통치를 거부하기 위해 이러한 가치를 나름대로 해석하여 행동하기 때문에 양자 모두를 살펴볼 것이다.

# 1부

___

## 한국 민주주의의 가치와 지향

# 1장

# 자유 대 자유, 저항과 반동의 역사를 넘어서

문지영(서강대학교 글로컬한국정치사상연구소)

# 1 | 자유, 개념과 역사

고대 아테네 민주정은 흔히 인류 역사에서 '최초의 민주주의'로 평가받는다. 그 민주정의 전성기를 이끈 정치가 페리클레스는 자신들의 정치체제에 대해 이렇게 자랑한다.

> 우리들은 …… 소수가 아닌 다수에 의해서 다스려지고 있기 때문에 이름 또한 민주정체로 불리고 있습니다. 개인 간의 분규와 관련해서는 법률상 모두에게 평등이(라는 권리가) 주어지지만, 공적인 직무의 경우 …… 탁월성에 따라 지위가 부여됩니다. 또 나라를 위해 뭔가 훌륭한 일을 할 만한 사람이 가난 때문에 자격에 미달되어 제약을 받는 일도 없습니다. 그리고 우리들은 공적인 직무와 관련하여 시민적 자유를 누리고 있으며, 마찬가지로 일상생활 속에서도 자유롭게 지냅니다(이정호, 2008: 131~132).

앞에서 인용한 페리클레스의 연설이 단적으로 드러내듯이, 애초에 민주주의는 '평등'과 '자유'를 특징으로 하는 정치체제였다. 그러니까 고대 희랍어에서 유래한 '데모크라시'를 자기 이름으로 삼는 이념 또는 체제라면, 거기에서 평등과 자유는 필수적이라 할 것이다. 하지만 평등에 비해 자유는 종종 민주주의의 핵심 가치로서 덜 강조되며, 심지어 민주주의에서 자유가 더욱 강조된 '자유민주주의'는 '부르주아민주주의'같이 특정 계급들만의 민주주의를 의미하는 것으로 이해되거나 기껏해야 '보수적인 민주주의'로 인식되는 경향이 있다.

민주주의에서 '자유'의 가치가 이렇듯 의심받거나 간과되는 까닭은 그 개념이 사용되어 온 역사와 무관하지 않다. 페리클레스의 연설에서 자유를 뜻하는 희랍어 단어 '엘레우테리아(eleutheria)'는 '노예가 아닌 상태', '속박되어 있지 않음'을 의미했다. 다시 말해 아테네 민주정의 '평등'이란 '노예가 아닌 자들끼리의 평등'이었고, 그런 평등은 '속박되어 있지 않음'으로서의 '자유'를 실현하는 데 필수적이었다. 자신이 동의하지 않은 공동체의 결정에 복종하는 것은 '노예'의 삶으로 여겨졌기 때문에, 민주정이야말로 '자유인'에게 걸맞은 체제로서 지지를 받았던 것이다. 하지만 잘 알려져 있다시피, 아테네 민주정에서 '자유인'이란 전체 아테네 거주민의 10~20% 정도에 해당하는 '남성 시민'만을 가리켰다. 즉, '자유'는 특정 집단만이 누리는 배타적인 상태였다.

중세 유럽의 봉건 질서에서도 자유는 일종의 '면제'를 뜻하는 개념이었다(Patterson, 2007). 즉, 자유롭다(free)는 것은 세금이나 통행료, 의무, 영주의 사법권 등에서 면제되었다는 의미였고, 그렇게 면제의 특권을 누리는 사람들은 귀족 집단에 속했다. 근대 자유주의 사상이 발전하면서 자유는 그저 '노예가 아닌 상태'나 '배타적인 권리'가 아니라 '인간의 본성'이자 한 사회 내에서 보호되어야 할 핵심 가치로 인식되기 시작했지만, 19세기까지도 자유롭도록 태어났다고 가정되는 그 '인간'은 특정한 범위, 이를테면 일정한 수준의 교양과 재산을 갖춘 백인 남성으로 한정되었다.

이렇듯 '시민'이나 '인간'을 규정하는 조건과 단서가 특정 집단에 유리하게 혹은 배제적으로 적용된다면, '시민적 자유'나 '인간의 자유'가 절대적인 가치로 강조될수록 전체로서 그 공동체는 심각한 불평등을 경험하게 될 것이다. '그들만의 자유'를 실현하도록 설계된 체제는, 그것이 비록 (아테네 민주정처럼) 그들 시민단 전체의 평등한 정치참여를 보장하는 제도적 장치를 완벽히 갖췄다고 할지라도, 공동체 전체의 관점에서 볼 때 민주주의라 부르기 어렵다. 자유는 그것이 보편적으로 평등하게 적용되지 않을 때, 오히려 민주주의에 위협적이며 가혹한 지배의 논리가 될 수 있다. 서구에서 근대 민주주의 역사는 '자유로운 인간/시민'의 경계를 확장하기 위한 투쟁의 역사였다고 볼 수 있는데, 그 과정에서 자유는 종종 평등과 대립하는 가치로 혹은 반민주주의적인 이념으로 이해되곤 했다(문지영, 2009).

하지만 민주주의의 '원형'으로 간주되는 아테네 민주정이 증언하듯이, '자유'는 민주주의의 조건이자 아마도 우리가 민주주의를 통해서만 제대로 확보하길 기대할 수 있는 가치일 것이다. 물론 과거와 현재의 인류 역사는 자유가 민주주의에 위협이 되었던 사례만이 아니라 민주주의의 이름으로 자유를 억압한 사례 또한 드물지 않게 보여준다. 민주주의가 단순히 다수 지배의 메커니즘으로 이해되거나 주기적으로 공정하게 대표자를 선출하는 제도 정도로 정의된다면 현대 민주주의 사회에서도 자유는 항시 위협에 시달리면서 기껏해야 법이 끝나는 곳, 국가권력이 미치지 않는 선에서 시작되는 것으로 인식될 수밖에 없을 것이다. 오히려 민주주의 국가이기 때문에 시민들의 자유를 제한하기가 좀 더 손쉬울 수도 있다. 자신들이 뽑은 대표자가 통치를 담당한다는 점에서 민주주의, 곧 '우리가 우리 자신을 다스리는 체제'로 믿어지는 사회의 경우, 정부가 그 자신의 고유한 이익을 가지며 그 이익을 증대하기 위해 활동한다는 사실이 곧잘 은폐되고, 시민의 자유를 제한하는 입법이나 정책 수립이 시민들 스스로의 결정인 것처럼 설득될 수 있기 때문이다(문지영, 2009).

요컨대 자유가 전제되지 않은 민주주의는 언제든 전체주의로 돌변할 수 있으며, 그것을 고유한 가치로서 내면화하지 않을 때 민주주의는 그 자체가 권력의 기제로 작동할 수 있다. 또한 자유는 민주주의를 통해 가장 잘 보호할 수 있고, 다른 어떤 정치체제보다 민주주의에서 더 많은 자유가 가능하다. 이 점에서 한국 민주주의 100년을 되짚어 보고 그 발전 과정에서 추구되었던 주요 가치들을 성찰함으로써 장차 미래 전망을 모색하는 작업에서도 자유는 매우 중요한 주제라고 생각된다. 이 글은 한국 민주주의 100년의 역사 속에서 자유가 어떻게 이해되었고, 왜 그렇게 이해되었는지, 나아가 자유의 의미 혹은 강조점의 변화가 민주주의의 실천에 어떤 영향을 미쳤는지 살펴보려는 것이다. 이를 통해 한국 '자유민주주의'의 오늘을 조명하고, 더 민주적인 민주주의의 실현을 위해 '자유'가 어떤 가치로서 추구되어야 할지 논의해 보고자 한다.


## 2 | 개화와 자유: '자유'에 대한 근대적 인식의 전개와 도전

오늘날 우리가 사용하는 대다수의 근대어, 이를테면 국가·사회·개인·국민·주권·권리 같은 단어들은 19세기에 접어들어 서양의 근대 문물과 사상이 유입되는 과정에서 번역·소개된 것들로 알려져 있다. '자유'라는 단어 역시 영어 'freedom' 또는 'liberty'의 번역어로 간주된다. "근대 한국에서

'자유'라는 용어를 최초로 사용"한 것이 ≪한성순보≫(1884)와 박영효의 상소문 「조선 내정 개혁에 관한 건백서」(1888)(이하 「건백서」)라고 보는 의견 (김효전, 2009)은 그런 맥락에서 등장한다. '자유'가 언급되는 ≪한성순보≫ 1884년 3월 8일 자 「미국지략속고(美國誌略續稿)」는 미국의 독립선언서를 소개하는 내용이고, 「건백서」의 '자유'도 그것이 쓰인 다음과 같은 맥락으로 볼 때 서양의 자유주의적 자유 관념을 함축하는 것이 분명하다.

> 하늘이 백성을 내려주셨으니, 모든 백성은 다 동일하며, 타고난 성품에 있어 서는, 변동시킬 수 없고 천하 일반에 통하는 불변의 도리(通義)가 존재합니다. 그 통의라는 것은, 사람이 스스로 생명을 보존하고 **자유**를 구하여 행복을 바라는 것을 말합니다. 이것은 타인이 어찌할 수 없는 것입니다. …… 만약에 일신의 안락함을 보존할 수 없고, 일신의 **자유**를 누릴 수 없으며, 개인 소유의 재물을 보존할 수 없게 된다면, 이것은 인생의 대의를 잃는 것이며, 당장의 편안함을 취하려는 입장은 더 이상 가능할 수 없어서, 반드시 **자유**를 보호하려는 입장으로 변화될 것입니다. 그것을 누가 막을 수 있겠습니까? 이전에 미국은, 영국의 가혹한 정치로 인하여 안이한 태도를 바꾸었으며, 드디어는 **자유**의 나라를 세웠습니다(박영효, 1990: 288~289, 강조는 인용자).

하지만 '자유'라는 단어가 개화기에 이르러 비로소 만들어진 신조어는 아니다. 한국고전종합DB에서 '자유(自由)'를 검색어로 입력해 보면, 『조선왕조실록』에서는 태종 5년(1405) 6월을 시작으로 영조 38년(1762) 8월까지 총 18회 기록에 남아 있다. 이때 '자유'는 "(남에게) 견제받지 않음", "(몸이나 행동이) 속박되지 않음"의 뜻으로 사용되는데, 선조 39년(1606) 7월 6일 우의정 심희수의 차자(箚子)에는 "대체로 문자 간에 '부자유(不自由)'라는 말은 다남의 견제를 받는 의미가 담겨 있는데 ……"라고 하여 '부자유'의 의미를 직접 밝히고 있기도 하다. 한편『승정원일기』에서도 '자유'라는 단어가 총 5회 검색되는데, 그중 가장 첫 번째인 인조 7년 기사(1629)에서는 "몸이 자유롭지 못한 관계로 ……"라고 하여『조선왕조실록』에 쓰인 '자유'와 유사한 맥락에서 같은 용례를 보인다.

이렇듯 '자유'는 "(말이나 행동에 대해) 외부적 간섭이나 제약이 없는 상태"라는 의미로 이미 조선시대 초기부터 사용했던 말이다. 그런데 19세기 후반 들어 그것은 이전과는 전혀 다른 맥락에서 다른 뜻으로 이해되기 시작한다. '자유'가 언급된『승정원일기』의 나머지 네 기사를 통해 그런 변화의 일단을 확인할 수 있다. 먼저 고종 34년(1897) 9월의「전 참봉 서상무 등의 상소」와 고종 35년(1898) 10월「최익현의 상소」, 11월의「전 군사마(軍司馬) 송인회 등의 상소」에서 '자유'는 조선 전래의 '예법'과 '기강'에 반(反)하는 개념으로 사용되는데, 이들의 상소는 모두 개화 지식인들과 그들이 도입하고자 하는 서양의 제도 및 사상을 비판하는 내용으로서 이때 '개화'란 "흉적(凶賊)의 것을 그대로 따라하는 것"으로 폄하된다. 즉, 당대의 개화 국면에 반발하는 전통 지식인들에 의해 '자유'는 "외부적 간섭이나 제약이 없는 상태"라는 종래의 의미가 부정적으로 확장되어 "도리를 알지 못하는 무지몽매한 이들이 제멋대로 날뛰어 질서와 인륜을 무너뜨리고 나라와 임금이 어지럽게 됨"을 뜻하게 된다.

그런가 하면,『승정원일기』에 기록된 순종 1년(1907) 9월 17일「유길준의 사직 상소」에서 '자유'는 "자유로운 평민이 되어 우국애군(憂國愛君)의 정성을 바치고 국민으로서의 직분을 다하는 것이 바로 신의 지극한 소원이며 실정입니다"의 맥락에서 사용되는데, 이때 그가 사용하는 '자유'라는 말의 의미는 앞서 1895년에 출간된『서유견문』에 그가 밝혀놓고 있는 바를 통해 짐작해 볼 수 있다.

> 자유는 무슨 일이든지 자기 마음이 좋아하는 대로 따라서 하되, 생각이 굽히
> 거나 얽매이지 않는 것을 말한다. 그러나 결코 자기 마음대로 방탕하라는
> 취지는 아니고, 법에 어긋나게 방자한 행동을 하라는 것도 아니다. 또 다른
> 사람의 형편은 돌보지 않고 자기의 이익이나 욕심만 충족시키자는 생각도
> 아니다. 나라의 법률을 삼가 받들고 정직한 도리를 굳게 지니면서, 자기가
> 마땅히 해야 할 사회적인 직분 때문에 다른 사람을 방해하지도 않고, 다른
> 사람의 방해도 받지 않으면서, 자기가 하고 싶은 일을 자유롭게 하는 권리다
> (유길준, 2004: 131).

『서유견문』의 이 '자유'는 앞서 언급한 「건백서」에 제시된 자유 개념과 거의 정확하게 그 뜻을 같이한다. "「건백서」에 제시된 자유 개념",[1] 즉 박영효와 유길준으로 대표되는 개화 지식인들은 "외부적 간섭이나 제약이 없는 상태"라는 말로 쓰였던 종래의 '자유'를 "자기 마음이 좋아하는 대로 옳다고 생각하는 바를 행하되, 천하 일반에 통하는 불변의 도리(通義)하에서 법률을 지키며 그리하는 것"으로 재해석했다. 심지어 박영효는 '야만적 자유'와 '사회생활을 하는 데 있어서의 자유(處世之自由)'를 구별(박영효, 1990: 291)하면서, 반개화파들이 '자유'를 반대하며 내세운 것, 곧 '예법'과 '기강'의 이름으로 "아시아주의 옛 풍속과 옛 관례를 계승한 것"을 '야만적 자유'라고 규정했다.

---

1    박영효는 「건백서」에서 '자유'를 다음과 같이 정의한다. "이른바 자유라는 것은, 그가
     옳다고 생각하는 바를 행하는 것입니다. 단지 천지의 이치만을 따른다면 아무런 속박
     도 굽힘도 없어야 합니다"(박영효, 1990: 291).

요컨대 19세기 후반 조선에서 '자유'라는 말의 의미 변화는 당대 격화되었던 개화 대 반(反)개화 간의 정치적 대립과 관련이 있다. 개화의 맥락에서 자유가 조선의 부국강병을 이루기 위해 서둘러 받아들여야 할 가치이자 규범으로 강조되는 동안, 그에 대한 반발로 다른 한편에서는 자유를 조선의 전통적 질서를 지키기 위해 부정해야 할 외래의 법이자 기세로 매도했다. 반개화파들의 '자유'에 대한 비판에서도 알 수 있듯이, 개화 지식인들의 자유에 대한 이해는 '구미식 자유주의'의 영향을 받은 것이었다. 당시 개화에 대한 요구는 조선 사회가 당면한 위기, 즉 봉건적 수탈에 반발하는 내부로부터의 도전과 제국주의 열강들에 의한 외부로부터의 위협이 빚어낸 국가적 위기를 배경으로 제기되었는데, 서양의 문물을 도입하고 주변 국제관계 변화를 적극 활용하는 방식으로 해법을 찾고자 했던 개화 지식인들은 이미 갑신정변 (1884)을 전후한 시기에 중국과 일본을 통해 존 로크(John Locke)와 장자크 루소(Jean Jacques Rousseau), 존 스튜어트 밀(John Stuart Mill), 알렉시스 토크빌(Alexis Tocqueville) 등의 사상을 접했고, 영국과 미국, 프랑스에서 시행되는 입헌군주제, 의회 선거, 삼권분립 등의 제도에 대해서도 비교적 소상히 알고 있었다(김영작·윤순갑, 2005).

   하지만 그들이 모델로 삼은 구미 국가들에서 자유 개념이 내부의 봉건적 신분 질서와 절대주의에 맞서는 자유주의사상의 맥락에서 발전했던 반면, 19세기 후반 조선에서 그것은 봉건적 억압 못지않게 외부로부터의 주권 침해에 저항하는 논리와 실천의 맥락에서 활용되어야 했다. 그러므로 개화사상에서 '자유'는, '(추상적) 개인의 자유'로서보다는, '백성의 자유권' 또는 '민권'의 견지에서 더 강조되었다. 또한 "진실로 한 나라의 부강을 기약하고 만국과 대치하려 한다면, 군권을 축소하여 인민으로 하여금 정당한 만큼의 자유를 갖게" 해야 한다는 「건백서」의 주장(박영효, 1990: 279~280)이 10년 뒤

"민권이 즉 국권이라 하는 말이 참 학문 있는 말이라"라는 ≪제국신문≫ (1898.10.6)의 주장으로 이어지고, 그로부터 다시 8년 뒤에는 "…… 대저 하늘이 민을 낳으며 고루 자유를 부여했으니 …… 민이 능히 그 자유를 향유해야 국이 독립을 보존이라"라는 ≪대한자강회월보≫ 제6호(1906)의 주장으로 반복되는 데서 알 수 있듯이, 조선 말기부터 대한제국 시기 개화 담론에서 '자유'는 '국가로부터 개인의 자유'라는 측면보다 "국가의 자주독립에 필수적인 요소"(문일웅, 2015: 63)라는 차원에서 더 강력한 호소력을 지녔다. 강명희(2014: 235)는 이 시기 언론에 '자유'의 상관어로 가장 자주 등장하는 것은 '자주'와 '독립'이었으며, "'인민의 자유는 국가 독립의 원소'라며 자주독립의 정신이 없고 자신의 자유가 중요한 것을 모르는 국민은 나라의 독립을 지킬 수 없다는 명제가 수다한 논설에 부단히 반복되었다"고 한다.

이렇듯 개화 지식인들에 의해 새롭게 해석된 '자유'는 ≪독립신문≫ (1896~1899)과 ≪매일신문≫(1898~1899), ≪제국신문≫(1898~1910), ≪황성신문≫(1898~1910) 등을 통해 널리 공유되었던 것으로 보인다. ≪독립신문≫(1899.4.7)은 그 발간 취지가 "대한의 독립과 진보와 인민의 자유권을 위"함임을 명시적으로 밝혔고, 독립협회 급진파들이 주도해서 순 한글 신문으로 발간한 ≪제국신문≫은 '자유'라는 단어를 만민공동회 시기에 주로 인민의 시위 참여를 독려하기 위해 활용하면서 자유권을 "일종의 저항권과 유사한 개념"으로 제시했다(문일웅, 2015: 72). 그러나 다른 한편 개화 지식인들을 통해 전파된 서구 자유주의사상은 유교 윤리가 지배적인 사회에 언론·출판·집회·결사의 자유 및 재산 소유의 주체로서 '개인'에 대한 관념을 싹틔웠고(류준필, 2004; 박주원, 2004; 정용화, 2006), 자유권을 제대로 행사하기 위해 근대적 교육이 필요하다는 생각도 발전시켰다. "자유의 문에 들어서려면 마땅히 먼저 자유의 지식을 연마"해야 한다는 ≪황성신문≫(1907.1.23)의 주장이나 ≪제국신문≫(1898.8.17)의 다음과 같은 논설이 그런 생각을 잘 드러내 준다.

> 자유를 능히 지킬 줄 모르는 사람을 개명한 백성과 같이 권리를 줄 지경이면
> 도로 큰 해가 있을지라. …… 제 몸과 제 수족을 가지고 임의로 못하는 것을
> 분히 여겨 온전한 사람 노릇들을 하고 싶거든 외국 사람의 인정과 학문을 좀
> 배워 자유권 지킬만한 백성들이 되어 봅시다.

전통적인 가족제도와 신분 질서의 구속에서 벗어난 '개인'을 상상하고 '자유'를 그런 개인이 누리는 권리로 바라보는 관점은 조선의 많은 이들에게, 특히 젊은 세대에게 대단히 매력적이었을 것이다. 하지만 구한말의 위태롭고 복잡한 정세 속에서 그런 관점은 조선의 독립과 부국강병이라는 개화의 원래 취지와 상반되는 태도로 연결되기도 했다. 개개인의 자유와 안전이 보장된다면 "다른 나라에 종속되었다 해도 실제로는 재앙이 아니"며(윤치호, 1891.3.8)[1] "누가 나라를 다스리든지 상관하지 않을 것"(윤치호, 1895.12.20)이라는 태도가 그 한 예이다. 개화기의 '자유'에 대한 이 같은 인식들은 대한제국이 멸망하고 일제 식민지 시기가 도래한 이후 서로 분명하게 구별되는 몇 가지 흐름으로 나타난다.

---

[1]    이하 윤치호에 대한 인용은 윤치호(2003)를 텍스트로 한 것이며, 괄호 안에는 일기를 쓴 날짜를 표기한다.

## 3 | 식민지에서의 자유: 개인의 해방 혹은 민족의 독립?

서구 문물을 수용하여 조선의 근대화를 추구했던 개화기는 '자유'에 대한 근대적 인식을 불러일으키면서 그것을 매우 문제적인 단어로 만들었다. 단순히 "(말이나 행동에 대해) 외부적 간섭이나 제약이 없음"을 의미했던 '자유'가 "예법과 기강을 무너뜨리고 제멋대로 함"을 뜻하는 말로 비판되기도 하고, "천부의 권리"이자 "국권 보존의 방책"으로 중시되기도 했다. 그런데 일제의 식민 통치는 '자유'에 대한 이런 기존의 생각들이 굴절·수정되거나 혹은 심화되는 또 한 번의 계기가 되었다. 조선의 부국강병과 자주독립에 대한 전망이 좌절되고 국권 회복이 최우선 과제로 떠오른 상황에서 '자유'라는 말은 이전과는 다른 맥락에서 상이한 의미를 담아 사용될 수밖에 없다.

무엇보다 개화기의 '자유'에 대한 인식을 대변하는 "인민의 자유권 보장이 곧 국권을 보존할 수 있는 전제"라는 논리가 식민지 시기로 접어들면서 자유를 이해하는 별개의 관점으로 분화되어 나타났는데, 그것은 당장의 '국권 보존'은 단념하는 대신 '인민의 자유권 보장'에 더 집중하려는 세력과 '인민의 자유권 보장'을 통한 '국권 보존'의 길을 포기하고 "국가의 독립이 인민의 자유권 보장의 선행 요건"이라는 입장에서 무장 독립투쟁으로 나아간 세력 간의 분화를 뜻하는 것이기도 했다. 전자가 한말의 자강운동론에서 일제하 실력양성론 및 문화운동론으로 이어지는 노선이라면 후자는 1910년 이후 해외 독립운동 기지를 중심으로 항일투쟁에 나선 전투적 민족주의 노선이라 할 수 있다. 일제의 식민지 지배에 대한 이렇듯 서로 다른 대응은 '자유'라는 말이 사용되는 서로 다른 맥락을 제공했다.

우선 전자의 맥락에서 '자유'는 점차 뚜렷하게 '개인적 자유'를 의미했다. 그리고 개인에게 가해지는 외부적인 강제나 방해의 부재 여부에 초점을 맞춰 '자유'를 이해하는 관점은, 그것이 애초에는 독립을 위한 '선(先)실력 양성'의 의도를 가진 것이었을지라도, 점점 국권 회복 같은 당대의 절실한 정치적 문제를 외면하게 되는 결과를 낳았다. 자유가 그 개인이 속한 공동체의 성격이나 정치와는 무관한 문제가 될 때, 식민지 지배는 개인의 자유에 대한 억압이 아니라 오히려 유리하게 작용하는 것으로 정당화될 수 있다. 특히 제국주의 권력이 '동화'를 강조하면서 종래 지배 질서의 전근대성을 개량하는 조치들, 이를테면 신분제에 기초한 식민지 구(舊)지배체제를 와해시키고 전근대적인 토지 및 소유권 제도를 부분적으로 개혁하는 조치나 여성에게 억압적인 가부장적 질서를 완화하는 조치 등을 단행할 때, '개인의 자유'라는 견지에서 그것은 마치 일종의 '해방'인 양 여겨질 수 있는 것이다(문지영, 2011).

일제 식민 통치기에 '자유'에 대한 그와 같은 굴절된 인식을 잘 보여주는 이들이 실력양성론·문화운동론을 선도했던 당대 신지식층이다. 송진우·현상윤·이광수 등으로 대표되는 이 지식인 집단은 1910년대 초반부터 ≪학지광≫이나 ≪청년≫, ≪개벽≫ 같은 잡지들을 통해 '자아의 자유로운 발전'이라든가 '개인의 자립'을 적극적으로 강조하면서 전통적인 가족제도와 고루한 유교 윤리의 타파를 주장했다(전재호, 2004). 예컨대 송진우는 "공교타파(孔教打破)와 국수발휘(國粹發揮)", "가족제의 타파와 개인자립", "강제연애의 타파와 자유연애의 고취", "허영교육의 타파와 실리교육의 주장" 등을 '사상개혁'의 이름으로 요청(강명희, 2014: 241)했고, 현상윤은 "구사상 구도덕하에서 '나'라는 의식 생활의 중심을 잃고 반기계적 반동물적 생활을 했다"며 "조선사람이 현대문명의 중요한 특색인 물질주의를 모르고 개인주의를 경시한다"라고 비판했다(강명희, 2014: 243). 이광수의 '민족개조론'도 결국 "덕체지(德體智)의 삼육(三育)과 부의 축적, 사회봉사심의 함양"을 통해 각 개인이 "문명한 일(一)개인으로 문명한 사회의 일원으로 독립한 생활을 경영하고,

사회적 집무를 부담할 만한 성의와 실력을 가진 사람"이 되자는 주장이었다 (최주한, 2004: 322).

이처럼 개인주의적인 맥락에서 쓰인 '자유'라는 말은 이중성을 지녔는데, 그것을 잘 드러내주는 것이 '자유연애'라는 표현이다. 1920년대의 이른바 '문화통치' 시기에 일반 대중이 '자유'라는 단어를 가장 빈번하게 접했던 것은 아마도 '자유연애'라는 쟁점을 통해서였을 것이다. 앞서 언급한 송진우의 '사상개혁론'에서도 제시되었듯이, '자유연애'에 대한 주장은 서구 자유주의 및 개인주의의 영향에 따른 근대적 변화의 일환이었고 유교적 관습과 전통적인 가족제도의 억압에서 벗어나고자 하는 개인적 자유의 선언이었다. 다시 말해, '자유연애'에 담긴 자유의 이념은 전근대적·봉건적 질서로부터 개인의 해방이라는 진보의 함의를 지닌 것이었다. 그러나 당시 언론에서 '자유연애'는 주로 '신여성'의 스캔들로 다뤄졌고, 1924년 11월 호 ≪신성≫에 게재된 김기진의 (김명순에 대한) 공개 비판[2]이 단적으로 보여주듯, 그때의 '자유'는 '무절제'의 다른 말이었다. 실제로 '자유연애'는 신여성들만의 문제가 아니라 신지식층 남성들의 문제이기도 했으나(소현숙, 2011), '자유'의 주체가 여성으로 확대되었을 때 그것은 '진보' 대신 '불온'의 의미를 더 크게 생산했다.

강명희(2014: 242)가 지적하듯이 "일반인들에게 있어 사실 정부로부터 오는 정치적·경제적 압박보다 더 보편적인 속박은 유교 윤리 지배하의 가족제와 사회적 압박이었다고 볼 수 있"다. 특히 신식 교육을 받고 1920년대를

---

2    관련 내용은 서형실(1994: 117) 참조. 신여성이자 문인이었던 김명순은 김동인의 소설 「김연실전」의 모델이기도 했는데, 그 소설에서 김동인은 김명순뿐만 아니라 나혜석·김일엽 등 당대 신여성들의 '자유연애'를 냉소적으로 그리고 있다.

전후하여 하나의 사회집단으로 등장한 '신여성'에게 전통적인 가치관과 관습은 일상적으로 경험해야 하는 억압이었을 것이다. 따라서 신여성들의 경우 '자유연애'는, 축첩제도 같은 봉건적 유습에 의지하여 그것을 구시대 질서와 적당히 타협하며 주장할 수 있었던 신지식층 남성들과 달리, 여성도 "개성과 인격을 가진 존재"라는 자각의 표현이자 근대적 자유의 실천이라는 의미가 강했다(서형실, 1994). 요컨대, 일제 식민지 시기 '개인적 자유'의 맥락에서 이해되었던 '자유'라는 단어는 일관되게 긍정적 의미를 내포한 근대 용어가 아니었고, 남성에게 적용되는지 여성에게 적용되는지에 따라 진보의 의미를 나타내는 말로도 또는 종래의 보수적 혐오를 부르는 말로도 쓰였다.

하지만 '자유'를 이렇듯 봉건적 억압으로부터 개인의 해방 내지 사적 자유의 확보라는 차원에서 강조하는 입장은, 그것이 일제 식민지로부터 '국권의 회복'이나 '자주독립'이라는 정치적·공동체적 자유에 대한 적극적인 관심을 동반하지 않을 때, (비록 당대에는 일정한 진보적 의의를 지닌 것이었다 하더라도) 결국 제국주의와 타협하면서 친일·부일의 논리로 나아가지 않을 수 없었다. 그런 전환 과정을 여실히 보여주는 인물이 윤치호다. 독립협회 및 대한자강회의 핵심 인물 가운데 한 사람이었던 그는 강제병합 직후인 1911년에는 '105인 사건'으로 체포되어 옥고를 치르는 등 민족주의자의 모습을 보였지만, 다른 한편으로는 갑신정변을 전후한 시기에 이미 조선의 정치체제는 불공정하고 잔인하며 억압적인 악정이요 전제라고 비판하면서 "현 왕조가 빨리 사라질수록 민족의 복지는 더 나아질 것"이라는 생각을 드러냈다(1894. 9.18). 그리고 조선왕조 500년 동안 계속된 양반 지배구조와 억압적 통치 탓에 인민들이 아직 근대적 독립국가를 스스로 확립·유지할 준비가 되어 있지 않다는 이유로 3·1운동에 반대하기도 했다(1919.2.28; 1919.5.10; 1919.7.8). 그에 따르면, 독립은 구사상 및 관습을 떨쳐버리고 민족 구성원 개개인이 도덕적·경제적 향상을 이루었을 때 비로소 의미가 있는 것이었다.

> …… 종교와 도덕은 민족의 영혼이고, 지식은 민족의 두뇌이며, 부는 민족
> 의 신체라 할 수 있다. 그런가 하면, 정치적 지위란 건 그저 민족의 의복에
> 불과하다고 할 수 있다. 한 민족이 도덕적으로 건전하고, 지적으로 수준이
> 높으며, 경제적으로 자립을 이루었다면, 정치적 지위야 어떻든 매우 편안하
> 게 살 수 있다. 이와는 반대로 그저 정치적 독립만 있다면, 이것이야말로 아
> 무짝에도 쓸모없는 일이다(1920.5.17).

식민지 지배를 경험하는 동안 그가 비교적 일관되게 견지했던 입장, 곧
'실력양성론'은 결국 독립된 근대국가 그 자체보다 자유와 권리를 향유할 수
있는 근대적 개인의 탄생이 더 시급하며 중요하다는 논리에 다름 아니다. 그
의 관점에서는, 민족 구성원 개개인이 근대적 시민으로서의 자질과 덕성을
갖추고 개인적 자유를 보장받으면서 살 수 있다면 명목상 독립국가인지 그
렇지 않은지는 문제될 것이 없었다. 그가 점차 '자치'를 강조하면서, 일제의
조선 통치를 근본적으로 반대하기보다 자치의 허용 여부나 그 범위를 기준
으로 비판 수위를 조절하는 선에 머물렀던 까닭은 이런 맥락에서 설명할 수
있을 것이다. 그가 보기에는 발전된 문물과 서구적 제도를 갖춘 일본의 지배
아래서 개혁을 도모하는 편이 오히려 개인의 자유와 조선의 근대화를 위한
적절한 방안이었던 것이다.

> 명목상의 독립이 조선인들의 진정한 복지에 얼마나 도움이 되겠나? 그래서
> 난 조선인들 입장에서는 모든 게 불확실한 상황에서 한낱 이름뿐인 독립을
> 얻는 것보다는 자치를 해가며 현재의 지위를 유지하는 게 최대의 이익을 도

모하는 길이라고 확신한다(1919.9.16).

'자유로운 공동체', 곧 주권국가에 대한 문제의식 없이 그저 개인의 자유와 권리 신장을 주문할 때 결국 뒤따른 것은 다양한 민족이 공존하는 대제국의 이상이다. 윤치호 역시 조선이 "일본의 아일랜드가 아니라 스코틀랜드"로 통합된 일종의 대제국을 꿈꾸었다(1943.3.1). 그리고 그런 이상에 비춰 조선인에 대한 차별과 조선어 사용 및 교육에 대한 규제를 철폐함으로써 진정한 '내선일체'를 실현하라고 총독부에 요구(1939.3.3)했는데, 이 대목이야말로 그가 지향한 근대화의 문제점을 적나라하게 드러내준다. 개인이 자신의 삶에 영향을 미치는 정치적 결정과정에 참여할 권리를 갖지 못한 채 누리는 자유란 결국 지배자의 온정에 좌우되지 않을 수 없는 것이다. 윤치호처럼 공동체의 자유, 곧 독립에 대한 문제의식 없이 단순히 개인의 도덕적·경제적 자기 계발과 구습의 굴레로부터 해방에 초점을 맞춰 '자유'를 이해하는 입장은 식민지 현실에서 정치에 대한 관심을 약화하고 종국적으로는 제국주의 지배를 정당화하는 결과로 이어졌다.

한편, 식민지 시기에 '자유'는 '민권이 곧 국권'이라는 개화의 신념을 "국가의 독립이 인민의 자유권 보장의 선행요건"이라는 입장으로 대체하고 항일 독립투쟁을 전개·지지한 세력들이 지향한 핵심 가치이기도 했다. 대표적인 자강운동단체였다가 1910년 이후 국외 독립운동 기지를 건설하여 무장독립운동을 전개하는 데 앞장섰던 신민회가 그런 맥락의 '자유'에 대한 이해를 잘 보여준다. 전근대적 '신민(臣民)'을 '신민(新民)', 곧 자유롭고 평등한 개인들로 재탄생케 함으로써 자유 문명국을 설립한다는 신민회의 이상은 일제의 식민지 지배가 본격화하면서 개인이나 민권보다 국가와 국권 회복으로 강조의 초점이 바뀌게 된다. 신민회의 중추적 인물이었던 신채호는 1923년에 작성된 「조선혁명선언」에서 다음과 같이 자치론·문화운동론을 비판하며 이 점을 분명히 했다.

(일본 제국주의) 부속하에 있는 조선인민이 어찌 구구한 자치의 허명으로 민족적 생존을 유지하겠느냐. …… 일제 강도정치하에서 문화운동을 부르는 자 누구이냐? 문화도 산업과 문물의 발달한 총적을 가리키는 명사니 경제 약탈의 제도하에서 생존권이 박탈된 민족은 그 종족의 보존도 의문이거든 하물며 문화 발전의 가능이 있으랴.

그리고 신민회 중앙위원으로서 만주 독립운동 기지 건설에 앞장섰던 이회영은 '독립'의 가치를 다음과 같이 명시적으로 민족 전체의 평등과 자유에서 찾았다.

나는 본래 벼슬을 원하지 않는 사람이며 불평등한 신분제도도 본래 반대하던 사람이다. 독립을 하자는 것도 나 개인의 영화를 위한 욕심에서가 아니라 전체 민족이 평등하고 자유로운 행복한 생활을 누릴 수 있기 위해서이다 (장석홍, 2018: 368 재인용).

이렇듯 국권을 상실한 상태에서 개인적 권리 신장은 무의하다고 판단한 신민회 인사들에게 '자유'는 이제 '민족자결'과 '국가 독립'을 의미하는 것이 되었다.

전 민족적인 항일 독립운동의 시발점이 된 「2·8독립선언」이 증언하듯이, 식민 통치란 조선 민족에게 집단적인 부자유의 경험이었다. "우리 민족에게는 참정권, 집회결사의 자유, 언론출판의 자유 등을 불허하며 심지어 종교의 자유, 기업의 자유까지 적지 않아 구속하고 나아가 행정·사법·경찰 등 모든 기관은 조선민족의 개인적인 권리마저 침해하고 …… 또 공적·사적으로 우리 민족과 일본인 간에 우열의 차별을 두"는 일제의 가혹한 지배는 민족자결권의 상실이 민족 구성원 개개인의 자유와 안녕에 대한 위협으로 이어질 수밖에 없음을 날이 갈수록 분명하게 보여주었다. 따라서 「2·8독립선언서」는 독립투쟁을 "민족의 자유 추구"로서 요청하고 정당화했으며, 「기미독립선언문」도 "우리 민족의 고유한 자유권 보전"을 독립의 이유이자 목표로 내세웠다. 3·1운동 당시 민족대표 가운데 한 사람이었던 한용운이 잘 보여주듯, "쇠퇴한 사회에 개인의 행복이 있을 수가 없는 것이요, 패망한 국가에 국민의 자유가 있을 수가 없는 일"(김성연, 2019: 65 재인용)이라는 인식은 개인의 자유에 대한 신념을 민족·국가의 자유에 대한 신념으로 확장시켰고, 그런 맥락에서 '자유'는 조선민족이라면 누구나 신성시하지 않을 수 없는 가치가 되었다.

항일 독립투쟁을 통해 고조된 '민족의 자유'라는 대의는 3·1운동 직후인 1919년 4월 11일에 수립된 상하이임시정부의 '임시헌장'을 통해 제도적 형태로 표현되었다. '임시헌장'은 3·1 독립선언이 "민족의 독립과 자유를 갈망하는 사(思)와 정의와 인도를 애호하는 국민성을 표현"한 것이며, "우리의 유(流)하는 일적(一滴)의 혈(血)이 자손만대의 자유와 복락의 가(價)이요 신(神)의 국(國)의 건설의 귀한 기초"임을 다시금 선포하면서, 민주공화제로서의 국가(제1조)와 인민의 일체 평등 원칙(제3조), 종교·언론·출판·결사·집회·주소이전·신체 등의 자유권 보장(제4조), 선거권 및 피선거권 보장(제5조)을 명시하고 있다. 즉, '민주공화국'으로 건설될 새로운 국가는 단순히 식민 통치에서 해방된 '독립국가'일 뿐만 아니라 개인의 자유와 평등을 보장하는 '민주주의 국가'로 제시되었다. 식민지 현실에서 '자유'를 그저 개인의 내적 수

양과 구습 탈피라는 차원에서 이해하는 입장이 '독립'과 '민족자결'로서의 자유의 문제를 외면하고 친일·부일의 길을 갔던 것과는 달리, '민족해방'이라는 견지에서 '자유'를 이해했던 입장은 당면 과제로서 '독립'에 집중하는 대신 개인적 자유에 대한 문제의식을 근대국가 구상에 담았던 것이다.

'자유롭고 평등한 개인'의 이상은 어떤 식으로든 식민지에서는 실현하기 어렵다. 그 개인이 공동체의 정치적 결정에 참여할 수 있는 길이 원천적으로 봉쇄된 상태에서 누리는 자유란 제국주의 지배 권력의 온정과 재량에 의존하는 것이고 언제든 철회될 가능성을 안고 있기 때문에, 진정한 의미에서 개인의 자유는 민주주의적인 주권국가에서만 가능하다(문지영, 2011). 그러므로 식민지하에서 개인의 자유를 획득하려는 노력은 우선 국가의 주권을 되찾는 노력이 되지 않을 수 없다. 이 점에서 항일 독립투쟁의 역사는 일제 식민지 시기 '자유'라는 말이 사용되고 이해되는 가장 절실한 맥락을 보여준다. 그리고 이 같은 '자유'에 대한 인식은 해방 후 근대국가를 수립하는 과정에도 지속적으로 영향을 끼치게 된다.


## 4 | '자유진영'이라는 이름의 반공 국가와 반독재 민주화 투쟁의 자유: 자유들의 격돌

1945년 8월 15일의 '해방'은 한국 사회가 '자유'를 추구하고 받아들이는 데 새로운 국면을 열었다. 일제로부터 확보한 '민족의 자유'가 통일된 근대적 주권국가의 수립으로 미처 이어지기 전에 동서 냉전의 격랑에 휩쓸려 버렸기 때문이다. 해방과 함께 한반도의 남쪽을 점령한 미국에 의해 남한은 '자유진영'의 일원으로 편입된 데다 냉전의 상대편 주축인 소련이 북한을 점령한 탓에 '자유진영' 가운데서도 최전선의 위치에 놓였다. 냉전시대의 특징은 민족/국민국가를 형성하기 위한 기획이 '진영'을 형성하기 위한 목적의식적인 문화 기획과 불가분의 관계를 맺고 있었다는 데 있다(허은, 2013, 2015). 제2차 세계대전 이후 동아시아 지역에 본격적으로 개입한 미국은 이 지역 신생국가들이 공산화되는 것을 막고 미국 주도의 세계질서로 통합하기 위해, '자유 동아시아'의 구성원이라는 정체성을 불어넣으려는 시도를 다양하게 전개했다. 미국의 직접적인 영향력 아래 남한만의 단독정부 수립이 강행되어 탄생한 대한민국은 그 출범부터 '자유민주주의'를 표방했지만, 그때의 '자유'는 아무래도 미국이 소련 및 '공산진영'을 상대로 구축한 '자유세계'의 범위 안에서 상상 및 지향되었다. 미국이 주도하는 '자유세계'란 결국 '반공주의를 목표로 연대한 세계'를 의미했기에 그 일원으로 소속된 사회에서 '자유'란 '반공'의 함의를 갖지 않을 수 없었던 것이다.

1950년대에 들어서면서부터 미국 정부는 동아시아 각국을 '자유진영'으로 묶어내고 이 지역에서 미국의 헤게모니를 구축하기 위해 본격적인 '문화냉전'을 전개했다. 특히 국무부와 미해외공보처(USIA) 주도로 발간된 ≪자유세계≫·≪자유의 벗≫·≪재건화보≫·≪새힘≫ 등의 잡지는 동아시아 지역의 지도층에서부터 일반 대중에 이르기까지 전 사회 구성원에게 미국이 주도하는 '자유진영'의 이미지와 목표를 선전하고 설득력을 확보하는 데 적지 않은 영향력을 발휘했다. 이 매체들이 '공산진영'과 대비하여 강조하는 '자유진영'의 특징은 '자유선거'와 (토지개혁을 포함하는) 경제·사회 개발이었다. 우선 '자유선거'와 관련해서는 미국 선거제도의 장점을 홍보하거나 '자유진영'에 속한 신생국가들에서 '자유선거'를 통해 국민의 이해를 대변하는 정부들이 수립·운영되고 있다는 소식을 전하는 기사들이 주를 이루었다. 그러나 분명한 것은 허은(2015)이 잘 지적하고 있듯이, 이 같은 '자유선거'의 강조가 냉전시대 동아시아 지역에 대한 미국 정부의 최대 관심사가 민주주의였음을 의미하지는 않는다는 사실이다. 구 제국주의 세력을 대체하며 동아시아 지역에서 '자유진영'을 형성·유지하고자 했던 미국이 남한을 비롯한 동아시아 '자유진영' 국가의 구성원들에게 부각시킨 '자유'는 오히려 '가난과 질병, 무지로부터의 자유'였다. 예컨대, 1952년에 발행된 ≪자유세계≫ 제1권 1호에 실린 "자유세계의 역량"이라는 제목의 기사는 자유가 "어린이가 씩씩하고 건강하게 자라는 것을 의미하며 사람이 평화리에 사는 것을 의미하며 정부가 질병과 무지와 빈곤을 제거하는 것을 의미하며 압제에 반대하여 궐기한 호연하고 용감한 인민을 의미할 수 있다"라고 언급한다(허은, 2015: 127).

신생 대한민국은 '자유진영'의 일원으로 출발한 데다가 곧이어 6·25전쟁까지 겪으면서 점점 더 냉전의 논리에 압도되었다. 해방 정국을 달궜던 다양한 근대국가 건설의 전망들은 "자유세계"의 기치 아래 폭력적으로 수렴되어버렸고, 국가권력을 장악한 세력들에게 '자유'는 '반공'의 동의어이자 빈곤의 극복, 개발, 성장을 의미했다. 초대 대통령 이승만은 "자유는 생명보다 더 중히 보호해야 하는 것"이라고 주장하면서 6·25전쟁을 "자유, 자유의 복리, 세계평화를 위"한 것으로 규정했다(공보처 엮음, 1953: 60). 이승만은 일민주의를 국시요 정권의 통치 이념으로 내세우면서도 집권하는 동안 '자유'를 죽음을 불사할 정도의 '대의'로 강조했는데, 이때 '자유'는 '공산주의의 침략과 지배로부터의 자유'에 다름 아니었다.

자유라는 대의를 방호하기 위하여 여러분은 우리와 더불어 고생하고 싸우고 피를 흘리고 있는 것입니다. 우리는 힘을 합하여 싸움으로서 결국 한반도 남반부에서만이라도 적의 침략을 저지하는 데 성공했으며 민주주의의 원칙을 여기서 보호하고 견지한 것입니다(공보처 엮음, 1954: 98).

"국법 이상으로 떠받들어진" 이승만의 담화(서중석, 2005: 82, 163)[3]가 "전세계 정복을 목표로 하는 공산주의자들"에 맞서 "자유세계의 방어에 몰두해야 하는 우리들의 임무"(공보처 엮음, 1954: 33, 46)를 반복적으로 강조하고, '공산주의로부터의 자유'를 민주주의 보장의 선결 조건인 양 주장함에 따라 일반 국민들은 '자유'를 자연스레 체제 안보의 문제로 바라보게 될 확률이 크다. 또한 그런 자유의 실현을 위해 개인적 자유 ― 그것이 헌법에 보장된 것이라 하더라도 ― 의 희생과 민주주의의 유보를 요구하는 국가의 억압적 조치도 어쩔 수 없는 것으로 용납하기 쉽다.

냉전의 한 축으로서 '공산진영'과의 체제 대결에서 승리하고 동아시아에서 패권을 확장하려던 미국 정부에게 '자유진영'의 가치는 자국의 안보와 경제적 이익에 철저히 종속되었으므로 '공산주의로부터의 자유'를 내세워 권위주의 독재를 자행하는 국가는 자유민주주의의 적이라기보다 충실한 '자유세계'의 일원으로 여겨졌고, 따라서 독재정권 유지에 필요한 지원이 끊이지 않고 계속되었다. 이런 국제 정세를 배경으로, 쿠데타를 통해 집권한 제3공화국 정부 이래 한국의 독재정권들은 '개인·개인적인 것'을 '국가·공적인 것'과 양자택일적인 대립 관계로 놓고 후자를 위해 전자가 희생되는 것을 당연시하는 특징을 보였다. 유신정권의 이른바 '한국적 민주주의'가 '개인' 및 '개인적인 것'을 죄악시하면서 '자유'를 '방종'과 동일시하고 국민의 자유권 행사를 위축하는 담론의 한 전형을 보여준다(문지영, 2011).

---

3    『대통령 이승만 박사 담화집』 서문에 다음과 같이 쓰여 있다. "담화는 말씀이 아니시라 곧 각하의 피요 혼이시다. 또 이 나라 백성을 기르시는 것이요 감로수다. 백성들은 각하의 담화를 가문 때에 비를 기다리듯이 한 적이 그 몇 번이였던고……"(공보처 엮음, 1954: 0).

자유나 권리가 방종이나 개인만을 위한 것으로 오용되거나 책임과 의무를 수반하지 않는 남용으로 그친다면 그것은 무엇에도 비할 수 없는 해악을 가져온다는 사실을 우리는 깨달아야 할 것입니다. 인간에 있어 생명 이상일 수도 있는 소중한 자유를 편협된 자기중심의 세계에서만 욕되게 할 것이 아니라, 국가 민족의 이익과 사회 공공의 복지 향상에 부합되도록 조절하고 행사하여야 하며, 그 능력도 길러야 합니다(대통령비서실 엮음, 1973: 338).

개인적 차원에서 자유는 "국가 민족의 이익과 사회 공공의 복지 향상에 부합되도록 조절"되어야 한다는 바로 이 발상이 '국가 안보'를 위해 자유의 제한을 감수해야 한다는 유신 개혁의 요구로 이어졌고, 나아가 '큰 자유'와 '작은 자유'의 구분을 낳으면서 자유민주주의를 반공주의로 축소해 버리는 논리의 토대가 되기도 했다.

유신체제는 공산 침략자들로부터 우리의 자유를 지키자는 체제입니다. 큰 자유를 지키기 위해서는 작은 자유는 일시적으로 이를 희생할 줄도 알고, 또 절제할 줄도 아는 슬기를 가져야만 우리는 큰 자유를 빼앗기지 않을 것입니다. 우리를 노리고 있는 침략자들은 우리의 내부에 어떤 허점만 생기기를 노리고 있는 판국인데, 우리도 남과 같이 주어진 자유라고 해서 이를 다 누리고 싶고, 또 남이 하는 것은 다 하고 싶고, 그러고도 자유는 자유대로 지키겠다고 한다면, 또 지킬 수 있다고 생각한다면 이는 세상이 어떻게 돌아가는지를 전혀 알지 못하는 환상적인 낭만주의자라고 하지 않을 수 없을 것입니다(대통령비서실 엮음, 1976: 312).

여기서 자유를 '크다/작다'로 판단하는 근거는 그저 민족과 국가가 개인

그림 1-1  2·4파동 직후 "민주주의 사수"와
"국가보안법 반대"를 외치며 시위에 나선 여성들

그림 1-2  "학원의 자유를 달라"라고 외치며 도청으로 향하는
경북고등학교 학생들

그림 1-3  "이승만 정권 타도"를 외치며 거리로 나선 노인들

독재정권의 억압은 연령과 성별의 차이를 넘어 '자유'에 대한 염원을 불러일으켰고, '민주주의 수호'의 이름으로 국민적 행동에 나서게 했다.

자료: 민주화운동기념사업회 오픈아카이브.

에 비해 물리적으로 큰 단위라는 점에 있을 것으로 짐작될 뿐, 그 외 민족과 국가의 자유를 개인의 자유에 비해 '큰 것'으로 주장할 만한 다른 이유는 제시하고 있지 않다. 다만 그런 구분을 합리화하고 나아가 큰 자유를 위한 작은 자유의 희생을 정당화하기 위해 예의 '우리의 처지와 정치 형편'이라는 명분을 들이밀 뿐이다(문지영, 2011).

우리나라의 학생은 다른 나라의 학생들과 달리 우리 조국의 현실과 우리의 처지를 똑바로 잘 알아야 합니다. 다른 부강한 나라의 평화로운 환경과 번영되고 풍요한 사회에서 사는 대학생과는 달리, 국토가 분단되고 민족이 분열되고 휴전 상태의 준전시하에 살고 있는 우리 대한민국의 학생들이라는 것을 알아야 합니다. 흔히 요즈음 학생들이 자유, 학원의 자유라는 말을 많이 하는데 …… 자유를 지키자면 어떻게 해야 지켜지느냐, 국력이 커져서 힘이 있어야 되는 것입니다(대통령비서실 엮음, 1976: 241).

현시점에 있어서 우리 한국 국민이 미국 국민들이 누리는 것과 같은 그런 자유를 향유하겠다는 것은 무리한 소리가 아니냐 이거예요. 미국하고 우리하고 사정이 다르고, 구라파하고 우리하고도 사정이 다릅니다. …… 요즈음 한국의 일부 인사들 중에는 자기는 두 동강이 난 분단된 남한 땅에 살고 있으면서 머리와 생각은 미국이나 서구라파에 가 있어 가지고 그곳에 대한 환상만 자꾸 생각하고 있단 말이에요. 남의 일이니까, 왜 우리는 그만큼 자유를 안 주느냐, 왜 우리한테는 자유가 이렇게 없느냐, 이것을 우리는 소위 환상적 민주주의론자라고 얘기를 합니다(대통령비서실 엮음, 1976: 378).

이처럼 반공과 체제 안보를 '큰 자유'로 여겨 개인의 자유와 민주주의 요구에 앞세우는 입장은 산업화·경제발전의 청사진에 실려 한국 사회 일부에서 힘을 발휘했고, 다시 독재를 정당화하고 지지하는 논리로 이어졌다. '공산진영'에 대한 '자유진영'의 속성이 ('자유선거' 실시와 함께) 성공적인 근대화 달성으로 특징지어지는 냉전의 맥락에 깊숙이 파묻힌 한국 사회에서 '잘살아보세'라는 개발독재의 구호는 '자유'에 대한 위협이라기보다 장차 그것을 가능하게 할 일종의 비전으로 인식되곤 했다. '가난으로부터의 자유'는 '공산주의로부터의 자유' 못지않게 독재정권 및 그 지지 세력들이 구사하는 '자유'의 의미를 규정했으며, 이른바 '한강의 기적'이 구성원들 간에 평등하게 그리고 지역 간에 균형 있게 이루어지지 못했음에도 불구하고, 개인적 자유의 억압을 감내하게 하는 또 하나의 강력한 요인으로 작용했다.

하지만 냉전시기 한국 사회에서 '자유'가 체제 안보 및 빈곤 극복의 차원에서만 이해되었던 것은 아니다. 그것은 반독재 민주화 투쟁을 추동한 핵심 가치이기도 했다. 1950년대 한국 지성계에 폭넓은 영향력을 발휘했던 ≪사상계≫가 1955년과 1957년 두 차례 '자유'를 특집 주제로 다뤘던(정보람, 2016) 데서 짐작할 수 있듯이, 이 시기 '자유'는 지배 집단 내에서만이 아니라 비판적 지식인들 사이에서도 주요 관심사였다. 1955년 8월 호에 실린 「자유의 가치」에서 안병욱은 "우리는 자유 하면 민주주의를 생각하고 민주주의 하면 자유를 생각한다"라고 언급했고, 1957년 1월에 실린 「민주주의와 자유」에서 김기석은 민주주의가 "인간에게 맡겨진 자유의 이념과 깊은 연관을 갖"을뿐더러 "개체 창의 원리"라고 해석한다(권보드래, 2008: 109). 6·25전쟁을 치른 뒤 냉전 질서에 더 깊이 연루되면서 '공산주의로부터의 자유'가 당장의 민주주의 실현보다 중요한 과제인 듯 몰아가는 지배 세력의 공세에 맞서 이미 1950년대 후반에 ≪사상계≫를 중심으로 한 지식인 집단은 '자유'가 '민주주의'와 뗄 수 없는 관계이자 개인의 자기발전 원리라고 인식했던 것이다.

'자유'를 '자의적인 독재 권력으로부터의 자유'라는 측면에서 이해함으로써 반독재 민주화의 요구를 "자유의 투쟁"으로 규정하는 입장은 「서울대 4·19 선언문」이 잘 보여준다.

> …… 무릇 모든 민주주의의 정치사는 자유의 투쟁사이나 …… 근대적 민주주의의 근간은 자유다. 우리에게서 자유는 상실되어가고 있다는 것을, 아니 송두리째 박탈되고 있다는 것을 우리는 이성의 혜안(慧眼)으로 직시한다. …… 보라! 우리는 캄캄한 밤의 침묵에 자유의 종을 난타하는 타수(打手)의 일익(一翼)임을 자랑한다. 일제의 철퇴 하에 미칠 듯 자유를 환호한 나의 아버지 형제들과 같이 양심은 부끄럽지 않다. 외롭지도 않다. 영원한 민주주의의 사수파(死守派)는 영광스럽기만 하다. ……

1960년 4월혁명 세력에게 독재 권력에 의한 억압은 제국주의 권력에 의한 억압의 연장으로 인식되었으며, 민주주의의 실종은 주권 상실과 마찬가지로 자유의 박탈을 의미했다. 그리고 자유와 민주주의를 등치하는 이런 관점은 민주화운동 과정에서 지속적으로 표출되었다. 선거 부정과 개헌을 반복하며 정권을 연장하던 독재 권력은 그에 따르는 반발을 통제하기 위해 헌법상 보장된 사상·언론 자유의 억압과 학원 자율성 침해, 인권탄압을 자행했고, 이는 다시 정권의 반민주성을 강화하는 악순환을 불러일으켰으므로 '민주주의 수호'를 위한 투쟁은 '자유권 보장' 요구와 긴밀히 연결되지 않을 수 없었다. 1969년 박정희 정권이 '자유민주체제'를 말살하고 있다며 범국민투쟁을 촉구한 '3선개헌 반대 범국민투쟁위원회' 명의의 「역사 앞에 선언한다」는 그 근거로 ① 학원 자율성 유린, ② 언론 자유 침해, ③ 부정선거와 민주 헌정 미덕의 상실, ④ 공법의 집권 도구화와 금권만능 세태, ⑤ 정경유

착과 국가경제 파탄을 들었다. 엄혹한 유신정권 시기에 시인이 "타는 목마름으로" 민주주의를 희구하며 "살아오는 저 푸르른 자유의 추억"을 떠올린 것은 유신 권력이 권위주의 독재를 '한국적 민주주의'로 포장하면서 아래로부터의 자유권 요구를 '환상적 민주주의론'으로 매도한 것과 조응한다.

정부 수립 후 적어도 1970년대 말까지 '자유'는 한국 사회에서 가장 중요한 정치적 가치였다. 비록 지배 세력이 지향한 자유와 반정부 세력이 요구한 자유 간에는 커다란 차이가 있었지만 말이다. 자유를 누리기 위해서는 먼저 국력을 길러야 한다는 논리로 개발과 성장을 앞세운 세력들에게 '자유'란 곧 '체제 안보'를 의미했고, 이는 일부 국민들에게 민주주의의 유예를 설득할 만한 호소력을 지닌 것이었다. 그러나 '공산주의로부터의 자유'가 민주주의와 양자택일의 관계는 아니며 독재의 명분일 수도 없다고 보는 세력들에게 '자유'는 반독재 민주화 투쟁으로 나아가게 하는 근거이자 원동력이었다. 일찍이 2·4 보안법 파동 당시 ≪사상계≫를 중심으로 한 비판적 지식인 집단은, "반공이라는 대의와 국가보안법의 필요성 자체에 대해서는 인정하고 있었"음에도 불구하고, 국민의 기본권과 자유를 침해한다는 이유로 정부가 밀어붙인 '국가보안법' 개정안에 강력히 반대했다(이상록, 2020: 79). 특히 장준하는 "특권집단들이 '애국'과 '반공'의 이름으로 비행과 부패를 자행하는 것이 바로 50년대 현실이자 민주주의의 위기상황이라고 진단"하면서, "반공이란 오직 민권의 현장에서만 완수될 수 있다"라는 신념에 따라 반정부 투쟁의 선봉에 섰다(이상록, 2020: 83; 문지영, 2011: 252). 반공을 국시로 내건 박정희 정권을 향해 "반공이 국시란 것은 잘못입니다. 그것은 무식해서 한 소리입니다. 국시란 그런 거 아닙니다. 반공은 수단이지 목적이 될 수 없습니다"라고 일갈한 함석헌 또한 '자유'를 '반공'이 아니라 '민주주의'와 결부시켜 이해함으로써 민주화의 이유와 방향을 제시했다(문지영, 2011).

냉전과 산업화, 민주화가 중층적·복합적으로 맞물린 한국 정치사에서 '공산주의로부터의 자유'와 '독재로부터의 자유'는 어느 쪽도 쉽게 포기할 수 없는 가치였을 것이다. 반공으로서의 자유가 현실에서 대체로 독재를 옹호하거나 강화하는 결과를 가져왔음에도 불구하고, '독재로부터의 자유', 곧 민주화의 요구가 반공주의를 완전히 떨쳐내기 어려웠던 까닭도 여기 있다. 체제 안보를 강조하는 국가권력이 자유의 개념을 오용하고 민주주의 대신 경제발전을 자유의 원천으로 내세우는 논리가 '한강의 기적'으로 신화화되면서 '자유'는 민주화운동 진영의 논의에서 점점 자취를 감추게 된다. 특히 반미주의가 고조되고 마르크스주의의 영향 아래 학생운동·노동운동이 더욱 급진화하는 1980년대에 들면서 '자유'는 미국적 이념이자 부르주아적 가치로서 폄하 내지 부정되기도 한다. 종속적 자본주의화가 초래한 사회적·경제적 모순과 계급 갈등을 '80년대적 상황'으로 파악하는 새로운 저항 세력은 단순히 반민주적 독재 권력의 해체가 아니라 계급 혁명을 통한 사회구조의 근본적 변혁을 추구했는데, 이런 흐름에서 '자유'와 '자유주의적 민주화'는 비과학적일뿐더러 관념적·추상적이고 낭만적인 진보를 의미할 뿐이었다.

　　결국 1987년의 민주화는 "호헌 철폐, 직선제 개헌"을 쟁점으로 범국민적 지지 속에 달성되었다. 당시 민주화의 쟁점으로서 '개헌'에 대한 인식은 '민주헌법쟁취국민운동본부' 결성 선언문이 잘 보여준다.

　　개헌은 단순히 헌법상의 조문 개정을 뛰어넘어 유신 이래 빼앗겨 온 정치·경제·사회·문화 등 모든 영역에서 기본 권리를 확보하기 위함이며, 이를 위해 무엇보다도 정부 선택권을 되찾음으로써 실로 안으로 국민 다수의 의사를 실행하고 밖으로 민족의 이익을 수호할 수 있는 정통성 있는 민주 정부의 수립을 가능케 함을 의미한다. 또한 개헌은 응어리진 국민적 한과 울분을 새로운 단결과 화해, 역사 발전의 원동력으로 승화시킬 수 있는 그 무엇과도 바꿀 수 없는 민주화를 위한 출발점이며 절대 명제임을 밝히는 바이다(6월항쟁10주년사업범국민추진위원회, 1997: 212).

즉, '직선제 개헌'은 국민의 기본권 보장과 주권재민 원칙의 관철, 민족 이익 수호, 역사 발전을 향한 국민적 의지를 함축하는 것이었고, 그 점에서 곧 '민주헌법 쟁취'를 의미했다. 하지만 '정부 선택권 회복'이 1980년대 반독재 전선을 형성했던 다양한 변혁 대안과 운동 세력들의 결집을 이끌어내는 당장의 과제로 떠오르면서 민주화 담론은 자연스레 민주주의 이행 논의로 연결되었고, 민주주의의 형식적·절차적 요건이 핵심 쟁점이 되자 자유의 가치나 자유와 민주주의의 관계는 민주화 담론이 관심을 갖는 문제에서 비껴가게 되었다. 오히려 이 무렵에 이르면, '자유'를 진보 내지 저항의 언어로서보다 보수 내지 지배의 언어로 인식하는 흐름이 뚜렷하게 모습을 드러낸다. 그리고 이런 흐름은 1990년대 말 외환위기 이후 신자유주의의 공세가 거세짐에 따라 한국 사회에서 '자유'를 바라보는 또 하나의 시각으로 구체화된다.

## 5 | 신자유주의의 공세와 자유: 위기 혹은 기회?

1987년 6월 이후 한국 사회에서 '독재 대 민주'의 대립 구도는 눈에 띄게 사라져갔다. 그 대신 전례 없이 다양한 이해관계들 간의 갈등과 경쟁이 모습을 드러냈다. 민주주의가 정치적·사회적 분쟁과 경제적 불평등을 적절히 해소해 내지 못하는 현실은 한국 민주주의 위기론을 불러왔고, 곧이어 민주주의 공고화론의 낙관적 전망을 대체했다. 극우·보수에서 진보·좌파에 이르는 이념적 스펙트럼상의 서로 다른 위치에 따라 '민주화 이후 민주주의'의 위기를 해석하는 데 차이가 있긴 했으나, 대안을 찾기 위한 논의는 대개 선거, 정당, 헌법, 정부형태 같은 민주주의 제도나 권력구조 개혁에 집중되었다. 이런 논의들이 민주주의를 절차적·형식적 측면에 국한된다고 비판하면서 이른바 '실질적 민주주의'를 주장하는 입장도 드물지 않게 제기되었는데, 이 경우에 더 중시되는 것은 참여와 평등, 분배정의, 복지국가, 경제민주화 등이다. 요컨대 '독재 권력의 억압으로부터 자유'를 추구한 민주화 이후 '자유'는 민주주의 논의의 주요 주제에서 상대적으로 제외되는 모습을 보인다. 이 점을 손호철은 다음과 같이 지적한 바 있다.

> 김대중 정부가 끝나갈 무렵 김대중 정부 5년을 평가하고 노무현 정부의 개혁과제를 제시한 한 주요 시민단체의 집단연구의 경우, 정치분야를 부정부패와 정치자금 중심으로 분석하고 있을 뿐 기이하게도 사상, 표현의 자유와 같은 정치적 민주주의는 아예 다루지도 않았다(손호철, 2010: 13).

여기서 그가 지목하는 "한 주요 시민단체의 집단연구"는 2003년에 경향신문·참여연대가 펴낸 『김대중 정부 5년 평가와 노무현 정부 개혁과제』를 가리키는데, 2006년 ≪경향신문≫이 기획·연재한 기사 "진보 개혁의 위기"에서도 "진보의 10대 의제"에 '자유'의 문제는 포함되어 있지 않았다(경향신문특별취재팀 엮음, 2007).

1990년대 말 외환위기 이후 한국 사회에 본격적으로 몰아닥친 신자유주의의 세계화 물결은 '자유'에 대해 두 가지 뚜렷하게 구별되는 시각이 대립하는 배경이 되었다. 하나는 신자유주의하에서 '자유화'가 민주주의의 기반을 약화하고 경제적 불평등 및 사회적 양극화를 심화한다고 주장하면서 '자유'의 가치를 부정하거나 적어도 회의하는 입장이다(이광일, 2006; 손호철 2010; 김주호, 2017). '자본의 자유로운 이동', '유연한 노동시장', '시장의 자율성'을 특징으로 하는 신자유주의는 그 이론과 정책의 전면에 '자유'를 내걸지만, 실제로 신자유주의적 자유란 경제와 시장에 대한 공적·정치적 규제의 부재 및 (그에 따른) 시장을 통한 독점의 심화를 의미할 뿐이라는 것이다. 집권과 동시에 경제위기 극복을 위해 신자유주의 정책의 수행자가 되어야 했던 김대중 정부와 한미FTA를 추진하는 등 역시 전임 정부의 신자유주의 정책을 계승했던 노무현 정부 시기 정부 부처의 각종 보고서나 학계, 언론 및 시민운동단체의 연구 결과들은 계층 간, 지역 간, 기업 간 양극화가 갈수록 심각해지고 있으며, 그 결과 빈곤의 확대, 삶의 만족도 저하, 정치 불신 고조 등의 현상이 목격된다고 한결같이 지적한다(윤도현·김성희·김정훈, 2004; 선학태, 2005; 경향신문특별취재팀 엮음, 2007; 김정훈, 2007). 인구의 대다수가 빈곤층으로 내몰리는 신자유주의 시대 한국 사회에는 이윤추구의 자유와 그런 자유를 약삭빠르게 행사하려는 이기적 개인들의 극단적인 경쟁이 목격될 뿐이라는 한탄에 다름 아니다.

그러나 다른 한편, 신자유주의적 자유에 대한 이 같은 암울한 평가·전망과는 결을 달리하며 '자유'를 집단적 정체성의 상징이요 정책적 목표로 내건 세력도 2000년대 초반에 등장했다. '자유주의연대'(2004.11)의 출범을 기점으로 하여 "사회·정치적 차원의 운동으로 폭발적으로 증폭"했던 이른바 '뉴라이트'(윤해동 2012: 231)가 그들이다. '자유주의연대'를 위시하여 '교과서포럼'(2005.1)·'뉴라이트싱크넷'(2005.3)·'뉴라이트전국연합'(2005.11) 등이 중심이 된 뉴라이트 운동은 초기부터 '민주주의'보다는 '자유주의'를 강조하며, '민주주의' 대신 '자유민주주의'를 내세웠다(문지영, 2019). 뉴라이트 세력이 자신들을 '올드' 우파와 구별하여 '새로운' 우파로 규정했을 때, 그 차이의 핵심은 '자유주의'의 강조에 있었다.[4] 보수 대 진보의 구분 선을 따라 민주주의와 사회주의, 반북·반공 우파와 친북 좌파가 중심 세력과 핵심 구호를 바꿔가며 이념 대결을 펼쳐온 한국 사회에서 (자유민주주의도 아니고) 자유주의를 전면에 내걸고 나선 정치집단은 뉴라이트가 처음이었을 것이다. 스스로를 '진보'로 규정하는 세력은 물론이고 '보수' 세력조차도 '자유민주주의'를 내세울지언정 자신들을 '자유주의자'로 일컫지는 않았다. 이런 맥락에서 볼 때, 뉴라이트가 '자유주의'를 표방하며 나선 것은 특별한 의미가 있다.

'자유주의연대'의 「창립선언문」은 한국 사회의 자유주의적 개혁 방향으로 ① 국가 주도형 방식에서 시장 주도 방식으로의 경제시스템 전환, ② 자유무역협정의 능동적 추진, ③ 빈부격차 해소가 아니라 빈곤의 해소 등을 제시함으로써 뉴라이트가 추구했던 자유주의의 성격을 일찍부터 드러냈다. 2007년 대선을 앞두고 결성된 '뉴라이트정책위원회'가 "대한민국을 '선진화 체제'로 구축"하겠다는 목표로 발간한 「뉴라이트 한국 보고서」 역시 뉴라이트식 자유주의적 정책 대안을 제시하고 있는데, 그 핵심은 '작은정부'와 '활기찬 시장'이었다. 이로부터 짐작할 수 있는 뉴라이트의 '자유'에 대한 인식은 다음의 언급이 구체적으로 밝혀준다. "뉴라이트는 그렇기에 자유, 특히 경제적 자유를 강조한다. 사유재산과 경제적 자유가 보장될 때 인류사회는 궁극적으로 공정한 분배(실질적 평등)에 가장 근접한 결과를 얻었기에 자본주의 체제를 지지한다"(이재교, 2006). 재산권과 경제활동의 자유에 초점을 맞

---

4    반면에 뉴라이트의 '라이트'로서의 면모는 그들의 '자유민주주의'에 대한 인식이 한국 사회에서 '보수·우파'를 규정해 온 핵심적인 특징이라 할 반북·반공주의와 긴밀히 연결된다는 점에서 잘 드러난다. 이와 관련하여 김정인은 뉴라이트가 "반공주의를 수용함으로써 올드라이트와 반공주의 연대를 구축했다"라고 평가한다(김정인, 2015: 268).

추는 뉴라이트적 자유주의의 특징은 뉴라이트 진영의 대표 논자로 꼽히는 이영훈의 다음과 같은 발언을 통해서도 확인할 수 있다(안병직·이영훈, 2007: 329~330).

> 분별력 있는 이기심을 본성으로 하는 인간에게 사유재산제도를 확립해 주고 경제활동의 자유를 부여하면 시장의 경제적 성취는 최적 상태에 이른다는 경제학의 오래된 신념 체계가 자유주의입니다.

뉴라이트 학자들은 프리드리히 하이에크(Friedrich Hayek)의 자유시장경제론과 로버트 노직(Robert Nozick)의 자유지상주의를 근거로 인간을 '시장적 존재'로 규정하면서 시민사회적 전통에 기초한 민영화와 자유시장 시스템의 활성화가 필요하다고 입을 모았다. 그들 역시 빈부격차와 사회적 양극화가 한국 사회의 중대한 문제점이라는 인식을 공유했지만, 그 해결책으로 그들이 제시한 것은 정부의 시장 불개입과 세금 감면 등 전형적인 신자유주의 정책이었다. 자유주의연대의 핵심 인물인 이재교가 그런 논리를 잘 대변해 주는데, "부를 가진 사람에게 세금을 많이 거두어서 가난한 사람들에게 나눠 주는 분배정책을 실시한다고 해서 빈부격차가 감소되지 않으며, 오히려 이로 인해 가진 자들이 투자를 더 꺼리게 되고, 그 결과 일자리가 줄어들어 결국 손해를 보는 쪽은 서민 계층"이라는 것이다(전재호, 2014: 175). 이런 입장에서 그는 정부가 시장에 개입하지 않고 세금도 감면하는 등 가진 자들의 활발한 투자를 보장하여 경제를 활성화함으로써 일자리를 많이 만들게 하는 것이 "진짜 복지고 분배"라고 본다.

신자유주의에 편승한 뉴라이트적 '자유' 인식의 또 다른 특성은 (경제적 자유를 강조하는 반면) 사상·양심·표현의 자유와 노동3권 등 개인의 자유권에는 무관심하다는 것이다. 이런 특성은 시민들의 정치참여와 사회운동에 부정적이고 '민주주의의 과잉'을 우려하는 입장으로 이어진다. 시민운동이 "기업에서 돈을 뜯어간다거나, 각종 정부기관을 통해 후원금이라는 명목으로 국민의 세금을 받아간다"라는 주장이나 노무현 정부의 참여민주주의가 "대의제와 절차 민주주의의 기본구도를 흔들고 …… 의도와는 달리 '민주주의 과잉'에 의한 위기를 자초했다"라는 비판 등이 단적인 예이다(전재호, 2014: 180). 따라서 입헌주의·법치주의를 강조하고 자유주의를 통해 민주주의와 평등이 제어되어야 한다고 역설한다.

이렇게 보면, '자유'를 이해하는 관점이라는 견지에서 신자유주의는 한국 사회에 완전히 상반되는 두 흐름을 형성했다고 할 수 있다. 신자유주의적 자유를 부정하는 입장과 긍정하는 입장이 그것이다. 그러나 두 입장 모두 '자유'를 경제적 자유(기업 활동의 자유, 이윤추구의 자유 등) 중심으로 인식한다는 점에서는 차이가 없다. 다만 한쪽에서는 그런 자유가 사회적·경제적 불평등의 악화를 초래한다는 이유로 비판하고, 다른 쪽에서는 그것이 사회적·경제적 불평등 악화의 진정한 해결책이라는 논리로 지지한다는 차이가 있을 뿐이다. 그 결과 신자유주의 시대의 한국에서는 '자유'가 반민주적인 극우·보수의 언어로 치부되는 경향을 보이기도 한다. '민주주의'에 '자유'를 덧붙이는 것은 사회적 불평등 해소나 분배정의 실현을 도외시하는 '엘리트민주주의'의 입장이라거나 '민주'를 삭제하려는 시도에 다름 아니라는 주장(오수창, 2011; 이나미, 2013)이 그런 경향의 일단을 잘 보여준다.

그러나 이렇듯 '자유'가 경제적 자유와 성장 중심으로 이해되는 까닭은 본래 자유라는 낱말의 고유하고 객관적인 의미가 그것이어서는 아니다. 인지언어학자인 조지 레이코프(George Lakoff), 엘리자베스 웨흘링(Elisabeth Wehling)이 잘 지적하듯이, "낱말은 존재하는 그 자체로서의 세계를 지시하지 않"으며 "우리가 뇌의 생물학적 기능 발휘에 근거해 세계를 지각하는 방식만을 지시"한다(레이코프·웨흘링, 2018: 291). 즉, 신자유주의에 부정적인 이들조차 '자유'를 자유시장과 이윤추구, 작은정부와 복지 축소 등과 연관 짓는 것은 우리 사회에서 이 단어에 의미를 부여하는 개념 체계 내지 프레임이 얼마나 보수화되어 있는지를 말해준다. 사실 자유의 의미를 '경제발전'의 견지에서 해석하는 관점이 신자유주의 시대 들어 갑자기 새롭게 등장한 것은 아니다. 앞서 살펴보았듯이, 냉전 시기 미국의 영향력 아래 '자유진영'의 일원으로 신생 정부가 수립되었을 때, '자유'의 의미는 주로 '공산주의로부터의 자유'와 (성공적인 근대화를 통한) '빈곤·무지·질병으로부터의 자유'라는 측면에서 생산되었다. 분단의 고착화와 개발독재를 이끈 집권 세력은 이 같은 자유의 의미를 활용하여 정당성을 확보하고자 했고, 민주화는 그런 세력을 상대로 한 투쟁이었다. 하지만 '독재 권력으로부터의 자유'를 추구한 민주화 세력은, '독재'를 몰아내고 민주적인 제도를 정착시키는 데 상당히 성공한 데 비해, '자유'의 의미를 진보적으로 재구성해 내는 데는 실패한 것으로 보인다. "본질적으로 쟁탈의 대상"인 '자유' 개념(레이코프·웨흘링, 2018: 299)을 진보적으로 해석해서 공유하려고 노력하는 대신 그 단어 자체를 쉽게 포기하거나 외면했기 때문이다. 오늘날 '민주주의'는 '자유민주주의'와 다른 것인 양, '민주주의'는 진보적인 입장을 대변하고 '자유민주주의'는 보수적인 입장을 가리키는 것인 양 간주되는 현실이야말로 한국 사회에서 '자유'라는 말이 처한 비극적 상황을 웅변해 준다.

# 6 | 자유 이념의 진보적 재구성을 향해

근대의 이상이자 핵심 가치 가운데 하나인 'freedom' 또는 'liberty'의 번역어 '자유'는 "(말이나 행동에 대해) 외부적 간섭이나 제약이 없는 상태"를 뜻하는 말로 이미 조선시대 초기부터 사용된 기록이 있다. 아마도 그 뜻이 'freedom' 또는 'liberty'에 담긴 의미 뼈대에 적절히 들어맞았기에 번역어로 선택되었을 것이다. 우리 역사에서 '자유'가 중요한 정치적 가치로 부상한 것은 19세기 중후반 무렵인데, 조선 사회의 개혁을 추구했던 개화 세력은 '자유'를 무절제·방종·혼란으로 해석하면서 전통 질서와 규범을 옹호하는 주류 지배 집단에 맞서 그것을 민권과 연결 지으며 '개화'의 기본 이념으로 삼았다. 즉, 당대 '자유'는 조선 사회의 근대적 변화를 추동한 진보의 언어였다. 일제 식민지 시기에는 '자유'가 사용되고 해석되는 맥락이 좀 더 복잡해졌다. 그것은 전근대적 신분 질서와 전제권력으로부터 개인의 해방을 뜻하기도 했고, 민족해방·독립을 함축하기도 했는데, 사실 단어 자체만 놓고 본다면 어느 쪽으로 이해되든 절대적으로 옳거나 그른 것은 아니었다. 그 말의 의미 뼈대는 두 가지 해석 가능성에 모두 열려 있기 때문이다. 그러나 국가의 주권을 잃은 식민지 상황은 '자유'라는 말로 어떤 의미를 전달하며 무엇을 추구할지 우선순위를 판가름하는 데 결정적인 요인이 아닐 수 없었다.

식민지 현실은 개인의 자유가 그 개인이 속한 공동체의 자유 없이는 불가능함을 보여주었다. 그럼에도 불구하고, 식민지 시기 내내 '자유'를 이해하는 두 가지 입장, 즉 '개인의 해방으로서의 자유'와 '민족해방으로서의 자유'가 경쟁했는데, 이는 그 말의 의미 뼈대에 어떻게 살을 붙여 결국 어떤 뜻으로 해석해 내는가는 해석하는 사람의 가치관과 신념에 달려 있다는 사실을 말해준다. '자유'에 대한 경쟁하는 해석은, 이를테면 나의 안위냐 공동체 전체의 안전이냐 혹은 개인적 자유의 확보냐 국가 주권의 회복이냐 같은 문제를 둘러싼 서로 다른 가치관과 신념 간의 차이를 반영하는 것이다.[5]

해방 이후 한국 현대 정치사의 경험은 '자유'를 주로 '반공'과 동일시하게 했다. 한국 사회의 대표적 관변단체인 '한국자유총연맹'이 1989년 이전까지는 '한국반공연맹'이었다는 사실은 '반공'으로서의 '자유'가 당연하게 받아들여져 온 현실을 가감 없이 보여준다. 하지만 그런 현실이 '자유'라는 단어의 원래 의미나 기능을 말해주는 것은 아니다. 오늘날 '자유'가 신자유주의 및 그 정책을 떠올리게 하는 말로 인식되는 것 역시 그 단어의 고유한 속성과는 무관하다. 그것은 오히려 민주화의 실천이 미치지 못한 공백, 민주화 이후의 민주주의가 실현해야 할 과제를 제시한다. 한국 민주주의 100년의 역사를 돌아보면, '자유'가 일방적으로 보수의 언어이거나 독재정권의 레토릭만은 아니었음을 확인할 수 있다. 독립과 반독재 민주화의 필요성을 설득하고 정당화하는 데 '자유'는 커다란 호소력이 있는 가치였고, 그때의 호소력은 단순한 반공의식의 발로나 경제발전에 대한 욕망을 넘어서는 것이었다. 신자유주의 시대 한국 민주주의의 '정상화'를 이끌 가치로서 '자유'의 호소력에 다시 한번 기대를 걸어보아도 좋을 이유가 여기에 있다. 다만 그러기 위해서는 먼저 그 단어에 특정한 의미를 부여하는 반공주의와 신자유주의의 프레임에 맞서 진보적 프레임의 새로운 구성 및 확산을 고민해 봐야 할 것이다.

고대 아테네의 민주정 이후 나치정권의 독일, 오늘날의 페루나 가나, 베네수엘라 등 '비자유주의적 민주주의(illiberal democracy)'의 문제점을 살펴보면서 '민주주의와 자유 사이의 균형 회복'을 강조하는 자카리아(2004)는

---

5   레이코프와 웨흘링(2018)은 이를 우리의 지식과 가치, 신념, 이상을 토대로 한 (해석) 프레임의 경쟁으로 설명한다.

아테네 민주정에 의한 소크라테스의 사형이나 "민주적인 체제를 통해 미국 남부에서 참호를 구축했"던 노예제와 인종차별 같은 예(자카리아, 2004: 18~19)를 들어 자유와 민주주의 사이의 긴장을 설명한다. 요컨대 그는 민주적인 국가권력이라 할지라도 제한될 필요가 있으며, 그 역할을 법에 의한 지배, 권력 분립, 언론·결사·종교·재산에 대한 기본적인 권리 보장 등 자유주의적 자유의 실현에서 기대한다. 자유와 민주주의 간의 긴장은 역사적 맥락이나 정치사회적 조건의 상이함에 따라 다양하게 나타날 수 있다. 또한 민주주의와 자유 간의 균형 회복을 위한 방안도 여러 지점에서 모색해 볼 수 있을 것이다. 그렇다면 한국에서 '자유민주주의'의 바람직한 발전을 위한 노력은, 일방적으로 특정하게 이해한 '자유'를 '민주주의'에 추가할 것인지 아닌지 같은 논쟁(노재봉 외, 2018)보다는 우리 사회에서 자유와 민주주의 간의 긴장이 어떤 형태로 드러나며 그것이 불러일으키는 문제점은 무엇인지, 그런 긴장은 어떤 방식으로 해소될 수 있으며 민주주의와 자유 간의 적절한 균형 회복 지점은 어디서 어떻게 확보할지 등에 대한 논의와 함께 전개될 필요가 있다.

# 2장
## 평등과 균등의 길항, 또는 연대

.

.

.

이나미 (한서대학교 동양고전연구소)

## 1 | 평등의 한국적 맥락: 평등과 균등

이 글의 목적은 한국 민주주의 역사에서 '평등'이라는 가치가 어떻게 등장하고 전개되는지 살펴보려는 것이다. 그동안 한국 사회에서 평등 자체가 실질적인 정치문제로 등장하는 경우는 드물었다. 민주화운동의 절정을 보인 1980년대에도 평등 지향적인 구호나 논쟁이 직접적으로 표출된 적이 거의 없으며, 평등에 대한 연구도 부진했다(신기현, 1991). 최근까지도 평등은 주로 '불평등'·'차별'을 통해 쟁점으로 등장하고 있으며(정태석, 2020), 이것이 자유·정의 등 다른 가치와 다른 점이다. 이는 평등이 존재 간의 관계, 비교와 관련된 가치이기 때문이다.

평등이 우리 역사에서 주요 쟁점으로 떠오르지 않았던 또 다른 이유는 평등이 경제적·사회적·급진적 가치로 여겨졌기 때문이다. 우리 사회에서는 그동안 정치적 문제가 주로 쟁점이 되어왔고 따라서 경제적·사회적 문제와 관련이 깊은 평등 개념은 덜 주목을 받았다. 또한 해방 이래 오랜 기간 자유민주주의·반공주의·보수주의 이데올로기가 우위를 점하여, 사회주의 또는 사회민주주의와 친화력이 있다고 여겨지는 평등의 가치는 적극적으로 주장하기 어려웠다.

그러한 평등을 대신하여, 좀 더 '온건'하다고 여겨지는 '균등'이 그 자리를 채웠다. 이를 증명하듯이 '제헌헌법' 이래 현재까지 '헌법' 전문에 '자유'는 있는 반면 민주주의의 또 다른 중요 가치인 '평등'은 없다. 그 대신 '균등'이 자리 잡고 있다. "정치·경제·사회·문화의 모든 영역에 있어서 각인의 기회를 균등히 하고", "국민생활의 균등한 향상을 기하고" 등 '균등'이 두 번 등장한다. 또한 조문에는 제31조 1항에 "모든 국민은 능력에 따라 균등하게 교육을 받을 권리를 가진다"가 있다.

'헌법' 전문에 없는 평등은 조문에 가서야 나타난다. 제11조 1항 "모든 국민은 법 앞에 평등하다", 제36조 1항 "혼인과 가족생활은 개인의 존엄과 양성의 평등을 기초로 성립되고 유지되어야 하며, 국가는 이를 보장한다", 제41조 1항 "국회는 국민의 보통·평등·직접·비밀선거에 의하여 선출된 국회의원으로 구성한다", 제67조 1항 "대통령은 국민의 보통·평등·직접·비밀선거에 의하여 선출한다" 등이 그것이다.

이를 보면 '헌법'에서 균등은 '기회, 생활, 교육의 균등', 평등은 '법 앞의 평등, 양성 평등, 평등 선거'의 맥락에서, 각각 그 분야가 나뉘어 쓰이고 있음을 알 수 있다. 즉 균등은 절차적·실제적·사회적이고, 평등은 원칙적·선언적·정치적이다. 대체로 원칙적·선언적 내용이 헌법 전문에 등장하고 구체적이고 현실적인 것이 조문에 나타나야 할 것 같은데, 우리 헌법은 평등 가치에 한해 그와 정반대의 표현 방식을 보이고 있다. 그 결과, 온건하고 실용적인 균등 개념이 단호하고 원칙적인 평등 개념보다 앞선 영역에 배치됨으로써 평등 가치가 전면에 등장하지 않게 되는 효과를 보여준다.

그렇다면 한국인은 그동안 다른 가치에 비해 평등에 관심이 없거나 소홀

했는가. 그와 반대로 오히려 동아시아에서 한국인은 과거부터 현재까지 유달리 평등에 민감하고 그것이 훼손되었다고 여겨질 경우 격렬히 저항해 왔으며, 그것이 한국 민주주의의 중요한 원동력이 되어왔다. 즉 한국 민주주의 역사에서 '담론으로서의 평등'은 부각되지 않았지만, '실천으로서의 평등'은 격렬하게 또한 지속적으로 추구되어 왔다.

이미 오래전인 1198년 고려의 노비들은 '공경장상(公卿將相)의 씨가 따로 없으므로 누구나 벼슬을 할 수 있다'는 생각으로 노비문서를 불살라 천민이 없는 세상을 만들려고 '난'을 일으켰다. 이 봉기는 비록 실패했으나 이후 노비·백정 등 천민들을 포함하여 백성들의 평등 세상을 이루기 위한 봉기는 계속 일어났다. 이렇듯 한국 역사에서 평등은 평민들이 오래전부터 중하게 여겨온 가치였다.

서구 역사에서도 평등(isotes)은 민주주의 이전부터 존재했다. 그리고 평등은 민주주의 안에서 가장 커다란 힘을 얻었고 가장 팽창했다(사르토리, 1989). 1789년 프랑스혁명의 「인간과 시민의 권리선언」 제1조는 "인간은 자유롭게, 그리고 권리에 있어 평등하게 태어나고 생존한다"이다. 유럽 역사를 보면 평등은 영미보다는 대륙의 가치였다. 영어 equality는 불어 égalité에서 비롯됐다. democracy라는 말도 본래 영미권에는 없었다. 그리스어 demokratia가 프랑스어 démocratie를 거쳐 영어 democracy가 되었다(홍윤기 외, 2020).

한자 평등(平等)에서 '平'은 평평한 상태를 의미하는 글자로서, 추상적 관념을 부호로 나타내는 지사(指事)문자와 형상을 표현하는 상형문자의 어원을 동시에 지니고 있다. 즉 일(一)과 기운이 멈췄다가 다시 퍼지는 모양의 혜(兮)의 결합, 또는 물에 뜬 부평초의 모양에서 비롯되었다. 등(等)은 등급의 의미로서 대나무 죽(竹)과 관청을 의미하는 사(寺)가 결합된 글자이다. 관청에서 관리가 대쪽으로 만든 서류를 순서 있게 분류한다는 데서 등급의 의미가 생겼다(신기현, 1995).

동양권에서도 평등은 급진적 용어였다. 서열과 체제 유지를 중시하는 유교에서는 평등의 가치나 개념을 찾아보기 어렵다. 맹자는 "사람은 모두 요순이 될 수 있다"(『孟子』, 「告子 下」)라고 했지만, 유교는 평등보다는 위계적 질서를 옹호하는 역할을 해온 것이 사실이다. 그래서인지 equality의 번역어는 불교에서 찾았고, 그것이 '평등'이다. 『법화경』・『화엄경』 등에서 발견되는 평등은 '무차별의 세계 혹은 온갖 현상을 꿰뚫는 절대적인 진리'를 뜻한다(정종원, 2017). 이 평등은 가치적 의미를 갖는 것으로 근대적 평등 개념과 유사하다. 『송고승전(宋高僧傳)』에 "의상이 왕에게 말하기를, 우리 법은 평등하여 고하가 공균(共均)하고, 귀천을 동규(同揆)합니다. …… 어찌 장전(莊田)을 갖고 어찌 노복을 쓰리오"라는 내용이 있다. 이는 신라인들 사이에서 이러한 의미가 인식되고 쓰였다는 것을 뜻한다(정종원, 2018).

마침 우리 역사에서 유일하게 여왕이 나온 것이 신라였다. 여성도 깨달음의 경지에 오를 수 있다는 불교의 인식이 여성도 왕위에 오를 수 있다는 생각으로 이어졌다. 이 시대에 여성은 가문의 대표가 되기도 했다(구자상, 2019). 물론 그렇다고 신라가 평등한 사회였다는 것은 결코 아니다. 오히려 신라는 철저한 계급사회였다. 그러나 적어도 성차별은 이후의 사회보다 훨씬 덜했다. 성차별이 우리의 전통인 것으로 알려졌지만 실제로는 조선 중기 이후에 만들어진 것이 많다. 결혼한 부부가 남편 측 집에서 사는 것이나 장자 우대는 모두 조선 후기에 만들어진 것이다. 제사의 경우 고려시대에는 형제자매가 순서대로 돌아가며 지내다가 조선 후기에 이르러 장자가 제사를 지냈고, 장자가 사망하면 장자의 아들이 제사를 물려받았다. 이로부터 장자는 개인 집안이나 왕가에서 모두 권력을 물려받는 자격을 가진 존재가 되었다. 장자의 제사 의무는 재산상속 권리로 이어졌고 이에 다른 가족구성원들이 차별을 받고 불이익을 당했다. 그러나 한편, 이것은 가난한 집안의 장자에게는 고통이 되었다. 큰 재산을 물려받을 수 있는 장자는 비교적 소수였고, 대체로 상속받을 재산이 별로 없이 장자가 제사를 책임져야 했다. 이는 또한 장자의 아내에게 큰 희생을 요구하는 것이기도 했다. 맏며느리, 종갓집 며느리라는 명칭에 따르는 책임은 매우 큰 것이었다(백영경, 2019).

또한 평등과 불교와의 관련성은, 불교가 융성했던 고려에서는 노비들이 난을 일으킨 반면 조선의 노비들은 그렇지 못했다는 데서도 드러난다. 이는 고려 노비의 지위가 조선 노비와 달랐기 때문이기도 하다. 이들은 주로 패전국 포로 출신으로 전쟁의 승패에 따라 노비가 될 수도 또는 그들의 주장처럼 공경장상이 될 수도 있었다. 노비들의 이름은 만적(萬積), 연복(延福), 성복(成福)처럼 불교적이며 좋은 뜻을 담고 있었고, 열심히 일하여 자신들의 몸값을 지불하면 해방될 수도 있었다. 심지어 정치적 상황이 변하면 만적의 말대로 반란을 일으켜 다시 지배자가 될 수 있었다. 그리고 불교는 이들의 봉기를 정당화해 주는 논리가 될 수 있었다.

유교가 이러한 불교 또는 도가와 만나면 더 평등해지는 경향이 있다. 양명학이 그 예이다. 불교는 심지어 사람과 동물과의 본질적 차이도 부정하며, 도가는 자연과 인간 간 차이도 부정한다.

유교 사회에서 평등이라는 말이 일상에서 쓰일 때 그것은 문제적 언어였다. 진복창이 명종과 문정황후에 대해 비판적인 발언을 한 것에 대해 "이것은 평등한 사이에 허물없이 하는 말이니, 한집안의 존장에게도 이런 말을 할 수 없는데, 하물며 군부에게 이런 불경스러운 말을 할 수 있겠습니까"라고 비판한다(『명종실록』 권10). 즉 평등은 위계적 질서를 지켜야 하는 상황에서 비판을 하기 위해 쓰였다. 평등은 외교관계에서도 쓰였는데, 이때 역시 관례를 벗어난 문제적 상황에서 사용되었다. 1748년 일본 쇼군의 아들 약군(若君)이 조선 국왕 앞으로 국서를 보냈는데 '평등한 예'로 보낸 것이 문제가 되었다. 즉 조선 국왕과 일본의 대군(쇼군)은 평등한 예(平等之禮)이지만, 그 아들은 조선 국왕과 평등하지 않다는 것이다(정종원, 2018). 이후에도 평등은 강화도조약 등 주로 외교관계에서 사용되었다. 특히 권리와 관련되어 쓰였는데, 이전에 예와 더불어 쓰인 것을 생각하면 근대 시기에 예의가 권리로 바뀌었다는 것을 알 수 있다.

평등이라는 용어가 정치적 가치로 등장한 것은 갑신정변 때이다. 갑신정변 주도 세력은 14개 정령을 제시했는데 그중 두 번째 조항이 문벌을 폐지하여 "인민평등의 권리(人民平等之權)"를 제정하자는 것이다. 이로써 오늘날 사용하는 민주주의적 평등 개념이 제시된 것이다. 갑오개혁 이후에는 관직 간의 같은 등급을 나타내는 공식 용어로도 자주 쓰였다(정종원, 2018).

불교에서 기원하며 급진적 의미를 내포한 평등이라는 용어 대신, 조선의 유교적 질서는 '균(均)' 개념을 선호했다. 균(均)은 『논어』「계씨」편의 "적은 것을 근심하지 말고(不患寡) 고르지 않은 것을 근심하라(患不均)"라는 공자의 말로 대표된다. 공자는 이어서 "대체로 고르게 되면 가난은 없어질 것(蓋均無貧)"이라 말했다. 공자에 의하면 정치에서 행해야 할 이념적 요목은 균등(均), 화합(和), 안정(安)이다(윤사순, 2015; 김동춘, 2015).

균은 유교 국가인 조선의 기본 가치 중 하나였다. 우리나라 최초의 대학 성균관은 '균을 이룬다(成均)'는 뜻이 있다. 조선의 건국이념을 제시한 정도전은 국가질서를 위해 "나라를 고르게 하는 것(均邦國)"이 가장 중요하다고 보았다. '균'은 균형을 잡고 고루 민생을 돌본다는 의미에서, 국왕을 향한 정치가 아니라 정치의 혜택이 백성에게 모두 돌아가야 한다는 것이었다. 균치를 이루기 위한 제도적 장치가 재상 중심의 인치(仁治)였으며, 이것의 요체는 백성의 생업을 안정시키고 일정한 재산을 마련해 주는 것이었다. 이를 위해 고려 말의 사전 제도에 따른 부익부 빈익빈 현상을 타파하기 위한 토지개혁을 시도했다(권정호, 2014). 흙과 쟁기를 합친 '균(均)'은 그 글자 자체로 토지 및 경제와 관련이 깊다. 이익에 의하면 "군자는 만백성을 하나로 보기 때문에 빈부가 고르지 못한 것에 대해 개탄하고 측은하게 생각할 뿐 아니라 반드시 구할 것을 생각"하게 된다. 그 결과 균전론(均田論)을 제시한다(김용구, 1974). 토지가 경작자에게 지급되어야 한다는 것이 균전의 논리이다(신기현, 1995). 정약용에 의하면 균이야말로 정치다. 그는 "토지를 개량하고 백성들에게 고루 나눠 주어 바로잡는 것", "있고 없는 것을 서로 소통하게 하여 바로잡는 것"이 정치라고 했다(권정호, 2014).

그러나 한국 역사에서 평등은, 권력층의 '고르게 하려는 뜻' 즉 '균 의지'에 의해서가 아니라 백성들 스스로의 의지와 실천으로 구현되었다. 두레, 민회는 백성들의 평등 의식의 소산이며 그것은 민란과 동학혁명으로 이어졌다. 동학을 이은 천도교가 중심이 된 3·1운동은 모든 인민의 평등을 선포한 대한민국임시정부를 낳았다. '대한민국임시헌장' 제3조는 "대한민국의 인민은 남녀 귀천 급 빈부의 계급이 무하고 일체 평등임"이라 했으며, 정강의 첫 번째가 "민족평등·국가평등 급 인류평등의 대의를 선전함"이다. 또한 3·1운동의 영향으로, 사회 내 가장 천한 집단인 백정들이 '형평사'를 세워 본격적인 평등 운동을 전개했다.

다른 한편, 균의 가치는 조소앙의 삼균주의로 계승되어, 현실적이고 구체적인 평등의 역할을 수행한다. 삼균주의는 정치·경제·교육의 균등을 주장한 실천적 이념이며 동시에 화합을 지향하여 우파·좌파의 이념적 대립을 극복하고 모든 계파가 단합할 수 있는 이념으로 제시되었다(신기현, 1998). 이것이 제헌헌법의 정신으로 이어진다. 그러나 '제헌헌법'을 기초한 유진오는 이 시기에 서로 크게 구분되지 않던 평등과 균등을 명확히 분리하여 그 차이를 강조하면서 균등에 더 무게를 실었다. 이후 이러한 논리에 의해 헌법에서 평등보다 균등이 더 선행되었다고 할 수 있다.

그러나 일반적으로 한국인들은 평등과 균등을 나란히, 또한 차별 없이 썼다. 기회의 균등은 경제적 평등과 연결되어 이해되기도 했다. 홍영유에 의하면 '4월의거'는 "모든 국민이 기회균등의 경제적 평등을 상실하지 않기를 원하는 것"이었다(이상록, 2020). 함석헌은 박정희 정권 시절에 "외국 수출이 느는 것이 반드시 자랑이 아니요, 국민소득 숫자가 올라간 것이 결코 향상이 아니다. 골고루 됐나 못 됐나가 문제다"(이상록, 2020)라고 하여 균 사상을 강조했다.

균(均)은 그 한자 모양이 '땅을 고르게 하는 것'이다. 즉 쟁기질의 의미가 있는데, 인류사의 획기적 발명으로 여겨지는 쟁기의 원리는 아래의 흙을 위로, 위의 흙을 아래로 보내는 것이다. 이는 변화·운동·혁명을 보여주는 것으로, 아래의 비옥한 흙을 위로 보내고 위의 마르고 잡초가 있는 흙을 아래로 보내는 것이다. 개혁이나 혁명을 통해 억압받던 자가 위로 올라가 그 재능과 잠재력을 발휘하고, 억압하던 자는 아래로 내려가 벌을 받고 자성의 기회를 갖는 것의 좋은 은유가 될 수 있다. 그리스의 도편추방제는 너무나 인기가 좋아 자칫 독재자가 될 위험성이 있는 인물을 잠시 멀리 보내 자신을 돌아볼 기회를 갖게 했다는 측면에서 이 원리가 연상된다.

평등이 프랑스혁명의 정신이 그러하듯이 위험한 지배자의 목을 쳐서 단번에 실현하는 것이라면, 균등은 위에 있는 자와 아래에 있는 자가 서로 바뀔 수 있는 기회와 절차를 마련하여 상시적으로 또한 장기적으로 평등을 실현하려는 것이다. 현재 이슈가 되고 있는 '공정성'은 이러한 균등 정신에 근접해 있다. 공정성은 과정과 절차를 문제 삼고, 평등은 결과를 중시한다.

이 글의 목적은 원칙적이고 단호한 평등과 현실적이고 온건한 균등이 한국 민주주의 역사를 통해 어떻게 등장·전개·경쟁·협력하는지 고찰하여, 한국인의 평등 가치에 대한 의식과 '한국적 평등'의 특성을 발견하는 것이다.

## 2 | 평등 의식의 고양과 인민 평등의 선언

### 1) 백성들의 평등 의식과 실천: 동학혁명과 형평운동

조선 시기 평등의 실천은 균을 이루려는 유학자들의 의식보다는 농민들의 평등한 노동 방식에서 비롯된다. 17세기에 공동노동이 필요한 이앙법이 보급되면서 공동노동 조직인 두레가 확산된다. 두레는 마을 촌계(村契)의 하부 단위가 되었고, 조직·제의·노동·놀이뿐 아니라 이후 민란의 단위가 된다. 두레는 마을의 경작지를 소유와 관계없이 모조리 매어나가는 '두렁넘기' 방식에서 연유한다. 생산성 향상을 위해 평등한 노동 방식이 필요했고, 이것이 다시 조직의 평화화를 가져온 것이다. 두레는 민주적 회의체의 성격을 띠고 운영되었는데 노동 회의뿐 아니라 촌락 자치 회의로도 기능했다. 또한 두레는 과부·노인·환자 등 노동력이 부족한 이들을 위해 대동으로 농사를 지어줌으로써 상부상조를 실천했다. 두레에 지주층은 거의 배제되었고 자작농, 소작농이 주된 구성원이었다. 지주와의 관계는 순전히 금전 관계로만 처리해 신분 차별을 배제했다. 이런 두레는 조선 후기 농민운동과 동학혁명을 이끈 조직의 기초가 되었고, 집강소의 평등한 토지정책과 농업정책을 낳게 했다(이영재, 2018).

과세에 대한 백성들의 대응 과정에서 평등이 확대되기도 했다. 즉 이(里,

리) 단위로 군역자 결원을 보충하는 이정법(里定法)이 실시되자 군역의 부과를 마을 내에서 해결하기 위해 '상하노소제회공론(上下老少齊會公論)'의 논의 구조가 형성되었다(김용민, 1994). 상하노소란 말에서 알 수 있듯이 신분이나 나이를 차별하지 않아 평민도 회의에 참여하여 의견을 낼 수 있었다. 또한 본래 향촌 교화와 수령 보좌가 목적이었던 향회가 과세를 위한 논의의 장으로 변하면서 향회에 일반 백성도 참여했다. 정치적 공론장의 역할을 한 향회는 삼남 지역에서 민회로 불리기도 했는데, 주로 민이 주도할 경우 그렇게 불렸다(손석춘, 2004). 민회에는 반상·양천(良賤)의 평등이 전제되었다. 민회는 불균등하게 배정된 잡역이나 별역 등의 시정을 요구하기도 했는데, 이는 국역이 신분을 초월해 균등 분할되어야 한다는 '대동지역(大同之役)' 의식을 표현한 것이다. 관청도 이를 무조건 배척할 수는 없어서, 적어도 조세부담에서는 반상과 양천이 평등하다는 균세(均稅) 논리가 자리 잡아가게 된다(이영재, 2018).

민회는 1890년대에 들어 농민전쟁의 전국적 지도 집단으로 변모한다. 동학혁명이 본격적으로 일어나기 전의 가장 대표적인 민회는 1893년 3월 동학교도 2만여 명이 참여한 보은집회로 알려져 있다. 이 집회에 선무사로 파견된 어윤중은 "이 모임은 작은 병기도 휴대하지 않았으니 이는 곧 민회라고 하며, 일찍이 각국에서도 민회가 있다고 들었는데 나라의 정책이나 법령이 국민에게 불편함이 있으면 회의를 열어 논의하여 결정하는 것이 근자의 사례인데 어찌하여 비류로 조치를 해버리는가 했습니다"라고 정부에 장계를 올렸다(이영재, 2018).

프랑스혁명이나 미국 독립혁명도 그 출발이 과세 때문이었음을 다시 상기할 필요가 있다. 즉, 동서양 모두 피치자들이 과세에 대응하는 과정에서 자신들의 권리를 인식하기 시작했고, 그 귀결은 자유·평등·정의 등 공공적 또는 보편적 가치의 주창이었다. 사적 이해에서 출발했으나 그 과정에서 공적 가치로 나아가는 민중의 힘을 믿는 풀뿌리민주주의 사상의 근거가 여기에 있다. 프랑스혁명이 자유·평등·박애 이념을 주장하게 되었듯이 1894년 동학혁명은 마침내 모든 인간이 각자 몸에 하늘을 모셨다고 하는 '시천주(侍天主)'의 인간 평등을 주장했다. 이뿐만 아니라 동학은 여성과 어린이 등 약자에 대한 배려와, 자연과 사물도 공경해야 한다는 시대를 앞선 생태주의적 사상도 보여준다. 또한 접·포 등 자율적 조직을 전국적으로 만들어 사상뿐 아니라 조직적 측면에서도 현대 시민사회 못지않은 성과를 보였다(이나미, 2017).

2대 교주 최시형은 "반상의 구별은 사람이 정한 바"로서 "하늘은 반상을 구별함이 없이 그 기운과 복을 준 것"으로, 따라서 "일체 반상을 구별하지 말라"라고 했다. "적서의 구별은 망가의 근본이고, 반상 구별은 망국의 근본"으로 동학의 도에는 "두목 아래 반드시 백 배 나은 큰 두목이 있으니" 서로 공경하라는 것이었다. "이 세상 사람은 다 하늘이 낳았으니 하늘 백성으로 하여금 이를 공경하게 한 뒤에라야 가히 태평이라 이르리라"라고 했다. 더 나아가 "사람은 곧 하늘"로서, "사람은 정등(正等)하여 차별이 없나니 사람이 인위(人爲)로써 귀천을 나눔은 곧 하늘을 어기는 것이니 우리 도인은 일절 귀천의 차별을 철폐"할 것과 "적서의 구별을 하지 말고 대동 평등의 의를 좇으라"라고 촉구했다(이영재, 2018). 또한 "사람은 한 사람이라도 썩었다고 버릴 것이 없나니, 한 사람을 한번 버리면 큰일에 해로우니라. 일을 하는 데 있어 사람은 다 특별한 기술과 전문적 능력이 있으니, 적재적소를 가려 정하면 공을 이루지 못할 것이 없느니라"라고 했다(김용휘, 2017).

동학의 '천인상여(天人相與)'는 사람과 하늘이 서로 돕는다는 것으로 사람과 하늘 간 관계도 평등하다. 기독교는 신의 전지전능함을 상정함으로써 신이 만든 인간과 세상의 불완전성을 설명하지 못하고 인간의 비주체성에 직면해야 하는 딜레마에 빠지는데, 동학은 하늘이 불완전하고 인간에 의지해서만이 자신을 드러낼 수 있다고 하여 그 딜레마를 해결하고 인간에게 주체적 역할을 부여한다(조성환, 2018). 또한 동학은 성차별 철폐를 명시적으로 주장하지는 않았지만 여성을 특별하게 여기고 귀하게 생각했다. 장차 여성이 많은 사람을 살릴 것이라 예언했으며, 동학혁명 때 여성이 농민군을 지휘하기도 했다. 또한 어린이도 하늘이므로 함부로 대하지 말라고 했다.

사람이 아닌 타 생물도 하늘처럼 존중하라고 했다. '이천식천(以天食天)'은 '하늘로써 하늘을 먹는다'는 것으로, '육식이냐 채식이냐'의 문제가 아니라 무엇을 먹든 그것은 인간과 똑같은 하늘이므로 귀하게 여겨야 한다는 것이다. 생물뿐 아니라 땅과 같은 무생물도 존중했다. 최시형은 대지도 어머니처럼 생각하라고 했다. 어린이 존중과 모든 생명 더 나아가 무생물에 대한 공경, 즉 경물(敬物) 사상은 이 시기 전 세계적으로 유례가 없는 것으로 매우 앞서가는 사상이었다.

동학은 사상뿐 아니라 혁명으로 그 실천을 보여주었다. 전봉준이 제시한 폐정개혁은 평등 정신의 실천을 보여준다. 평등과 관련된 조항을 보면, 노비 문서를 불태울 것, 칠반천인의 대우를 개선하고 백정이 머리에 쓰는 평량립을 벗게 할 것, 청춘과부의 개가를 허락할 것, 관리 채용은 지벌을 타파하고 인재를 등용할 것, 토지는 평균으로 분작하게 할 것 등이다. 또한 동학 농민군이 설치한 대도소에는 집강을 선출하여 태수의 일을 하게 했는데 벼슬의 유무를 따지지 않았다. 이로 인해 평민, 천민들이 대거 입도했다. 당시 무안 현감은 "평민으로 가담하지 않은 자가 드물다"라고 할 정도였다. 세간의 평에 따르면 "부자/빈자라는 것과 양반/상놈, 상전/종놈, 적자/서자 등 모든 차별적 명색은 그림자도 보지 못하게 되었음으로 하여 세상 사람들은 동학군의 별명을 지어 부르기를 나라에 역적이요 유도(儒道)에 난적이요 부자에 강도요 양반에 원수라고 하는 것이며 심한 즉 양반의 뒤를 끊으려고 양반의 불알까지 바르는 흉악한 놈들이란 말까지도 떠돌았었다"(이영재, 2018). 관군은 동학의 10가지 죄목 중 제6 항목으로 "평등을 사칭하여 명분을 훼파했다"라는 점을 들었다(신기현, 1989).

그러나 다른 한편, 동학은 유무상자(有無相資)를 주장하여 가진 자를 적대시하기보다 자신의 재산을 가지고 기여할 것을 촉구했다. 가진 자와 못 가진 자는 각각 자신의 재물을 가지고 서로 돕는다는 것으로, 못 가진 자의 재물은 바로 노동이라는 것이다. 서구의 근대적 사고는 노동이 상품이라는 것인데, 동학의 유무상자에 따르면 못 가진 자의 노동은 가진 자의 자본과 똑같은 위상을 갖고 존중받아야 하는 것이다(김종철, 2019). 이로써 노동자는 본질적 의미에서 자본가와 동등해진다. 또한 관민상화를 주장하여 관이 반드시 적으로만 되는 것이 아니라 협력의 대상이 되기도 했다. 동학군은 양반이라도 덕이 있으면 해치지 않았다.

이렇듯 동학의 사상과 실천은 혁명적 평등 가치와 더불어, 유연성과 화합을 지향하는 균등적 가치도 포함했다고 할 수 있다.

백정도 평등 운동에 앞장섰다. 백정은 천민 가운데서도 가장 낮은 신분으로 차별받아 왔다. 백정은 본래 여진, 거란의 포로 또는 귀화인과 그들의 후손으로, 고려시대에 양수척(楊水尺)·수척(水尺)·화척(禾尺)·무자리로 불렸다. 주로 수초(水草) 즉 갈대 등으로 바구니 등을 만들어 팔고, 사냥·도축·육상(고기 장사)·창우(배우) 등을 하며 떠돌아다니거나 그들끼리 부락을 형성해 살았다. 기녀도 이들 중에서 나왔다. 1423년 세종이 병조의 제의에 따라 이들이 백정(白丁)으로 개칭하도록 허락했다(『세종실록』 22권). 본래 백정은 국가의 부름에 응해야 하는 예비군 성격의 농민으로 양인을 의미했다. 세종은 차별받는 이 천민들에게 양인의 명칭을 붙여준 것이다. 또한 이들에게 토지를 주어 정착을 유도하고 다른 집단과의 통혼을 장려하여 통합을 도모했다. 그러나 사람들이 그들을 양인과 구분하여 '신백정'이라 부르며 차별했고, 결국 백정은 최하층 천민을 일컫는 말로 굳어졌다. 이들은 어린아이에게도 고개를 조아리며 경어를 썼고 아이들은 이들에게 하대를 했다. 이들은 상투를 틀어서도 안 되고 천한 신분을 드러내는 평량자(패랭이)를 써야 했다. 기혼 백정 여성은 비녀를 꽂을 수 없었다(김중섭, 2019).

1894년 동학 농민군이 제시한 폐정개혁안에는 차별의 상징인 백정의 평양립 폐지 요구가 있다. 그 뒤 갑오개혁에서 피장(갖바치)의 신분 해방을 공식화하여 백정 차별을 제도적으로는 없앴다. 그러나 관습으로는 사라지지 않아 20세기 초에도 백정 촌락이 있었고, 차별도 계속되었다. 정부 기록인 민적은 백정 이름 앞에 붉은 점을 표시하거나 도한(屠漢) 등의 글자를 써놓아 백정임을 알게 했다. 근대식 학교에도 백정의 자녀들은 입학하기가 어려웠다(김중섭, 2019).

그러나 신분 차별 철폐가 주장되기 시작하면서 백정들의 사회참여도 점차 활발해졌다. 1898년 서울에서 열린 만민공동회에서 한 백정은 자기 신분을 밝히며 나라의 앞날을 걱정하는 연설을 했다. 1900년 2월 진주 인근 16개 군 백정들은 단체로 관찰사를 찾아가 망건 쓰기의 차별적 관습을 없앨 것을 요구했고, 1901년 해주·예천 등지의 백정은 관리의 부당한 대우에 집단으로 항의하며 상급 기관에 제소했다(김중섭, 2019).

백정은 대부분 궁핍하게 살았으나 도축·정육·피혁 일을 독점하면서 생계를 유지했다. 그러는 가운데 부를 상당히 축적한 백정도 등장한다. 1922년 대구에서는 백정이 기생을 동반하여 야유회에 가기도 했다. 그런데 일제 자본이 도축장, 건피장(乾皮場) 운영에 진출하면서 백정들의 독점이 무너지고 경쟁으로 몰리게 된다. 그러던 중 3·1운동이 일어났고 이후 다양한 사회운동이 전국 곳곳에서 발생하면서 '직업적 사회운동가'들이 등장한다. 오늘날로 치면 NGO 활동가가 생긴 것이다. 이러한 사회운동가들과 백정 유지들이 결합하여 만든 것이 '형평사'이다. 1923년 4월 진주에서 활동가들과 백정 70여 명이 모여 단체를 결성했고, 백정들이 일터에서 사용하는 저울의 공평함이라는 뜻을 담아 단체 이름을 형평사(衡平社)로 정했다. 저울의 의미를 생각할 때 평등보다는 공정함의 의미가 더 크다고 할 수 있다. 4월 25일 형평사 발기 총회에서 채택된 주지(主旨)는 "공평(公平)은 사회의 근본이요 애정은 인류의 본량(本良)이다"로 시작한다. 이어 "우리들은 계급을 타파하며 모욕적 칭호를 폐지하며 교육을 장려하여 우리도 참사람이 되기를 의도함이 본사의 주지이다"라고 취지를 밝혔다(김중섭, 2019).

형평사는 전국 조직으로 발전하여 1930년 전후에 전국 조직이 160개가 넘었다. 전국 대회에 여성 대의원이 참석했다는 기록이 있는 것으로 보아 조직 내에 여성의 지위가 낮지 않았음을 알 수 있다. 백정 여성들은 고기, 바구니 등을 파는 경제활동을 해왔으므로 사회 경험이 이미 있었다. 재정은 회원들의 회비로 충당하여 재정 자립을 꾀했다. 회원들은 열성적으로 후원금을 냈다. 특히 피혁상, 정육점 운영으로 재산을 모은 백정이 적극 후원하여 재정 상황은 양호했다. 회원 자격에는 제한을 두지 않아 조선인이라면 누구나 회원이 될 수 있었다. 즉 폐쇄적 집단이 아니라는 점을 분명히 했다. 그 결과 3·1운동 이후 폭발적으로 늘어난 사회운동가들이 참여할 수 있었다. 이뿐만 아니라 조선일보 진주 지국장, 동아일보 초대 진주 지국장이 형평사 창립 지도자로 참여함으로써 형평사는 초기부터 지역 언론과 밀접한 관계를 맺는데, 이는 직업적 사회운동가들이 언론기관에 적을 두고 활동했다는 것을 의미한다(김중섭, 2019). 이는 돈은 있으나 다른 수단이 없는 자와, 돈은 없으나 지식과 경험으로 도울 수 있는 전문직 노동자가 서로 협력했다는 점에서 동학의 유무상자 정신을 연상시킨다.

형평사 창립 축하식에는 사회주의 계열 단체들이 축전을 보냈다. 이는 사회주의 세력이 지지·연대했다는 것뿐 아니라 형평사가 이미 전국에 널리 알려졌음을 의미한다. 또한 형평사는 재일 유학생 단체인 북성회와 재일 조선 노동자 단체 등을 통해 일본에까지 알려졌다. 형평사 활동가들은 천도교 활동가들과 합쳐 고려혁명당을 결성하기도 했다. 일찍이 동학도들이 백정의 평량립 착용 폐지를 요구했듯이 독립운동에서도 두 세력은 뜻을 같이한 것이다. 또한 형평사는 일본의 유사 단체인 수평사와 교류·협력하여 국제적 연대의 선도적 사례를 보여주었다(김중섭, 2019).

일제는 형평사가 공산주의와 연결되었다는 이유로 지도자들을 구속하는 등 탄압했고, 그런 가운데 형평사는 1935년 전국대회를 열어 이름을 대동사(大同社)로 개칭한다. 명목은 '형평운동이 완성되었다'는 것이었지만, 실제로는 젊은 진보적 활동가들이 빠진 형평사 지도부를 전통산업의 기득권을 유지하려는 유력자들이 장악한 것이었다. 이후 이 조직은 사원들의 경제적 이익을 위한 단체로 성격이 바뀐다. 당시 언론은 이 단체가 "인권 해방"에서 "직업 운동"으로 전환했다고 표현했다. 대동사는 기득권을 지키기 위해 조선총독부에 적극 협력하여 비행기 '대동호'를 헌납하기도 했으나 일제는 이들에게 혜택을 주지 않았다. 대동사는 1940년대 초쯤 해체된 것으로 추정된다(김중섭, 2019).

## 2) 서구의 평등 개념 도입과 개화파의 평등 의식

equality의 번역어로서의 평등은 만국공법이 소개되면서 국가 간 관계에서 사용되기 시작한다. 1876년 '강화도조약' 제1관 "조선국은 자주국가로서 일본국과 평등한 권리를 보유한다(朝鮮國自主之邦, 保有與日本國平等之權)"라고 규정된 이래 칭제건원·치외법권 등의 문제에서 평등 문제가 거론되었다(김효전, 2009).

외교관계뿐 아니라 정치적 측면에서도 평등은 권리와 연관되어 사용되었다. ≪한성순보≫는 유럽의 사회당이 "평등하고 균일한 권리(平等均一之權利)"를 요구한다고 소개했다(≪한성순보≫, 1884.1.18). 이는 평등이 정치적 가치로서 등장하기 시작한 것을 의미한다. 갑신정변 주도 세력은 14개 정령을 제시했는데 그중 두 번째 조항이 문벌을 폐지하여 "인민 평등의 권리(人民平等之權)"를 제정하자는 것이다(정종원, 2018). 이는 오늘날 사용하는 민주주의적 평등 개념이 제시된 것이다.

이 시기 평등 개념을 담고 있는 기표들은 평등, 동등, 균평, 공평, 균등이었다. 이 중 균평은 본래 주로 재화를 다루는 것에 대한 용어로, 조선시대에 물가의 평준화 또는 안정을 의미하다가 세금·부역에서의 평등을 의미하게 된다. '부역을 균평하게' 등이 그것이다. 이 시기에도 균평은 경제적인 의미로 주로 사용되었고, 공산당과 관련지어 설명하기도 했다. ≪제국신문≫은 공산당이 "균평히 분배"하기를 주장한다고 설명하여 분배 문제와 균평을 연관시켰다(정종원, 2018).

이 당시 신문에서 가장 많이 쓰인 평등 관련 용어는 '동등'이었다. 동등은 남녀 차별과 관련해서도 자주 등장했다. "남녀들 같이 교육하고 동등권을 주는 것이 국가에 유조함으로"(≪독립신문≫, 1897.12.30) 등이 그것이다. 그러다가 1920년대 이후에는 평등이 동등보다 많이 쓰였고 이런 양상이 현대까지 이어지고 있다(정종원, 2018).

동등을 포함하여 이 시기 평등은 주로 국제사회에서의 왕이나 국가의 위상을 다루는 문제에서 자주 거론되었다. "청국 절대를 없애어 조선 대군주 폐하께서 세계 제왕들과 동등이 되시게 하려 했으며"(≪독립신문≫, 1987.9.7), "우리도 세계 만국에 평등 권리 가지신 제황제 폐하의 신민으로서"(≪독립신문≫, 1909.7.25), "외국에게 수치를 여러 번 보이고 전국 관민이 외국 사람들에게 동등 대접을 못 받건마는"(≪독립신문≫,1896.8.1) 등이 그것이다(김효전, 2009; 정종원, 2018).

천도교계의 ≪제국신문≫은 여성·백정·노비·지역민·기독교인·연소자 등을 평등 개념의 대상으로 호명했다. 특히 형평운동이 시작되기 훨씬 이전부터 백정 문제를 제기했다. 대구 군수 박중양이 백정을 동등 대우했다고 하면서 이것을 그의 행적 중 하나로 언급했다(정종원, 2018).

백정들의 평등 의식이 높아지는 데는 기독교가 크게 기여했다. 1895년 미국 선교사 무어가 서울 곤당골에 교회를 세우고 백정들에게 전도했는데, 기존 신도들이 백정들과의 동석 예배를 거부했다. 그러나 선교사의 강한 의지로 동석 예배가 지속되고 이에 기독교를 믿는 백정들이 늘어났다. 그들은 다른 지역의 백정 공동체에 기독교를 전파하기도 했다. 1905년 진주로 들어온 호주 선교사들이 처음에는 백정들을 위한 예배소를 따로 세워 운영하다가 1909년 새로 온 라이얼 선교사가 백정 신도들도 다른 신자와 함께 예배를 드리도록 했다. 그러자 다른 신도들이 거부하며 반발했는데 결국 선교사들의 중재로 모두 함께 예배를 보게 된다(김중섭, 2019).

여성의 평등 의식 제고에도 기독교의 영향이 컸다. 여성운동은 18세기 후반 천주교 신앙 운동과 함께 시작된다. '하느님의 형상대로 지음받은 인간은 누구나 귀중하고 동등한 인격체로서 대우를 받아야 한다'는 천주교의 교리는 당시 가부장제하에서 부당한 대우를 받고 사는 여성들에게 자기 목소리를 낼 용기를 주었다. 이후에 전해진 기독교 역시 인격적 존재로서의 여성의 평등성을 주장하면서 남존여비의 가부장제 질서를 동요시켰다(이우정, 1994).

조선시대 신분 관련 큰 쟁점이며, 최시형이 '망가(亡家)의 근본'으로 지적한 '적서의 구별'은 처첩 문제이기도 하다. ≪독립신문≫에서 첩을 두는 남성과 첩이 되는 여성에게 맹렬한 비난을 가하면서 본처의 고통을 부각했는데 정작 첩이 될 수밖에 없었던 여성과 그들의 자녀에 대한 차별은 지적하지 않았다.

개화파가 남녀평등을 주장할 때 그 근거는 주로 능력주의였다. 즉 여성이 남성과 같은 능력이 있음에도 차별하는 것은 이치에 맞지 않는다는 것이다. 이는 개개인 능력의 차등을 인정한 상태에서 또한 그것을 근거로 평등을 주장한 것이다. 외교관계에서의 평등의 강조도 모든 국가가 기본적으로 평등하다는 것이 아니라 국가들을 등급화한 전제에서 우리나라도 상등급이 되어야 한다는 것이었다. 즉 '상등국 대접' 등을 강조하면서 기본적으로 세계를 등급화하여 서구인의 시선으로 문명과 야만을 구분했다(정종원, 2018). 이는 왜 많은 개화파들이 이후 약육강식 논리와 제국주의의 옹호자가 되었는지를 설명해 준다. 개화파는 불평등한 구습을 타파하고 근대적 평등을 주장하여 사회가 개혁을 향해 한 단계 나아가는 데 기여했지만 대체로 엘리트주의적 한계를 벗어나지 못했고, 동학 등 당시 평등을 추구하는 아래로부터의 혁명적 움직임을 폄하했다. 이는 혁명을 이끌어낸 서구 계몽주의자들의 한계를 이들도 마찬가지로 갖고 있었다는 것을 의미한다.

### 3) 인민 평등의 선언: 삼균주의와 대한민국임시헌장

조소앙이 작성하여 1918년 11월 만주에서 발표된 「대한독립선언」은,

민족 간 평등, 평등한 부, 평등한 권리, 남녀 빈부의 차별을 없애는 것을 건국 정신으로 제시한다. 즉 조소앙은 일찍이 평등을 건국의 중요한 요소로 여겼다. 조소앙의 삼균주의는 그 이름에 평등적 요소를 전면적으로 내세운 것이다. 삼균은 정치·경제·교육의 균등을 의미한다. 그런데 이러한 삼균주의의 그 기본 골격이 쑨원의 민족·민권·민생의 삼민주의와 흡사하여 이로부터 영향을 받았다는 해석이 있다. 특히 조소앙이 민족과 민족, 국가와 국가 간의 평등을 언급했는데 이것이 삼민주의의 민족주의이고, 그의 정치적 균등은 민권주의, 경제적 균등은 민생주의를 연상시킨다는 것이다. 그러나 정작 삼균주의가 특별히 강조한 교육 균등은 삼민주의에서 큰 비중을 차지하지 않는다. 그의 균등 강조는 사회주의의 영향이 더 컸다고 할 수 있다. 또한 조소앙 자신은 한국의 역사적 경험 가운데서 정치·경제·교육의 균등을 실현할 필요성이 제기되었다고 주장했으며, 무엇보다 삼균주의가 삼민주의의 영향을 받았다고 말한 적이 없다. 오히려 '중국에는 삼민주의가 서야 하고 한국에는 삼균주의가 서야 한다'고 말함으로써 삼균주의의 독자성을 강조했다(배경한, 2002).

조소앙이 한국의 고유한 역사적 경험을 강조했다면 삼본주의를 주목할 필요가 있다. 최동오에 의하면 삼본주의는 '최제우, 최시형, 손병희의 유교(遺敎)'로서, 민본정치·노본(勞本)경제·인본문화를 뜻한다. 즉 인민이 근본인 정치, 노동자가 근본인 경제, 인간애가 근본인 문화로서 각 영역은 삼균주의의 정치·경제·교육에 해당될 수 있다. 삼본주의는 천도교인으로 조직된 통일당의 기본 이념이며 한국독립당의 당강이 된다. 마침 조소앙은 최제우를 6명의 성인에 포함시키기도 했다. 그는 초기에는 단군·석가·공자·소크라테스·예수·마호메트를 6성이라 했으나, 이후 「대동종교신창립」에서 단군·노자·공자·석가·예수·최제우를 6성으로 제시했다(정학섭, 1984).

또한 조소앙이 주도한 '대한민국건국강령'(1941)에는 다음과 같이 쓰여 있다.

우리나라의 건국정신은 삼균제도에 역사적 근거를 두었으니 선민의 명명한 바, '수미균평위(首尾均平位)하야 흥방보태평(興邦保太平)하리라'(머리와 꼬리가 고르게 평등하면 나라가 흥하고 태평이 유지될 것이라) 했다. 이는 사회 각층 각급의 지력과 권력과 부력의 향유를 균평하게 하야 국가를 진흥하여 태평을 보유하라 함이니 …….

수미균평위는 도참서 『신지비사(神誌秘詞)』에 나오는 구절로 단군이 도읍했던 삼경(三京)을 잘 지켜야만 국가적 부강이 가능하다는 예언인데, 조소앙은 신분, 계층을 초월한 균등을 촉구한 말로 이를 현대화한 것이다(정영훈, 2018). 독립운동 시기 평등 이념은 무엇보다 대한민국임시정부 관련 문헌에서 드러나는데 임시정부의 여러 헌법적 문서 중 최초로 사회적 기본권 목록을 체계적으로 규정하고 있는 것은 이 '건국강령'이다(김종수, 2013).

삼균주의는 좌우를 종합하는 제3의 민족주의 이데올로기로, 또는 한국에서 출현한 유일한 독창적인 사회주의 사상으로 평가되기도 한다(정영훈, 2018). 삼균주의는 여러 항일운동의 원칙을 포괄한 결과로서, 코민테른에 속하지 않으면서 다양성을 반영했다고 평가된다. 이를 바탕으로 선포된 '대한민국임시헌장'은 평등을 명시적으로 선언하고 있다. '대한민국임시헌장'의 제3조는 "대한민국의 인민은 남녀 귀천 급 빈부의 계급이 무하고 일체 평등임"이라 했으며, 정강의 첫 번째가 "민족평등·국가평등 급 인류평등의 대의를 선전함"이다.

## 3 ㅣ 평등의 제도화를 둘러싼 논쟁과 평등 주체의 대두

### 1) 제헌헌법의 '경제적 균등'과 4월혁명의 평등 선언

해방 후 헌법제정 과정에서 '평등'은 국민 기본권 중 가장 우선시되는 가치였다. 남조선대한국민대표민주의원은 헌법기초위원으로 조완구, 조소앙, 김붕준을 선임하고, 대한민국임시정부의 '건국강령' 및 '임시헌장'의 정신을 이어받아 국민의 권리의무의 제일 첫 번째 조항인 제5조에서 '생활균등권'을 국민의 권리로 규정했다. 생활균등권은 삼균주의를 기반으로 하여 새롭게 제시된 권리이다. 단정 수립이 기정사실화된 후 마련된 「헌법개정요강」도 인민의 권리의무의 처음에 평등권(인종·신조·성별·신분·재산)을 제시하고 그 내용으로 생활균등권과 문화·후생 균등권을 두었다(김종수, 2013).

그러나 생활균등권이 이후 삭제되는데, 이는 유진오가 한 것으로 알려지고 있다. 유진오는 생활균등권을 '적극권'으로 해석하면서 이것이 인민의 기본권으로 인정되면 이러한 인민의 요구에 대하여 국가가 법률상 의무를 부담한다는 것과, 기본권 규정은 단지 입법자에 대한 근본 방침을 지시함에 그치는 것임을 들어, 그 약속이 실현될 수 있는 객관적 가능성의 유무와 단체지도자의 성의 여하를 신중히 검토하고 감시할 필요가 있다고 주장했다. 이렇게 생활균등권은 법적 권리성이 없다는 이유로 채택되지 못했고, 그 내용이 파편적으로 경제 편에 반영되었을 뿐 국민의 권리로서 주목받지 못했다(김종수, 2013).

제헌헌법을 기초한 유진오는 자유, 평등과 더불어 필요한 국가조직의 기본 원리가 바로 균등이라고 하여 평등과 균등을 구별한다. 그의 균등 개념은 국가 성원들이 몫을 절대적으로 동등하게 나누는 것을 뜻하지 않았다. 균등은 "모든 특권계급 제도를 처부수어 버리고 대통령의 아들이라도 제가 못났으면 하는 수 없고, 노동자의 아들이라도 저만 잘났으면 무엇이든지 될 수 있게 하는" 의미이다. 즉 평등이 결과와 상태를 뜻한다면 균등은 변화와 이동을 의미했다. 그는 다음과 같이 주장했다(이상록, 2020).

> 19세기까지는 어떤 나라든지 모든 국민의 자유와 평등을 보장해 주기만 하고 그 외의 것은 전부 국민 각자의 자유로운 활동에 내맡겨 ⋯⋯ 세력 있는 사람, 돈 있는 사람, 지식 있는 사람, 힘센 사람은 잘 살지 몰라도 약한 사람, 가난한 사람, 무식한 사람은 생존경쟁에 밀려서 도저히 생을 유지해 나갈 수 없게 될 것 ⋯⋯.

즉 그에게도 평등은 선언할 때 사용하는 가치 개념이고, 균등은 현실적 대책의 개념이었다.

그러나 이렇듯 "모든 특권계급 제도를 처부수어 버리고", "약한 사람, 가난한 사람, 무식한 사람"의 생존권을 지키는 것에 관심이 컸던 그가, 실제로 그것을 지킬 수 있는 근거가 되는 생활균등권을 기본권으로 인정하지 않은 것은 그가 균등의 가치를 진심으로 지키려고 한 것인지 의심스럽게 한다.

또한 이 시기 균등과 관련된 쟁점은 노동문제로서, 이익균점권과 경영참가권이 있다. 이 주장들은 당시 서구 사회의 이익분배제도가 노동자와 자본가 간의 타협 방법으로 여겨진 가운데, 균등한 경제생활을 국가가 보장해야 한다는 사고와, 국부의 80%를 차지하는 귀속재산은 민족의 공공재라는 인식으로 인해 등장했다(정상호, 2017). 1948년 6월 대한노총 위원장 전진한 의원 외 9명은 "헌법제정에 있어 균등사회의 실현을 위하여 건투하고 있는 노동자 농민의 여망을 받아들여 헌법에 이익 균점에 관한 조문을 삽입하여 줄 것"을 내용으로 하는 '노동 8개 조항'을 국회에 제출했다. 그러나 이에 대해 김옥주 의원과 이승만 의장이 이미 원안에 포함된 내용이라고 하여 수정안을 부결시켰다(김종수, 2013). 또한 상공회의소가 제헌국회의 입법과정에도 참여하여, 노동자의 이익균점권과 경영참가권에 대해 반대의견을 제출했다(신원철, 2013). 상공회의소의 주장은 모든 기업을 민영 중점주의로 운영하고 자유경제 체제를 확립하며 산업 평화의 유지와 국가경제 건설이 노동자의 권리보다 우선해야 한다는 것이었다(최봉대, 1995). 이들의 반대로 결국 경영 참가권은 배제되고, 이익균점권 조항만 국회에서 통과됐다. 그러나 이마저 이후 제3공화국 헌법개정 과정에서 삭제된다.

전진한은 이익균점권을 주장함으로써 동학의 유무상자 정신을 계승했다고 해석되기도 한다. 좌우파 모두 노동을 상품으로 보아 자본이라는 주장은 안 하는데, 전진한은 이익균점권을 통해 자본가가 돈을 출자했다면 노동자는 자신의 노동을 출자한 또 다른 자본가라고 선언했다는 것이다. 따라서 이익은 또 다른 출자자인 노동자에게도 당연히 고르게 나뉘어야 하며, 이로써 노동자는 임금노예라고 하는 공식이 깨졌다는 것이다(김종철, 2019).

이후 평등은 진보당 창당으로 다시 쟁점이 된다. 1956년 11월 10일 창당된 진보당은 '사회적 민주주의'를 당의 이념으로 하여 복지국가, 사회보장제도, 국민의 생활 향상, 분배의 평등, 경제성장, 평화통일, 참된 민주주의 실시를 내세웠다. '계획적 경제체제'를 수립하여 산업의 부흥, 국가발전, 새로운 민족문화 창조를 실현하는 것이 '한국의 진보주의'라고 주장했다(정승현, 2013).

조봉암과 뜻을 같이한 서상일도 '사회적 민주주의' 시대가 시작되었음을 주장하면서 개인 본위의 자유경제가 아닌 국민대중의 경제적 생활을 향상시키는 참다운 의미의 자유와 평등을 실현하자고 주장했다. 그는 "자본주의

사회에서는 봉건시대의 사상이 악이라 하면 대중사회 즉 사회적 민주주의 시대에 있어서는 자본주의 즉 개인주의가 선이 될 수가 없을 것"이라고 하면서, "사회적 복지국가를 훌륭히 건설하고 있는 북구 제국(諸國)은 더 말할 것도 없거니와 영국만 하더라도 그의 자본주의적 본질은 크게 변혁되어 보수 정권하에서까지도 대중 본위의 국가생활을 영위"하고 있다고 강조했다.

> 외국 원조는 줄어가고 자립경제의 수립을 지향하지 않으면 안 되는 마당에 있어서 …… 개인 본위의 자유경제만을 외칠 것이 아니라 국민대중의 경제적 즉 물질적 생활을 보장 향상시켜 참다운 의미의 자유 평등을 실현할 수 있는 방면으로 각도를 돌리지 않으면 안 된다(서상일, 1957).

조봉암과 진보당의 이러한 평등의 실현 및 제도화의 의지는 이승만 정권의 잔인한 탄압으로 꺾이고 말지만 4월혁명으로 다시 부활한다. 4월혁명의 원인으로 정치적 부패와 부정선거가 주로 거론되지만 무엇보다 경제적 어려움과 불평등이 크게 작용했다. 그 증거는 4월혁명에 도시 하층민이 대거 참여했다는 사실이다. 1960년대의 문헌을 보면 노동 및 빈곤에 관한 담론이 가히 폭발적이었다. 각종 매체마다 노동과 빈곤 문제가 빠짐없이 등장하고 있으며, 더불어 노동조합에 대한 논의도 적지 않게 생산되고 있었다. 절대빈곤 속에서 허덕이는 도시 하층민, 절량농가의 농민들, 열악한 노동환경을 견뎌야 했던 노동자들의 불평등에 대한 불만과 분노가 자유당 말기부터 4월혁명까지 당대 사회의 위기의식을 발산했던 진원이 되었다(박대현, 2016).

1960년 《사상계》에 실린 박두진의 시에는 "철저한 경제균등, 철저한 인권평등의 …… 우리들의 목표는 정의, 인도, 자유, 평등"이라는 문구가 있다. 또한 1961년 《사상계》는 「권두언: 노동만이 살 길이다」에서, "사월혁명이 쟁취한 시민적 자유, 민권을 경제적 사회적 분야로 확대하기 위해서는" "전 국민이 일할 수 있는 근로체제를 시급히 확립"하는 것이 가장 중요한 문제가 된다고 했다(박대현, 2016). 경향신문 논설위원 주효민은 "경제활동에 대하여 기회균등과 이익 균점을 원칙적으로 보장하는 법체계를 확립하고 그러한 법률을 토대로 하여 새로운 민주적인 경제체제를 마련"하라고 요청했다. 경제학자 이정환도 경제민주화를 위해 경제활동의 기회균등 보장과 독점 저지를 위한 방책의 실현을 강조했다(이상록, 2020).

진보당 사건 이후 숨죽였던 혁신계도 4월혁명을 계기로 다시 활동을 재개했다. 조봉암의 피해대중론을 계승한 지식인들은 4월혁명이 자유민주주의 수호를 위한 것이라는 주장에 반박했다. 이태영은 자유민주주의가 소수 자본가계급의 자유를 위해 다수 피해 대중의 평등을 묵살해 왔다고 지적했다. 혁신계는 '민주적 사회주의'를 "최고 형태의 민주주의"라고 지칭하며, 역사적 과업으로 "소비에트적 독재 및 확장주의를 거부 배제하는 일, 4월 민주혁명을 완수하는 일, 산업 구조를 조속히 균형화하고 자립 경제를 확립하는 일, 자주독립 통일 국가를 건설하는 일, 만인공락(萬人共樂)의 참다운 민주적 복지 사회를 실현하는 일" 등을 제시했다(이상록, 2020). 한편 이봉산은 민주적 사회주의를 '반공'을 기본적인 입장으로 가진 이념이라고 강조하면서 민주적 사회주의의 특징 6가지 가운데 하나로서 '평등의 계획화'를 분명히 밝히고 있다. "인간은 인격을 갖는 숭고한 존재이기 때문에 생존에 필요한 최소한의 물자를 만인에 평등히 보장되어야" 한다는 것이다(박대현, 2016).

이것을 보면 한국전쟁의 결과 반공주의가 득세했다고는 하나 여전히 사회주의와 평등을 지향하는 의지가 시민사회에 있었다고 할 수 있다. 즉 강고한 반공주의는 박정희 정권 동안 확립되고 지속된 것으로, 박정희 사후에서야 다시 사회주의적 주장이 등장하는 것을 봐도 알 수 있다.

그러나 당시 국제 정세의 영향으로 4월혁명 이후 선거에서 당선된 사회주의 정당 후보자는 자유당보다도 적었다. 이는 또한 민주당이 사회주의 정당을 경쟁자로 생각하여 적극 공략했기 때문이기도 하다. 민주당은 이들의 공약보다 더 나은 것을 제시하려고 노력했다. 사회주의자들은 '계획혼합경제'를 제시했는데 민주당이 군인과 공무원의 봉급 인상, 중소기업과 농민에 대한 대부, 관개사업을 들고 나와 사회주의자들보다 우위에 섰다(≪동아일보≫, 1960.8.12).

## 2) 대안적 이론과 저항운동으로서의 평등

평등의 가치는 박정희 정권 시기를 맞아 암흑기에 접어든다. 박정희식 경제성장은 농민, 노동자, 빈민의 희생을 대가로 이룬 것이었다. 박현채는 박정희식 근대화 모델을 비판하면서 민중의 참여를 보장하고 국민경제의 자율적 재생산 구조를 확보할 수 있는 평등주의적 혼합자본주의를 대안으로 제시했다. 그것은 중소기업이 중심이 되고, 시장적 조절과 계획적 조절이 결합되며, 분업 구조 및 분배 구조 양면에서 국내시장이 심화되는 '내포적 발전'의 모델이다. 그리고 이런 경제적 대안을 위한 조건으로서 정치적 민주주의가 필수적이라고 강조했다(이병천, 2007). 이러한 박현채의 민족경제론은 사실상 용도폐기론에 가까운 해석을 포함하여(정건화, 2007) 여러 가지 비판에 직면해 왔다. 특히 수출 주도적 성장 체제의 성공, 즉 1980년대 중후반의 이른바 3저호황에 의한 탈종속을 계기로 민족경제론은 치명적인 손상을 입었다고 평가된다. 그러나 외환위기 이후 한국 사회는 수출과 내수 간의 심각한 분리, 격심한 사회경제적 양극화현상, 수출 편향과 외국자본 의존적 불균형 성장의 문제점들을 심각하게 경험했는데, 이것이 민족경제론과 자립경제론이 정확히 제기했던 문제라고 지적된다(이덕재, 2007).

김대중도 '평등자본주의'를 주장했다. 1966년 3월 김대중은 한 논문을 통해 '대중자본주의'의 세 가지 요소 중 하나로 평등자본주의를 제시했다. 대중자본주의는 민주사회의 안정적 발전의 기반으로 중산층을 중시하며, 효율적 생산보다 효율적 고용이 긴박한 과제이기 때문에 대기업보다는 중소기업의 육성 강화가 바람직하고, 불평등과 차별의 축소를 지향하는 '평등자본주의(equalized capitalism)'를 목표로 삼는다는 것이다. 당시 민중을 강조한 사람들이 평등의 실현을 위해 노동자나 빈민에 주목한 반면, 김대중은 중산층과 중소기업을 강조한 것이다. 대체로 야당 측은 중산층, 중소기업, 균분을 강조했는데, 이에 대해 여당은 대기업으로부터 분리된 중소기업의 단독적 육성은 실패할 뿐 아니라 역사 역행적인 것으로 대중자본주의는 위험한 인기 전술이라고 비난했다. 이에 대해 김대중은 박정희의 정책은 대공업 개발주의라고 비판하고 자본축적과 균배를 동시에 달성할 방법으로, 국영 및 민영 대기업의 주식을 대중화하고, 신규 시설에 대해 대규모 자본 조성 방식보다는 중소 규모에 주력하며, 국책의 중심을 중소기업의 육성 강화와 농촌 경제의 병행 발전에 두어야 한다고 주장했다. 또한 대중경제론은 노동·자본·기술의 3자가 평등한 입장에서 서로 협동하고 노동자와 기술자도 이윤 분배에 참여하는 산업민주주의로서, 구체적으로는 노동조합의 경영참여 제도화, 종업원 특수제도, 노동조합 결성의 완전 보장 등을 제시했다(정상호, 2017). 이는 박정희 정권이 없앤 '제헌헌법'의 이익균점권이 부활한 것으로 볼 수 있다.

박정희 정권의 성장 일변도 경제개발 정책은 최악의 노동 상황이라는 그림자를 동반했다. 최저생계비에 미달하는 저임금에 세계 최장 노동시간, 산업재해의 급증과 임금체불, 실업의 위협 등으로 노동자의 고통은 매우 컸으

그림 2-1 **전태일 17주기 추모식장으로 들어오고 있는 바보회 걸개그림**

전태일 열사의 죽음은 1970년대 평등의식과 노동자의식 확산에 큰 영향을 미쳤다.
자료: 민주화운동기념사업회 오픈아카이브.

나, 정작 노동자의 권익을 대변해야 할 노동조합운동은 극히 미미한 상태를 벗어나지 못하고 있었다. 유신체제의 성립과 함께 노총은 안보제일주의, 고도성장주의, 노사협조주의를 주장하며 사용주와 정부의 입장을 대변했다. 이러한 악조건하에 노동조건을 개선하고자 전태일은 모든 합법적 수단을 동원해 노력했으나 허사에 그치자, 결국 최후의 수단으로 죽음을 선택했다.

1970년대 민주화운동의 시작은 전태일의 죽음에서 시작되었다고 해도 과언이 아니다. "그의 죽음과 함께 평화시장 어두운 골방 속의 참혹한 노동에 관한 소식이 세상에 알려졌고, 그것이 발단이 되어 전체 한국 노동자들이 겪고 있는 인간 이하의 고통에 대한 관심이 새로이 일어나기 시작"했다. 사람들은 "이제껏 아무도 발음하려고 하지 않던 '노동자'니 '노동운동'이니 하는 어휘들을 입에 올리기 시작"했다(박경서·이나미, 2010).

전태일은 잘 다듬어진 이론이나 거창한 이념을 제시하지는 않았으나 순수한 인간 본연의 목소리로 자신의 투쟁의 이유를 설명했다. 그는 다른 모든 인간을 지칭할 때 "나의 전체의 일부" 또는 "나의 또 다른 나"라고 불렀다. 그는 한 아주머니가 광주리를 이고 버스를 타려고 실랑이를 벌이는 모습을 보고 그 아주머니를 미워하고 짜증을 냈었는데, 어느 날은 그 모습을 보고 통곡을 하고 만다. 그동안 자신은 '현실과 한패'가 되어 민중을 경멸하고 조롱하고 냉소했다는 것, 그 자신의 얼굴에 스스로 침을 뱉었다는 사실을 깨달았다는 것이다. 그는 왜 다 같은 인간인데 가난한 자가 부자의 노예가 되어야 하는지, "왜 가장 청순하고 때 묻지 않은 어린 소녀들이 때 묻고 더러운 부한 자의 거름이 되어야" 하는지 반문했다(조영래, 1991).

그 소녀들 중 한 명이 바로 YH 여성 노동자들의 농성 중 희생된 김경숙이었다. 그도 노동자로 살아가면서 겪은 극심한 고통과 소박한 소망을 표현했다. 그는 교회 회지에 쓰기를 "이 세상에 태어났을 때는 어느 누구나 티 없이 맑고 깨끗한 사람"이라고 했다. 그러나 집안 환경으로 인해 여러 사람들의 차이가 생겼다는 것이다. 자신은 가난한 가정에서 태어나 공부도 제대로 하지 못하고 고향을 등지고 공장에 취직했는데, 자신이 배우지 못한 공부를 동생에게 가르쳐서 동생만은 성공할 수 있도록 하는 것이 간절한 소원이었다고 했다. "하청공장에 취직하여 말로만 듣던 철야작업을 하면서" 그는 끊임없이 코피를 흘렸다. 어떤 회사에서는 봉급 3개월 치를 받지 못했으며 "헐벗고 굶주리며 풀빵 5원짜리 30원어치로 추위에 허덕이며 생계를 이어가기도" 했다. "이렇게 사느니 차라리 자살이라도 해버리려고까지 마음먹었으나 고향이 그 길을 막았다"라고 했다. "혼탁한 먼지 속에 윙윙대는 기계 소리를 들으며 어언 8년 동안 공장 생활하는 나 자신을 볼 때 남은 것은 병밖에" 없었다고 했다. 그러나 "몸은 비록 병들었지만 마음만은 상하지 않는 인간으로서 올바른 삶을 살리라 다짐"하면서 "나와 같은 처지에 있는 사람들을 위하여 열심히 살도록 두 손 모아 간절히 기도"한다고 썼다(박경서·이나미, 2010).

이토록 가혹했던 삶을 버텨낸 그를 박정희 정권은 무참히 짓밟았으며, 그 결과 박정희 유신정권의 종말의 신호탄이 된 YH사건이 발생했다.

한편, 전태일 분신 사건과 광주대단지사건에서 민중의 힘이 표출된 이후 학생운동권에서 수용되기 시작한 '민중' 개념은 민청학련의 「민중·민족·민주 선언」 후 학생운동의 중심 개념으로 자리 잡았다. 기독교계에서도 1971년부터 민중이란 단어를 사용하기 시작했으며, 서남동의 "예수·교회사·한국교회"와 안병무의 '민족·민중·교회'라는 강연에서 본격적으로 제기되었고, 이는 민중신학으로까지 발전해 나갔다(김인걸 외, 1998).

서남동에 의하면 "동학혁명이 한국 민중운동사의 가장 의미 있는 경계표"이다(서남동, 2018). 안병무는 동학혁명의 주체였던 "민중의 힘이 이념화된 사건"이 3·1운동이라고 보았다. 그러나 해방 후 세워진 정부는 권력을 안겨준 민중을 무시했다는 것이다. 또한 심지어 "날이 갈수록 민족도 없고 정권만이 있었고 그것을 유지하기 위해서 민중을 기만하고 민중을 누르고 민중을 공포 속에 몰아넣었다." 따라서 민중의 분노가 폭발하여 4·19 사건이, 동학혁명과 3·1운동의 뒤를 이어 발생했다는 것이다. 이러한 민중의 봉기로 민주당 정권이 세워졌지만 "민중의 소리를 집약할 겨를도 없이 민중과 상관없는 군사쿠데타에 의해 쓰러졌다"라고 했다. 이렇게 강권으로 정권을 잡은 현 정권은 "민중은 안중에 없기 때문에" '민족'을 강조했고, "그 민족도 근대화라는 명목 아래 일본 자본과 노력을 강력으로 끌어들여 퇴색해 버렸다"라고 했다. 이에 민중이 저항하자 정부는 강권으로 짓눌렀고 급기야 '유신체제'라는 "민중의 소리를 배제하는 체제를 만들어냈다"는 것이다. 민중은 최제우, 최시형, 전봉준처럼 투쟁적으로 나서지 않고 단순히 자신의 소리를 전했을 뿐인데도 "저들을 투옥한 것은 이 정부가 결국 민중의 소리를 들어서는 안 될 체질이 됐다고 보는 수밖에 없다"라고 했다(안병무, 1975).

민중운동과 더불어 또 다른 평등 지향의 대안 운동인 생태·풀뿌리 운동이 태동한다. 1977년 장일순은 기존의 운동 방식으로는 한계가 있음을 깨닫고 사회변혁 운동을 공생의 논리에 입각한 생명운동으로 그 패러다임을 전환한다. 핵, 공해, 자연 파괴에 대해서는 자본주의와 공산주의가 모두 무관심하다는 것으로, 조화와 공생을 통한 협동을 그는 강조했다. 천주교 신자였지만 동시에 동학을 신봉했던 장일순은 최시형을 매우 존경했다. 그에 의하면 최시형은 "우리 겨레로서는 가장 자주적으로 사는 길이 무엇이며, 또 그 자주적인 것은 일체와 평등한 관계에 있어야 한다는 것"을 설명했다(최성현, 2004). 최시형의 이천식천(以天食天) 즉 '하늘이 하늘을 먹는다'는 사상은 그의 천주교 신앙으로도 이어진다. 즉 예수가 자신을 빵이라 했다는 것을 상기시킨다. 그러므로 곡식 한 알 한 알이 엄청난 것이며 우리 모두는 하늘과 땅이 먹여주고 길러준 것이라고 했다. 또한 예수가 구유에서 태어난 것은 심지어 그가 짐승의 먹이로도 왔다는 것을 의미한다고 했다. 인간만이 구원의 대상이 아니라 우주 전체를 위해 그가 왔다는 것이다(장일순, 2016).

그는 공자의 말을 빌려서 평등한 관계를 설명하기도 했다. 즉 교학상장(敎學相長)이라 하여 스승과 제자가 함께 자란다는 것, 의사와 환자의 관계에서도 의사와 환자가 돌아가며 스승과 제자가 되어야 병을 고칠 수 있다는 것 등을 들었다. 그러므로 사회가 굳어져 있으면 교학상장이 되지 않고 선생은 항상 선생이고 제자는 항상 제자가 되는 것이 문제라는 것이다(장일순·이현주, 2003). 또한 그는 자주 "농민 앞에서 기라"고 말했다. 즉 활동가들이, 자신이 전위인 양 행세하며 대중을 지도하거나 군림하려고 하지 말라는 것이다. 그는 풀뿌리 민중운동을 "밑으로 기어가는 운동"이라고 표현한다. 밑바닥과 어울려야 오류가 없다는 뜻으로 "개문류하(開門流下)"로 표현한다(최성현, 2004). 즉 '문 열고 아래로 흐르라'는 것이다. 또한 잔뿌리가 있어야 큰 나무가 된다고 했다. 대와 소는 하느님 아버지의 차원에서 보면 같은 것이라는 했다.

그는 '국민'이 아닌 '주민'을 주권의 주체로 내세웠다. 주민은 시민보다 더 풀뿌리에 가까운 존재이다. 그는 "국민으로부터 주권이 나온다고 말하지만 진정한 요구와 바람이 그러한 집단 속에 들어가면 일회용으로 써먹히고 걷어차"인다고 했다. "적어도 만민이 평등하게, 다 자유롭게 자기 생활을 보호할 수 있는 협동적인" 것을 추구해야 하며 그래서 자신은 협동운동을 한다고 했다(여운연, 1991).


## 4 │ 경제적 불평등과 성차별 쟁점

1987년 민주화 이후에도 여전히 경제적·사회적 불평등은 지속되었다. 오늘날 평등과 관련된 가장 큰 쟁점을 들자면, 빈부격차 등 경제적 불평등과 성차별, '차별금지법' 등을 들 수 있을 것이다.

우선 경제적 불평등 문제는, 1997년 외환위기 이후 가계와 기업, 수출산업과 내수산업, 대기업과 중소기업, 정규직과 비정규직, 상층과 하층 간 격차가 지속적으로 확대되면서 사회 양극화가 어느 때보다 심화된 것을 들 수 있다. 평등자본주의를 주장했던 김대중은 "민주주의와 시장경제의 병행발전"을 구호로 하여, 외환위기를 조기 극복하기 위해 경제개혁을 포기하고 단기 경기부양책을 선택했다. 또한 복지가 성장을 저해할 것이라는 반복지 담론이 재벌, 경제관료, 주류 언론을 통해 헤게모니를 획득하여 '선성장 후분배'가 주장된다(김순영, 2006).

1997년 이후 낙수이론이 경제정책을 지배하면서 부의 확산 대신 부의 집중이 역사상 최고 수준에 도달했다(김윤태, 2018). 삼성경제연구소는 2006년에 "성장 친화적 정책을 통해 '중산층의 경제심리'를 안정시켜 소비를 진작해야 하며, 대중 영합적인 분배정책이나 인위적인 평등화 정책은 소모적인 분배 관련 지출만 확대시키며 이는 성장동력을 위축시키는 악순환을 초래한다"라고 주장했다(김순영, 2006). 또한 저소득층의 보수성으로 인해 사회경제적 분배 정의 쟁점이 뚜렷하게 부각되지 않았다. 경제는 주로 성장 담론이 주도했으며, 분배에 대한 요구는 부각되지 않았다. 그러나 점차 경제적 불평등에 대한 불만이 커지기 시작하여 2006년 여론조사에 의하면 42%가 경제적 불평등 심화와 복지정책에 대해 불만족을 표시했고, 64%가 증세를 하더라도 사회복지 프로그램이 증가해야 한다는 의견을 냈다(조정인, 2014).

2011년 무상급식과 보편적 복지 논쟁의 결과는 이러한 여론의 귀결이 어떠한 것인지 보여주었다. 오세훈 서울시장은 서울시 의회와의 시정 협의를 거부하는 직무유기를 계속하다, 주민투표로 친환경 무상급식을 다시 결정하자고 제안한다. 이에 시민단체들은 반대 서명운동과 지지 운동으로 맞서며 대립했고, 주민투표율이 유효투표율에 미치지 못해 무효가 되자 오시장은 사퇴했다. 보선에서 박원순 후보가 승리하고 지방선거에서 대부분 진보성향의 후보들이 당선되자 무상급식이 시행되었다. 이는 무상급식과 보편적 복지에 대한 국민의 지지를 확인한 것이었다(주성수, 2017).

이 시기 또 다른 평등 쟁점인 성차별 문제와 관련해서는, 부계 중심·성차별적 가족제도를 규정한 호주제가 2005년 2월 마침내 폐지된 것이 주요 사건이다. 조선 중기 이후 남녀차별이 심화된 가운데 일제는 본격적인 부계 중심의 가족제도를 들여와 차별적 가족법 및 호주제의 시작을 알렸다. '가족(家族)'이라는 용어 자체가 일본 제국주의 시대에 유래한 것으로, 일본의 '이에(家)' 제도에서 호주를 제외한 나머지 가족 구성원을 지칭한다. 일제가 한국에 호적제도의 일종인 '민적법'을 시행하면서 가족은 한국에서도 공식적인 용어로 사용되기 시작한다. 따라서 한국 '가족법'상의 가족은 조선의 전통과 식민지 제도가 결합된 개념이다(백영경, 2019).

이후 1919년 임시헌장과 1948년 제헌헌법에서 남녀평등이 명시되었으나 오랜 기간 민법을 포함하여 관련 법·제도, 관행은 여성을 차별했다. 1954년 제출된 민법은 식민지 시대 법보다 더 보수적이라는 평가가 나올 정도였다. 1958년 민법의 일부로서 제정된 가족법에 따르면 남편의 전처소생 자녀, 혼인 외 출생자는 현 아내의 친자와 동일하게 인정되는 반면, 아내의 결혼 전 자녀는 현 남편의 친자로 인정되지 않았다. 친족 범위에서도 남편 측이 아내 측보다 더 광범위하게 규정됐고, 남편이 혼인 외 출생자를 입적시킬 때 아내의 동의가 필요치 않았으나 그 반대의 경우는 남편의 동의가 필요했다. 호주의 승계는 호주의 아들, 손자, 미혼인 딸, 미혼인 손녀, 배우자, 어머니, 며느리 순서로 규정됐다. 부부 공동의 것이어야 할 재산은 남편의 재산으로 추정되었고, 자녀에 대한 친권은 남편이 우선이었다. 이러한 조항들은 여성이 이혼하기 어렵게 하여 불행한 결혼을 지속할 수밖에 없도록 했다(백영경, 2019).

여성단체들은 이렇게 불평등한 '가족법' 개정을 촉구하는 건의문을 제출하는 등 꾸준히 시정을 요구해 왔다. 1986년 11월 개정안을 국회에 제출하자 5000여 명의 유림이 국회 정문 앞에서 '가족법 개정 결사반대 시위'를 벌였다. 그러나 1987년 민주화의 물결과 더불어 호주제가 시대에 맞지 않는 제도라는 여론이 점차 확산되었고, 그 외에도 불평등한 상속권, 친족 범위, 친권제도가 시정되었다. 2000년 12개 단체로 결성된 한국여성단체협의회가 "호주제 폐지와 강력한 여성부 신설을 촉구"하면서 "남녀차별과 성비 불균형, 불평등한 가족관계를 재생산하는 호주제의 폐단을 알리고 이를 폐지하는 운동에 앞장설 것"을 결의했다. 같은 시기 한국가정법률상담소, 참여연대, 민변, 천주교정의구현전국연합 등 22개 시민단체들도 '호주제 폐지를 위한 시민연대'를 발족해 민법 개정 청원 운동, 호주제 위헌소송, 범국민 서명운동을 통해 호주제 폐지를 위해 노력해 나가겠다고 밝혔다. 이 시민연대는 11월 28일 호주제 위헌소송을 냈다. 마침내 2005년 헌법재판소에서 호주제가 "개인의 존엄성과 양성평등에 위반된다"라며 위헌결정을 내림으로써 2008년 1월부터 호적 대신 각 개인이 가족관계등록부를 가지는 1인1적제가 시행되었다. 즉 호주나 가(家)의 개념 없이 개인별 편제를 따르는 새로운 신분등록 제도가 실시된 것이다. 최근에는 혼인이나 혈연적 관계뿐 아니라 누구나 자신이 원하는 가족을 구성하고 이로 인해 차별받지 않을 권리를 목표로 한 '가족구성권'이 주장되고 있다(백영경, 2019).

호주제 폐지 외에 1999년에 '남녀차별금지및구제에관한법률'이 제정되었고 2000년에는 '정당법'이 개정되어 전국구 국회의원 선거 후보자의 30% 이상을 여성에게 할당하도록 했다. 그러나 공천 결과 여성 후보는 한나라당이 24%, 자민련이 19.3%에 불과했다. 2008년 총선 때는 비례대표 50% 할당과 교호순번제 적용, 지역구에 여성 후보 공천 30% 할당이 권고조항으로 들어갔다. 그 결과 여성 국회의원 비율이 16대 국회에서 5.9%였는데 17대에서 13%, 19대에서는 15.7%로 증가했다(주성수, 2017).

뜨거운 논쟁을 일으킨 군가산점제도는 여성뿐 아니라 장애인에 대한 차별로도 인식되었다. 1999년 12월 23일 헌법재판소는 공무원 채용 시험의 군가산점 제도는 여성과 장애인에 대한 평등권을 침해한다는 판결을 내렸고, 이후 남성들과 군 관련 단체의 반발이 이어졌다. 2000년에는 군가산점 위헌판결을 둘러싸고 남녀 간에 치열한 논쟁이 벌어졌다(주성수, 2017).

마지막으로, 최근의 평등 관련 쟁점으로 '차별금지법'을 들 수 있다. '차별금지법'은 2007년 처음 정부 주도로 제정이 시도되다가 반대에 부딪혀 좌절됐다. 이 '차별금지법'은 동성애 찬반 문제로 환원되었고, 일부 보수 기독교 단체가 성소수자 권리 보장을 문제 삼아 이 법에 반대하면서 이런 양상이 나타난 것이다. 현재까지도 성소수자에 관한 논쟁으로 환원되는 현상이 반복되고 있다. 20대 총선에서 차별금지법 반대를 목표로 하는 기독자유당이 2.64%를 득표했다. 문재인 정부 역시 '차별금지법'을 100대 국정과제에서 제외했는데, 그 이유는 "사회적 논쟁을 유발할 내용이 있어서"라는 것이었다(김지혜, 2018).

　국가인권위원회는 차별금지 사유로 성별, 종교, 장애, 나이, 사회적 신분, 출신 지역, 출신 국가, 출신 민족, 용모 등 신체 조건, 기혼·미혼·별거·이혼·사별·재혼·사실혼 등 혼인 여부, 임신 또는 출산, 가족 형태 또는 가족 상황, 인종, 피부색, 사상 또는 정치적 의견, 형의 효력이 실효된 전과, 성적 지향, 학력, 병력 등을 열거한다. 여기서 열거한 사유는 편견과 고정관념이 많이 작용하는 인적 특성이나 조건이다(김지혜, 2018).

　현대의 대표적인 차별 중 하나는 성소수자와 관련된 것이라고 할 수 있다. 차별 담론이 최초로 등장한 것은 1981년 AIDS가 발견되었을 때이다. 동성애자에게서 발견되었다는 이유로 '게이돌림병'이나 '게이 암'이라고 명명된 이 병은 사실 HIV(인체면역결핍바이러스)로 인해 면역체계가 파괴되는 병이다. 2007년부터 성적 지향을 포함하는 포괄적 차별금지법 제정을 위한 정부의 입법예고안에 대해 경총을 비롯한 재계는 '학력', '병력'에 의한 차별금지 조항을 '자유로운 기업 활동'이라는 이름으로 반대했으며, 일부 기독교 단체는 '성적 지향'에 대한 차별금지 조항을 들어 '동성애 허용 법안'이라고 비난했다. 이런 비난에 직면한 당시 법무부는 기존의 법안을 수정하여 추진하려 했으나, 차별금지법의 기본 정신을 수용하지 못한다는 이유 등으로 결국 추진하지 못했다. 이에 유엔 인권이사회에서는 2008년, 2012년 국가별 정례인권검토를 통해 성적 지향을 포함하는 포괄적 차별금지법을 채택할 것을 촉구하는 등 한국 정부에 대해 우려의 목소리를 전달하기도 했다(박건, 2018).

## 5 ┃ 평등과 공정의 연대를 바라며

앞서 보았듯이 우리 역사에서 평등이 사건과 운동으로 등장하는 계기는 동학농민혁명, 3·1운동과 임시정부 수립, 형평운동, 제헌헌법 제정, 4월혁명, 전태일 분신, 외환위기, 호주제 폐지 등이다. 이 과정에서 평등 담론은 주로 혁명적·근본적·선언적인 역할을 했으며, 균등 담론은 대체로 개혁적·정책적·현실적인 역할을 했다. 이 '두 가지 평등'이 때에 따라 상호 경쟁·보완·협력하면서 한국 민주화운동과 한국 민주주의는 더 많은 전략을 갖출 수 있었고, 따라서 더 큰 힘과 잠재력을 갖게 되었다.

오늘날 여전히 불평등이 큰 문제이며 또한 큰 화두이다. 이제까지 그래 왔듯이, 평등은 불평등을 통해 주로 호명되고 있다. 경제적 불평등을 실증적으로 진단한 토마 피케티(Thomas Piketty)의 『21세기 자본(Capital in the Twenty-First Century)』이 전 세계적으로 큰 관심을 끌었고, 유엔의 「The World Social Report 2020」에서는 '급격히 변화하는 세계에서의 불평등'을 테마로 삼았다.

평등과 불평등은 특히 민주주의와 관련해서 큰 관심거리다. 부유한 나라들에서 불평등에 대한 연구가 확대되고 있으며, 남유럽, 동유럽, 남미, 동아시아 등지의 나라에서 민주화 또는 그것의 결여가 불평등 문제에 어떤 영향을 미치는지가 중요한 학문적 주제로 토론되고 있다. 한국에서도 민주적으로 선출된 권력이 불평등을 해결하지 못하는 현실을 집중적으로 비판하고 그 원인을 규명하려고 노력하고 있다(신진욱, 2015). 이와 더불어 최근 평등 관련 쟁점은 수저계급론·갑질·미투운동 등 불평등의 다양한 영역과 차원에 대한 논의로 확장되었다(황선재·계봉오, 2018). 또한 오늘날 각종 재난과 사고 등 자연적·사회적 위기의 고조는 불평등 문제를 더욱 심화하고 있다.

이런 가운데 특히 평등과 관련해 새롭게 떠오른 화두가 '공정'이다. 공정 문제는 젊은이들이 특권층 자녀 입시 부정, 평창올림픽 아이스하키 단일팀 구성, 인천국제공항 정규직 문제 등을 비판적으로 바라보면서 제기되었다. 일부 문제는 기성세대의 평등 가치와 젊은 세대의 공정 가치가 충돌하고 있다고 해석되기도 한다. 과거 민주화운동에 전념한 세대는 절차와 과정의 공정성·기회균등 등에 대해 '절차적·형식적' 민주주의나 자유주의의 협소한 가치로 보고 실질적 민주주의의 가치가 아니라고 평가절하 해온 것이 사실이다. 그러나 젊은 세대는 그러한 기성세대가 과연 평등은 이루었는지, 또한 공정을 무시하면서 평등을 주장할 수 있는지 반문할 것이다.

지금, 우리의 민주주의 역사가 보여준 평등과 균등의 협력과 연대를 다시 생각해 볼 때이다. 균등은 과정, 절차, 이동, 현실을 강조한다는 측면에서 공정의 가치에 근접한다. 균등은 흙의 위아래가 연속적으로 뒤바뀌듯이, 반드시 급속한 혁명이 아니더라도 계층 간의 사회적 이동이 상시적으로 일어나 계급 세습이 고정되지 않은 사회를 지향할 수 있다. 최근 젊은이들이 가장 분노한 문제도 특권계층의 자녀 특혜를 통한 계급 세습, 즉 금수저 문제다. 또한 균등은 과세와 복지를 통해 부의 재분배를 꾀하여 균형 사회를 이루는 방식이다. 균등을 뜻하는 영어 단어 'parity'는 등치, 조절, '가치의 균형'의 의미를 지닌다. 한국 현대사에서도 균 개념은 '이익균점', '생활균등'

등 지속적으로 재분배, 복지와 연관되어 왔다. 무상급식, 기본소득 쟁점은 이러한 가치의 연장선상에 있다.

공정, 사회이동, 재분배로서의 균등은 평등과 충돌하는 것이 아니라 언젠가 '결과로서의 평등'을 달성하는 장기 혁명의 과정이 될 수 있다. 함석헌은 혁명을 '뒤집어엎음'으로 규정하여, 자연법칙이라고 해서 그냥 앉아 기다리면 저절로 달성되는 것이 아니고 잘못된 상태에 이르기 전에 그것을 바로잡고 뒤집어엎는 것으로서의 혁명을 실천해야 한다고 했다. 그런데 그러한 실천은 일거에 바위를 부수는 의미의 혁명이 아니라, 빗방울의 지속적인 작용으로 바위를 깨뜨리는 방식의 혁명을 가리키는 것이었다(이상록, 2020). 과정의 정의를 중시하는 공정에 대한 지속적 요구가 불평등한 사회를 깨뜨리는 혁명이 되지 말라는 법은 없다. 평등과 균등이 연대했듯이 평등과 공정이 연대하는 사회를 꿈꿔본다.

# 3장

# 헌법 제1조의 기원과 변화로 본 '민주공화국'으로서 대한민국

정상호(서원대학교 사회교육과)

# 1 │ '민주공화국' 개념의 발전사

　이 글은 "대한민국은 민주공화국이다"라는 우리나라 '헌법' 제1조의 100년 동안의 오랜 기원과 굴곡진 발전 과정을 찾아 떠나는 기행문이자 헌사(獻辭)다. 우리 모두가 알고 있는 것처럼, 우리나라 '헌법'은 1948년 7월 17일 제헌국회에서 '건국헌법'이 제정된 이후 총 9차례에 걸쳐 개정되었다. 또한 권력자의 장기 집권 야욕과 정치화된 군부 집단의 잇따른 군사정변으로 여러 차례 헌정 중단 사태를 맞기도 했다. 그렇지만 〈표 3-1〉에서 보듯이 '대한민국임시헌장'(이하 임시헌장)에서 처음으로 등장했던 '헌법' 제1조만은 지난 100년 동안 기본 문장과 근본 취지가 단 한 차례도 변경된 바가 없다.

　그렇다면 식민지에서 군사독재정권, 최근 공고화된 민주정부에 이르기까지 정체(political regime)의 다양한 변화에도 대한민국 '헌법' 제1조가 수정되지 않은 이유는 무엇일까? 지금까지 그 해답은 세 가지 차원에서 설명되어 왔다.

　첫째는 잘 알려져 있지 않지만 이 조항을 바꿀 수 없도록 명토 박아두었

표 3-1 **대한민국 헌법 제1조의 변천사**

| 명칭 | 제정 연도 | 내용 |
|---|---|---|
| 대한민국임시헌장 | 1919.4.11 | 제1조 대한민국은 민주공화제로 함. |
| 임시헌법 | 1919.9.11 | 제1조 대한민국은 대한인민으로 조직함. |
| 임시헌장 | 1925.4.7 | 제1조 대한민국은 민주공화국임. |
| 임시약헌 | 1927.3.5 | 제1조 대한민국은 민주공화국이며, 국권은 인민에게 있다. |
| 임시약헌 | 1940.10.9 | 제1조 대한민국의 국권은 국민에게 있되, 광복 완성 전에는 광복운동자 전체에 있다. |
| 임시헌장 | 1944.4.22 | 제1조 대한민국은 민주공화국임. |
| 대한민국헌법 | 1948.7.17 | 제1조 대한민국은 민주공화국이다. |

자료: 김동훈(2011: 254)에서 재인용했다.

표 3-2 **헌법에 규정된 개폐 금지 조항**

| 2차 개정 (1954.11.29) | 98조 ⑥ 第1條, 第2條와 第7條의 2의 規定은 改廢할 수 없다. |
|---|---|
| 3차 개정 (1960.6.15) | 98조 ⑥ 第1條, 第2條와 第7條의 2의 規定은 改廢할 수 없다. |

던 권위주의 시대 '헌법' 조항의 구속력 때문이다. 실제로 이승만의 중임과 국민투표제도를 도입한 2차 헌법 개정(1954)부터 박정희 군사정권의 출범으로 개정된 5차 개헌(1962) 이전까지는 '헌법' 제1조와 제2조, 그리고 제7조의 2항("대한민국의 주권의 제약 또는 영토의 변경을 가져올 국가안위에 관한 중대 사항은 국회의 가결을 거친 후에 국민투표에 부하여 민의원의원선거권자 3분지 2이상의 투표와 유효투표 3분지 2 이상의 찬성을 얻어야 한다")을 개폐할 수 없다는 규정이 삽입되어 있었다.

비록 박정희 군사정권의 등장으로 개정된 5차 '헌법'에서 개폐 금지 조항은 삭제되었지만, 이후에도 이 조항을 변경하기 위해서는 단순 개정이 아니

라 제정 절차가 필요하다는 논란은 지속되었다.[1]

두 번째는 '위로부터의 정당성' 부여 때문이었다. 후술하겠지만 민주공화국이나 국민주권 조항의 '헌법' 명시는 탈식민지 신생 정부에서 권위주의 정권에 결여된 정당성을 보완해 줄 최대의 명분이자 논리였다. 해방 이후 1987년 민주화 이전까지 거의 모든 집권자들은 자신들의 집권과 정부 운용이 인치(人治)가 아니라 법치(法治)와 헌정주의임을 공언했다. 더욱이 '헌법' 제1조는 첨예한 남북 경쟁이 일상화되었던 분단체제에서 자유민주주의 체제의 우위를 선전할 수 있는 이론적 무기였다. 실제 냉전·분단체제하에서 대한민국이 국제 사회에 유엔 가입 신청의 근거로 제시했던 유력한 조항이 대한민국 '헌법' 제1조였다.

세 번째는 이 조항에 대한 '아래로부터의 사회적 합의'가 형성·강화되었기 때문이다. 어느덧 시간이 흐르면서 "헌법 1조 1항은 법학과 정치학계에서 모두 헌법 개정 절차를 따르더라도 개정할 수 없는 헌법의 핵심 원리로, 헌정질서 전반에 걸친 기본적인 지도 원리이자 근본 규범으로, 국민주권 이념을 표현한 구조적 원리로, 그리고 국가의 구조와 체계에 관한 국민적 합의의 결과로 해석"되었다(이동수, 2007: 5~6). 필자가 보기에도 '헌법' 제1조는 민주화 과정에서 시민적 합의 수준이 공고화되었던 세계 헌정사의 모범적

---

1    개헌을 하더라도 이 조항은 개폐할 수 없다는 주장은 이미 1차 개헌 전인 1950년에 등장했다. 한 신문의 사설은 개헌은 신중해야 한다면서 다음과 같은 단서를 달고 있다. "한 가지 주의할 것은 개헌이 가능하다고 하여 무조건으로 아무 규정이라도 개정할 수 있는 것은 못 된다. 가령 '헌법 제1조에 규정한 대한민국은 민주공화국이다'라고 한 것과 제2조 국민주권에 관한 것, 그리고 헌법 그 자체의 권리의무에 관한 규정과 같은, 말하자면 헌법 그 자체의 기본성격을 변혁하는 것과 같은 규정의 개정은 개정이 아니라 국체의 변혁인 까닭에 그 개정은 논리상 불능한 것이다"(≪동아일보≫, 1950.5.31).

사례라 할 수 있다. 그것은 마치 프랑스의 공화주의나 미국의 청원권처럼 한 때는 추상적 선언에서 출발하여 지배적인 저항 담론으로, 최근에는 어느덧 국가 정체성의 표지가 되어버렸다.

그렇지만 그것만으로는 턱없이 부족하다. 무엇보다도 '헌법' 제1조에 대한 이러한 해석은 구체적 근거와 자료 없이 당위나 추정의 영역에서 진행되어왔다. 이 글은 구체적인 수준에서 이러한 주장의 근거를 확인해 보고자 했으며, 나아가 이번 기회에 이 주제와 관련된 기존의 세 가지 편향을 바로잡고자 한다.

하나는 '헌법' 제1조에 대한 '문제의식과 시기의 편향'이다. 대부분의 연구들이 제정(임시의정원)이나 제헌(의회) 당시 이를 둘러싼 기원과 의미에 대한 평가 및 해석에만 과도하게 골몰해 왔다. 이 글에서 설명하고 있는 것처럼 유래나 기원만큼이나 중요했던 박정희와 전두환 그리고 민주화 시기의 '민주공화국'의 의미 변화에 대해서는 거의 관심을 기울이지 않았다 해도 지나침이 없다. 두 번째는 법학을 중심으로 이뤄져 왔던 '헌법학적 편향'이다. 그동안의 연구는 이와 관련해서는 흔히 초기의 '국체와 정체 논쟁'이 대표하듯이 민주공화국이 헌법학에서 무엇을 의미하는지에 대한 법적 의미 파악에 집중해 왔다. 이러한 접근은 민주공화국에 내재한 더 심오한 사상적·제도적 본질과 흐름을 놓침으로써 '헌법' 제1조를 국체와 정체의 낡은 틀 안에 가두는 의도하지 않은 역효과를 냈다. 이와 연관된 마지막 한계는 특정 인물 중심적 편향이다. 대한민국 '헌법' 제1조를 조소앙이든 유진오든 일부 헌법 제정자들과 지식인들의 고뇌의 산물로 보는 시각은 당대의 지식사회학적 흐름을 설명할 수는 있지만, 국민이든 시민이든 민주공화국을 바라보았던 당대 보통 사람들의 인식과 정서, 특히 1987년 민주화 이후 민주공화국의 의미 변화 과정을 누락하는 중대한 결함을 안고 있다.

'헌법' 제1조의 역사적 연원으로 임시의정원이나 제헌의회를 면밀히 살펴보는 동시에 민주화 이전과 이후의 의미 변화를 추적해 보고자 한다. 그동안 이 주제와 관련해 사각지대에 놓여 있던 박정희 시기와 전두환 시기, 1987년 6월 항쟁 이후 촛불시위에 이르기까지 각각의 정치 세력이 그것에 어떤 의미를 부여했는지를 살펴보고자 한다. 또 하나의 강조점은 시민적 또는 민중적 관점이다. 주어진 시간과 활용 가능한 자료의 제약으로 쉽지는 않겠지만, 각 시기별로 언론이나 일반 시민들이 그와 관련해 어떤 의미와 이미지가 있었는지를 파악해 보고자 한다.

## 2 ｜ 민주공화국의 기원(개화기~1947년)

### 1) '민주공화'의 기원을 찾아서

　　1919년 대한민국임시정부가 '임시헌장'을 제정하기 이전까지 민주공화를 이 나라의 국체 또는 미래의 헌법 차원에서 사용한 사례는 찾지 못했다. 달리 말하면 그 이전에도 민주공화를 다른 의미로 사용한 용례는 있었다는 것이다. 실제 최정욱은 '민주공화'가 1898년 『조선왕조실록』에 등장하면서 군주전제의 반대 의미로 사용되었다는 것을 근거로 들고 있다(최정욱, 2013: 134). 이에 대해 이관후는 『고종실록』과 『순종실록』이 일제강점기인 1927년 이후 경성제국대학 오다 쇼고(小田省吾) 교수의 책임 아래 편찬된 점을 감안해, 조선이나 대한제국에서 사용했던 한자어가 아닌 일본식 번역어로 윤색되었을 가능성이 높다고 해석했다(이관후, 2019). 『고종실록』 38권(1898)에 수록된 원문은 다음과 같다.

지난 역사를 낱낱이 상고해 볼 때 어느 시대인들 이런 일이 없었겠습니까마는, 근년에 와서는 새로운 것을 좋아하고 요원한 것을 따르는 무리들이 우리의 좋은 법과 아름다운 규례는 버리고 저들의 신기한 기술과 교묘한 재주만 좋아해서, 위로는 임금의 마음을 미혹시키고 아래로는 백성들의 마음을 현란하게 해서 다른 나라의 민주와 공화의 제도를 채용하여 우리나라의 군주전제법을 완전히 고치려고 합니다. 그러다가 끝내 갑오년(1894)과 을미년(1895)의 변란도 있게 된 것입니다(甚則權在外國, 而通外國者有之, 權在寇敵, 而連寇敵者有之. 歷稽往牒, 何代無之? 而比年以來, 喜新騖遠之輩, 捨我良法美規, 樂彼奇技巧藝, 上而蠱惑君心, 下而眩亂民志, 欲用他國民主共和之俗, 一變我邦君主專制之規, 卒之有甲午)(http://sillok.history.go.kr/id/kza_1351200_003).

또한 '임시헌장' 제정 이전에 이미 민주공화가 대중화되어 있었음을 지적하는 연구도 적지 않다. 1907년 일본 유학생들의 잡지 ≪한유학생회보≫에서는 미국을 "민주공화국"이라고 표현했고, 1909년 서북학회의 ≪서북학회보≫에서도 귀족공화제에 대비한 용어로 '민주공화제'를 사용했는데, 그 의미는 "전 인민의 의지가 직접 또는 간접으로 독립 고유의 최고권이 되는 경우"를 말했다. 1910년 신민회 기관지 ≪대한매일신보≫에도 '민주공화'의 나라를 군주전제의 나라, 군민공치의 나라와 비교한 대목이 나오고(최정욱, 2013: 134), 1914년 하와이에서 발간된 ≪국민보≫에는 "민주공화 정부", "민주공화 제도"라는 표현이 등장했다(박찬승, 2013: 140). 이를 통해 '민주공화'라는 용어 자체는 20세기 초부터 지식인들 사이에서 종종 사용되었고, 1910년대가 되면 그 용례를 대중적 신문에서 찾아볼 수 있는 정도로 일반화되었다고 할 수 있다(이관후, 2019). 그러나 이러한 해석은 주의를 요한다. 왜

나하면 임시정부가 수립된 1919년을 전후로 민주공화의 의미는 본질적으로 다른 뜻을 지니게 되었기 때문이다.

경술국치가 있었던 1910년이나 수천 년 동안 지속되어 온 전제군주를 근대 정치체제로 전환한 중화민국의 등장(1912) 이전까지 이 땅에서 민주공화의 의미는 지금과는 전혀 다른 서구의 혼란스러운 개념일 뿐이었다(정상호, 2016). 먼저, 민주에 앞서 서구식의 공화 개념이 일본을 통해 유입되었다. 메이지 유신(明治維新)을 계기로 부국강병의 근대국가를 지향한 일본은 서양의 정치와 헌법에 관한 문헌을 자국어로 번역했는데, 이때 근대적 의미에서 왕이 없는 통치 또는 미국(合衆國)의 정치체제를 일컫는 것으로서 republic 개념을 도입했다. 미쓰쿠리 쇼고(箕作省吾)의 『곤여도지(坤輿圖識)』(1845)에 나타나는 "공화정치", "공화국"과 스기타 겐탄(杉田玄端)의 『지학정종(地學正宗)』(1848)에 나타나는 "합중국"은 모두 republic을 뜻했다. 뒤에서 다시 설명할 것이지만 『사기(史記)』에 나온 공화를 republic에 대한 번역어로 전용했다는 점에서 '공화국'은 일본에서 만든 신생 한자어인 셈이다(손민, 2001).

그렇다면 개화기 조선의 지식인들은 '공화'를 어떻게 이해했을까? 당시 공화라는 의미를 정체나 국체를 지칭하는 차원에서 소개한 최초의 사례는 1881년 60여 명으로 구성된 조사시찰단(朝士視察團)의 일원이던 민종묵(閔種黙)이 메이지 유신 이후 일본을 방문하고 나서 쓴 『문견사건(聞見事件)』이다. 민종묵은 '정체(政體)·헌법(憲法)·자유권(自由權)'과 같은 근대적 정치 개념을 최초로 조선에 소개한 인물인데, 공화주의를 미국의 정체로 소개했다(허동현, 1994: 121). 유길준(兪吉濬)도 『서유견문(西遊見聞)』(1895)에서 정부의 종류를 제시하고 있는데, 그중 다섯 번째가 "國人의 共和ᄒᆞᄂᆞᆫ 政體" 또는 "合衆政體"였다.

공화와 관련해서는 두 가지를 주목할 필요가 있다. 첫째는 조선이 일본의 식민지가 되기까지 개화파의 공화 개념은 군주가 없는 민주국가·입헌군주·군민공치·공화제 등 그 뜻이 명확히 분립되지 않은 채 혼재된 양상을 보이고 있다는 사실이다. 이는 일본에서조차 1880년대에 이르러서야 '합중국'은 주로 America나 The United States에 대한 번역어, '공화국'은 republic에 대한 번역어라는 구분이 정착되었다는 사실(손민, 2001)에서 그 이유를 유추할 수 있다.

더 중요한 또 하나의 사실은 1910년 경술국치 이전까지 대부분의 개화기 지식인들은 인민주권에 기초한 공화정을 부정하고 '군민공치의 입헌군주론'을 옹호했다는 사실이다. 유길준은 분명하게 공화제의 핵심이 세습군주를 대신하여 원수로서 대통령이 가장 큰 권한(世傳ᄒᆞᄂᆞᆫ君主의代에大統領이其國의最上位ᄅᆞᆯ居ᄒᆞ며最大權)을 갖는 정체임을 알고 있었다. 그럼에도 그는 "최강인 아국(亞國: 美國)의 합중 공화"가 아니라 영국이나 일본의 '군민공치 또는 입헌정체(立憲政體)'가 바람직한 이유를 "이 정체는 법률과 정사의 전반과 대권을 군주 일인이 독단하는 것이 없고, 의정의 여러 대신이 반드시 먼저 작정하고 군주의 명령으로 시행"하기 때문이라고 설명했다(박현모, 2007a: 64~65). 당시 ≪독립신문≫을 창간한 독립협회 역시 열강의 침략 위협하에서 전제군주제가 국왕의 동의 하나만으로 국권이 박탈될 수 있는 취약한 체제임을 절감하고 입헌군주제의 수립을 정치운동의 목표로 삼았다(박현모, 2007b: 62). 독립신문을 창간한 독립협회나 「헌의6조」를 의결한 만민공동회, 혁신된 자유 문명국을 지향했던 신민회, 그리고 국민주권을 제창한 헌정연구회의 공통점은 "인민의 우매함과 어리석음"(김육훈, 2012: 95) 탓에 아직은 공화제보다는 입헌군주제가 합당하다는 인식이었다.

그런 점에서 민주공화국의 뿌리를 독립협회와 만민공동회로 확장한 신용하와 서희경의 연구는 절반만 옳다. 신용하는 이미 1880년대 이후 독립협회가 입헌공화국의 수립을 주장했고, 신민회는 국권 회복과 동시에 입헌공화국의 수립을 운동의 목표로 설정했다고 보았다(신용하, 1986). 이후 신민회가 공화제를 지향했다는 주장은 그 후 학계의 정설로 정착했다(이승현, 2006: 73). 서희경 역시 '민주공화' 체제와 이념에 대한 광범위한 사회적 합의는 1945년 해방 후가 아니라, 1898년의 만민공동회 이래 성장하여 1919년 3·1운동 발생과 대한민국임시정부가 수립되는 기간을 전후하여 이미 이뤄졌다고 주장했다(서희경, 2006; 서희경·박명림, 2007). 이러한 주장들은 좁게는 1919년 대한민국임시정부, 넓게는 1948년 '건국헌법'이 민주공화제를 채택하게 된 연원을 서구 지식의 수동적 수용이 아니라 주체적 사유의 산물임을 밝혔다는, 즉 민주공화 개념의 전사(前史)를 복구했다는 점에서는 타당하다. 하지만, 3·1운동 이전까지 독립협회와 만민공동회, 신간회의 비전이 군주를 부정한 민주공화제가 아니라 '군민공치의 입헌군주제'였다는 사실을 간과했다는 점에서 중대한 한계를 안고 있다.

한편 '민주'는 공화와 달리 중국에서 처음으로 유래되었음을 주목할 필요가 있다. 중국에서 democracy라는 단어가 민주라는 개념으로 처음 등장한 것은 1864년에 출간된 『만국공법(萬國公法)』에서였다. 눈여겨볼 점은 중국은 서양의 현대적 관념을 수용할 때 음역으로 된 신조어를 만드는 대신 중국 문화 속에 원래부터 있었던 어휘에 새로운 의미를 주입하여 외래 관념을 표현한 것이 대다수라는 것이다. 가장 대표적인 사례가 democracy를 민주(民主)로, democratic republic을 민주지국(民主之國)으로 번역한 것이다. 원래 중국에서 민주는 백성을 지배하는 자 또는 민의 주인인 제왕(황제)의 별칭이었지만, 번역을 통해 주술 구조의 변화 즉 '민이 주인이다'는 의미로 현대적 전환을 이루었다.

요약하자면 1919년 '대한민국임시헌장' 이전까지 민주공화는 미국을 비롯한 선진국가의 정체(regime)를 표현하기 위한 낯선 개념이었다. 일부 개화파 지식인들이나 개혁운동에서도 새로운 나라의 정체로서 민주공화를 사용했지만, 적어도 1910년 이전까지 그것은 군민공치에 입각한 입헌군주제를 지칭했다. 이렇듯 일부 지식인들 사이에서만 통용되던, 더구나 입헌군주제로 변질되었던 민주공화제가 변혁의 사상으로 거듭난 것이 바로 1919년 대한민국임시정부의 수립과 '임시헌장'의 채택이었다.

## 2) 대한민국임시헌장 제1조: '민주공화국' 개념의 대중화 또는 민주화

돌이켜보면 1919년의 '대한민국임시헌장'의 제1조(대한민국은 민주공화제로 함)는 헌정사의 역사적 사건이었다.

그것의 의미는 첫째, 헌정 또는 정체 차원에서 볼 때 군민공치의 입헌군주제에서 급진적이고 근대화된 이념적 비전으로서 인민주권의 공화국으로의 전환을 정부가 공식 선언했다는 것이다. 1910년에는 민주공화의 개념과 관련하여 중요한 변화가 있었다. 그것은 강제합병으로 복벽운동과 입헌 군주론 등 군주를 전제한 일체의 사상 분파가 소멸했다는 점이다. 사실 계몽군주를 전제한 복벽운동은 1919년 3·1운동 전후까지 면면히 이어졌다. 유인석 등 유림파가 주도했던 복벽운동은 군주제가 외세의 내정간섭을 초래할 수 있는 선거제보다 국민 통합과 정치 안정을 도모하는 데 훨씬 우월한 제도라는 논리를 깔고 있었다. 이들은 실제로 의친왕을 망명시켜 임시정부의 수장이자 독립 이후 왕정복고의 주역으로 옹립하려는 대동단을 결성했고, 한성정부를 수립하고자 했다.[2] 그러나 경술국치로 옹립할 군주가 사라졌고, 더

---

2    한성정부 사건은 1919년 4월 23일 이규갑·홍진 등을 중심으로 '비밀독립운동본부'를

그림 3-1 대한민국임시헌장

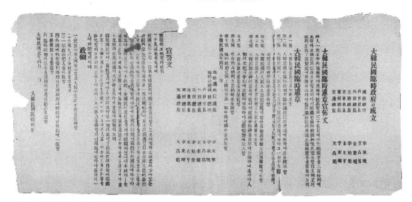

자료: 연세대학교 이승만연구원.

구나 중국에서 공화제를 천명한 신해혁명(1911)이 성공하자 계몽군주나 입헌군주를 전제로 한 공화제의 초기 형태는 더 이상 발붙일 근거를 상실했다. 3·1운동 이후 선포된 '대한민국임시헌장', 특히 제1조는 이제 군민공치의 입헌군주론이 아니라 인민주권론에 입각한 공화제를 지향하고 있음을 분명히 선포했다.

둘째, 국제적 또는 비교 헌정사의 관점에서 임시헌장의 '민주공화제'는 가장 이른 시기에 선언되었던 '최초의 정치 한류'(이상훈, 2015)일 수 있다. 이를 위해 먼저 확인해야 할 것은 "민주공화국의 어원 또는 유래가 1848년 프랑스 2공화국에서의 '민주적 공화국(république-democratique)'이며, 이것은 인민주권과 참여를 강조하는 정치적 지표로서의 민주주의와 군주정에 대립

---

만들고, 13도 대표자회의를 통해 서울에서 국민대회를 열어 임시정부를 승인받으려는 계획을 말한다. 사전에 누설되어 행사를 성사시키지는 못했지만 국민대회 취지서와 임시정부 선포문을 배포했고, 이때 "공화 만세"가 쓰인 깃발과 "대조선공화국"이라는 명칭이 등장했다고 한다. 이에 대한 세밀한 연구는 신복룡(2004)을 참조.

되는 공화정체를 결합한 국가를 지칭하는 것"(이동수, 2007: 6)이라는 주장의 사실 여부이다. 결론부터 말하자면 유사점은 크지만 내용과 형식이 상이해 그 기원으로 지목하기에는 다소 무리가 따른다는 것이 필자의 견해이다. 1848년에 개정된 프랑스 제2공화국 '헌법'의 전문(Préambule) 2항은 〈표 3-3〉과 같다. 프랑스에서 1793년 '제정헌법'에는 없었던 "민주적"이라는 표현이 제2공화국 '헌법'에 새롭게 등장했다는 점은 흥미롭다. 그렇지만 문장의 주술 구조나 내용에서는 분명한 차이가 있다. 더구나 프랑스 제2공화국의 '헌법'은 전문과 7장 116조로 되어 있어 우리의 '임시헌장'과는 전혀 다른 체계로 되어 있다.[3]

오히려 '임시헌장'과 유사한 것은 바이마르공화국 '헌법'이다. 바이마르 '헌법' 제1조는 "Das Deutsche Reich ist eine Republik. Die Staatsgewalt geht vom Volke aus(독일국은 공화국이다. 국가권력은 국민으로부터 나온다)"라고 규정하고 있다. 그렇지만 바이마르공화국 '헌법'이 국민회의를 통과(1919. 7.31)하여 공표된 것은 '임시헌장'보다 정확히 4달이 늦은 1919년 8월 11일이었다(김백유, 2015: 204). 유럽에서도 '민주공화국(democratische Republik)'이 헌법에 사용된 것은 1920년 2월 체코슬로바키아 '헌법'과 10월 오스트리아 '헌법'이 처음이었다(이영록, 2010: 58; 이영재, 2015: 240). 중국의 경우 신해혁명이래 속출했던 다수의 헌법안에서 전혀 나타나지 않다가 1925년 「중화민국 헌법초안」에 처음 민주공화제가 등장했는데, 여기서 공화국은 미국처럼 연방의 의미가 있었다(여치헌, 2012: 271). 정리하자면, 시기가 그렇게 중요한 것은 아니지만 어쨌든 '민주공화'라는 표현을 헌법적 문서에 포함시킨 것은

---

3    물론 프랑스의 공화국 역사상 가장 단명했던 제2공화국(1848~1952) 헌법이 어떤 경로를 통해서든 상하이의 임시정부 인사들에게 영향을 미쳤을 가능성은 남아 있다.

표 3-3 **프랑스 헌법의 민주공화국 규정**

| 구분 | 내용 |
| --- | --- |
| 제정헌법(1793)<br>Article 1 | La République française est une et indivisible.<br>(프랑스 공화국은 단일하며 불가분적이다) |
| 개정헌법(1848) II | La République française est démocratique, une et indivisible.<br>(프랑스 공화국은 민주적이고 단일하며 불가분적이다) |
| 현행 헌법(1958) | La France est une République indivisible, laïque, démocratique<br>et sociale.<br>(프랑스는 불가분적·비종교적·민주적·사회적 공화국이다) |

자료: https://www.conseil-constitutionnel.fr/les-constitutions-dans-l-histoire/constitution-de-1848-iie-republique(검색일: 2020. 5.30).

아시아에서는 물론이고 세계적으로도 한국이 가장 앞선다는 주장(박찬승, 2013: 139)이 아직까지는 유효한 셈이다.

셋째, '임시헌장'의 '헌법' 제1조가 식민지 대중에게 미친 개념의 민주화 효과이다. 개항 이래 3·1운동 이전까지 공화제나 민주공화는 일부 지식인과 개화파 등 소수 엘리트에게 한정된 전문용어(jargon)였다. 조선총독부가 지배했던 엄중한 식민지 지배 상황에서 그것은 주로 미국 정부(공화제)나 미국의 양당제(민주공화)를 지칭했다. 또는 "일로(日露)사이의 극동공화국(極東共和國)이라는 민주적 공화국의 출래(出來)"(≪동아일보≫, 1921.3.14)나 중국의 민국대총통으로 오른 쉬스창(徐世昌)의 방만한 처신에 대하여 "민주공화국의 원수로서 그 출처진퇴를 결정함에는 국민의 의사를 대표할 국회에 제출할 것은 관례이지만 각성 독군(督軍)에게 그 신임을 묻는 것은 중국의 정체가 민주공화임을 부인하고 전제(專制)임을 긍정함"(≪동아일보≫, 1922.3.22)이라는 표현에서 알 수 있듯이 다른 나라를 지칭할 뿐이었다.

그러나 '임시헌장' 이후 1920년대 문건에서는 타국이 아니라 조선의 변혁을 꾀하는 독립운동이나 사상범을 지칭하는 경우에도 민주공화제를 빈번히 사용했다. 예들 들어 상하이임시의정원 의장이었던 이강(李岡)의 공소장에는 "조선을 독립시켜 민주공화국을 세우고자 국체 변혁을 꾀했다"라는 이유로 '치안유지법'을 적용하여 징역 3년의 판결을 부과했다는 내용이 명시되어 있다(≪동아일보≫, 1928.6.30). 도산 안창호 역시 "한국독립당이라는 비밀결사를 조직하여 일본제국주의를 배격하는 동시에 국토와 국헌을 완전히 탈환해 정치경제를 균등하게 하는 민주공화국을 건설하려 활동"했다는 이유로 4년 형을 선고받았다(≪동아일보≫, 1932.10.16). 이처럼 대한민국임시정부가 '임시헌장'을 선포한 이후로 '헌법' 제1조는 더 이상 일부 지식인의 전유물이 아니었다. 임시정부가 내건 "민주공화국"이라는 비전과 구호는 비록 불경죄로 처벌되었지만, 암암리에 식민지 백성들의 입에서 입으로 퍼져나갔다. '민주공화국과 관련하여 최초로 개념의 민주화가 시작'된 것이었다.

넷째, 대한민국 헌정 체제의 독창적 기원으로서 임시헌장의 지대한 역할과 의미다. '임시헌장'은 이미 여러 연구에서 밝혀졌듯이 1948년 대한민국 '건국헌법'의 체계 및 용어, 기본 원칙, 이념 등과 놀랄 정도로 유사하다. 이는 '임시헌장'이 건국 이후 한국 헌법 체제의 일종의 원형헌법(proto-constitution), 즉 한국 헌법의 시원주의(originalism)로서 엄청난 영향력을 미쳤음을 보여준다(서희경·박명림, 2007: 87). 또한 임시헌장은 실질적으로는 임시정부의 갈등·분열·해체 위기를 극복한 정파 연합전선 완성의 결과물이었다. 즉 대한민국임시정부에서 민족주의·공산주의·아나키즘을 추구하던 다양한 정당 간의 연대에 의해 '임시헌장' 제정과 거국일치내각이 성립했던 것이다. 그런 점에서 임시정부 민주공화정은 한국 민주공화정의 기원뿐만 아니라 비공식 제도로 정의된 정당 체제의 기원이기도 하다(박정희, 2015: 107~110).

'임시헌장'은 헌정 체제와 정당 체제의 동시 기원으로서의 의미와 더불어 뛰어난 독창성이 있다. 성문화된 규정으로써 우리나라 역사상 최초로 공화제를 천명했다는 사실이 주는 놀라움은 차치하더라도, 민주라는 수식어를 결합한 용어 '민주공화'를 임시헌장에 삽입한 기초자들의 독창성, 그리고 그것이 이후의 역사에서 한 단어로 확고하게 굳어진 용어의 확정력은 공화의 개념사에서 적극적으로 평가할 필요가 있다(이영록, 2010: 57). 또한 '임시헌장'의 민주공화제 규정은 일본과 중국뿐만 아니라 프랑스와 미국의 수많은 헌법 문서 가운데 유례를 찾아볼 수 없는 최초의 독창적인 형식과 내용을 갖추고 있다(신우철, 2008: 300; 이상훈, 2015).

그렇지만 아쉬운 점도 있다. '임시헌장'의 '헌법' 제1조의 한계는 지식사회학이나 개념의 계보학 차원에서 당대의 시각이 아닌 사후평가가 주를 이룬다는 점이다. '임시헌장'의 민주공화국이 정확히 무엇을 의미했는지에 대해서는 사후의 해석만 존재한다. 통상적 해석은 민주공화정이 민주주의와 공화주의라는 주권의 소재 이념과 주권의 실천 이념이 결합된, 민주공화주의를 구현하는 정치체제라는 것이다. 즉 '임시헌장' 제1조는 대한민국은 '민주공화제'로 한다고 밝혔는데, 이로써 군주정 대신 민주공화정을 선언했다는 것이다(박정희·장훈, 2019: 43). 같은 맥락에서 "국체로서 대한민국은 왕이 없는 체제를 지향하고, 그 국가를 운영하는 정체는 민주주의로 이는 국민 전체의 평등, 자유의 바탕 위에 보통 선거권을 통한 대표제로 운영"된다는 것을 밝힌 것이다(이관후, 2019: 70). 또 다른 연구자들은 임시정부 시기의 민주공화국의 개념은 단순히 군주국이 아님을 밝히는 수준에 그치는 것이 아니라 삼균주의를 기반으로 하는 국가를 뜻하는 차원으로 확장되었다고 설명하고 있다. 이는 임시정부가 개인·시장·경쟁을 강조하는 자유주의 이념보다는 공공선과 공동체를 강조하는 공화주의 이념을 견지하며 민주주의와 공화주의를 헌법으로 결합하고자 했다는 것이다(서희경·박명림, 2007).

민주공화주의가 애국지사들이 일본의 강점에 대항하기 위해 서구 사상을 수용하여 독창적으로 만들어낸 정치철학 이념(이상훈, 2015: 3~4)인 것은 확실하다. 하지만 당시 임시의정원에서는 이에 대해 깊이 토론하지 않았고, 제정자인 조소앙은 이에 대한 구체적인 해설을 하지 않았다는 것 역시 분명하다. 호의적으로 해석하면 당시 조소앙이 민주공화라는 용어를 쓰면서도 별도의 해제를 달지 않은 까닭은 아마도 민주공화라는 용어가 이미 상당 기간 사용되어 일반화되어 있었기 때문이라고 해석할 수도 있다(최정욱, 2013: 135). 그러나 이토록 중요한 개념이 최초로 헌법에 각인(刻印)되는데 제대로 된 논쟁과 논문이 없었다는 것은 두고두고 아쉽다. 미국의 「연방주의자 교서(Federalist Paper)」와 같은 헌법 제정자의 권위 있는 해석이 없었기 때문에 이후 제헌이나 개헌 때마다 이를 둘러싼 논쟁이 재현되었다.

> 서용길 의원: 국호에 있어 대한은 반대이며 민주공화국이라 함은 대한민국이라는 데에 이미 포함되어 있으니 중복이 아닌가(≪동아일보≫, 1948.6.30).

> 제(배성동, 서울대 정치학과 교수) 생각에 헌법 총칙에 이것저것 다 집어넣는 것은 문제가 있어요. 이것은 총칙이 아니라 잡칙(雜則)이에요. 한 예로 제1조에 '대한민국은 민주공화국'이라고 한 내용입니다. '대한민국' 자체는 국호입니다. 그런데 '민주공화국'이란 부분에 있어서 '민주국'과 '공화국'이란 개념 정의가 명백히 안 된 상태에서 제헌 헌법이 만들어 진 것입니다 (≪경향신문≫, 1980.2.15).

## 3 | 민주공화국 개념의 이데올로기화(1948~1986년)

### 1) 1948년 제헌헌법: 민주공화국의 대내외적 승인과 공화국 개념의 분화

자유, 민주, 공화의 이념을 고스란히 담고 있는 근대적 헌정주의 또는 자유민주주의의 표현으로서 1948년 '제헌헌법'은 민주공화국이라는 개념에 중대한 의미 전환을 이루었다. 그것은 민주공화국이라는 프로젝트가 정치적 이상에서 법적 이념이자 실체로 탈바꿈했다는 것이다(이국운, 2013).

무엇보다도 '제헌헌법'은 숨겨놓은 보물과 같은 '헌법' 제2조의 국민주권 원리를 명문화함으로써 현행 '헌법'의 형태를 완성했다. 그것의 뿌리는 '대한민국임시헌법'(1919.9.11)(이하 임시헌법)이었다. '임시헌법' 제2조는 "대한민국의 주권은 대한인민 전체에 재함"을 명시했는데, 이는 공화정의 전제로서의 군주주권을 극복한 인민주권을 말하고 있는 것이다. 말할 필요도 없이 인민주권으로 표상되는 시민권의 원칙은 근대 입헌주의의 핵심 원리를 구성하고 있다(서희경·박명림, 2007: 89).

또한 '임시헌장'에서 결락되었던 민주공화국에 대한 논쟁과 권위 있는 주류적 해석이 등장했다. 그것은 '건국헌법' 제정의 핵심 인물인 유진오의 설명에 따라 공화국은 비(非)군주국으로서의 국체를 가리키며 민주국은 권력분립 원칙이 지켜지는 정체를 의미한다는 해석이다. 이후 민주공화국은 "권력분립을 기본으로 하는 공화국"이라는 해설이 헌법 학계에서 통설적 지위를 얻게 되었다. 한 예로, 해방 직후 좌우 대립의 격화 과정에서 민주공화국은 좌파의 인민공화국 개념에 대항하는 반공의 의미도 획득하는데, 이 과정에서 좌파의 민주주의중앙집권제에 대비되는 삼권분립이 민주공화국의 필수 요소로 부각되었다(신용인, 2016: 330). 아울러 군주제가 사라진 근대에 이르러 국체와 정체의 구분은 실익이 없고, 단지 민주공화국의 민주는 인민의 지배를 강조하는 민주정체를, 공화국은 견제와 균형의 삼권분립 등을 강조하는 공화정체를 강조하는 의미라는 해석(권영성, 2010)이 그러하다.

또 하나 이 시기에 주목할 만한 현상은 전쟁과 분단을 거치면서 민주공화국과 인민공화국으로 체제와 개념 모두가 분화되었다는 사실이다. 정치적 관점에서 볼 때 유진오의 독창성과 선구성은 그의 의도와 무관하게 민주공화제 이론을 분단이라는 구조적 조건에 정교하게 결합시켰다는 데 있다. 사실 유진오는 헌법 제정 당시 국민 개념보다는 시민권과 인권의 가치를 공유한 인민 개념이 헌법 취지에 더 적합하다는 주장을 다음과 같이 피력했다.

> 인민이라는 말은 구대한제국 절대군주제하에서도 사용되던 말이고 미국헌법에 있어서도 인민 people, person은 국가의 구성원으로서의 시민 citizen과는 구별되고 있다. 국민은 국가의 구성원으로서의 인민을 의미하므로 국가우월의 냄새를 풍기어, 국가라 할지라도 함부로 침범할 수 없는 자유와 권리의 주체로서의 사람을 표현하기에는 반드시 적절하지 못하다. 결국 우리는 좋은 단어 하나를 공산주의자에게 빼앗긴 셈이다(유진오, 1980: 182).

그러나 유진오의 원안이 일방적으로 부결[167인 중 가(可) 32명, 부(不) 87명]되고 윤치영 의원의 반대 주장이 압도적으로 지지를 받은 데서 알 수 있듯이 이미 인민 개념에 대한 반감은 빠른 속도로 확산되고 있었다. 인민주권론에 입각하여 공화국의 정당화를 기할 수 없던 분단 정부의 조건 속에서 '권력분립에 근거한 공화국'의 논리는 매우 실용적이며 선구적인 것이었다. 왜냐하면 이러한 민주공화국의 논거는 권력분립을 무시하는 파시즘과 나치즘은 물론이고 민주적 중앙집중 원칙과 프롤레타리아 독재를 내세운 소비에트 정권들과 구분할 수 있는 매우 간결한 표지를 제공했기 때문이다.

아무튼 해방 이후 분단의 정착 과정은 국민주권론을 내세운 남쪽의 민주공화국과 인민주권론을 내세운 북쪽의 인민공화국이 동일한 국체와 상이한 정체로 분화되는 과정이었다. 주목할 점은 분단의 고착화 과정에서 다음과 같이 두 공화국에서 서로 다른 주체가 등장했다.

**남한 헌법 제1조** 대한민국은 민주공화국이다.
**북한 헌법 제1조** 조선민주주의 인민공화국은 전체 조선인민의 이익을 대표하는 자주적인 사회주의 국가이다.

**남한 헌법 제2장** 국민의 권리와 의무
**북한 헌법 제5장** 공민의 권리와 의무

**남한 헌법 제20조** 모든 국민은 종교의 자유를 가진다.
**북한 헌법 제68조** 공민은 신앙의 자유를 가진다 .

**남한 헌법 제21조** 모든 국민은 언론·출판의 자유와 집회·결사의 자유를 가진다.
**북한 헌법 제67조** 공민은 언론, 출판, 집회, 시위와 결사의 자유를 가진다.

흥미로운 현상은 인민주권론과 인민공화국의 주체를 지칭하는 인민 개념이 주체사상과 결합되어 북한식 사회주의에 의해 재규정되는 과정이 남한에서 금기와 터부의 언어로 그것이 배제되는 과정과 중첩되었다는 점이다.

역으로 북한에서는 민주공화국의 주체인 남한의 국민이나 시민 개념 역시 국민주권론과 더불어 불순한 자본주의 언어로 배척되었다.

## 2) 민주공화국을 둘러싼 담론 투쟁: 위로부터의 정당화 담론과 아래로부터의 저항 담론

이승만 이래 권위주의 정부들은 민주공화국 조항을 유엔 가입과 같은 외교 경쟁에서 체제의 정당화 논리로 적극 활용했다. 미국에 조속한 경제 지원을 요청하면서 내건 명분은 "신생 한국을 원조하여 경제복구 하는 일은 한국의 완전자립을 발전시키는 동시에 동아(東亞)에 있어서 만연 악화되어 가는 공산주의자들과 싸우는 대한(大韓) 민주공화국(民主共和國)의 일대 저항력이 될 것"이라는 점이었다(≪동아일보≫, 1949.7.14). 또한 '유엔가입천만인운동'을 전개하면서 내건 논리도 "민주공화국으로서 유엔 가입자격과 그 의무를 성실히 수행할 수 있는 능력과 의사를 표시하여 국제적 승인까지 획득한 오늘에도 유엔 가입이 소련에 의해 거부된 사실을 통탄하던 나머지 삼천만 국민은 더 이상 참을 수 없어 유엔 가입운동을 조속히 실현하고자 전국추진위원회를 결성하는 바다"(≪경향신문≫, 1956.8.8).

또한 그것은 북한의 인민공화국과 명확히 경계 짓는 체제 수호의 언어였다. 진보당 사건의 논고 요지 중 하나는 "민주공화국인 현 대한민국의 헌법폐기 내지 파괴를 전제로 하는 여하한 행위도 국헌에 위배되는 행위"라는 것이었다(≪동아일보≫, 1956.6.14). 황용주 필화사건의 공소장에 적시된 주요 논거는 "피고인은 정부를 참칭하고 국가를 변란할 목적으로 불법 조직된 반국가단체인 북한괴뢰집단이 민주공화국인 대한민국을 전복·적화하고자 유엔의 자격과 권능을 무시하고 유엔에서 합법적으로 승인한 한반도의 유일무

그림 3-2 **3선개헌 반대 시위 당시 무장한 전투경찰에게 연행되는 시민들**

자료: 민주화운동기념사업회 오픈아카이브.

이한 합헌국가인 대한민국의 존립을 부정"했다는 것이다(≪경향신문≫, 1964.
11.19).

　무엇보다 주목해야 할 점은 이 시기에 처음으로 그리고 일관되게 저항
담론으로서 민주공화국 개념이 호명되었다는 점이다. 1948년 '헌법'이 제정
되자마자 이승만의 독주와 권한 남용에 대해 야당이 선택한 것은 '민주공화
국'이라는 견제와 비판의 칼날이었다. 이승만 정부가 언론계에 검열과 제한
을 가하기 위해 일제강점기에 만들어진 법률(光武新聞紙法)을 강행하려 하자
언론 단체들은 "민주주의 공화국인 대한민국헌법의 명문을 비춰 광무신문
지법(光武新聞紙法)의 존속 유효란 반역사적·헌법위반임을 또한 누구나 부인
치 못할 것이다"(≪동아일보≫, 1948.11.3)라고 항의했다. 주한 미국 대사 존
무초(John J. Muccio)의 신임장 봉정식을 위해 중앙청 내외에서 국회의원의

통행마저 제한하자 이원홍 의원은 "대한민국 헌법 제1조에 대한민국은 민주 공화국이라는 조항이 엄존하고 있는데도 불구하고 민중의 대변자인 국회의 원의 통행을 제지하고 있으니 독재 또는 전제정치 경향이 흐르고 있다"라면서 관계 장관에게 책임을 추궁했다(≪경향신문≫, 1949.4.21).

1950년대와 1960년대를 거치면서 민주주의에 대한 옹호와 독재에 대한 저항 담론으로 민주공화국이 거론되는 양상을 보였다. 이승만 정부가 사사오입개헌안을 강행했을 때도 야당인 민국당이 통탄했던 것은 "대한민국은 민주공화국이라는 헌법 제1조라는 진리 중의 진리, 명백하고 무결한 진리가 살(殺)되는 일"이 벌어졌기 때문이다(≪경향신문≫, 1954.12.2). 송방용 의원은 "다 알고 있다시피 대한민국은 민주공화국이다. 하여 대통령의 것도 아니요 공보처장의 것도 아니요. 당의 것도 아닌데도 관리들이 일방적 자유"를 누리려 '출판법'을 강행하고 있다고 비판했다(≪동아일보≫, 1955.2.9). 이러한 사례들은 일일이 거론하기 어려울 정도로 많은데, 그중 몇 가지를 살펴보면 다음과 같다. "미군정시에 만들어진 집회허가 규칙을 유지하는 것은 언론·집회·결사의 자유를 제한하기 때문"에 헌법 1조 위반이며(≪경향신문≫, 1955. 3.17), "국회의 석방결의안(김선태 의원)을 행정부가 무시하는 것은 국법 모독"으로 헌법 1조 위반이다(≪경향신문≫, 1956.8.1). 또한 김대중 의원이 3선개헌 저지 유세에서 펼친 연설 역시 "3선개헌이 통과되는 날 우리 헌법 제1조의 대한민국은 민주공화국이라는 조항이 죽게 된다"라는 것이었다 (≪동아일보≫, 1969.7.19).

이 중 가장 대표적인 사례는 3·15 부정선거에 대한 학생들의 항의시위였다. "화신백화점 앞 데모에 참여했던 40여 명의 고등학생들은 '대한민국은 민주공화국'이라는 구호를 외쳤다. 그들의 데모의 동기를 '대한민국의 헌법을 지키기 위해서였다'고 말했다"(≪동아일보≫, 1960.3.15). 이튿날 "민주공화를 구출하는 길"이라는 제목의 한 언론 사설 역시 "관의(官意)의 민의(民意)로의 위장행위는 대한민국은 민주공화국이라고 한 헌법 제1조를 위범(違犯)하는 것이니 불법행위라기보다도 무법행위라고 아니할 수 없다"(≪동아일보≫, 1960.3.16)라고 꾸짖었다.

## 3) 민주공화국의 퇴락: 반공국가의 등장

이 시기 민주공화국 개념에서 중대한 변화 중 하나는 5·16 쿠데타로 박정희 정권이 등장하면서 때 아닌 국시 논쟁에 휘말려 '헌법' 제1조가 최상위 규범으로서의 지위를 위협받았다는 것이다. 적어도 1961년 5·16 쿠데타 이전에 국호는 대한민국, 국체 또는 정체는 민주공화국이라는 등식에 이의를 다는 정치 세력과 식자층은 그 어디에도 없었다. 한 야당 의원은 사사오입개헌에 이르러 다음과 같이 통탄했다.

> 민주정치의 구현은 우리 당의 당시(黨是)임과 동시에 또한 우리 국가의 국시(國是)이기도 하다. 그것은 우리 헌법 제1조에 '대한민국은 민주공화국이다'라고 규정되어 있고, 제2조에는 "대한민국의 주권은 국민에게 있고 모든 권력은 국민으로부터 나온다"라고 규정되어 있음을 보아도 명백하다(≪경향신문≫, 1954.11.14).

1958년 이승만 정부가 '국가보안법'을 강행하려 하자 한 언론의 사설은 이렇게 썼다.

> 대한민국은 민주공화이다. 우리의 국체를 조금이라도 생각한다면 민주주의

의 대가를 치르고 희생하여가면서 정권을 늘리려는 못할 것이다. 국가보안법의 신개정안에 한사코 반대함은 오로지 우리의 국체를 수호하려는 데 있는 것이다.

그렇지만 박정희 군사정권의 등장은 상황을 변화시켰다. 군인들은 "반공은 대한민국의 국시이며 군사혁명위원회의 혁명공약이기도 하다. 반공은 한미 간의 완전 일치된 공동의 국가적 이익"이라고 하며 국체로서 반공국가를 선언했다(《동아일보》, 1961.5.20). 이러한 사례 역시 무수히 많다. 송요찬 내각 수반은 기념사에서 "군사혁명에 의해 조직된 현 정부는 구정권하에서 누적된 부정과 부패와 빈곤을 일소하고 반공을 국시로 하여 정의와 청렴과 부강을 이룩한 진정한 민주공화국을 재건하는 데 전력을 다할 것이며 집권에 대한 욕망이나 미련은 추호도 없을 것"임을 밝혔다. 이러한 혼란스러운 상황은 1980년대까지 계속 이어졌다. 어느 날 야당 의원은 김종필 총리에게 다음과 같이 물었다. "반공이 국시인가? 민주주의가 국시인가?" 이에 대해 총리는 "민주주의는 바람직한 하나의 수단이지만 민주주의 자체가 국시가 될 수 없다"라고 잘라 말했다고 한다(《동아일보》, 1971.9.14).

1986년 전두환 군사정권은 때 아닌 국시 논쟁을 벌여 당시 재야와 학생운동, 그리고 야당의 개헌 투쟁을 옥죄려 했다. 1986년 제131회 정기국회 대정부질문에서 신민당 유성환 의원이 "반공을 국시로 하면 올림픽에 동구 공산권 국가가 참가하겠느냐" "이 나라의 국시는 반공보다 통일이어야 한다"라고 주장해 국시 논쟁이 시작됐다. 당시 전두환 대통령은 수석비서관 회의에서 자유민주주의 체제를 부정하는 정당은 해체해야 한다면서 관련 연구를 진행시킬 것을 지시했다(강준만, 2009: 154). 이후 여당은 단독으로 체포 동의안을 만장일치로 가결했고, 유성환 의원은 1심에서 '국가보안법' 위반

혐의로 징역 1년, 자격정지 1년을 선고받았다. 이 사건으로 유성환 의원은 회기 중 원내 발언으로 구속된 첫 사례가 됐다(≪매일신문≫, 2007.10.13).

정리하자면 박정희의 유신체제와 전두환·노태우 군사정권하에서는 '헌법' 제1조, 아니 헌법 자체가 민주주의의 요람이자 학교로서 기능하지 못했다. 오히려 인민의 삶 속에서 현실을 규율할 최고 규범으로서의 헌법의 권한과 작동력의 상실, 즉 '헌법의 자기소외'야말로 이 시기 헌법의 특징이라 할 수 있다(서경석, 2009). 1987년 6월 항쟁 이후에도 민주화의 실질적 진전이 지지부진하자 공화국의 개념과 관련해 가장 기발하고 발랄한 사회적 현상, 즉 일반 시민들이 전개했던 '의미의 전복' 현상이 발생했다. 노래하는 음유시인으로 불리던 어느 가수는 3당 합당 직후의 대한민국을 다음과 같이 그렸다.

> 우리 여기 함께 살고 있지 않나. 새악시 하나 얻지 못해 농약을 마시는 참담한 농촌의 총각들은 말고, 최저임금도 받지 못해 싸우다가 쫓겨난 힘없는 공순이들은 말고, 닭장차와 방패와 쇠몽둥이를 싣고 신출귀몰하는 우리의 백골단과 함께, 하루아침에 위대한 배신의 칼을 휘두르는 저 민주인사와 함께, 아 대한민국, 아, 저들의 공화국(정태춘·박은옥 7집 중 「아, 대한민국」, 1990).

이처럼 박정희나 전두환과 같은 군사독재 정부가 자신의 정권을 진정한 민주공화국이라고 표방하자 대중은 거꾸로 공화국이라는 단어의 기의에 무소불위의 권력 이미지를 덧씌워 버렸다. 이제 공화국은 이소노미아(isonomia: 비지배 균형)라는 지향해야 할 가치를 지칭하는 것이 아니라 견제 없는 권력 집중과 과도한 권한 행사라는, 지양해야 할 부정한 현실을 꼬집는 비판적 개념이 되었다. '재벌공화국'·'삼성공화국'·'서울공화국' 등이 대표적 사례이다(정상호, 2013: 20).

## 4 ㅣ 민주공화국 개념의 정치화(1987년~현재)

### 1) '공화'의 재발견: 국체에서 사상과 의식으로

1987년 6월 항쟁의 산물인 9차 개헌은 대통령직선제, 헌법재판소, 국정 감사의 부활 등 제도 면에서 많은 진전을 보였다. 그렇지만 '헌법' 제1조에 대한 학계의 해석이나 사회적 관심이 일대 전환된 것은 아니었다. 이와 관련해 가장 주목할 것은 대한민국에서 처음으로 공화에 대한 이론적 이해가 심화했다는 점이다.

앞서 설명했듯이 법학에서는 오랫동안 민주공화국은 삼권분립의 정체에 기초한 비(非)군주 국체라는 유진오의 해석이 정설이었다. 하지만 2000년 전후로 공화를 비군주 정부 형태로 해석하는 법학적·제도적 관점이 시민참여와 공공성을 중시하는 이념적 공화주의로 전환되기 시작했다. 이계일(2011)의 분류에 의하면 우리나라는 국가 형태로서의 공화주의에서, 국가목적론으로서 공화주의로의 의미 전환을 이루었다고 할 수 있다(〈표 3-4〉 참조).

특히 정치학 연구들은 열심히 공화주의 이론을 소개하고 서구의 새로운 논쟁을 제시함으로써 공화와 관련된 논의를 주도하기 시작했다. 곽준혁(2005, 2008)·김경희(2007, 2009)·이동수(2007, 2010) 등은 자유와 비지배 등 공화주의의 원리와 계보, 유형 등에 대한 연구 성과들을 꾸준히 쌓아왔다. 그 결과 한때 "공익을 도외시하면서 수단과 방법을 가리지 않고 개인이나 파당의 이익을 추구하는 정치 관행이나 처세 방식"을 의미했던 마키아벨리즘(강정인, 2009: 30)은 이제 '공존의 정치'(김경희, 2013)로 재조명되고 있다. 최근에는 1980년 광주항쟁과 1987년 6월 항쟁, 최근의 촛불시위 등 한국사의 맥락에

표 3-4 **공화주의 사상의 유형적 분류**

| | 국가목적론으로서의 공화주의 | | 국가형태론으로서의 공화주의 |
|---|---|---|---|
| | 계발공화주의 | 보호공화주의 | 반군주제 |
| 내용 | - 직접 참여의 본질적 가치<br>- 참여와 심의의 덕의 연마<br>- 공동체 형성 과정에의 적극적 개입을 통한 공공선 지향<br>- 참여로서의 공적 자유 | - 국가목적으로서 공공선<br>- 비(지배로서) 자유 확보를 위한 제도 마련<br>- 법률을 기반으로 한 국가 행위<br>- 권력 통제를 위한 혼합정<br>- 공직 사상, 공직윤리, 공공선 정향으로서의 시민적 덕 | - "국가는 군주제이거나 공화국이거나 둘 중 하나이다" (마키아벨리).<br>- 세습되는 일인 지배체제의 대립어로 사용 |
| 사상가 | 아리스토텔레스·루소·해링턴·아렌트·포콕·선스타인 등 | 키케로·마키아벨리·몽테스키외·매디슨·칸트 등 | 마키아벨리 이후 많은 이들에 의해 빈번히 통용됨 |

자료: 이계일(2011: 91)에서 재인용했다.

서 공화주의를 다루는 새로운 시도들이 등장하고 있다(임채원·도명록, 2013; 장진숙, 2012).

코로나19 사태 이후 공화와 관련해 눈에 띄게 증가한 것은 국가의 공공성 담론이다. 공화주의의 어원은 res publica로서 정치공동체 구성원의 공적인 일을 가리킨다. 이후 공화주의의 기본 가치는 공공성(publicness)으로 정립되는데, 공공성 개념은 이중의 의미를 내포한다. 하나는 공식적인 것 (officialness)으로, 국가 또는 정부의 범역 내에서 이뤄지는 권력과 권위의 공식적 행사와 관련된 활동을 말한다. 다른 하나는 공적인 것(publicness)으로, 공동체적 삶에서 가장 궁극적이고 최종적인 권위의 원천으로서 기능과 책임을 담당하는 것을 의미한다(백승현, 2002: 222~224). 코로나19 사태 이후 새롭게 부각된 공공성은 국가 자체나 정부 기구들에 의해 수행되는 활동을 의미하는 것이 아니라 국가 존립의 첫 번째 목적이 공동체의 공동선과 공동 이익을 위한 것임을 깨닫게 되었다는 것이다. 구체적으로는 코로나19 사태로 방역·의료 체계의 공공성을 경험하면서 "이런 게 국가다"라는 국민적 공감대가 형성되었고, 이는 그간 국가나 정부에 대한 불신으로 각자도생의 처세법을 추구할 수밖에 없었던 한국 국민에게 국가의 존재를 신뢰하는 '색다른' 그러나 매우 귀중한 경험을 하는 기회가 되었다는 것이다.

## 2) '민주'공화국의 부활

대한민국 '헌법' 제1조에 피와 살을 붙인 결정적 계기는 미국의 헌법 교육 또는 독일의 민주시민 교육이 아니다. 그것은 거리에서 일어난 시민들의 참여와 헌신이었다. 존 포칵(John Pocock)은 시민들의 공화주의적 자각 또는 시민의식의 혁명이라는 결정적 전환(decisive shift)을 바론 테제(Baron's thesis)로 명명했다.[4] 우리나라에서 이러한 시민 정체성의 결정적 전환은 두 차례의 역사적 사건을 통해 이뤄졌다.

첫 번째 계기는 1980년 광주항쟁과 1987년 6월 항쟁이었다. 두 사건은 헌법 속에서 잠자고 있던 공화주의를 재현한 주체들, 즉 적극적이고 민주적인 공화국 시민을 창출했다. 당시 광주 시민들은 항쟁을 '광주의거'로 명명했고, 항쟁의 주체를 '광주 시민'으로 규정했다. 즉 시민은 포위와 고립의 상황 속에서 그들의 현실을 타개할 수 있는 세상의 선도적 상(像)이었다. 지역민들이 항쟁을 통해 민주시민이라는 지위를 인식함으로써 광주 = 민주 = 시민의 동일화가 이뤄졌다(유경남, 2009: 166~167). 이처럼 광주민주화운동을

---

4    바론 테제는 '철학적으로 순수 지식을 추구하는 관조의 추상적 삶(vita contemplativa)'에서 행동하는 삶, 특히 공적인 것에 대한 관심과 시민으로서의 활동에 더 삶의 무게를 두는 시민적 삶(viviere civile)으로의 결정적 전환을 뜻한다.

통해 시민 개념의 정치적 규정, 즉 민주시민이자 애국시민으로서의 집단 정체성이 형성될 수 있었다. 그것은 한편으로 나라의 평등한 구성원이자 주권자들로 구성된 정치공동체를, 다른 한편으로는 민주공화국이라는 정치적 비전을 공유하는 가치 공동체를 뜻했다(신진욱, 2011).

한편 6월 민주화운동의 적극적 의미는 대통령직선제를 통한 참정권의 회복이라는 제도적 차원보다는 시민을 구성하는 핵심적 요소인 시민 덕성이나 시민의식의 질적 발전이라는 견지에서 규명해야 한다. 무엇보다 6월 항쟁은 포콕이 말한 시민의 행동하는 삶, 즉 비타 악티바(vita activa)의 전형을 창출했다. 6월 민주항쟁에는 전국 34개 시, 4개 군에서 연인원 500만 명 이상의 시민이 참여하여 무려 19일 동안 지속적인 투쟁을 벌였다(한국역사연구회, 1991: 146). 이 기간 동안 넥타이 부대, 박수 부대, 시민 토론회를 전국 어디서나 볼 수 있었는데, 이는 각 개인이 자신을 대한민국 국가라는 '한 정치공동체의 구성원'으로 인식했고, 거기에 부응하여 활동했음을 보여주는 것이었다(홍윤기, 2004: 67~68). 또한 그것은 하버마스가 영국의 시민사회 분석에서 뛰어나게 묘사한 바 있는 계급과 시민의식의 각성 공간으로서 공장 지역의 기숙사, 카페, 클럽처럼 전국의 거리가 국가와 사회에 대한 공적 토론과 비판의 장으로서 가동되었고, 이 과정을 통해 각 개인은 사인 차원을 넘어 공적 시민으로 전환했음을 의미하는 것이었다(Habermas, 1991: 59~60). 요약하자면 6월 항쟁을 통해 제도와 조직의 발전 수준에 비해 지연되었던 시민의식의 발전이 급격하게 이뤄졌다(유팔무, 2003: 129).

또 하나의 결정적 계기는 연이은 촛불시위였다. '헌법' 제1조가 구호로 최초로 사용되기 시작한 것은 2004년 탄핵 반대 집회부터였다. 이때 외친 '헌법 1조'는 자신의 손으로 선출한 대통령을 거대 야당이 탄핵하자 이를 '의회 쿠데타'로 규정하고, 민주적 권력의 정당성은 국민으로부터 나온다는 원

그림 3-3 **2008년 수입 쇠고기 반대 시위에서 등장한 헌법 제1조의 구호와 노래**

자료: https://boramirang.tistory.com/763

칙을 선언한 것이었다. 그러나 공화주의 관점에서 본격적으로 '헌법 1조 불러내기'(장진숙, 2012: 83)가 시도된 것은 2008년 수입 쇠고기 반대 시위 현장이었다. 당시 시위 현장 어디에서든 "대한민국은 민주공화국이다"라는 '헌법' 제1조의 구호와 노래가 울려 퍼졌다. 그것은 단순한 집회의 노래가 아니라 "평소에 안면도 없던 집회 참여자들이 공공의 문제에 대해 자신들의 의사를 적극적으로 표시하고 요구하는 모습"에서, 그리고 "정치적으로 동등한 시민으로서의 동료애"를 느꼈다는 점에서 민주공화국의 실질적 체험이었던 것이다(정해구, 2008.7.9). 그동안 우리에게 정체로서의 '민주공화국'이라는 말은 단지 군주제에 대비한 공화정의 의미로만 이해되었다. 그러나 촛불시위는 "시민공동체의 안전한 삶 자체가 곧 국가라는 공화주의의 핵심 이념 대(對) 국가를 일부 특권의 사유물인 양 이해하는 반(反)공화주의적인 이명박 정부의 대립이 극적으로 표출된 장"이었다(안병진, 2008: 16).

　요약하자면 민주화 이전 시기에 민주공화국의 민주는 유진오의 해석대로 삼권분립에 기초한 민주주의, 즉 의회·정당·선거를 강조하는 조지프 슘페터(Joseph Schumpeter)식 민주주의에 가까웠다. 그렇지만 격정의 1980년 대와 촛불 및 탄핵의 2000년대를 거치면서, 민주란 시민들의 적극적인 참여 와 자기결정이라는 한층 진전된 의미가 부각되기 시작했다.

### 3) 헌법 제1조의 정치화: 민주공화당에서 시민적 공화주의까지

필자의 연구에 의하면 공화라는 단어는 res publica라는 서구의 개념이 도입되기 이전부터 우리에게 친숙한 동양의 언어였다. 그 연원은 화평과 단 합을 강조하는 대동공화(大同共和) 사상으로 거슬러 올라갈 수 있다. 동양에 서 대동사상은 우리나라의 정조에서 중국의 캉유웨이(康有爲), 쑨원(孫文)에 이르기까지 공존과 화합이 어우러진 이상적인 정치체제를 지칭한다. 그랬 기 때문에 좌파와 우파를 가리지 않고 민주공화국의 헌법과 국체에 쉽게 동 의할 수 있었다(정상호, 2013: 28).

해방 이후 '헌법' 제1조를 빌린 민주공화는 다양한 세력에 의해 정치적 담론이나 수사로 활용되어 왔다. 이를 가장 적극적으로 구사한 인물이 박정 희였다. 그는 1961년 5·16 쿠데타 직후 개편된 최고회의 의장 취임 제1성 으로 "진정한 민주공화국의 재건"을 말했다. 같은 해 미국을 방문했을 때 그 는 "새롭고 진정한 민주공화국의 군건한 토대를 이룩하기 위하여 헌신적으 로 노력할 것"이라고 공언했다. 그는 유명한 전역식 연설에서 "민주공화의 낙토"를 건설하는 것이 "5·16혁명의 목표"라고 말하기도 했다. 박정희는 한 국정당사에서 가장 오래 존속했던 민주공화당을 창당하면서 "공화와 번영 의 신천지를 이 땅위에 건설"하자고 역설했다.[5] 요컨대 박정희는 '최고회의'

---

5　1963년 1월 17일 신당 발기인 71명이 당명을 놓고 최종 투표를 했는데, 민주공화

기간 내내 자신이 추구하는 정치체제는 "참다운 민주공화국"이라고 반복해서 말했다(박현모, 2007a: 73). 이러한 언명을 기초로 어떤 연구자는 공화주의의 핵심을 대표의 독립성과 책임성에 대한 강조, 시민의 덕성에 대한 강조, 정당에 대한 부정적 시각, 대의제에 대한 비판으로 요약한 후 박정희가 유신 선포 이전에는 공화주의의 요건을 갖춘 '민족적 공화주의자'였으며, 유신 이후에는 민족주의를 더 강조한 '공화적 민족주의자'로 변화했다고 주장했다(박현모, 2007a). 이후에도 박정희의 민주공화를 추모하는 여러 세력이 나타났다. 김종필의 신민주공화당(1987~1990)은 13대 총선에서 35석이나 차지했고, 3당 합당으로 집권 세력이 되기도 했다. 이 외에도 민주공화당과 그 아류들은 선거 때마다 총재를 바꿔가며 주기적으로 등장하고 있다.

최근 진보 개혁 진영에서도 민주적 공화주의 또는 시민적 공화주의를 한국 사회의 대안적 이념이나 모델로 제시하는 논의들이 늘고 있다.[6] 먼저, 장은주는 '모든 인민의 평등한 자유에 기초한 연대적 정치공동체'인 민주적 공화주의를 한국 사회의 대안적 길로 제시하고 있다(장은주, 2010: 258). 이어 안병진은 억압적인 단일한 가치를 강요하는 도덕주의적 공화주의가 아니라 사회적 가치의 심의적 구성에 열려 있는 심의적 공화주의에 근간한 민주국

---

당이 49표, 공화당이 12표, 정화당·민화당·새공화당이 각 2표, 민생당·새공화당·협동당이 각 1표로 민주공화당이 압도적 다수를 얻어 신당의 당명으로 확정됐다(≪동아일보≫, 2012.2.19).

6   시민적 공화주의는 공공선에 대한 헌신, 공적 결정에 대한 적극적인 참여와 모든 시민이 공동체로부터 배제되지 않고 권리와 혜택을 누리는 시민권의 원리, 시민적 덕에 대한 강조를 핵심 내용으로 한다. 즉 그것은 적극적 시민으로서 정치에 대한 참여와 선출된 공직자의 시민에 대한 사회적·도덕적 책임성의 윤리를 함축하고 있다(최장집, 2002: 226~227).

가를 제시했다(안병진, 2006: 93~94). 필자 역시 한국 사회의 발전 방향으로 시민적 공화주의를 지지하고 있다. 시민적 공화주의를 일관해 관통하고 있는 원칙과 이상은 어떤 한 세력이나 파벌의 권력 독점이 없는 균형이다. 왜냐하면, 그러한 조화 속에서 시민들의 자유와 참여, 헌신성과 애국심이 최대한 신장·발휘될 수 있기 때문이다. 그것은 다양한 세력이 자유롭고 평등하게 공존할 수 있는 비지배적 상호성(곽준혁, 2005: 49~50)이나 공동체의 평등한 시민권을 의미하는 이소노미아(isonomia)라는 개념으로 집약할 수 있다. 구체적인 과제로는 다수제 권력구조의 합의제 헌정 체제로의 전환, 직접민주주의와 경제민주화의 확장, 생태민주주의의 도입 등 10차 개헌을 통한 체제 개편(regime change)을 제안할 수 있다.

한편, 2008년의 촛불시위와 2012년 문재인 후보의 대선 캠페인은 애국적 공화주의의 맥락과 닿아 있다.[7] 무엇보다도 공화주의는 시민의 자발적 참여와 헌신을 이끌어낸다는 점에서 평화를 담보할 수 있는 강한 국가의 필수 조건이다. 그동안 좌파나 진보 측에서 국가 또는 나라는 억압과 착취의 주범으로, 자유주의적 관점에서는 개입과 규제를 일삼는 무소불위의 권력 집단으로 기피되어 왔다. 하지만 애국적 공화주의는 국가를 '모든 인민의 평등한 자유에 기초한 연대적 정치공동체'로 새롭게 해석하고 있다. 지금은 작고한 진보신당의 노회찬 대표가 "시민공동체에 대한 사랑이 곧 애국"이라고 예리하게 정의했는데, '안보에 대해 적극적 관심'을 갖는 것 또한 애국적 공

---

7   후보 수락 연설에서 밝힌 다음의 문장, 즉 "대통령이 되면 저는 대한민국을 진정한 민주 공화국으로 만들겠습니다. 대통령이 권한 밖의 특권을 갖는 일은 결코 없을 것입니다. 오로지 헌법과 법률이 정한 권한만을 행사할 것입니다"라는 대목은 이를 강력히 뒷받침하고 있다.

화주의의 한 징표일 수 있다.

최근 민주공화국의 정치화 과정에서 나타난 가장 흥미로운 대목 중 하나가 보수 정치인(김무성)의 다음과 같은 발언이다(≪연합뉴스≫, 2018.8.27).

우리 헌법 제1조는 대한민국이 민주공화국임을 밝히고 있습니다. 대한민국이 민주주의와 공화주의를 두 기둥으로 삼고 있음을 헌법이 밝히고 있습니다. 우리가 추구하는 민주주의가 중요한 가치인 것은 분명하지만, 민주주의를 강조하다 보니 그에 버금가는 공화주의가 지닌 가치를 소홀히 다뤄왔습니다. 국민이 주인이 되는 민주주의가 권리의 성격이 강하다면, 정의와 공공성을 추구하는 공화주의는 책임과 의무의 성격이 더 강하다고 할 수 있습니다. 권리와 의무가 균형을 이뤄갈 때 시민사회가 건강해지고 국가는 국론분열 없이 안정과 번영을 이뤄낼 수 있습니다.

보수의 새로운 재편을 위해 공화주의가 절실하다는 주장 또한 낯선 풍경이다. 한 평론가(진중권)는 21대 총선에서 패배한 미래통합당이 "뇌가 없고, 브레인이 없다"라고 진단하며 보수의 새로운 서사로 '공화주의'를 제시했다(≪이투데이≫, 2020.5.15). 또한 합리적 보수주의자를 자처했던 교수 출신의 정치인은 다음과 같이 제안했다.

이제 새로운 보수는 시민참여와 시민적 덕성을 중시하는 시민 공화주의를 중심적 가치로 장착해야 한다. 큰 국가가 아니라 큰 시민사회를 지향해야 한다. 이것이 대한민국이라는 정치공동체에 활력을 불어넣고 또 그것을 윤택하게 할 것이다(박형준·권기돈, 2019: 127).

요약하자면 대한민국 '헌법' 제1조를 보수에서 진보까지 다양한 정치 세력들이 새로운 이념과 지침으로 해석하는 것은 유례가 없는 낯선 풍경이다. 라인하르트 코젤렉(Reinhart Koselleck)의 말을 빌리자면, 다양한 정치사회 집단이 사람들을 동원하기 위해 개념과 이론을 자기들만의 무기로 고안·장착하는 '개념의 정치화' 과정이 눈앞에서 펼쳐지고 있다.

## 5 ᅵ 현재의 규범이자 미래의 가치로서 민주공화국

앞서 언급했던 것처럼 어느 야당 의원은 면책특권이 부여된 국회 본회의 장에서 반공이 아니라 통일이 국시가 되어야 한다고 주장했다가 '국가보안법' 위반으로 옥고를 치렀다. 이 사건을 계기로 국시 논쟁이 불붙었는데, 헌법학자 권영성은 다음과 같이 의견을 개진했다.

민주주의 국가에서 ① 국가의 이념이나 지표 등은 헌법 규범의 형태로만 존재할 수 있고, ② 국시란 개념을 사용하면 국시가 헌법보다 위에 있거나 동등한 규범인 것처럼 오해할 우려가 있어 헌법의 최고법규성과 모순되며, ③ 국시는 주장하는 사람이나 시대에 따라 내용이 유동적이고 변할 수 있는 데다 국민 전체의 합의 여부가 객관적으로 확인될 수 없고, ④ 국시는 법적 개념이 아니어서 이를 처벌의 근거로 원용한다는 것은 법치주의·죄형법정주의에 어긋나므로 국시의 개념은 법학이나 헌법학 영역에서 논의될 이유가 없다(≪중앙일보≫, 1987.4.2).

필자 역시 군왕이 부재한 21세기에 국시나 국체를 논하는 것은 그다지

생산적이지 않다고 생각한다. 그 이유 중 하나는 우리의 국체 논쟁이 존왕양이(尊王攘夷)의 천황제를 근간으로 삼은 일본 '제국헌법'에 상당한 영향을 받았다는 점이다(정상호, 2016: 13~16). 일본 헌정사의 중요한 특징은 공화와 민주를 둘러싼 국체와 정체에 대한 지속적이며 격렬한 논쟁이다. 그 뿌리는 신해혁명으로 거슬러 올라가는데, 중국에서 신해혁명이 발발하자 집권 정부와 육군을 중심으로 한 보수 세력들은 그것을 '일본 국체'에 대한 심각한 위협으로 인식했다. 그러한 위기의식이 국내적으로는 헌정 질서를 파괴하는 다이쇼 정변을 일으켰고, 대외적으로는 위안스카이(袁世凱)와 군벌이 내세운 입헌군주제를 지지하는 대(對)중국 정책으로 표출되었다.

뿌리 깊은 공화제에 대한 거부감은 비단 군벌과 원로 등 보수 세력에 한정된 것이 아니었다. 한일병합의 반대 성명에 참여했던 일본의 자유주의자 우키타 가즈타미(浮田和民)조차 "오늘날 문명세계에서는 군주국 및 공화국은 모두 입헌정체를 이루게 된다. 따라서 문명세계에서 국체의 우열 또는 변경을 운운할 필요는 없어졌다"라고 주장했다. 다만 군주제와 공화제의 장단점을 파악하여, 각 정체와 사회의 건전한 발달을 도모하는 것이 관건이라는 것이다(한정선, 2012: 28~30). 이후에도 일본 헌정사는 천황을 중심으로 하는 천황주권설과 천황기관설이 확고한 지배 이념으로 자리를 잡아 인민주권의 공화제 이론은 오랫동안 금기시되어 왔다.[8]

---

8  천황주권설이 왕권신수설에 해당한다면 천황기관설은 천황의 통치권이 국가원수로서 천황의 총괄적 권능이지만, 그것은 헌법으로 제한한 권한임을 강조한다. 도쿄제국대학 교수이자 귀족원 의원으로서 천황기관설을 주장한 미노베 다쓰키치(美濃部達吉)는 천황주권을 외쳤던 군부와 우익에 의해 불경죄 명목으로 귀족원 의원에서 물러났고, 1936년에는 분개한 극우 인사의 습격을 받아 중상을 입었다(다치바나 다카시, 2008: 433~434).

어쨌든 민주공화국 개념의 발자취를 찾아 떠난 이번 여행에서 발견한 것은 대한민국 '헌법'의 최고 규범과 가치는 반공이나 자유민주주의가 아니라 '민주공화국'이라는 사실이다. 『표준국어대사전』에 의하면 국시는 "국민 전체가 지지하는 국가의 이념이나 국정의 근본 방침"을 뜻한다. 놀라운 점은 대한민국의 가장 저명한 헌법학자 중 일인이자 서울대학교 총장을 역임한 분이 대한민국의 국시는 반공이나 통일이 아닌 "자유민주주의"라고 주장하고 있다는 사실이다.

> 대한민국의 역사적 정통성과 정당성을 확립하기 위해서는 헌법과 법률을 재정비해야 한다. 헌법 개정이 어려우면 국시로서 자유민주주의, 국어로서 한글, 국기로서 태극기, 국가로서 애국가, 수도로서 서울을 명시하는, 대한민국의 국가정체성 확립을 위한 특별법을 제정해야 한다. 그래야만 국법 질서에 대한 도전에 의하여 야기되는 소모적 논쟁을 종식시킬 수 있다(성낙인, 2017: 80~81).

앞서 살펴보았듯이 집권 세력들은 늘 반공이나 자유민주주의를 우리 '헌법'의 최고 규범으로 확정하고자 했다. 하지만 "대한민국은 민주공화국이라는 헌법 제1조라는 진리 중의 진리, 명백하고 무결한 진리"(≪경향신문≫, 1954.12.2)는 어언 1세기를 지나면서 공동체의 확고한 규범으로 자리 잡게 되었다. 우리 '헌법' 제1조의 민주공화제 규정은 그 용어를 창조한 '임시헌장' 기초자들의 독창성과 세계 헌정사에서 유례를 찾아볼 수 없는 최초의 규정이라는 점에서 높은 평가를 받을 만하다.

그러나 더욱 놀라운 점은 나라 잃은 백성들의 입헌군주제에서 시작된 민주공화정이 한 세기에 걸친 민주화 투쟁을 거치면서 시민들의 생활 속 경전으로 역동적으로 진화했다는 점이다. "대한민국은 민주공화국이다"라는 '헌법' 제1조는 이 나라의 국민들에게는 국가의 비전과 지향점을 제공해 주었고, 이 나라의 시민들은 행동하는 삶(viviere civile)을 통해 '헌법' 제1조의 의미를 충만하게 구현해 왔다.

87년 체제는 그 수명을 다했을지 모르겠다. 하지만 '헌법'의 최고 규범이자 실천 강령으로서 제1조는 적어도 통일의 그날까지는 헌법학자나 정치가들에 의해서가 아니라 시민들의 손에 의해 거듭 진화할 것이다.

**4장**

# 한국의 토지소유 이데올로기는
# 어떻게 변천해 왔을까?

지주주의와 지공주의의 갈등과 대립을 중심으로

전강수 (대구가톨릭대학교 경제금융부동산학과)

# 1 | 지주주의, 지공주의, 민주주의

이 글은 조선 후기 이래 현대까지 토지소유 제도와 토지소유 이데올로기가 어떻게 변천해 왔는지를 다룬다. 토지소유 이데올로기의 장기적인 변천과정을 살피면 하나의 뚜렷한 특징이 나타난다는 것을 알 수 있다. 즉, 오랜 세월에 걸쳐서 지주주의(地主主義)와 지공주의(地公主義)가 갈등과 대립을 계속해 왔다는 사실 말이다. 지주주의란 토지에도 다른 재산처럼 절대적 권리를 인정하자는 사상을 가리키며, 지공주의란 토지는 공동체에 거저 주어진 천부자원이므로 공동체 구성원이 평등한 권리를 누리도록 관련 제도를 운영하자는 사상을 가리킨다(김윤상, 2009). 물론 봉건주의처럼 지주주의와 지공주의를 절충한 토지소유 이데올로기도 있었다. 하지만 한국 전근대 사회에는 봉건주의가 존재한 적이 없었으므로 이 글에서는 그것을 논외로 한다.

토지소유 이데올로기의 변천사를 지주주의와 지공주의의 갈등과 대립의 역사로 파악하고자 할 때, 몇 가지 주요한 요인 내지 계기가 눈에 들어온다. 첫 번째는 조선시대 왕토사상(王土思想)이 형해화하는 과정에서 제기된 실학파의 토지개혁론, 두 번째는 일제의 토지조사사업에 따른 지주주의의 극단화와 그에 대한 대립으로서 삼균주의(三均主義)의 등장, 세 번째는 농지개혁에 따른 지공주의의 일시적 회복과 그 한계, 네 번째는 박정희 정권에 의한 지주주의의 강화와 '부동산공화국'의 성립, 다섯 번째는 노태우 정부와 노무현 정부의 토지공개념 제도화 시도이다. 지공주의는 집권 세력이 지주주의를 효과적으로 제압하는 경우에 제도화에 성공했고, 반대로 지주주의는 갖은 경로를 통해 지공주의를 무력화하려는 경향을 보였다. 지주주의의 담지자인 지주층은 어느 사회에서건 지배층 또는 기득권층의 위치에 서기 때문에 권력을 활용한 그들의 지공주의 무력화 시도는 대개 성공했다. 그러나 지주주의는 사회를 책임지고 사회 구성원을 평안하고 풍족하게 만들 수 있는 이데올로기가 아니다. 지주주의가 득세한 사회는 불평등과 양극화가 심각해져서 제때 개혁이 행해지지 않는 한, 결국 몰락의 길로 치달았다. 고려왕조가 그랬고 조선왕조도 그랬다. 일제강점기 식민지 지배체제도 지주주의의 기초 위에 세워졌기 때문에 결국은 무너졌다. 이는 한국 역사에서만 나타나는 현상이 아니다. 로마제국이 몰락한 것도 지주주의에 근거를 둔 대토지소유 때문이었다.

지공주의는 매우 특이한 성질을 갖는 토지자원을 그 특성에 맞게 취급하자는 사상이므로, 그 자체로 지주주의보다 우월하다. 그러나 그것은 얼마든지 다른 이데올로기와 결합할 수 있다. 예를 들면 전제주의나 신분 차별주의와 결합할 수도 있고 민주주의와 결합할 수도 있는 것이다. 지공주의는 모든 사회 구성원이 토지와 자연자원에 대해 평등한 권리를 갖는다고 간주하기 때문에 원리적으로 민주주의와 짝이 맞는다. 그것이 전제주의나 신분제도와 결합할 경우 바로 그 사실이 지공주의를 약화하는 요인으로 작용한다.

민주주의의 관점에서 보면 지공주의는 민주주의의 건강성을 좌우하는 요체다. 지공주의가 후퇴하면 자산과 소득의 분배도 불평등해지기 마련이다. 자산과 소득의 분배가 불평등한 곳에서는 보통선거와 정치적 평등이 오히려 독재를 낳는 수단으로 전락한다. 국민의 이름으로 그리고 국민의 힘에 의해 독재가 진전되는 모순된 상황을 초래하는 것이다. 빈곤 때문에 정부 활동에 관심을 기울일 여유가 없는 계층의 수중에 권한이 주어지면, 자산가와 난잡한 선동가가 빈곤층의 권한을 이용해 손쉽게 권력을 장악하기 때문이다. 부패한 민주정치는 부패한 독재정치보다 그 자체로 더 나쁘지는 않지만, 국민성에는 더 나쁜 영향을 미친다. 그곳에서는 최악의 인물에게 권력이 돌아가기 쉽다. 정직성이나 애국심은 압박받고 비양심이 성공한다. 국민성은 권력을 장악하는 자를 점차 닮아가기 때문에, 결국 국민의 도덕성이 타락한다(조지, 2016: 531~533). 지공주의가 후퇴하고 지주주의가 득세하는 곳에서는 형식적 민주주의가 부패해서 사실상 독재정치로 전락하고 국민의 도덕성이 타락하여 사회가 몰락의 길로 접어든다.

## 2 | 고려시대와 조선시대에 토지는 모두 국가의 것이었다

### 1) 왕토사상과 국전제(國田制)

한국 사회에서 토지사유제는 언제 생겼을까? 사실상의 사적 토지소유가 생긴 것을 기준으로 하면 500년 정도 됐다고 볼 수 있다. 그러나 토지 소유권이 절대적·배타적 권리로 법인(法認)된 것은 약 100년밖에 되지 않았다는 데 유의해야 한다. 토지사유제를 법률의 보호를 받는 공식적 제도로 확립한 것은 일제가 대한제국을 강점한 후 곧바로 실시한 토지조사사업이었다.

고려시대와 조선시대에 토지는 매우 특별하게 취급되었다. 양 시대의 토지제도는 국전제라고 불리는데, 이념적으로는 왕토사상에 기반을 두고 있었다. 고려왕조와 조선왕조는 각각 전시과와 과전법을 시행하여 국전제를 토지제도의 근간으로 삼았다. 왕토사상은 "하늘 아래 왕의 땅이 아닌 것이 없다(普天之下 莫非王土)"라는 말에서 잘 표현되는바, 오늘날의 토지사유 사상과는 정반대되는 이념이다. 전국의 모든 토지는 왕의 것으로 간주됐고, 농민은 왕토를 빌려서 경작하는 전객(佃客)으로 인식됐다. 모든 토지가 국가의 소유였고 농민은 국가로부터 경작권을 받아서 농사를 지었으므로, 한국 전근대의 국전제는 지공주의 제도의 일종으로 분류할 수 있다. 단, 그것은 전제권력의 지배 아래 놓여 있었고 신분제도와 결합해 있었다는 점에서 시대적 한계를 갖는 것이었다. 그로 인해 이 제도는 전제권력이 횡포를 부릴 때는 가렴주구(苛斂誅求)를 초래했고, 왕권이 약화될 때는 귀족과 양반의 대토지소유를 허용했다.

고려왕조에서도 조선왕조에서도 국전제의 원칙이 시종일관 관철되지는 않았다. 이 제도 아래에서는 국가가 직접 지세를 걷는 공전(公田)과 함께 국가 대신 지세를 수취해서 그걸로 생활을 영위하도록 왕족, 관료, 공신에게 한시적으로 맡겼던 사전(私田)이 있었다. 사전은 오늘날의 사유지가 아님에 유의하기 바란다. 공전과 사전은 모두 국전이었다.

주지하듯이 고려 후기에는 귀족과 관료의 농장(農莊)이 발달했다. 모든 토지가 국전이었는데 왜 이런 일이 발생했을까? 이는 고려 후기로 가면서 왕권이 약화하자 관료들이 국가로부터 지급받은 사전을 반납하지 않고 사유화해 버리는 경향이 나타났던 데서 비롯되었다. 국전제의 원리가 후퇴하고 국전이었던 사전이 사유지로 전락해 버린 것이다. 사전주들은 그런 토지를 조업전(祖業田)이라 부르며 마치 조상에게서 물려받은 것처럼 취급했다. 귀족과 관료의 농장은 고려 말 사회적 갈등과 혼란의 주범이었다. 귀족과 관료들은 사전을 사유지화하는 것을 넘어서 농민이 경작하던 공전까지 빼앗아 자신의 농장을 확대하는 데 몰두했다. 자신의 농장에서 지세를 규정 이상으로 수취하는 일은 다반사였다. 심지어 농장주들의 경쟁이 치열해지면서 한 땅에 여러 명의 농장주가 지세를 징수하는 일까지 벌어졌다. 고려왕조는 국전제 원칙이 후퇴하고 귀족과 관료의 대토지소유가 발달한 것 때문에 몰락했다. 고려 말 정도전·조준 등 신진 사대부들이 주도해서 시행한 과전법은 농장을 폐지하고 모든 토지를 다시 공전으로 돌려 국전제를 다시 확립하기 위한 것이었다. 이는 지주주의에 대한 지공주의의 반격이었다. 이런 엄청난 개혁이 고려왕조라는 낡은 틀 안에서 계속 진행될 수는 없었다. 과전법은 조선왕조의 출현을 초래할 수밖에 없었다.

고려 말 조선 초 개혁가들이 어떤 토지제도를 꿈꾸고 있었는가는 정도전의 『조선경국전』 「부전(賦典)」 경리(經理)에서 잘 드러난다. 『조선경국전』은 정도전이 조선 건국 이후인 1394년(태조 3년)에 저술하여 태조에게 바친 책이다. "정도전 개인의 저술이었지만, 조선 건국 이후 국가의 정체를 수립하기 위한 헌정 작업의 일부였다"(이민우, 2015: 81)라고 평가된다.

고대에는 토지가 관(官)에 있고 이를 민(民)에게 주었으니 민이 경작하는 것은 모두 (관에서) 준 토지였다. 천하의 민으로 토지를 받지 않은 사람이 없고, 경작하지 않는 사람이 없었다. 그러므로 빈부와 강약이 서로 차이가 심하지 않았으며 토지에서 나오는 바가 모두 국가로 들어갔으므로 국가 역시 부유했다(이민우, 2015: 93에서 재인용).

여기서 고대라 함은 중국의 하·은·주 3대를 가리키기도 하지만, 국가가 모든 일을 잘 처리하여 모든 필요가 다 충족되고 백성들이 조화와 번영 속에 살았던 어떤 이상적인 세계를 의미하기도 한다(이민우, 2015: 93). 정도전은 국가가 백성에게 골고루 토지를 나눠 줘서 경작하게 하고 토지 사용의 대가로 지세를 납부하게 해서 국가재정에 충당하는 토지제도를 구상한 셈인데, 이는 지공주의 제도의 이상에 정확하게 부합하는 생각이었다.

조선은 이 제도를 기반으로 출범했다. 모든 토지는 국가의 소유였고, 백성들은 국전을 빌려서 경작하는 존재였다. 경작 농민이 토지 사용의 대가로 납부하는 지세는 국가재정의 근간을 이루었다. 물론 조선시대에도 고려시대 때와 마찬가지로 왕족과 관료에게 조세 징수권이 붙은 사전이 지급되었다. 이 토지는 과전(科田)이라고 불렀다. 하지만 사전은 매우 엄격하게 관리되었다. 고려왕조 때처럼 사전이 사유지로 전환되어 가는 것을 막기 위해 취해진 조치였다. 사전의 설치는 경기도로 한정하고 사전주(私田主)의 조세 수취는 수확량의 1/10로 제한했다. 일반 농민이 경작하는 공전을 탈취하는 행위는 국가로부터 엄격한 규제를 받았다. 더욱이 시간이 가면서 사전 자체가 점차 소멸했다. 세조 12년(1466)에 직전제(職田制)가 도입되어 현직 관료에게만 사전을 지급하게 되었고, 성종 9년(1478)에는 국가가 대신 조세를 걷어서 관료에게 지급하는 관수관급제(官收官給制)가 시행되었다. 16세기 중반이 되면 마침내 관료에게 토지를 지급하는 제도 자체가 사라졌다. 조선 전기에 전국의 모든 토지는 국가 수세지(收稅地)로 일원화되어 갔던 것이다(장시원·이영훈, 2002: 6~7).

## 2) 국전제의 후퇴 속에 등장한 실학파 토지개혁론

국가의 토지 파악이 강화되는 가운데서도 사실상의 사적 토지소유가 점차 성장했다는 사실에 주목할 필요가 있다. 하지만 그것은 고려시대와는 다른 경로로 이뤄졌다. 조선시대의 사적 토지소유는 고려시대 때처럼 귀족과 관료들이 사전을 사유화해서 생겨난 것이 아니라, 국전을 분배받아 이용하던 백성들이 오랜 이용 과정에서 경작 토지를 자기 것으로 여기는 관념을 갖게 되고 그것이 실질적인 권리로 구체화하면서 형성·발전했다. 초기에는 금지되었던 민간의 토지 매매가 16세기 이후 자유롭게 허용되기 시작한 것이 결정적인 계기였다. 이때부터 공전은 민전(民田)으로 불리기 시작했다. 조선왕조는 사전을 부정하는 데는 성공했으나, 사실상의 사적 토지소유의 성장에 대응하여 국전에 대한 국가의 현실적 규정력을 지키는 데는 실패했다. 국전제의 원칙은 날이 갈수록 추상화되어 갔다.

국전제 원칙의 추상화 과정은 양반·관료의 대토지소유가 발달하는 과정이기도 했다. 그 과정이 백성의 소경전(所耕田) 소유를 지속·강화하는 대신 대토지소유의 발달로 귀결된 것은 신분제와 결합된 국전제의 한계에 기인하는 것이었다. 여기서 소경전이란 과전법 체제 아래에서 모든 백성에게 골고루 분배된 경작지를 뜻한다. 주지하다시피 임진왜란과 병자호란 이후 조선에는 광대한 무주(無主) 황무지가 발생했다. 전후 복구 사업이 절실했던 정부는 황폐화한 경지의 복구와 신전(新田)의 개간을 적극적으로 장려했다. 조선 전기부터 무주 토지를 개간하여 경작지로 전환하는 사람에게 토지 소유권을 인정해 주는 토지 절수제(折受制)가 시행되고 있었기 때문에, 왕실·관아·사대부·토호 등은 경지복구·개간 사업에 대거 참여하여 토지 소유권을 인정받았다(이경식, 1987: 446~449). 그 과정에서 왕실과 양반 등 지배층은 토지소유를 확대했고, 그렇게 확보한 토지를 병작반수제(幷作半收制) 방식으로 관리했다(병작반수제란 토지를 다른 사람에게 빌려주면서 수확의 절반을 지대로 걷는 관리 방식을 뜻하는데, 오늘날에는 이를 지주제라 부른다). 18세기 이후에는 상품화폐경제가 발달하면서 부를 축적한 상인과 고리대금업자 중에도 토지를 매입하여 지주로 변신하는 이들이 생겼다. 그들도 지주제 방식으로 토지를 관리했다(장시원·이영훈, 2002: 17~19). 미곡 무역이 급격히 확대되는 개항기에는 당시의 시장 상황을 이용하여 얻은 이익으로 토지를 매입해서 새롭게 지주로 등장하는 사람들도 나왔다. 그들은 일거에 많은 농지를 매집하는 것이 아니라 여기저기서 농민들이 방매하는 토지를 1필지, 2필지 사들여 20년, 30년이 지나는 사이에 대지주로 성장했다(김용섭, 1988: 164).

대토지소유가 확대되는 가운데 소경전을 경작하던 농민 중에 토지를 잃고 소작농으로 전락하는 이들이 생겨났다. 농민 몰락은 전쟁으로 인한 농민 경영의 황폐화와 상품화폐경제의 확대에 따른 불가피한 결과이기도 했으나, 과중한 부세(賦稅) 부담과 폭력적 토지 수탈도 그에 못지않은 원인으로 작용했다. 농민 몰락은 상민과 천민에게서만 일어난 일은 아니었다. 정치권력에 참여하지 못한 양반 중에도 몰락해서 소작농으로 전락하는 자가 많았다(김용섭, 1988: 157).

신분제의 모순에 토지소유의 모순이 더해지면서 조선 사회는 심각한 위기 상황에 빠져들었다. 그 결과 18세기 말~19세기에는 평안도 농민항쟁(1811)과 삼남지방 농민항쟁(1862) 등 대대적인 농민항쟁이 발발했다. 실학자들이 정전론(井田論)·균전론(均田論)·한전론(限田論) 등의 토지개혁론을 활발하게 제기한 배경에는 이와 같은 사정이 있었다. 조선왕조도 문란해진 부세 제도를 개혁하여 중간 수탈을 없애고 세의 부과에서 신분적 차등을 제거함으로써 위기에 대처하고자 했지만, 대토지소유를 개혁하려는 시도는 하지 않았다(김용섭, 1988: 159~160). 실학자들의 토지개혁론은 대개 중국 고대의 대동사회, 즉 유교적 이상이 실현된 사회 상태를 염두에 두고 있었다. 토지개혁론을 피력한 실학자들은 대체로 다음 세 가지 토지관·농정관을 공유했다.

"첫째 토지의 공개념과 국가관리의 중요성을 강조하는 토지국유 관념, 둘째 토지는 경작 농민이 점유해야 한다는 '경자유전' 원리, 셋째 농업 발달의 주체를 소농으로 간주하는 소농주의 농정관"(방기중, 2001: 96)이었다. 이들의 토지개혁론은 무상몰수로 토지를 국유화해서 소농 중심의 경자유전 사회를 만들자는 급진적인 방안과, 유상몰수로 지주의 토지를 매수해서 농민에게 균분하거나 토지소유의 상한을 정해 지주의 토지매각을 유도하고 장기적으로 균산(均産)을 실현하자는 점진적인 방안으로 나뉘지만(방기중, 2001: 96~97), 양측 모두 고려 말, 조선 초 정도전 일파가 꿈꾸었던 바로 그 지공주의 사회를 이상으로 삼았다.

이미 대토지소유가 발달하고 있었고 양반 출신 지배층이 곧 지주였던 상황에서 실학파의 토지개혁론이 정부 정책으로 수용되기는 어려웠다. 조선 후기는 물론이고 개항 후 근대국가 수립이 시대적 과제로 떠오른 상황에서도 조선의 지배층은 대토지소유를 혁파하려는 생각은 하지 않았다. 갑신정변에서 시작하여 갑오개혁과 광무개혁으로 이어지는 개항기 근대화 정책의 중심은 어디까지나 부세제도의 시정과 농업 진흥책에 있었다. 이 두 가지는 대토지소유에 따른 사회 위기가 점점 심각해지는 상황에서 토지개혁 없이 위기에 대처하기 위해 추진한 고육지책이었다. 당시 개화파 관료들은 조선의 지배 이념인 주자학의 경세관과 지주적 농정론을 바탕으로 일본의 문명 개화론과 서구의 근대사상을 수용하여 양반 지주층이 주체가 되는 근대국가 수립과 지주층의 성장에 기초한 상업 입국 및 농업 진흥을 도모했다(방기중, 2001: 99).

토지개혁 과제는 직접 대토지소유의 중압을 겪어야 했던 농민층의 손에 맡겨질 수밖에 없었다. 농민층은 1894년 갑오농민전쟁에서 부당한 부세의 시정을 요구하는 동시에 "토지는 평균으로 분작(分作)케 할 것"이라는 개혁 목표를 내걸었다. 농민 입장에 섰던 선비들도 적지 않았는데, 그들은 토지개혁론을 정면으로 제기했다. 농민전쟁과 같은 혁명적 상황을 수습하기 위해서는 근본 원인을 제거하여 농민경제를 안정시켜야 한다고 보는 까닭이었다(김용섭, 1988: 172~173). 그들은 지주층의 이해를 제한함으로써 자립적 소농경제를 발전시키는 동시에 지주의 자본이 자연스럽게 상업자본으로 전환하도록 유도해야 한다고 주장했다. 실학파의 전통적인 토지개혁론을 계승하면서도 근대사회를 어떤 모양으로 만들어가야 할지 고민한 것이다. 하지만 갑오농민전쟁에서 농민들이 패퇴하면서 농민 입장의 개혁 방안도 영향력을 상실하고 수면 아래로 잦아들 수밖에 없었다.

조선 후기 실학자들이 제기해 조선왕조 말기까지 면면히 이어진 토지개혁론은 높은 이상과 확실한 명분에도, 신분제와 결합한 대토지소유가 발달하는 현실 앞에 무릎을 꿇고 말았다. 조선시대 토지제도의 역사는 지공주의와 지주주의가 갈등·대립하다가 결국 후자가 승리하는 데서 끝나버린 것이다. 조선왕조의 멸망은 대토지소유의 발달과 무관하지 않다.

한 가지 유의해야 할 점은 조선 후기에 사적 토지소유와 지주제가 발달하면서 국전제가 유명무실해졌지만, 그렇다고 해서 국전제의 원칙이 공식적으로 폐기되지는 않았다는 사실이다. 토지소유자의 소유권은 민간이 토지 거래 시에 작성하는 문기(文記)로 보증받을 수 있었을 뿐, 그것을 증빙하는 공적 제도는 도입되지 않았다. 일제가 한국을 강점한 당시의 토지제도는, 사실상의 사적 소유가 발달하기는 했지만, 유일한 원리로 법적 인정을 받지는 않은 상태였다. 1897~1904년에 실시된 광무양전에서는 토지소유자를 한시적 주인을 뜻하는 시주(時主)로 규정했다. 이는 국전제 원칙이 조선의 토지제도에 미미하게나마 영향을 미치고 있었음을 보여준다.

## 3 | 일본 제국주의, 지주주의를 전면화하다

### 1) 토지조사사업을 계기로 만개한 지주주의

일본 제국주의는 조선을 식민지화하면서 영구 병합할 생각을 품고 있었다. 그렇게 하려면 일본인들을 조선에 이주시켜서 영구히 거주하도록 할 필요가 있었는데, 조선의 토지제도가 문제였다. 토지 소유권을 공적으로 뒷받침해 주는 제도도 없었고, 국전제의 흔적도 남아 있었기 때문이다. 게다가 경작 농민이 어떤 권리를 가졌는지도 불투명했다. 조선총독부는 그런 상태로는 일본인이 소유할 토지자산을 보호하기도 어렵고, 식민지를 안정적으로 통치하기도 어렵다고 판단했다. 일본 제국주의가 조선을 무력으로 점령하자마자 토지조사사업에 착수한 것은 그 때문이다.

토지조사사업의 핵심 내용은 두 가지였다. 하나는 토지소유 제도를 정비하는 것이었고, 다른 하나는 지세 제도를 정비하는 것이었다. 토지조사사업의 실시로 조선왕조 내내 국토 전반에 영향을 미쳤던 국전제의 원리는 완전히 폐기되고, 일물일권적(一物一權的) 소유권이 토지소유자에게 인정되었다. 아울러 토지 소유권 등기 제도도 도입되었다. 일물일권적 토지 소유권이 공인되었다는 것은 한 토지에 여러 종류의 권리가 중첩되어 있던 중층적 소유가 소멸하고, 다른 재산과 마찬가지로 한 토지에는 하나의 소유권만 성립되었음을 뜻한다(전강수, 2019: 28). 그리고 토지 소유권 등기 제도가 도입되었다는 것은 토지 소유권이 제3자에 대한 대항력을 갖는 절대적·배타적 권리가 되었음을 의미한다. 이와는 대조적으로 경작 농민은 토지소유자가 아닌 경우 아무런 권리도 인정받지 못했으며, 소농 보호의 혜택도 일절 누리지 못했다. 이것으로 일본인들이 한국에 와서 마음 놓고 토지를 매입하고 경영할 수 있도록 보장하는 제도적 장치가 마련되었다. 등기 제도의 도입과 토지 관련 공부(公簿)가 마련되면서 토지 매매에 따르는 거래 비용은 현저하게 감소했고, 그에 따라 토지 매매가 급증했다(조석곤, 2001: 334). 그 과정에서 일본인들이 대거 토지소유를 확대한 것은 물론이다.

지세 제도의 정비에 대해 살펴보자. 일제가 지세 제도 정비를 꾀한 목적은 식민지 통치에 필요한 재정 수입원을 안정적으로 확보하려는 데 있었다. 지세는 1910년 당시 총세수의 66%를 차지할 정도로 중요한 세목이었다. 조선총독부는 토지조사사업 과정에서 조선의 전 농경지에 대해 소유권 조사, 지가 조사, 지형·지모 조사를 실시했다. 전체 토지에 대한 정보를 정확하게 파악하면 지세 확보도 그만큼 용이해지는 법이다. 사업의 결과 1910년 말 240만 정보에 불과했던 과세 대상지는 1918년 7월 말에 434만 정보로 증가했다. 과세 대상에서 빠져 있던 은결(隱結)이 대거 파악되었기 때문이다. 세원이 예상외의 큰 폭으로 늘어나자, 조선총독부는 지세율을 지가 평가액의 3%로 책정하려던 당초 계획을 변경하여 그것을 1.3%로 내렸다(전강수, 2019: 28).

토지 소유권을 절대적 권리로 만들어주고 세율까지 최저한으로 낮춰주었으니 지주에게는 눈앞에 천국이 열린 셈이었다. 이와 같은 상황을 가장 적극적으로 활용한 것은 일본인들이었다. 그들 중 다수는 광대한 저습지와 상습 침수지를 헐값으로 다량 매입한 후 수리 시설을 설치하여 비옥한 농지로 개선하는 방법으로 농장을 개척했다. 일제강점기 초부터 말까지 일본인 대지주의 숫자는 현저하게 증가하는데, 그 배경에는 토지조사사업에 따른 제도의 정비가 있었다. 1910년 당시 조선 전체 논의 2.8%에 불과했던 일본인들의 논 소유 면적(4만 2585정보)은 1935년에는 18.3%(30만 8083정보)로 급증했다(허수열, 2016: 349).

많지는 않지만, 조선인 중에도 이런 상황을 활용해 토지소유를 확대한 사람들이 있었다. 주로 일본인 대지주의 경영방식을 모방하는 재지지주(在地地主)들이었다. 이들 중에는 양반 출신도 있었으나, 개항기에 부를 축적해 토지를 사 모은 사람들도 있었다. 이들은 토지조사사업 덕분에 자신들이 소유한 토지에 대해 절대적·배타적 권리를 행사할 수 있게 되었고, 더욱이 일본 국내에 비해 낮은 지세율을 적용받는 혜택까지 누리게 되었다. 제국주의자들이 나라를 집어삼키자 뭔가 피해를 입지 않을까 노심초사하던 차에 지주에게 유리한 제도 정비가 이뤄지는 것을 보고 조선인 지주들은 크게 안심했을 것이다. 일제가 조선 사회 안에서 식민지 지배를 옹호할 든든한 동맹군을 확보할 수 있었던 것도 토지조사사업의 효과였다. 토지조사사업 이후 조선에서 일본인 대지주는 식민지 지배의 중추 세력으로, 조선인 대지주는 식민지 지배의 동맹 세력으로 자리 잡았다(전강수, 2019: 29).

일제는 토지조사사업을 완료한 후 바로 산미증식계획이라는 지주 중심적 농업정책을 대대적으로 추진하여 식민지 지주제의 발달을 자극했다. 토지조사사업은 한국에서 지주주의를 만개시킨 데 결정적인 계기였다. 조선시대의 왕토사상에 들어 있던 지공주의가 발붙일 틈은 허용되지 않았다. 조선 후기 이래의 토지개혁론이 자리 잡을 공간도 식민지 안에는 없었다. 이순탁·이훈구·강진국 등이 사회개량주의적 토지개혁론을 피력하면서 실학파의 토지개혁론을 계승했다고 자처했지만, 지공주의에 대한 신념은 실학파 같지 않았다. 그들은 사적 토지소유의 원리를 인정한 상태에서 유상몰수·유상분배에 의한 토지개혁과 국가 주도의 자본주의적 농업협동화를 추진해야 한다고 주장했다(방기중, 2001: 194~195).

일제강점기의 지주주의는 식민지 권력의 전제주의와 결합된 악성 이데올로기였다. 게다가 농촌사회에는 반상제 신분 질서도 강고하게 유지되고 있었다. 토지소유 관계가 이미 공식적으로는 폐지된 신분제를 존속시키는 역할을 했다(정진상, 1995: 341). 조선총독부가 이런 악성 이데올로기를 바탕으로 식민지 농업정책을 펼쳤으니 조선의 농업과 농촌사회가 온전할 리 없었다.

조선총독부의 농정에 협력하며 미곡 상품화 과정에 적극적으로 대응했던 지주들을 '동태적 지주'라고 부른다. 이들은 식민지 권력의 비호를 배경으로 자기 토지를 경작하는 소작농에 대한 지대 수취를 강화했으며, 급속하게 확대하고 있던 미곡 상품화 과정에 대응하는 과정에서 토지소유를 확대해 갔다. 일본인 대지주들과 일부 조선인 대지주들이 이에 해당한다. 반면에 조선 농민들은 토지를 상실하고 점차 빈곤의 나락으로 떨어졌다. 자소작농과 자작농은 소작농으로 전락했고, 중소지주와 다수의 대지주들은 토지를 상실하거나 소유 규모가 줄었다. 이 조선인 대지주들은 자신이 소유한 토지에서 소작농 선발과 소작료 수취를 마름이라 불리는 대리인에게 맡기고 농업생산에 간여하지 않는 부재지주였다. 이들은 '정태적 지주'라 부른다. 1920년대 이후 조선 사회에서는 영세농의 증가, 가난에 빠진 농민의 해외 이주와 유리방황(流離彷徨), 도시 빈민의 형성과 같은 현상이 두드러지는데, 이는 모두 조선 농민의 빈곤이 심화한 결과였다. 가난에 빠진 농민들 가운데 일부는 조선 농촌에 머물지 못하고 산에 들어가 화전민이 되거나 경성이나 일본·만주 등지로 가서 최하층 노동자가 됐다. 경성으로 몰려든 빈농들로 인해 경성 주변부에는 움막집에 거주하는 도시 빈민, 즉 토막민 촌이 형성되기도 했다(마츠모토 타케노리, 2016: 137).

## 2) 실학파 토지개혁론을 뛰어넘은 삼균주의(三均主義)

실학파의 토지개혁론을 이어받아 지공주의를 선명하게 피력한 것은 해외의 임시정부였다. 토지소유를 둘러싼 임시정부의 입장은 거의 전적으로 조소앙의 삼균주의에 의존하고 있었다. 이는 조소앙의 사상이 탁월했기 때문이기도 하지만, 더 중요하게는 그의 사상이 1930년대 이후 임시정부의 좌우합작운동에서 이념적 접착제 역할을 수행했기 때문이다(조석곤, 2009: 89). 조소앙이 삼균주의를 완성한 것은 1927~1928년경이지만 그 존재가 널리 알려지기 시작한 것은 1930년 1월 한국독립당의 정치이념으로 채택되면서부터다. 그 이후 1930년대에 등장한 좌우익 독립운동 정당들은 속속 삼균주의를 기본 정치이념으로 채택했다. 1935년에는 의열단·한국독립당·조선혁명당·신한독립당·대한독립당 등 5개 정당 단체가 결성한 민족혁명당이 삼균주의를 거의 그대로 받아들였고, 상하이 한독당 세력의 분열로 탄생한 한국국민당과 재건한국독립당도 마찬가지였다. 1940년 충칭(重慶)에서 한국국민당, 재건한독당, 조선혁명당이 통합하여 결성한 충칭 한국독립당도 삼균주의를 정치이념으로 수용했다. 광복군의 임무 규정에도 삼균주의가 기본 정신으로 들어 있었다(한시준, 1992: 111~112). 1941년 11월 충칭임시정부가 발표한 '건국강령'에서 삼균주의가 기본 이념으로 자리 잡은 것은 이런 흐름의 당연한 귀결이었다.

조소앙의 삼균주의는 형식상 쑨원(孫文)의 삼민주의(三民主義)를 모방한 것처럼 보이지만, 그것을 뛰어넘는 독창적인 내용이었다. 이는 일제강점기 독립운동 세력이 단지 중국의 영향력 아래 머물러 있었던 것이 아님을 방증한다. 쑨원의 삼민주의가 민족주의·민생주의·민권주의 셋으로 구성되었다고 한다면, 삼균주의는 일차적으로 정치의 균등(均政), 경제의 균등(均利), 교육의 균등(均學)을 통해 개인과 개인의 균등 생활을 이루고, 이를 토대로 민족과 민족, 국가와 국가의 균등을 실현하여 세계일가(世界一家)를 추구한다는 내용이다. 삼균을 대내적인 측면과 대외적인 측면으로 구분하여 이중구조로 파악하되, 양자를 자연스럽게 연결하여 논리적 완결성을 꾀했다는 점이 인상적이다. 정치의 균등은 전제주의를 철저하게 배격하고 국민의 자유와 권리를 최대한 보장함으로써 실현하고, 경제의 균등은 토지와 대생산기관을 국유화하여 국민들이 경제적 권리를 균등하게 행사할 수 있도록 보장함으로써 달성하며, 교육의 균등은 국비 의무교육제로 고등교육까지 비용을 국가가 부담하여 모든 국민이 배울 권리를 균등하게 누릴 수 있도록 보장함으로써 이뤄낸다는 것이 조소앙의 생각이었다. 조소앙은 삼균으로 균등사회를 실현하고, 그것을 토대로 신민주주의 국가를 건설하자고 제안했다. 이는 광복 후 건설할 민족국가의 미래상이었다. 신민주주의 국가란 "독재를 타도하여 독재를 창조한" 자본주의와 사회주의의 결점을 극복한 새로운 형태의 국가였다(한시준, 1992: 114). 조소앙이 새로운 민주주의를 주창한 것은, 프랑스와 미국 등 자본주의 국가는 군주의 독재에서 벗어나기 위해 민주주의를 도입했으나 지식파와 유산파의 독재로 귀결되었고, 러시아는 군주 독재와 지부(智富) 계급의 발호에 자극되어 소비에트 제도를 수립했지만 대다수 민중의 참정권은 박탈되고 무산자 독재로 귀결되었다고 보았기 때문이다(한시준, 1996: 200). 지공주의를 진정한 민주주의와 연결시켰다는 점에서 조소앙의 사상은 실학파의 토지개혁론을 뛰어넘었다고 평가할 수 있다.

토지국유제를 주장했다는 점에서 조소앙의 토지개혁론을 사회주의 계열로 보아야 한다는 주장을 제기할 수 있다. 하지만 조소앙은 반공주의자였고 사회주의 체제에 대해 매우 비판적이었기 때문에, 그가 사회주의식 토지국유제를 주창했을 가능성은 없다. 그가 경제적 권리를 중시했던 점을 고려하면 그의 머릿속에 있었던 것은 쑨원의 평균지권 사상이었을 가능성이 크다. 조소앙이 집필했을 것으로 추정하는 '한국독립당 제5차 임시 대표회의 선언'(1945.8.28)의 행동강령인 당책(黨策)에 다음과 같은 내용이 들어 있는 데서 그 추론이 타당함을 확인할 수 있다.

7. 토지는 국유를 원칙으로 하되 토지법, 토지사용법, 지가세법 등의 법률을
   규정하여 기한(期限) 실행할 것.
8. 토지는 인민에게 분급(分給)하여 경작케 하되 극빈한 농민에게 우선권이
   있게 할 것(서중석, 1989: 120에서 재인용).


지가세란 지공주의의 원조 헨리 조지(Henry George)가 주창한 토지가치세(land value tax)를 가리키며, 토지를 인민에게 분급한다는 것은 고려시대와 조선시대의 국전제를 연상시키기 때문이다. 사실 이는 쑨원의 삼민주의에 거의 그대로 나오는 내용이다.

조소앙은 한국인의 역사를 불평등의 역사로 보았다. 한국이 일본의 식민지로 전락한 것도 정치·경제·문화 등 사회 각 방면에서 불평등이 심화하여 일어난 불가피한 결과였다는 것이 그의 생각이다. 경제적 불평등을 초래한 핵심 원인은 토지제도에 있었다고 보았으며, 한국 역사에서 "토지가 국유화되었을 때는 인민의 생활이 풍족해지고 정치도 잘 행해졌으나, 반면 사유화되었을 때는 인민은 수탈 대상이 되었다"(한시준, 1996: 186에서 재인용)라고 주장했다. 그가 역사 속에서 이상적인 토지제도라고 꼽은 것은 고려시대의 전시과와 조선시대의 과전법이었다. 고려와 조선이 쇠락한 것은 이런 이상적인 토지제도가 후퇴하고 대토지소유가 발달한 데 기인한다는 것이 조소앙의 역사 해석이었다.

이처럼 일제강점기 동안 해외 독립운동 진영에서는 탁월한 토지개혁론이 개진되었지만, 막상 조선 안에서는 그와 어깨를 견줄 만한 견해가 나오지 않았다. 물론 무상몰수·무상분배에 의한 토지개혁과 사회주의적 농업협동

화를 추구한 사회주의 토지개혁론이나 유상몰수·유상분배에 의한 토지개혁과 국가 주도의 농업협동화를 추구한 사회민주주의 내지 사회개량주의 토지개혁론이 개진되기는 했으나(방기중, 2001: 104~112), 광복 후 민족국가의 청사진을 담보한 삼균주의와는 비교가 되지 않는 수준이었다. 조소앙의 삼균주의가 장구한 역사에 대한 평가와 더불어 개혁의 이유와 목적에 대한 대담한 진술을 담고 있었다면, 국내의 토지개혁론은 주로 토지개혁의 기술적 방법과 경영규모 확대 방안에 치중하고 있었다. 해방 후 제헌헌법의 제정 과정에서 조소앙의 삼균주의가 분위기를 주도한 것은 어쩌면 당연한 일이었다. 하지만 실제 농지개혁법의 제정 과정에서는 오히려 조소앙의 지공주의가 뒤로 밀려나고 몰수와 분배의 방법론에 치중한 조선 내 토지개혁론의 전통이 분위기를 주도했으니 아이러니가 아닐 수 없다.

단, 이는 대한민국에 국한되는 이야기임에 유의해야 한다. 일제강점기에 식민지 지주제가 발달하고 농민의 몰락과 빈곤이 심해지면서 전국적으로 소작쟁의가 빈발하고 사회주의 사상이 농촌에 유입되었다. 그 영향으로 1930년대에는 혁명적 농민조합 운동이 급속하게 확산했다. 일제강점기 조선 내의 사회주의자들은 이 운동을 통해 노농 소비에트 혁명론과 토지의 무상몰수·무상분배를 내용으로 하는 토지혁명론을 주창했다(김성보, 2001: 63~64). 이들의 주장은 일제강점기에 전 사회적인 영향력을 확보하지는 못했지만, 해방 후에는 북한의 토지개혁으로 열매를 맺었다. 하지만 이 글은 대한민국 역사의 관점에서 토지개혁을 다루므로, 사회주의 토지개혁론의 흐름은 논외로 했다.

## 4 | 농지개혁, 일시적으로 평등지권 사회를 성립시키다

한국의 농지개혁은 유상몰수·유상분배 방식으로 토지를 농민에게 균등하게 분배해서 일시적으로 '평등지권(平等地權)'을 실현한 대표적인 사례다. 제2차 세계대전 후 많은 구식민지 국가들에서 토지개혁이 실패로 돌아간 것과는 대조적으로, 한국에서는 비교적 단기간에 농지의 몰수와 분배가 완료되었다. 1945년 말 대한민국의 총경지면적 223만 정보 가운데 소작지가 65%, 자작지는 35%로 지주가 소유한 소작지의 비중이 자작지보다 훨씬 컸다. 농가 호수 면에서는 총 206만 호 중 자작농은 13.8%에 불과했고, 소작농이 49%, 자소작농이 34.7%로 소작에 종사하는 농민의 비중이 압도적이었다. 농지개혁은 이처럼 양극화된 상태에 놓여 있던 '지주의 나라'를 갑자기 세계 최고 수준의 토지소유 평등도를 자랑하는 '소농의 나라'로 변모시켰다. 총경지면적의 35%에 불과했던 자작지의 비중은 농지개혁 실시 직후인 1951년 말 96%로 급상승했다. 더욱이 경자유전(耕者有田) 원칙에 따라 농지소유의 상한을 3정보로 설정(농지개혁법 제6조 1항 및 제12조 1항)하고, 소작·임대차·위탁경영을 금지(농지개혁법 제17조)했기 때문에, 일제강점기 때와 같은 지주제가 재생하는 것은 제도적으로 불가능해졌다(전강수, 2019: 42).

농지개혁법은 1950년 2월 최종 확정되기까지 수많은 우여곡절을 겪었다. 좌파·우파·중간파로부터 유상몰수·유상분배, 유상몰수·무상분배, 무상몰수·무상분배 등의 개혁 방안들이 쏟아져 나왔고 이를 둘러싼 정치 세력 간 대립도 적지 않았다. 국회에서의 법안 통과 과정도 간단치 않았다. 지주에게 지급할 보상액과 농민이 갚아야 할 상환액의 결정이 핵심 사안으로 떠올랐는데, 지주들은 보상액과 상환액을 모두 평년 수확량의 300%로 하고 10년간 상환하는 방안을 선호했던 반면, 개혁적 성향의 소장파 의원들은 이에 반발하여 그 비율을 대폭 낮출 것을 요구했다. 마침내 1949년 6월 보상액 150%, 상환액 125%를 내용으로 하는 법안이 국회를 통과했고, 1950년 2월 정부 재정 부담 증가를 이유로 두 비율을 모두 150%로 하는 농지개혁법 개정안이 상정되어 국회를 최종 통과했다. 실제의 농지개혁은 개정 농지개혁법을 근거로 실시되었다(전강수, 2019: 40).

한국이 농지개혁으로 일시적이지만 평등지권 상태를 실현한 것은 한국 사회에 매우 긍정적인 영향을 끼쳤다.

첫째, 지주층의 소멸로 소작료 수탈에 의한 농가 압박이 자취를 감췄으며, 경제발전에 유리한 법과 제도의 도입을 방해할 기득권층이 사라졌다.

둘째, 자기 땅을 갖게 된 수많은 소농들이 자발적으로 노동에 몰두한 덕분에 농업생산성이 상승하고 농업소득도 증가했다. 농민들은 열심히 일해 얻은 소득을 아껴서 자녀 교육에 투자했다. 1970년대 이후 한국 경제의 고도성장은 농민들에게서 나온 아래로부터의 동력이 없었다면 불가능했을지도 모른다.

셋째, 농지개혁으로 실현된 평등성은, 농지개혁에 실패한 나라와 비교할 때 나오는 상대적인 평가이기는 하지만, 부패를 방지해 정치과정에서 후견주의, 엽관주의, 정책 포획 등을 억제하는 역할을 했다(유종성, 2016). 또한 농지개혁은 지주제를 소멸시켜 일제강점기 내내 존속했던 농촌사회 내의 신분 구조를 해체했다. 지주제 소멸은 반상제 신분 구조의 물질적 토대가 일거에 무너졌음을 뜻했다(정진상, 1995: 345). 요컨대 농지개혁은 한국 사회에서 민주주의가 비교적 건전하게 발전할 수 있는 경제적 토대를 창출했다.

하지만 한국의 농지개혁에는 뚜렷한 한계도 존재했다. 첫째, 일단 대토지소유를 해소한다는 데 치중해서 평등지권 상태를 장기적으로 유지하는 데는 소홀했다. 토지개혁의 핵심은 몰수와 분배보다는 평등성의 유지에 있었음에도 이를 등한시한 것이다.

둘째, 도시 토지·임야·초지 등이 토지개혁의 대상에서 제외되었다. 농지와는 방법을 달리하겠지만, 이 토지들에 대해서도 평등성을 구현할 조치가 시행되었어야 함에도 한국 정부는 그렇게 하지 않았다. 1970년대 이후 공업화와 도시화가 급속하게 진행되는 가운데 토지문제가 농지보다는 이 토지들을 중심으로 발생했음을 생각하면 이는 큰 실책이었다.

셋째, 농지개혁법은 지주제 재생을 방지하기 위해 농지 임대차를 원천적으로 금지했기 때문에 농지 유동화로 농업경영의 합리화를 도모할 수 있는 길을 차단했다(조석곤, 2001: 351). 이는 농업 인구가 격감하고 농업기술이 크게 발달한 상황에는 맞지 않는 규정이 될 수밖에 없었다.

한국의 농지개혁이 이와 같은 특징과 한계를 갖게 된 데는 당시 제기된 토지개혁론의 영향이 크게 작용했다. 이와 관련하여 여기서는 토지개혁론이 제헌헌법과 농지개혁법의 제정에 끼친 영향을 중심으로 논의를 진행하고자 한다.

조소앙의 삼균주의는 제헌헌법에 심대한 영향을 끼친 것으로 알려져 있다. 제헌헌법 초안을 기초한 유진오가 스스로 임시정부 헌법 문서 가운데 1944년 공포된 '임시헌장'과 함께 조소앙이 기초한 '건국강령'을 참고했노라고 밝힌 바 있고, 그 외에 참고한 '조선임시약헌', '조선민주공화국 임시약법', '대한민국 임시헌법' 등 해방 후 작성된 헌법 문서들도 크든 작든 조소앙 헌법 사상의 영향을 받았다고 전해지기 때문일 것이다. 과연 그런지 '건국강령'과 제헌헌법의 토지개혁 관련 내용을 비교하여 판단해 보기로 하자.

〈표 4-1〉은 '건국강령'과 제헌헌법의 토지개혁 관련 조항을 비교한 것인데, 농지를 농민에게 분배한다는 조항 외에는 양자 사이에 유사성이 별로 보이지 않는다. 삼균주의를 토대로 지력과 권력과 부력의 향유를 균평(均平)하

표 4-1 **건국강령, 제헌헌법, 대만 헌법의 토지개혁 관련 내용**

| | 건국강령<br>(1941년 11월 28일 발표) | 제헌헌법<br>(1948년 7월 17일 제정) | 대만 헌법<br>(1946년 12월 25일 제정) |
|---|---|---|---|
| 기본 질서 | 우리나라의 건국정신은 삼균제도의 역사적 근거를 두었으니 사회 각계 각층의 지력과 권력과 부력의 향유를 균평(均平)하게 하야 국가를 진흥하며 태평을 보유함은 우리 민족이 지킬 바 최고 공리임[총강] | 정치, 경제, 사회, 문화의 모든 영역에 있어서 각인의 기회를 균등히 하고 능력을 최고도로 발휘케 하며 각인의 책임과 의무를 완수케 하여 국민 생활의 균등한 향상을 기함[전문] | 중화민국은 삼민주의(三民主義)에 기초한 민주공화국임(전문)<br>국민경제는 민생주의를 기본원칙으로 해야 하고 평균지권(平均地權)과 절제자본(節制資本)을 실시하여 국부와 민생의 균형 있는 충족을 도모함[제142조] |
| 토지제도의 원칙 | 우리 민족은 고규(古規)와 신법(新法)을 참호(參互)하야 토지제도를 국유로 확정할 것임[총강] | - | 토지는 전체 국민에게 속함<br>인민은 법에 따라 토지 소유권을 취득하며 법률의 보장과 제한을 받아야 함<br>사유토지는 가격에 상응하여 납세해야 하며, 정부는 사유토지를 가격에 상응하여 매수할 수 있음[이상 제143조] |
| 국유의 범위 | 토지, 광산, 어업, 농림, 수리, 소택(沼澤)은 국유로 함[건국-六-개] | 광물 기타 중요한 지하자원, 수산자원, 수력과 경제상 이용할 수 있는 자연력은 국유로 함[제85조] | 토지에 부속된 광물과 천연자원은 국가 소유에 속함[제143조] |
| 토지 처분 | 토지의 상속, 매매, 저압(抵押), 전당, 유증, 전조차(轉租借)를 금지함[건국-六-래] | - | - |
| 토지 분배 | 토지는 자력 자경 인에게 분급(分給)함[건국-六-아] | 농지는 농민에게 분배함[제86조] | 토지의 분배와 정리에 대해서는 자경농과 자기 토지를 스스로 사용하는 자가 뿌리를 내리도록 지원하는 것을 원칙으로 하며 적정한 경영 면적도 규정해야 함[제143조] |
| 토지 불로소득 | - | - | 토지가치의 증가가 노동과 자본의 투입에 의하지 아니하는 경우 국가는 토지증치세를 징수하여 인민이 공동으로 향유할 수 있게 해야 함[제143조] |

주: [ ]는 조항이다.

게 한다는 내용은 "정치, 경제, 사회, 문화의 모든 영역에 있어서 각인의 기회를 균등히 하고 능력을 최고도로 발휘케 하여 국민 생활의 균등한 향상을 기"한다는 내용으로 바뀌었다. 토지국유의 원칙과 토지 처분을 엄격히 규제하는 조항은 사라지고, 오로지 농지를 농민에게 분배한다는 내용만 덩그러니 남았다. '건국강령'에서의 토지가 농지로 축소되었다는 점도 중요하다. 이 헌법 조항으로 농지 외의 토지가 개혁 대상에서 제외됐기 때문이다. 농지를 농민에게 분배한다는 조항을 두고 건국강령의 영향이라 강변한다면 그 자체가 틀렸다고 할 수는 없겠지만, 제헌헌법의 토지개혁 조항이 '건국강령'의 영향 아래 작성됐다고 주장하기에는 매우 옹색하다. 조소앙의 토지개혁론에서 중요한 것은 국유화 그 자체보다는 평균지권의 실현이었다. 국유화 후 토지 분배는 조소앙이 이 목표를 달성하기 위해 고안한 방책이었다. 이는 조선시대에 국가가 국전을 모든 농민에게 골고루 나눠 주고 경작을 하게 했던 것을 연상시킨다. 조선시대 과전법도, 조소앙의 토지개혁론도 토지를 농민에게 한 번 나눠 주고 끝내는 것과는 거리가 멀었다. 골고루 나눠 준 토지가 다시 소수의 수중에 흘러 들어가 불평등하게 소유되는 것을 방지하는 것이 국전의 원칙이었다. 한국의 농지개혁이 토지소유의 불평등이 재현하는 것을 방지할 수 있는 제도적 장치를 마련하지 못한 것은 근본적으로 제헌헌법이 '건국강령'의 토지개혁 정신을 많이 희석한 데서 기인한다.

조석곤(2009)에 따르면, 해방 후 여러 헌법 초안이 만들어지는 과정에서 평등보다는 사유재산권 보호를 좀 더 강조하는 흐름이 형성됐고, 제헌국회에서 중간파가 배제되는 바람에 '건국강령'의 이념이 더욱 약화되었다. 건국강령의 토지개혁 관련 조항과 제헌헌법의 그것 사이에 간극이 생긴 배경에는 이런 사정이 있었다. 게다가 제헌헌법 가운데 그나마 남아 있던 경제적 평등의 지향은 경제적 자유에 중점을 둔 1954년 헌법 개정으로 더욱더 약화되었다.

　대만도 한국과 유사한 방식으로 지주에게서 토지를 몰수해 농민에게 분배했다. 그런데 한국과는 달리 대만은 처음부터 토지 분배로 달성할 평등지권 상태를 유지하기 위해 노력했다. 이런 태도는 1947년 공포된 대만 헌법에 그대로 반영됐다. 〈표 4-1〉에는 대만 헌법의 토지개혁 관련 조항도 나와 있다. 대만 헌법은 평균지권(平均地權)을 실시한다고 천명했을 뿐만 아니라 국토는 국민 전체에게 속한다고 선언했다. 인민은 토지 소유권을 취득할 수 있지만 법률의 보장과 제한을 수용해야 한다고 규정했다. 그와 함께 토지가치의 공적 징수를 위해 토지가치세와 토지증치세(土地增値稅)를 부과한다는 내용을 명기하는 동시에 노동과 자본에 의하지 않은 토지가치 증가분은 조세로 징수하여 인민이 함께 향유토록 한다고 선언했다. 지하자원을 비롯한 천연자원이 국유임을 천명하기도 했다(전강수, 2019: 69). 대만 헌법과 비교하면 한국 제헌헌법의 토지개혁 관련 조문은 초라하기 이를 데 없다. 이는 평등지권의 유지를 위한 노력에서 한국과 대만이 얼마나 큰 차이가 있었는지 여실히 보여준다.

　사족이지만, '건국강령'과 대만 헌법 모두 평등지권 유지를 위한 장치를 갖추고 있었지만, 전자는 토지 공공임대제 방식에 해당하고 후자는 토지가치세제 방식에 해당함을 지적해 둔다. 토지 공공임대제 방식은 토지를 국공유로 유지한 상태에서 사용권을 민간에게 넘기고 사용료를 받아 혜택이 모든 국민에게 똑같이 돌아가도록 사용하는 것이고, 토지가치세 방식은 토지의 사유를 허용하는 대신 토지에서 발생하는 지대를 공적으로 환수하여 혜택이 모든 국민에게 똑같이 돌아가도록 사용하는 것이다.

　토지개혁의 핵심이 평등지권의 실현과 유지에 있다는 사실을 인지하지 못하는 바람에, 해방 후 토지개혁을 둘러싼 논쟁은 몰수와 분배의 방식, 보상

표 4-2 **여러 농지개혁 법안의 농지 몰수·분배 방법**

|  | 농림부안 | 기획처안 | 국회<br>산업위원회안 | 애초 법률 | 산업위원회<br>개정안 | 개정 법률 |
|---|---|---|---|---|---|---|
| 소유 한도 | 2정보 | 3정보 | 3정보 | 3정보 | 3정보 | 3정보 |
| 보상 지가 | 15할 | 20할 | 30할 | 15할 | 24할 | 15할 |
| 보상 방법 | 3년 거치<br>10년 균분 | 10년 균분 | 10년 균분 | 5년 균분 | 6년 균분 | 5년 균분 |
| 상환 지가 | 12할 | 20할 | 30할 | 12.5할 | 24할 | 15할 |
| 상환 방법 | 6년 균분 | 10년 균분 | 10년 균분 | 5년 균분 | 8년 균분 | 5년 균분 |

자료: 김성호(1989: 574).

액과 상환액의 수준 등 기술적인 문제를 중심으로 전개되었다. 주지하다시
피 당시에 좌파는 무상몰수와 무상분배, 우파는 유상몰수와 유상분배, 중간
파는 유상몰수와 무상분배를 주장했다. 해방 직후에는 토지국유와 무상몰수
를 주장하는 급진적 견해가 많은 지지를 받았지만, 한국 경제의 발전 방향이
자본주의적 근대화임이 분명해지면서 이 견해와 좌파의 무상몰수·무상분배
방안은 점점 설 자리를 잃었다. 초기에 무상몰수론에 동조했던 중도파는 좌
우합작위원회 단계(1946년 10월)가 되자 유상몰수(몰수, 유조건 몰수, 체감매상)
와 무상분배를 주장한다. 그러나 이 방안도 남조선과도입법의원 산업노동위
원회 단계(1947.2)에 이르면 체감 유상몰수·유상분배로 바뀐다. 마침내 한국
사회에서 농지개혁의 방법이 우파가 줄곧 지지한 유상몰수·유상분배 방안
으로 수렴된 것이다. 이렇게 몰수와 분배의 방식이 한 가지로 수렴된 다음부
터는 모든 논쟁이 할(割) 문제, 즉 보상률과 상환율의 문제로 집중되었다. 평
등지권 유지 문제는 더 이상 사람들의 관심을 끌지 못했고, 할 문제에서 농민
의 입장에 설 것인가 아니면 지주의 입장에 설 것인가가 초미의 관심사였다.
　〈표 4-2〉는 농림부의 농지개혁 법안이 발표된 이후 최종 법률이 통과되
기까지 만들어진 법안들에 들어 있던 농지 몰수·분배 방법을 정리한 것이

다. 농림부안은 조봉암 초대 농림부 장관이 지휘한 농지개혁법 기초위원회의 작품이었다. 이 위원회에는 강진국·이순탁 등 일제강점기에 국내에서 사회개량주의적 토지개혁론을 펼치던 중간파 인사들이 포진했다. 강진국은 농림부 농지국장으로 개혁 실무를 총괄했고, 역시 중간파 인사였던 윤택중이 주무 과장 자리를 맡았다(방기중, 2001: 122). 〈표 4-2〉를 살펴보면 당시 정부와 국회에서 할 문제를 둘러싸고 지주를 대변하는 쪽과 농민을 대변하는 쪽이 격렬하게 대립했음을 확인할 수 있다. 그래서 기존 연구에서는 이 현상을 집중적으로 분석했고, 최종 법률이 농민의 이해를 중시하는 쪽으로 귀결된 것에 주목했다. 집요하게 보상액을 높이려고 했던 지주층의 노력이 무위로 돌아갔다는 사실도 강조했다. 그러나 토지개혁이 농지개혁으로 축소되고, 사회 세력들이 개혁의 목적보다는 몰수와 분배의 방법 즉 유상이냐 무상이냐를 둘러싸고 논쟁하다가 법률 제정 과정에서는 거의 전적으로 할 문제를 놓고 세 대결을 벌였다는 사실, 그 결과 평등지권의 유지라는 개혁의 대의(大義)가 실종되고 말았다는 점에 주목하는 연구는 아직 나오지 않았다. 농지소유 상한을 법률에 규정하여 평등지권을 유지하려고 하지 않았느냐고 반론을 제기할 수는 있겠다. 하지만 농지의 자유 매매가 허용됐기 때문에, 농지소유 상한 규정은 사문화가 예정된 조항이었다는 점을 기억할 필요가 있다.

## 5 | '부동산공화국'의 성립과 토지공개념의 등장

### 1) 박정희 정권, 평등지권 사회를 부동산공화국으로 전락시키다

대한민국은 농지개혁으로 일시적이지만 평등지권 사회를 실현했고 그

덕분에 세계 역사상 유례없는 공평한 고도성장을 이룩했지만, 평등지권 상태를 장기적으로 유지하는 데 필요한 제도적 장치를 갖추지는 못했다. 시간이 지나가자 여러 국민의 손에 분산되었던 토지는 다시 소수의 수중에 점점 집중하기 시작했다. 공업화와 도시화가 급속하게 진행되면서 토지문제의 중심은 농지에서 도시 토지로 이동했다. 문제는 도시 토지와 미래의 도시 토지에 대해 아무런 대책도 세우지 않은 상태에서 무분별한 도시개발이 추진되었다는 사실이다.

해방 후 처음 도시개발을 본격적으로 추진한 것은 박정희 정권이었다. 강남 개발이 그 출발점이었다. 박정희 정권은 상식적인 정부라면 당연히 세웠을 투기 대책을 전혀 준비하지 않은 채 도시개발에 나섰다. 박정희 정권의 강남 개발은 국토개발의 청사진을 구현할 목적이 아니라 경부고속도로 용지 확보와 정치자금 마련이라는 엉뚱한 목적을 위해 추진한 것이었다. 그렇게 시작된 강남 개발은 한강 연안 공유수면 매립 사업과 함께 강남 지역을 아파트 밀집 지역으로 만들면서 지가 폭등을 유발했다(전강수, 2019: 77). 박정희 정권은 이런 식의 도시개발을 지방 대도시와 전국 곳곳의 공업지대에서도 추진했다. 지가는 거기서도 어김없이 폭등했다.

1960년 이전까지는 한국에서 오늘날과 같은 부동산투기는 발생하지 않았다고 한다. 일제강점기에 지주들은 토지 매매를 통한 자본이득보다는 소작료 수취에 몰두했고, 해방 후에도 한동안 토지는 이용의 대상이었지 투기의 대상은 아니었다. 강남 개발 이전에 그 지역에서 땅을 사 모으는 사람들이 있었지만 극소수였다. 농지개혁 후 1960년대 전반기까지만 해도 한국 국민의 대다수를 차지했던 수많은 소농들과 그 후예들에게서는 자발적인 근로의욕과 창의력, 높은 저축열, 뜨거운 교육열과 학습열, 이윤을 노린 모험적 기업가 정신을 쉽게 발견할 수 있었다. 그들에게 투기로 일확천금을 노리는 성향은 없었다(전강수, 2019: 110~111).

　박정희 정권의 무분별한 도시개발은 이런 나라를, 국민 대다수가 주기적으로 부동산투기 열풍에 휩쓸리며 부동산 불패 신화를 신봉하고 강남을 부러워하는 몹쓸 '탐욕의 땅'으로 바꿔버렸다. 어느 틈엔가 대한민국은 정치인, 건설업자, 유력자, 재벌기업은 물론이고 중소기업, 중산층, 서민층에 이르기까지 모든 국민이 부동산으로 '대박'을 노리는 사회로 변하고 말았다(전강수, 2019: 78). 토건국가 시스템과 토건족, 부동산 불패 신화와 지대 추구 경향 등은 박정희 정권이 한국 사회의 틀에 남긴 뼈아픈 유산이다. 바야흐로 부동산은 대한민국에서 소득과 부의 양극화, 주기적 불황, 지역 격차의 주요 원인으로 자리 잡았다. 해방 후 75년이 지나는 사이에 농지개혁으로 일시적이나마 등장했던 지공주의는 자취를 감추는 대신 신종 지주주의가 다시 득세했고, '평등지권 국가'는 '부동산공화국'으로 전락하고 말았다. 박정희는 한국 국민에게 처음으로 지대 추구의 짜릿함을 맛보게 했다는 점에서 과오가 크다.

　앞에서 농지개혁은 한국 사회에서 민주주의가 비교적 건전하게 발전할 수 있는 경제적 토대를 창출했다고 언급한 바 있다. 소작지 몰수에 따른 지주제 소멸이 반상제 신분 구조의 물질적 토대를 붕괴시킨 것이 결정적 요인이었다. 그렇다면 이때 농촌사회에서 형성된 민주화는 어떤 성격이었을까? 이영훈(2016: 321)은 이에 대해 매우 흥미로운 성격 규정을 하고 있다.

　　그렇다고 농촌사회에서 정치적 민주주의가 금방 성숙하지는 않았다. 농지 개혁의 가시적 효과는 '유교적 민주화'였다. 상민들도 문중을 조성하고, 시제(時祭)를 지내고, 전국적 규모의 종친회에 가입하고, 부모의 장례를 상여로 모시게 되었다. '유교적 민주화'가 '시민적 민주화'로 대체되는 데는 그 후로도 많은 세월을 기다릴 필요가 있었다.

박정희는 농지개혁으로 자기 땅을 갖게 된 농민들을 자신의 지지 세력으로 끌어들이는 수법을 알고 있었다. 농민들은 농지개혁으로 경제적 평등을 경험하기는 했지만, 여전히 유교적 세계관에 물들어 있었다. 박정희 정권은 1968년부터 경제개발의 우선순위에서 밀려나 있던 농업과 농촌을 챙기기 시작했다. 전통적으로 취해오던 저미가 정책을 고미가 정책으로 전환했고, 1971년부터는 새마을운동을 대대적으로 전개했다. 1973년 박정희 정권은 전국 3만 4665개 마을을 리더십과 공동사업의 존재 여부를 기준으로 자립마을, 자조마을, 기초마을로 구분하여 등급에 맞는 사업을 각급 마을에 요구하고 성과에 따라 정부 지원을 다르게 제공했다. 그러자 마을 간에는 치열한 경쟁이 벌어졌고 마을 내 농민들은 전례 없이 열정적으로 단결했다(이영훈, 2016: 479~480). 이런 열기는 오롯이 박정희 정권에 대한 지지로 연결되었다. 땅을 소유한 농민이 정치적으로 보수화하기 쉽다는 것은 잘 알려진 사실이지만, 박정희 정권은 이런 특성을 적극적으로 활용했고 그것은 큰 성공을 거두었다. 농지개혁의 성과가 박정희 독재의 지지기반으로 전환한 것은 역사의 아이러니라 하지 않을 수 없다.

자산 소유자를 자신의 지지 세력으로 끌어들이려는 박정희의 정책은 도시에서도 펼쳐졌다. 국가가 주도해 소형 공공주택을 대량 공급하면서 임대주택이 아닌 분양주택 위주로 한 것이다. 공공주택 공급을 담당했던 주택공사의 자금력에 한계가 있었기 때문이라고 보는 견해도 있다. 하지만 여기에는 '내 집'에 대한 열망을 가진 저소득층의 요구에 부응함으로써 그들을 자신의 지지기반으로 만들려는 박정희의 정치적 의도가 숨어 있었다고 생각한다. 무주택자의 '내 집'에 대한 열망은 공공임대주택으로는 채워질 수 없는 것이었다. 20평 이하의 소형 아파트에 둥지를 튼 서민들은 주변의 중대형 민간 아파트를 바라보며 자신도 언젠가는 그리로 옮겨갈 수 있으리라는 꿈을 꾸게 되었을 것이다(전강수, 2019: 101~102). 이들은 대개 박정희 독재의 충실한 지지자 노릇을 했다.

## 2) 노태우 정권의 타협적 토지공개념

농지개혁에 따라 일시적으로 실현됐던 지공주의 사회는 박정희 정권 통치기에 지주주의로 물들어 갔다. 농지개혁의 수혜자였던 농민들과 소형 공공주택 공급의 수혜자였던 도시 서민층은 박정희 독재의 지지 세력으로 자리 잡았다. 그러나 박정희가 이들을 배경으로 확립한 유신독재와 지주주의는 결코 오래갈 수 없는 것이었다. 1970년대 말에 다가온 사회적 위기는 유신독재와 지주주의가 초래한 필연적 결과였다.

한국감정원의 조사에 따르면 1963~1977년에 주거지역의 지가는 서울시 전역에서 87배 수준으로 상승한 데 비해, 강남 지역에서는 176배 수준으로 폭등했다. 동일한 기간에 서울의 소비자 물가지수가 약 6.4배 상승한 것에 비춰 강남 지역 지가 상승세가 얼마나 엄청난 것이었는지 확인할 수 있다. 1970년대 후반에는 전국의 평균 지가 상승률이 70%에 육박한 해도 있었다. 평균이 이 정도로 폭등했으니 요지의 땅값이 어땠으리라는 것은 충분히 짐작할 수 있을 것이다.

박정희 정권 이후 한국 사회의 과제는 시민적 민주화의 달성과 지주주의의 해체로 설정될 수밖에 없었다. 아류 박정희 체제를 구축한 전두환의 집권기에 잠시 숨죽이고 있던 시민적 민주화와 지공주의에 대한 국민의 요구는 1987년 6월 항쟁으로 봇물 터지듯 쏟아져 나왔다. 1987년에 대통령직선제 조항과 토지공개념 조항을 담은 현행 헌법이 제정된 배경에는 이와 같은 국민의 요구가 있었다. 토지공개념이 무엇인가? 바로 지공주의의 다른 표현 아닌가? 강문구(1998: 9)는 "1989년을 전후하여 본격적으로 제기되고 입안되기에 이른 토지공개념 논의는 해방 이후의 시기를 제외한다면 한국 현대사에서 발견할 수 있는 자본주의 체제의 구조와 논거에 대한 최초의 논쟁"이었다고 평가한 바 있다. 하지만 당시 토지공개념 논의는 자본주의에 관한 것이 아니었다. 그것은 누구도 의식하지 못했지만, 해방 후 오랜 세월이 지나는 사이 잊힌 삼균주의 토지개혁론의 재현이었다.

'과도적 문민정부'라 불리는 노태우 정권은 지공주의 실현을 포함한 경제개혁에 대한 강력한 요구에 직면하여 토지공개념 제도 도입과 금융실명제 실시라는 당시로는 획기적인 처방전을 내놓았다. 그 둘 가운데 금융실명제는 한동안 유보하다가 김영삼 정권에 도입 임무를 맡겼던 반면, 토지공개념 제도 도입에는 강력한 의지를 보이며 주도적인 역할을 했다(강문구, 1998: 22). 노태우 정권이 토지공개념 제도에 적극적인 태도를 보인 데는 시민적 민주화와 지공주의에 대한 국민의 요구 외에 몇 가지 요인이 함께 작용했다. 첫째, 1970년대 후반에 불었던 부동산투기 광풍이 1980년대 말에 다시 불었다. 1986년부터 이어진 국제수지 흑자가 1988년에 절정에 달하고 그해 3월에 13대 총선, 9월에 서울올림픽이 치러지면서 막대한 유동성이 시중에 풀렸고 이것이 엄청난 투기로 이어진 것이다. 1989년 전국 평균 지가 상승률은 39%를 기록했다(전강수, 2019: 115). 노태우 정권은 이를 사회의 토대를 흔드는 위험한 현상으로 받아들였다. 둘째, 노태우는 5·18민주화운동을 총칼로 진압한 쿠데타 세력이라는 원죄를 지고 있었던 만큼, 국민의 요구에 부응하는 개혁 정책으로 정권의 정당성을 확보할 필요가 있었다. 셋째, 정부와 청와대에 조순·문희갑·김종인 등 개혁적 성향의 인사들이 포진해 토지공개념 정책을 밀고 나갔다.

박정희 정권 이래 거대 세력으로 성장한 신흥 지주층이 가만히 있었을 리가 없다. 이들은 일제강점기 때처럼 농지를 대규모로 소유하고 소작료를 받는 존재가 아니었다. 도시의 빌딩과 토지, 임야, 도시 주변 농지 등을 대거 소유하고 지대와 토지 자본이득 등 토지 불로소득을 얻는 현대판 지주들이 었다. 이들은 재벌과 대기업, 중소기업, 개인 부호 등 다양한 형태로 존재했으며, 전경련과 상공회의소 등 기업 이익단체를 통해 당시 여당이었던 민정당의 일부 국회의원들과 신민주공화당을 움직였다. 토지공개념 논쟁 과정에서 2개의 포괄적인 연합 세력이 형성되었다. 하나는 조순 경제부총리를 필두로 한 개혁적 경제관료, 평민당과 민주당, 시민단체인 경실련으로 구성된 불안정한 연합이었다. 다른 하나는 민정당 일부 국회의원, 신민주공화당, 기업 이익단체로 구성된 연합 세력이었다. 개량주의라고 비판받던 경실련이 토지공개념 도입 과정에서 주도적인 역할을 했다는 사실에 주목할 필요가 있다. 이는 당시 급진 재야 세력이 토지공개념 제도 도입을 회의적으로 평가하고 '국가보안법' 철폐와 전교조 지원 등 다른 의제에 치중하는 바람에 거의 아무런 역할을 하지 못한 것과 대조를 이룬다. 경실련은 토지공개념 제도를 도입하기까지 일관되게 찬성 입장을 취했다. 토지·주택 문제의 근본적 해결을 주요 목표로 해서 탄생한 단체였던 만큼 경실련의 적극적인 태도는 자연스러운 것이었다(강문구, 1998: 15).

토지공개념 도입에 대해 국민들은 압도적인 지지를 보냈다. 1989년 10월 경제기획원이 한국갤럽조사연구소에 의뢰하여 20세 이상 남녀 1500명을 대상으로 실시한 '토지공개념 여론조사' 결과에 따르면, 국민의 89.4%가 토지·주택 문제를 심각하게 여기고 있었으며, 88.6%는 정부가 부동산투기를 더욱 강력하게 규제해야 한다고 응답했다. 토지공개념 도입에 찬성한 국민은 84.7%였다. 중산층의 주요 구성원이라 할 수 있는 대학 재학 이상 고학력층의 찬성 비율은 90.9%, 정신노동자층의 찬성 비율은 93.6%로 전체 국민의 찬성 비율보다 더 높았다. 이 정도라면 신흥 지주층을 제외한 대부분의 국민이 토지공개념 도입에 찬성했다고 해석할 수 있다(≪경향신문≫, 1989. 10.21). 이 무렵에는 박정희가 농촌과 도시에서 구축했던 독재의 지지기반도 상당 부분 붕괴했음이 틀림없다.

　노태우 정부의 토지공개념 정책은 한국 사회에서 지공주의에 대한 전 국민적 관심을 불러일으키고 토지공개념이라는 용어를 불가역적으로 정착시키는 데 기여했지만, 막상 내용에서는 지공주의를 제대로 구현했다고 보기 어렵다. 이는 대다수 국민의 압도적 지지와 신흥 지주층의 강한 반발 사이에 끼여 있던 노태우 정권이 제한된 개혁과 제도적 타협으로 갈등의 첨예화를 막으려 했던 데서 비롯된 결과였다. 신흥 지주층을 대변한 이익단체들은 표면적으로는 정부의 토지공개념 추진 방향에 동조하면서도, 대대적인 로비를 통해 국회의 법안 심의 과정에서 손해를 최소화하기 위해 노력했고, 제도 도입 후에는 정책을 완화하고 무력화하기 위해 갖은 수단을 동원했다. 3당 합당으로 민자당이라는 거대 여당이 탄생하여 토지공개념 정책 추진의 정치적 환경을 크게 변화시켰던 점도 중요한 요인이었다(이행, 1992: 28). 정당성 확보에 급급하지 않아도 되는 상황이 출현한 탓인지 노태우 정부의 개혁 의지는 처음보다 많이 후퇴했다.

　노태우 정부의 토지공개념 정책은 처음에는 토지 보유세 강화를 지향했다. 이를 위해 공시지가 체계 정비와 과표 현실화를 계획했고, 토지과다보유세와 토지분 재산세를 통합해 종합토지세를 도입했다. 이 세금은 공한지와 비업무용 토지를 대상으로 제한적으로 시행되던 인별 합산과세를 전국 모든 토지로 확대했다는 점에서 큰 의의가 있다. 이미 토지사유제가 깊이 뿌리내린 상황에서 지공주의를 실현하려면 토지 보유세를 강화하는 것이 최선이다. 노태우 정부가 애초에 이 정책을 추진하려고 계획했던 것은 적확한 시도였다. 사실 당시 신흥 지주층은 뒤에서 설명할 토지공개념 3법보다는 종합토지세 도입과 과표 현실화를 훨씬 더 부담스럽게 받아들이고 있었다(전강수, 2007: 386). 노태우 정부는 종합토지세를 도입하면서 15% 수준에 불과했던 과표현실화율을 계속 높여서 1994년에는 60% 수준으로 만들겠다는 '과표 현실화 5개년 계획'을 수립했지만, 1991년에 이르러 그 계획을 갑자기 포기해 버렸다. 1990년 3월에는 정부와 여당이 이미 법제화된 종합토지세제를 시행도 해보지 않고 세율을 낮추는 법률 개정안을 마련해 통과시키기도 했다(전강수, 2007: 385~386). 이는 원래대로 토지세 강화를 추진할 경우 세 부담 증가에 따른 중산층 이반과 조세저항으로 정치적 위기를 맞을 것이라는 우려에서 나온 판단이었다(김명수, 2018: 106). 결과적으로 노태우 정부가 도입한 토지세제에는 토지공개념을 구현할 내용이 담길 수가 없었다.

그 대신 토지공개념의 핵심 방향은 택지 보유 제한과 개발이익 환수를 위한 예외주의적 입법의 형태로 정해졌다. '택지소유 상한에 관한 법률', '개발이익 환수에 관한 법률', '토지초과이득세법' 등 이른바 토지공개념 3법이었다. 토지공개념 3법을 예외주의적 입법이라 칭하는 것은 그것이 토지의 소유와 이용에 관한 일반 원칙을 마련하고 이를 근간으로 법률과 제도를 마련하지 않고, 6대 도시의 소유 상한 이상의 택지, 개발사업지, 유휴 토지 등을 대상으로 준조세를 부담시키는 내용이었기 때문이다. 전체 토지의 90%에 가까운 토지가 토지공개념 3법의 적용 대상에서 벗어나 있었던 까닭에 노태우 정부의 토지공개념 정책은 과세 포괄성이나 형평성의 측면에서 문제가 많다는 비판을 모면하기 어려웠다(김명수, 2018: 107).

비업무용 토지를 매각하도록 기업에 강제한 조치도 노태우 정부 토지공개념 정책의 하나로 꼽히는데, 정부의 여신 관리 규제 아래 놓여 있던 49개 기업을 대상으로 6개월 이내에 비업무용 토지를 매각하도록 유도하는 정책이었다. 이는 법률을 도입하거나 제도를 마련하지 않은 채 비공식적 '설득'으로 정책 목표를 달성하려고 했다는 점에서 법치주의를 근간으로 하는 근대적 정책으로 평가하기는 어렵다(이행, 1992: 30).

주지하다시피 토지공개념 3법은 위헌 심판의 대상이 되어 모두 위헌 또는 헌법불합치 결정을 받았으며, 그 가운데 '택지소유 상한에 관한 법률'은 1999년 위헌 결정이 내려지기 전 위헌 심판을 진행하는 도중에 폐지되었으며, '토지초과이득세법'은 1994년 헌법불합치 결정을 받은 후 문제 조항의 개정을 거쳐 몇 년 동안 유지되다가 1998년에 폐지되었다. 단, 토지공개념 3법 가운데 '개발이익 환수에 관한 법률'은 1998년 위헌 결정을 받았지만, 문제 조항의 개정을 거쳐 현재까지 유지되고 있다. 오늘날 적지 않은 국민이 토지공개념을 위헌이라고 믿는 것은 토지공개념 3법이 이런 우여곡절을 겪었던 기억이 있기 때문이다.

그러나 헌법재판소는 토지공개념 3법에 대해 위헌 내지 헌법불합치 결정을 내리면서도 토지공개념 자체를 위헌으로 판단하지는 않았다. 오히려 헌재는 한국 헌법이 토지공개념 정신을 포함하고 있음을 분명히 했고, 재산권의 내용과 한계는 법률을 통해 형성된다는 관점을 승인하는 한편, 토지 재산권의 형성권을 입법자에게 광범위하게 부여할 필요가 있음을 확인했다. 투기 억제를 위한 입법 역시 입법자의 재량에 속하는 것으로 보았다. 헌재가 문제로 삼은 것은 단지 과세 기술상의 문제로, 비례의 원칙 즉 과잉금지 원칙을 위배했다는 점이었다(김명수, 2018: 108~109). 이는 얼마든지 관련 조항의 개정으로 대처할 수 있는 문제였다. 그러나 토지공개념 3법이 헌재에서 위헌 또는 헌법불합치 결정을 받았다는 사실이 주는 사회적 충격은 상당했

그림 4-1 **토지공개념과 노동자 주택 문제 공청회**

자료: 민주화운동기념사업회 오픈아카이브.

그림 4-2 **토지공개념 강화 입법과 주택 문제 해결 촉구 시민대회에 참석해 연좌시위 하는 시민들**

노태우 정권은 경제개혁에 대한 강력한 요구에 직면해 토지공개념 제도라는 당시로는 획기적인 처방전을 내놓았다.

자료: 민주화운동기념사업회 오픈아카이브.

다. 그런 사정에 영향을 받았기 때문인지 김대중 정부는 '택지소유 상한에 관한 법률'과 '토지초과이득세법'을 스스로 폐지하고 말았다. 명실상부한 민주 정부인 김대중 정부가 사실상 토지공개념을 철폐하는 결정을 내렸다는 사실에 안타까움을 금할 수 없다. 그때 이후 토지공개념에 대한 사회적 신뢰는 추락했고 다시 의제가 되기까지는 20년을 기다려야 했다(2018년 문재인 대통령이 토지공개념을 좀 더 확실히 규정하는 조항을 담은 개헌안을 발의했던 것을 기억하라). 1970년대 말 이후 한국 사회의 시대적 과제는 누가 보더라도 민주주의와 지공주의를 병행 발전시키는 것이었다. 그런데 김대중 정부는 어처구니없게도 '민주주의와 시장경제의 병행 발전'을 캐치프레이즈로 내걸고는 지공주의에 반하는 방향으로 치닫고 말았다. 그 이후 한국 사회에서 신자유주의가 득세한 것은 우연이 아니었다. 김대중 대통령이 조선시대 이래, 아니 그렇게 멀리 올라갈 것도 없이 일제강점기 이래의 한국 역사를 깊이 탐구하고 한국 사회의 근본 과제에 대해 진지하게 고민했더라면, 당연히 민주주의와 지공주의의 병행 발전을 주창한 조소앙의 삼균주의를 만났을 것이다. 더구나 김 대통령은 이미 삼균주의를 알고 있었을 터이다. 역사에 가정은 없다고 하지만 만일 김대중 대통령이 자신의 정부를 삼균주의의 토대 위에 세우기로 결심했다면, 토지공개념을 사실상 철폐하고 부동산투기 억제 장치를 모조리 해체하는 어리석은 결정을 내리지는 않았을 것이고 다음 정부에 부동산투기 광풍을 숙제로 넘겨주지는 않았을 것이다.

## 3) 지공주의를 향한 노무현 정부의 분투

김대중 정부는 1998~2001년에 외환위기를 극복한다는 명분 아래 토지공개념 제도를 사실상 폐지했을 뿐만 아니라, 토지거래허가구역 해제, 아파트 재당첨 금지 기간 단축 또는 폐지, 분양가 자율화, 토지거래 신고제 폐지, 분양권 전매제한 폐지, 무주택 세대주 우선 분양 폐지, 신축 주택 구입 시 양도세 면제, 취득세·등록세 감면 등을 추진하면서 부동산 경기부양을 적극적으로 도모했다(전강수, 2019: 117). 김대중 정부의 부동산 정책은 역대 어느 정부도 쓰지 않았던 전면 부양책이었다. 그 결과 1990년대 줄곧 유지되었던 부동산 가격 안정세는 종언을 고했고, 2001년경부터 또다시 부동산투기 바람이 불기 시작했다. 김대중 정부는 2001년 하반기에 정책 기조를 투기 억제로 급하게 전환했지만, 다시 우리를 빠져나온 투기라는 괴물을 잡기에는 역부족이었다. IMF 경제위기 극복이 절대적 과제였다는 현실적 사정을 감안하더라도, 토지공개념을 폐지하고 모든 투기 억제 장치를 무장해제 한 것은 결정적인 실책이었다. 특히 토지공개념을 폐지한 것은 단지 법률 두 개를 폐기하는 정도의 간단한 문제가 아니라 부동산 정책의 근본 철학을 뒤집는 중대 사안이었음에도, 김대중 정부는 별 고민 없이 폐지 결정을 내렸다(전강수, 2007: 382). 국민임대주택을 도입해서 한국 공공임대주택 정책의 신기원을 열었던 김대중 정부가 어떻게 이런 어처구니없는 부동산 정책을 펼쳤는지 이해하기 어렵다.

부동산투기가 다시 불붙었던 시기에 출범한 노무현 정부는 출범 초부터 부동산 문제 해결을 최우선 과제로 삼을 수밖에 없었다. 투기 바람이 불 때 강력한 투기 억제 대책을 쏟아내는 것이 역대 정부의 공통점이지만, 노무현 정부의 부동산 정책은 그와는 달랐다. 그것은 직접 토지공개념을 표방하지는 않았지만, 명백히 지공주의 철학을 토대로 한 정책이었다. 사실 역사가 김대중 정부에게 부과했던 숙제를 노무현 정부가 떠맡은 셈이다. 그것은 바로 민주주의와 지공주의의 병행 발전이었다.

노무현 정부는 한국 사회에서 부동산이 근본 문제라는 인식을 깔고서 정책을 수립하고 집행했다. 노무현 대통령부터 2003년 11월 "강남이 불패라면 대통령도 불패로 간다"라고 하고, 2006년 4월 "참여정부의 부동산 정책이 완화되거나 후퇴하는 일이 없도록 직접 챙기겠다"라고 할 정도로 부동산 문제를 근본적으로 해결하려는 의지가 강했다. 정책 하나하나에 대해 기득권층이 엄청난 공격을 퍼부어 댔고 그것이 마침내 일반 국민들의 마음까지 사로잡았음에도, 노무현 대통령은 정책의 기조를 끝까지 지켜내는 강단을 보였다. 이는 역대 대통령 누구에게서도 찾아보기 어려운 특별한 모습이었다.

실제로 노무현 정부의 부동산 정책은 역대 어느 정부도 펼치지 못한 기념비적인 것들이었다. 부동산 실거래가 제도를 도입하여 시장의 투명성을 획기적으로 높인 것, 부동산 보유세 강화의 장기 로드맵을 만들어 법제화한 것, 개발이익환수제도를 정비한 것, 지역균형 개발을 도모하기 위해 '행정중심복합도시'와 혁신도시 건설을 추진한 것, 공공임대주택 공급을 대폭 확대해서 주거복지의 수준을 높이고자 한 것 등 이루 열거하기도 어렵다.

이런 정책들은 단지 그때그때 상황을 모면하기 위해 임시방편으로 내놓은 것들이 아니라, 한국 부동산 제도의 불합리한 부분을 근본적으로 개선하고 토지의 공공성을 구현할 목적으로 추진한 장기 근본 정책들이었다. 노태우 정부의 토지공개념 정책과도 성격이 달랐다. 노태우 정부가 준조세나 예외주의적 입법으로 토지공개념을 구현하려는 타협적 자세를 취했다면, 노무현 정부는 통상의 세제 수단을 중심으로 부동산 불로소득을 차단하려는 정공법을 택했다(김명수, 2018: 110). 노무현 정부의 지공주의적 부동산 정책에서 핵심적 위치를 차지한 것은 부동산 보유세 강화 정책이었다. 다주택자와 비사업용 토지에 대한 양도소득세 중과 정책과 다양한 개발이익 환수 정책은 그것을 뒷받침하는 보조 정책이었다. 따라서 아래에서는 보유세 강화 정책을 중심으로 논의를 진행하기로 한다.

앞에서 토지국유화와 사용권의 배분을 내용으로 하는 삼균주의의 토지개혁론을 지지한 바 있다. 이 개혁론은 지공주의 실현 방법의 하나로 토지 공공임대제와 유사하다는 점도 지적했다. 그런데 토지사유제의 역사가 오래되면 토지국유화를 통한 지공주의 실현은 현실적으로 어려워진다는 점에 유의할 필요가 있다. 이미 사유제 관행이 사회에 깊이 뿌리를 내리고 사람들의 관념도 토지사유를 정당하게 여기는 쪽으로 굳어지기 때문이다. 이런 상황에서 토지의 공공성을 구현하려면 세제를 활용하는 방법밖에 없다. 소유 제도는 건드리지 않은 채 토지에서 발생하는 소득을 공적으로 징수해서 모든 국민에게 혜택이 균등하게 돌아가도록 사용하는 것이다. 일찍이 헨리 조지는 이 방법이 평등지권을 구현할 최선의 수단임을 명쾌하게 설명한 바 있고(조지, 2016), 제2차 세계대전 후 대만도 이 방법으로 지공주의 정책을 펼쳤다.

노무현 정부는 출범 초기에는 보유세 과표 현실화를 통해, 그리고 2005년부터는 보유세 체계 개편과 종합부동산세 도입을 통해 부동산 보유세 강화 정책을 추진했다. 미국이나 영국 등 선진국에 비해 10분의 1 수준에 머물렀던 한국의 보유세 부담은 노무현 정부 정책의 영향으로 제법 무거워졌다. 가벼운 보유 부담 때문에 부동산투기에 취약했던 한국 부동산 시장은 점차 정상화되어 갔다. 부동산 실거래가 제도 도입은 시장 정상화를 더욱 가속화했다. 노무현 정부는 2005년 5·4 대책과 8·31 대책을 만들면서 보유세 강화 정책의 장기 로드맵을 제시했는데, 그에 따르면 2005년 당시 0.15%였던 보유세 평균 실효세율(세액/부동산가액)은 2017년까지 1%로 올라가고, 3조 5000억 원이었던 보유세 세수는 2017년에 34조 5000억 원으로 증가하게 되어 있었다. 이 정책이 중도에 좌초하지 않고 순항했다면, 이미 한국의 부동산 세제는 선진국형이 됐을 것이고, 문재인 정부 출범 후 서울 아파트 시장을 덮친 부동산투기 광풍은 일어나지 않았을지도 모른다.

노무현 정부는 한국 사회의 시대적 과제를 정확히 포착했고 그것을 이행하기 위해 분투했지만, 더욱 강해진 신흥 지주층과의 싸움에서 패배하고 말았다. 신흥 지주층은 노무현 정부의 보유세 강화 정책이 자신들의 기반인 지주주의에 결정적인 타격을 입힐 것이라는 사실을 정확하게 간파했다. 그들은 '조·중·동' 등 보수언론과 시장만능주의 학자들을 적극적으로 동원했다. 보수언론들은 부동산 시장만능주의자들을 노무현 정부 부동산 정책 공격을 위한 첨병으로 내세웠고, 시장만능주의자들은 보수언론의 요구에 충실히 부응하면서 자신들의 영향력을 확대했다. "투기가 일어나도 정부가 개입해서는 안 된다", "투기는 투자와 구별할 수도 없고 또 부동산값의 변동 폭을 줄여주는 긍정적인 기능을 하기 때문에 억제할 필요도 없다", "부동산시장의 모든 문제는 공급에서 비롯된다", "부동산 보유세는 투기를 억제하기는커녕 부작용만 낳을 뿐이다"라는 해괴한 주장들이 시장만능주의 학자들에 의해 개발되었다(전강수, 2012: 247).

보수언론과 시장만능주의 학자들의 주장은 이른바 '세금 폭탄론'으로 집약되어 당시 언론 지면을 연일 장식했다. 노무현 정부가 종합부동산세를 도입해서 집 한 채 가진 서민들에게까지 막대한 세금을 부과하려고 한다는 내용이었다. 세수가 3조 원도 안 되는 작은 세목에 이렇게 맹렬한 공격이 가해진 것은 실로 신기한 일이다. 신흥 지주층, 조·중·동 등 보수언론, 부동산 시장만능주의 학자가 삼위일체가 되어 노무현 정부의 보유세 강화 정책을 물어뜯었던 셈이다. 그러자 종부세 부담과 아무 관련이 없던 중산층과 서민층, 지방 주민들이 마치 노무현 정부가 자신들에게 세금 폭탄을 퍼붓기라도 하는 것처럼 여기기 시작했다. 게다가 노무현 대통령이 장담했던 집값 안정도 기대하기 어려운 상황이 이어지면서 대대적인 민심 이반이 일어났다. 2003년 10·29 대책 발표 후 한동안 부동산 정책은 노무현 정부 정책 가운데 최고의 평가를 받았다. 그런 정책이 마침내 최악의 정책이라는 오명을 뒤집어썼고 노무현 대통령 본인조차 부동산 정책이 실패였음을 인정할 수밖에 없었다.

노무현 정부의 지공주의 정책이 실패로 돌아가자 한국 국민을 기다리고 있었던 것은 이른바 '탐욕의 정치'였다. 이명박은 대통령 후보 시절부터 "아파트값을 세금으로 잡는 나라는 전 세계 어디에도 없다", "정권이 바뀌면 무슨 수를 내서라도 젊은 부부들에게 집 한 채를 줄 수 있을 것으로 생각한다", "1가구 1주택은 국가가 책임을 져야 한다"라고 허세를 부리며 노무현 대통령을 조롱했다. 국민들은 이명박의 말이 진실인지 아닌지 따지지도 않고 그에게 몰표를 안겨주었다. '탐욕의 정치'가 승리하는 순간이었다. 이명박은 대통령에 취임하자마자 보유세 강화 정책의 상징인 종합부동산세를 무력화했다. 그가 서울시장 시절부터 벌였던 뉴타운 사업은 더욱 활기를 띠었다. 뉴타운 사업이란 기존 주택을 전면 철거하고 고층아파트를 짓는 도시 재개발 사업을 일컫는다. 집 한 채, 땅 한 평이라도 가진 사람은 이명박의 부동산 정책이 자신에게도 '대박'을 안겨줄 것이라 착각하고는 이명박 정부와 한나라당을 열렬히 지지했다(김명수, 2014). '탐욕의 정치'의 효과는 2008년 총선에서 유감없이 발휘되었다. 서울 지역 국회의원 선거구 48곳 중에서 40곳을 한나라당이 차지했으니 말이다. 서울 도봉구에 출마했던 고 김근태 의원은 어떤 상황에서도 낙선을 예상하기 어려운 인물이었다. 그런 탁월한 정치인조차 무명의 한나라당 후보에게 패배했으니 뉴타운 바람이 얼마나 거셌는지 충분히 짐작할 수 있다.

이명박이 집권하고 연이어 박근혜가 집권에 성공하면서 신흥 지주층의 전략은 성공한 듯 보였고, 한국 사회에 더는 미래가 없는 듯 보였다. 민주주의는 후퇴했고, 지공주의는 국민에게 외면받았다. 1990년대 초반까지만 해도, 한국 국민 사이에 부동산투기는 망국병이며 불로소득에 대한 과세는 정의롭다는 관념이 지배적이었다. 당시 경실련의 부동산 운동이 기대 이상의 성공을 거둔 배경에는 그런 여론이 자리하고 있었다. 그랬던 한국 국민의 부동산 관념이 이명박 집권을 전후하여 정반대 쪽으로 이동해 버린 것이다. 그때 이후로 한국의 정치 지형은 기울어진 운동장이라는 견해가 정치 전문가들의 생각을 사로잡았다. 그러나 김대중·노무현 정부를 경험하며 체득한 시민적 민주의식이 언제까지나 '탐욕의 정치'에 눌려 있을 수는 없었다. 때마침 이명박·박근혜 정부의 부동산 정책도 한계를 드러냈다. 뉴타운 사업은 전국 곳곳에 흉물을 남기고 중단되었다. 뉴타운 사업으로 저렴한 주택을 대량 멸실시키고 장기 공공임대주택 공급을 등한시한 결과, 살인적인 전월세난이 발발했다. 2014년경부터는 잠잠하던 수도권의 아파트 가격이 올라가기 시작했다. 국민들은 '탐욕의 정치'에 휩쓸려 이명박·박근혜를 지지한 대가가 얼마나 쓰라린지 철저히 체험했다. 자신들에게도 기회가 돌아오리라 기대했던 '대박'은 신흥 지주층의 것일 뿐 자신들과는 무관하다는 사실도 깨달았다. 노무현 정부가 민주주의와 지공주의를 추구했던 것에 대해서도 재평가하기 시작했다. 깨어난 시민의 열망은 촛불혁명으로 터져 나왔다. 마침내 한국 사회에서는 민주주의와 지공주의의 병행 발전이 다시 시대적 과제로 떠올랐다.


## 6 | 맺음말에 대신하여

스스로 정체성을 '촛불정부'로 규정한 문재인 정부는 민주주의와 지공주의의 병행 발전이라는 시대적 과제를 수행해야 할 임무를 띠고 있었다. 문재인 정부 출범 후 민주주의는 확실히 회복되었다. 시민에 대한 공권력의 횡포는 자취를 감췄고, 국민들은 김대중·노무현 정부 때의 자유를 마음껏 누리게 되었다. 그렇다면 지공주의와 관련해서는 어땠을까? 문재인 대통령이 노무현 대통령의 절친이었고, 오랜 시간 가까운 거리에서 그를 보좌했기 때문에, 당연히 그의 정치 이념을 계승했을 것이라 여기기 쉽다. 하지만 문재인 정부는 노무현 정부의 부동산 정책을 이어받지 않았다. 부동산 보유세 강화와 같은 근본 정책에는 소극적이었고 부동산 가격이 올라가지 않게 시장을 근근이 관리하는 데 급급했다. 결과는 정부 출범 3년 후 부동산 가격 상승률이 역대 최고라는 초라한 성적표였다.

물론 지공주의를 실현하려는 노력이 아에 없었던 것은 아니다. 이는 2018년 대통령 개헌안을 발의하면서 토지공개념을 지금보다 확실히 규정하는 조항을 추가한 데서 드러난다. 하지만 실제 부동산 정책을 지공주의 방향으로 추진하여 국민의 평등지권을 보장하려는 노력은 일절 보이지 않았으니 대통령 개헌안도 정치적 시늉에 불과했다는 비판을 면하기 어렵다. 노무현 정부 때처럼 문재인 정부에도 부동산은 아킬레스건이다. 문재인 정부가 여러 경제정책 가운데 부동산 정책을 제일 못했다는 평가를 받고 있으니 말이다. 그러나 노무현 정부는 시대적 과제를 수행하다가 비판을 받았지만, 문재인 정부는 정책의 내용과 성과가 시원찮아서 비판을 받고 있으니 처지가 같다고 할 수 없다.

이미 대세가 되어 사회 깊숙이 뿌리박은 지주주의를 뽑아내는 것은 보통 일이 아니다. 시장을 적당히 관리해서 소란이 생기지 않게 하려는 태도로는 지주주의를 청산하고 지공주의를 정착시키는 것이 불가능하다. 현재 국민의 여론은 민주주의와 지공주의를 병행 발전시키라는 것이다. 어처구니없게도 문재인 정부 들어서 다시 투기 광풍이 불고 '갭투자'와 '아파트 사냥'이라는 해괴한 행각이 벌어져도 국민이 참고 있는 것은 문재인 정부가 언젠가는 시대적 과제를 수행할 것이라는 기대가 있기 때문이다. 문재인 대통령이 후보 시절 외쳤던 "기회가 평등하고, 과정이 공정하고, 결과가 정의로운 사회"의 구호는 토지에 대한 평등한 권리를 국민 모두에게 돌려주지 않고서는 실현할 수 없는 꿈에 불과하다. '소득주도성장, 혁신성장, 공정경제'를 표방한 세 바퀴 경제론도 그와 마찬가지다. 지공주의의 실현이라는 역사적 과제를 계속 외면하다가는 어렵게 회복시킨 민주주의까지 후퇴하는 결과를 맞이할 수밖에 없다.

# 2부

—

## 민주주의 문화에 대한 성찰

# 5장

# 한국 저항문화의 전통과 변화

### 3·1운동에서 촛불집회까지, 1919~2019

·

·

·

신진욱(중앙대학교 사회학과)

# 1 ¦ 저항문화의 역사

　이 글은 멀리는 조선 후기부터, 그중 특히 1919년 3·1운동부터 현재까지 한 세기 동안 한반도 또는 한국에서 정치·경제적인 권력에서 배제된 보통 사람들이 사회 현실에 대한 불만과 변화의 요구를 어떤 방식의 저항 행동으로 표출해 왔는지를 추적하여, 오늘날 21세기 한국 시민들이 행하고 있는 여러 저항 행동의 양식들이 어떤 전통을 계승하고 있고 어떤 새로운 문화를 창조하고 있는지 살펴보고자 한다.

　여기서 '저항(protest)'이라는 개념은 비국가행위자들이 제도 정치 행위자들에 의존하지 않고 자신의 불만과 요구를 공중 앞에 표현하고 실행하는 일체의 집단행위를 뜻한다(Rucht, 1998: 30; Quaranta, 2015: 24). 마찬가지로 '저항'으로 번역되는 '레지스턴스(resistance)'가 집단적·개인적 행위를 모두 포함하며 문제적인 지배 현실에 대한 반응적(reactive) 행동을 주로 뜻하는 데 반해, '포레스트(protest)'는 주로 집단적인 행위를 지칭하며 반응적 행동뿐 아니라 주창하는(proactive) 행동을 포함한다.

'사회운동(social movements)'이 사회개혁의 목표, 공동의 가치와 신념, 지속 가능한 조직의 존재 등을 특징으로 한다면(Blumer, 1951; Goodwin and Jasper, 2004; McCarthy and Zald, 1977), 저항 행동은 종종 사회운동의 일환이거나 사회운동으로 발전해 가기도 하지만, 언제나 그러한 것은 아니다. 저항이라는 개념은 그처럼 조직적이고 지속적인 집단행동일 때도 있지만, 일시적이고 미조직된 집단행동을 포함하여 훨씬 더 다양한 종류의 항의 행동을 포괄한다.

한편 '저항문화'라는 개념은 저항 주체들의 상징, 이념, 가치, 규범, 믿음 체계, 인지적 도식 등 많은 것을 의미할 수 있지만(Ullrich, Daphi and Baumgarten, 2014: 2), 이 글에서는 특히 사람들이 사회 현실에 항의하거나 변화를 주창하기 위해 택하는 행위 방식들에 초점을 맞춘다. 즉 이 글의 관심은 사람들이 왕이나 대통령, 정부, 정당, 군부, 경찰, 지주, 자본가 또는 외국 점령 권력에게 자신들의 요구와 불만, 분노를 어떤 형태의 집단행동으로 표출하는가라는 질문에 집중된다.

이 질문을 다루는 여러 가능한 접근법 중에서 이 글은 특히 역사적 관점을 중시한다. 인간은 목표를 위해 임의로 어떤 행동이든 취할 수 있는 것이 아니라 특수한 역사적·제도적 맥락 속에서 부여된 제한된 선택지 중에서 행동하며, 바로 그 토대 위에서 새로운 행위 가능성의 장을 열기도 한다. 저항 행위의 경우 무장투쟁, 폭동, 방화, 점거, 자결, 분신, 집회와 시위, 바리케이드, 연좌농성, 소송, 청원 등 다양한 행동 양식은 모두 특정한 역사적 시점에, 특정한 정치사회적 환경 안에서 탄생하여 일반화된 것들이다.

이러한 일련의 행동 양식을 학문적 개념으로 '집단행동의 목록(repertoire of collective action)'이라고 하는데, 찰스 틸리(Charles Tilly)는 이를 "사람들이 공동의 목표를 달성하기 위해 행하는 일체의 행위"(Tilly, 1986: 10) 또는 행위

수단으로 정의했다. 그것이 '목록'인 이유는 사람들이 자신의 행동 방식을 임의로 택할 수 있는 것이 아니라 구체적 시공간에서 가용한 행위 목록 중에서 상상하거나 취할 수 있기 때문이다.

그 하나의 예로 사회운동이라는 형태의 저항 행동은 서유럽과 북미에서 대략 1750년대에서 1850년대에 이르는 한 세기 동안 뚜렷한 형태를 갖춰오기 시작했고, 19세기 후반에서 20세기 초반까지의 시기 동안에 전국적인 사회운동 조직이 다수의 구성원과 참여자, 분명한 목표와 규범, 공식적 리더십 구조, 강력한 동원 능력을 갖추기에 이르렀다(Tilly, 2004).

또 다른 예로 전국적 범위의 노조 연합체를 통한 집단행동은 1830년대 영국에서 시작되어 1848년 유럽 민중 혁명을 거쳐 1870년대 독일에서 완성된 모습을 갖췄고, 이후 전 유럽으로 확산되었다. 그래서 1900년에나 2020년에나 독일의 많은 노동자는 산별노조 연합체로 연대하여 집단 이익을 지킬 수 있지만, 1850년에는 그것이 가능하지 않았다.

새로운 저항문화는 장구한 역사에 걸친 '저항의 주기(cycles of protest)' 가운데 저항 행동이 이례적으로 고조되는 특별한 순간에 창출되고 확산된다. 여기서 저항의 주기란 지배 집단과 저항 집단 간의 갈등, 저항의 지리적·부문적 범위, 조직화의 강도가 극도로 고조되고 새로운 저항문화가 창출되는 특별한 국면을 뜻한다(Traugott, 1995). 그런 관점에서 봤을 때 이전 시대로부터 단순히 전승된 행위 목록 역시 '역사'라는 물신화된 주체에 의해 만들어진 것이 아니라 과거에 살았던 '인간'들의 작품인 것이다.

이 글은 한국에서 1919년부터 2019년까지 100년의 시기 동안 비국가행위자들, 그중에서 특히 정치권력과 경제 권력을 결여한 보통 사람들의 저항 행동의 양식이 어떤 궤적을 그려왔는지를 추적해 보고자 한다. 기존의 많은 연구가 3·1, 4·19, 5·18, 6·10 등 특정 날짜에 결부된 거대 사건에 집중되어 있는 데 반해, 이 글은 좀 더 일상적인 저항 행동들을 포함하여 그 빈도, 주체, 행동 양식을 조사할 것이다. 파업, 농성, 폭동, 반란, 분신, 자결, 시국 선언, 단체 결성 같은 다양한 행동이 여기에 포함된다.

이를 통해 이 글은 한반도 또는 한국 저항문화의 100년 역사에서 어떤 저항 방식이 오랜 생명력과 대중적 호응, 강한 영향력을 보여왔으며, 또 반대로 어떤 종류의 저항 행동이 빨리 소멸하거나 미미한 영향을 미치는 데 그쳤는지를 분별할 것이다. 그와 더불어 각기 다른 역사적 시대에 지배적 저항문화가 어떻게 달랐는지를 구분함으로써 우리는 21세기 저항문화의 새로움과 독특성을 더욱 명확히 이해할 수 있다. 나아가 이 글은 역사 해석상의 세 가지 이론적 주장을 강조하게 될 것이다.

첫째는 세계사적 동시대성이다. 한반도에서 현대적 저항문화의 탄생과 발전은 세계사의 거대한 흐름과 놀라운 동시대성을 보여준다. 사회 간의 상호작용의 범위가 세계적 수준으로 넓어진 현대 시대에 각국의 저항문화는 내재적 발전만을 하는 것이 아니라 초국적 영향 관계 속에서 변화한다. 이 글은 20세기 한반도에서 저항문화가 단지 모방과 확산이 아니라 동시대적인 인적·문화적·조직적 교류 속에서 변화·발전해 온 과정을 보여줄 것이다.

둘째는 역사 과정의 비단선적이고 불균등한 성격이다. 한반도에서 20세기의 저항문화 발전은 '현대적 저항문화'라고 부를 만한 행위 양식의 세트가 어느 시점에 탄생하거나 도입되어 꾸준히 확산되는 방식으로 전개되지 않았다. 그와 반대로 역사의 각기 다른 시점에 다양한 저항문화의 요소가 탄생해 확산되었고, 그중 어떤 것은 장기적 패턴으로 자리 잡는가 하면 다른 요소는 갑작스레 소멸하기도 했다. 예를 들어 1960년대 이후 무장투쟁은 완전히 사라졌고 비폭력주의를 표방하는 대중 집회의 전통은 촛불집회까지 이어졌다.

셋째는 지배 집단과 저항 주체 간 상호작용의 중요성이다. 저항문화의 발전 궤적은 다양한 구조적 경향성과 우연적 사건들의 영향으로 설명할 수도 있겠지만, 무엇보다 주어진 정치체제 환경에서 지배 집단과 저항 주체의 특성과 전략, 양자 간 상호작용의 전개 양상에 의해 좀 더 잘 설명될 수 있다. 그렇기 때문에 전두환 군부독재 시기의 저항문화는 바로 몇 년 뒤에 일어난 민주화 항쟁 이후 시민운동의 저항문화보다, 무려 반세기 전에 조선총독부에 맞선 독립운동의 저항 방식과 더 많이 닮았다.

20세기 내내 전쟁·정복·독재 등의 국내외적 격동과 그에 연결된 정치적 억압이 계속되어 온 한반도에서 인민·민중·국민·시민 등 다양한 명칭으로 불려온 보통 사람들은 사회환경의 급변과 지배 집단의 교체에 대응하면서 자신들의 목소리를 세상에 전달하는 저항문화를 부단히 창조하고 변형했다. 우리는 21세기 한국의 시민정치를 그처럼 "과거로부터 지속되어 현재를 거쳐 가능한 미래들로 이어지는 긴 발전 과정의 한 국면"(Elias, 2006: 389~390)으로 고찰함으로써, 현재 일어나고 있는 여러 현상의 의미를 더 깊이 이해하고 성찰할 수 있을 것이다.

## 2 | 조선 후기와 일제강점기

### 1) 조선 후기, 현대적 저항문화의 맹아

서유럽·북미에서 근대적 저항 형태가 탄생·확산된 18세기 중엽~20세기 초반의 조선 후기 및 대한제국 시기의 저항 행동을 살펴보면, 서구 여러 나라와의 차이 못지않게 때로는 흥미로운 동시대성을 발견하게 된다. 이 시기에 조선에는 오늘날의 청원에 해당하는 제도화된 항의 수단이 전국적·지역적 수준에서 존재했고, 농민을 비롯한 민중 계급들은 산발적인 민란이나 도적 행위의 주인공에서 서서히 벗어나, 분명한 정치적 목적과 요구 사항, 공동의 이념과 규범을 가진 집단 행위자가 되어가고 있었다.

숙종·경종의 통치기인 17세기 말~8세기 초의 농민 저항에 대한 홍순민 (1992)의 연구에 따르면, 당시 민중 계급의 절대다수를 차지했던 농민들의 가장 빈번한 저항 형태는 자신들의 거주지를 임의로 이탈하여 다른 곳으로 이주함으로써 국가 행정조직의 통제를 벗어나는 유망(流亡)이었으며, 일회적 저항 행동이 아니라 지속적으로 조직을 형성하는 작계(作契) 활동은 주로 도적 집단에 국한되었다. 그러나 주목할 점은 이미 이 시기에 왕에게 직접 사정과 요구를 북을 쳐서 알리는 격고(擊鼓), 징을 치는 격쟁(擊錚), 말로 고하는 상언(上言), 글을 올리는 정장(呈狀), 집단으로 소리쳐 알리는 호소(呼訴) 등의 수단을 취할 수 있었으며, 비록 그것이 아직 농민들의 저항 수단으로 널리 사용되진 않았지만 합법적으로 인정되는 행동 수단이었다는 사실이다.

그럼에도 불구하고 틸리(Tilly, 1990)가 말한 국가의 독점적 주권 정립과 저항의 정치화·제도화라는 근대적 국가/사회 관계의 발전이라는 관점에서 봤을 때 19세기 이전까지의 양상은 양면적이었던 것 같다. 한상권(1992)의 연구를 보면 영조 통치기인 18세기 중후반에 농민 저항의 가장 강력하고 대규모적인 사례는 '명화적(明火賊)'이 대표하는 몰락 농민층의 도적 집단이었는데, 이들은 조직력, 무장력, 훈련된 전투 능력을 갖췄으며 관가·지주·상인을 빈번히 습격하여 재물과 무기를 약탈했다. 다른 한편으로 점점 많은 농민이 지대·부세 등에 관한 항의를 위해 감영에 의송(議訟)하거나, 비변사에 정소(呈訴)를 올리거나, 왕에게 격쟁·상언하는 등 제도화된 행동 수단을 취했으며 18세기 후반인 정조대에 오면 이러한 항의 행태가 더욱 빈발했다.

19세기는 1811년 홍경래의난, 1862년 농민 항쟁, 1894년 갑오농민전쟁

등 거대한 민중 저항 행동이 폭발했던 시기로서 근대적 민중 저항 행동의 성장이라는 관점에서 보았을 때 대단히 중요하다. 한명기(1992)의 연구에 따르면, 순조의 즉위로 시작되는 19세기 전반기에는 이전 세기까지 빈번했던 무장한 도적 집단의 활동이 축소된 반면에 체제 변혁을 도모하거나 농민층의 현실적 경제 문제를 제기하는 집단적·조직적 행동이 성장했다.

변란(變亂)은 국왕의 정치권력을 탈취하고 체제를 전복하는 것을 기도한 집단행동이었는데, 현실과 체제에 대한 불만과 비방을 담은 일종의 유언비어인 와언(訛言)을 유포하거나 오늘날의 대자보와 같은 기능을 한 괘서(掛書)를 공공장소에 비밀리에 부착하는 등의 방식으로 여론을 동요시키는 행위가 빈발했다. 이뿐만 아니라 구체적 집단행동을 모의하는 데까지 이르렀다 발각되어 좌절한 작변(作變)도 종종 일어났다. 그와 더불어 일반 농민들이 삼정(三政: 전정, 군정, 환정)의 문란과 같은 현실적 문제에 항의하여 집단행동을 벌이는 민란(民亂) 역시 격해졌는데, 이들은 흔히 향회(鄕會)와 같은 지역공동체를 회합과 조직의 사회적 토대로 삼는 등 과거보다 훨씬 더 지속적이고 안정적인 연대 자원이 있었다.

홍경래의 난으로 부르기도 하는 1811년의 평안도농민전쟁은 저항적 지식인 집단과 농민, 상인, 빈민, 일부 토호·관속 등 다양한 계층이 봉기를 일으켜 조선 북부지방을 점령하고 내전 상황까지 몰고 갔던 대규모 병란(兵亂)의 사례다. 그 지도부는 조선왕조의 정당성을 부정하면서 유교 민본 이념의 부활을 주창했는데, 농민·빈민 계급 역시 여기에 대거 참여했다. 하지만 아직까지 혁명적 이념과 조직, 농민 계급의 조직적 기초는 무르익지 않은 상태였다(오수창, 1992). 그와 달리 1894년 농민전쟁은 19세기 중엽 이래 꾸준히 격화해 온 농민 항쟁의 결정판으로 농민들은 여러 제한에도 반봉건·반외세의 지향을 주창하기에 이르렀고, 광범위하게 저항의 지역적 거점을 조직하는 데까지 성장했다(안병욱, 1997).

1895년에 조선의 농민군이 일본군과 조선 관군에 의해 완전히 진압되면서 해산했던 농민군 참여자들은 그 후에도 1904년까지 약 10년 동안 영학당(英學黨) 같은 새로운 조직을 결성하여 봉기와 점령을 재시도하거나, 남학당(南學黨)류의 종교적 조직을 토대로 세력을 지속하거나, 천주교·개신교 등 서양 종교 세력에 의탁하거나, 일부는 보수 유생층이 주도하는 반일 의병 운동에 결합하는 등 다양한 방향으로 저항의 조직적 틀을 변형시키며 유지했다(이영호, 1995). 일반 농민들도 도조(賭租) 징수나 토지 소유권 등 구체적 쟁점을 둘러싸고 지배층에 대한 산발적 저항을 계속했다. 1904~1905년 러일전쟁에서 승리를 거둔 후 일본의 제국주의적 침략이 노골화되면서 농민들의 저항은 필연적으로 반일·반제라는 거대한 싸움에 연계되었다(박명규, 1986). 거기서 승리할 힘이 없었던 조선 민중의 항쟁은 약화되었지만, 1919년 3·1운동이 일어난 이후 1920~1930년대에 더욱 광범위하고 현대적인 형태로 역사에 다시 등장했다.

동학농민전쟁 이후에 저항문화의 관점에서 큰 중요성을 갖는 또 하나의 역사적 사건이 있다. '자발적 결사체 시대의 도래'(김정인, 2015: 238)가 그것이다. 송호근(2103)이 강조했듯이 미국을 비롯한 서구 사회에서 민주주의의 버팀목인 자발적 결사체들이 크게 확산한 19세기 말과 20세기 초에 조선에서도 유사한 역사적 경향이 동시대적으로 일어나고 있었다. 김정인(2015: 특히 5장)에 따르면 조선에서 자발적 결사체는 1894년 이후에 나타나기 시작했고, 1896년에 독립협회의 설립과 더불어 본격화했으며, 국권 상실 직전 시기인 1905~1910년에 폭발적으로 늘어났다.

이 결사체들은 현대적인 시민사회의 여러 면모를 갖췄다. 모든 인민에게 가입 자격을 개방하고 중요한 직위에 오를 기회를 부여했으며, 민주적 의사

결정과정을 도입하여 시행했고, 국내외의 공공적 사안들에 관해 평등하게 숙의하여 정부에 제안하거나 요구했다. 1898년에 독립협회의 주도로 시작되고 종종 인민들이 자발적으로 개최했던 만민공동회는 19세기 조선의 역사에서 가장 기록에 남을 만한 정치 공론장이며, 비폭력적 집회이자 시위였다. 이처럼 현대적 정치의식과 저항문화, 대중정치 주체가 빠르게 성장하고 있었지만 국제관계의 격랑 속에서 국가적 주권이 찬탈되는 운명을 막아내지는 못했다. 그럼에도 이 역사적 과정은 1919년의 3·1운동과 상하이임시정부의 민주공화국 수립이라는 더 큰 역사적 사건을 준비한 밑거름이었다.

## 2) 3·1운동 이후 현대적 저항 의식과 행동 양식의 확산

1919년 3·1운동은 많은 역사적 의미를 지닌 대사건이다. 그것은 안으로는 1919년 4월에 수립한 민주공화국을 지향하는 상하이임시정부로 이어진 혁명운동이었고, 밖으로는 동아시아 최초의 공화주의 대중운동으로서 1919년 중국의 5·4운동에 직접적 영향을 주기도 했다. 저항운동의 역사에서, 3·1운동은 인민대중이 스스로를 나라의 주권자로 선포하고 전국적 범위에서 동시다발적 집단행동을 통해 그것을 주창한 사건이었다. 또한 청년·학생과 어른, 남성과 여성, 계급과 이념이 다른 자들이 모두 각자의 목소리로, 그러나 하나의 운동을 이루며 참여했다. 그것은 한반도 역사에서 최초였을 뿐 아니라, 20세기 전체 역사를 통틀어 어느 나라에서건 결코 자주 벌어진 일이 아니었다.

저항의 결과라는 측면에서 3·1운동은 즉각적으로 눈에 띄는 성공을 거두진 못했다. 일제 통치 권력에게 제기한 구체적 요구를 달성한 것도 아니었고, 다만 몇 년 동안 통치자들이 '문화통치'라는 이름으로 미화한 일시적 전략 변화를 불러냈을 뿐이었다. 하지만 그런 한계와는 비교할 수도 없이 중요한 3·1운동의 역사적 결과는, 1920년대 내내, 이후 역사에 중대한 영향을 미치는 여러 민족주의 운동, 노동·농민·청년·문화예술 운동과 그 전국적 조직들이 생겨났으며, 나아가 그러한 운동에 직간접적으로 연결된 무수한 개혁적 소모임들이 도시와 농촌 구석구석으로 퍼져나갔다는 사실이다(김정인, 2017: 특히 2장).

3·1운동 직후인 1920년대 전반기에는 민족주의 계열의 애국사상 고취 운동, 물산장려운동, 민립대학설립운동 등 이른바 '실력양성운동' 성격의 운동이 활발했다. 그 대표적 사례인 물산장려운동은 1923년 조선물산장려회의 창립으로 시작되었는데, 그것의 이념·목표·주체 등 여러 주제를 논외로 하고 행동 양식에 국한해 보자면 강연회, 언론 기고, 포스터·선전물 배부, 회지 발간 등 계몽·선전 활동에 집중했다는 것이 특징이다. 이 운동은 서울에 중심 조직을 두고 지방에 지회를 두어 전국적이고 상시적인 선전 활동을 지향했지만, 반년 정도 지속하다 곧 명목만 유지하는 수준으로 약화되었다(진덕규, 1982).

한편 1927년에 민족주의 세력과 사회주의 세력의 협력으로 창립한 신간회는 바로 다음 해에 회원 수가 1만 명을 넘어설 정도로 성공적이었고, 곧이어 전국과 해외에 100개 이상의 지부를 두고 수만 명의 회원을 확보하여 일제강점기 최대의 민족운동 단체가 되었다. 신간회는 청년·여성·형평 운동 등 여러 사회운동을 지원하고 조선 민중의 생존권을 보장받고 정치적 기본권을 신장하기 위해 많은 노력을 기울였으나, 좌우파 간 세력 갈등으로 1931년에 열린 첫 번째 전국대회에서 해산 결의를 하고 말았다.

저항문화의 관점에서 1920년대에 가장 주목할 만한 변화는 청년·학생, 노동자, 농민의 저항 행동이 양적으로나 질적으로나 크게 성장했으며, 오늘

표 5-1 일제강점기 부문별 사회단체 수의 추이(1920~1933)

| 부문<br>연도 | 민족 | 노동 | 농민 | 청년 | 소년 | 형평 | 종교 |
|---|---|---|---|---|---|---|---|
| 1920 | | 33 | | 251 | 1 | | 98 |
| 1921 | | 90 | 3 | 446 | 14 | | 226 |
| 1922 | | 81 | 23 | 488 | 25 | | 271 |
| 1923 | | 111 | 107 | 584 | 43 | | 391 |
| 1924 | 1 | 91 | 112 | 742 | 81 | 83 | 298 |
| 1925 | 1 | 128 | 126 | 847 | 127 | 99 | 316 |
| 1926 | 2 | 182 | 119 | 1692 | 203 | 130 | 368 |
| 1927 | 104 | 352 | 160 | 1127 | 247 | 150 | 264 |
| 1928 | 182 | 432 | 307 | 1320 | 293 | 153 | 318 |
| 1929 | 214 | 465 | 564 | 1433 | 366 | 162 | 580 |
| 1930 | 246 | 561 | 943 | 1509 | 461 | 165 | 637 |
| 1931 | 175 | 511 | 1759 | 1482 | 473 | 166 | 657 |
| 1932 | 159 | 404 | 1380 | 863 | 289 | 161 | 712 |
| 1933 | 108 | 374 | 1301 | 1004 | 257 | 146 | 691 |

주: 원자료에서 정치단체와 여성단체는 1920년대 정보가 누락되어 있어 표에서 제외했다.
자료: 김윤환(1982: 273)에 제시된 조선총독부 통계의 일부다.

날에도 현대적이라고 여길 만한 행동 방식들이 전국의 많은 대중에게 확산
되어 갔다는 사실이다. 1920년대 내내 민족운동 진영, 청년, 노동, 농민, 종
교계 등 다양한 부문에서 설립된 사회단체의 수가 급증했다(〈표 5-1〉 참조).
주권국가도 민주주의도 없는 시대였지만, 국가와 자본으로부터 독립적인
자발적 결사체라는 가장 기본적 의미의 '시민사회'는 이 시기에 이미 두터워
지고 있었던 것이다.

청년들과 중고생들은 단지 젊은 혈기 때문이 아니라 왕조적·신민적 사
고를 내면화한 적 없이 그 시대 전 세계에 확산된 민족주의·민주주의·사회
주의 등의 이념을 수용하여 실천에 옮겼다. 이들은 '청년학생운동'이라고 부

르는 특정 세대의 운동뿐 아니라 노동운동·문예운동·사회주의운동 등 다른 많은 분야에서도 다수를 이뤘다. 1926년 6·10만세운동과 1929년 광주학생운동은 청년층과 학생들이 주축이 되고 민족주의·사회주의 단체들이 연대한 저항 행동으로서, 거리 시위와 선전물 배포, 일제 관공서 앞의 항의 행동 등 오늘날과 유사한 행동 수단을 취했다.

1920년대는 노동단체가 대거 창립되기 시작한 시기이기도 하다. 1920년대 전반기에는 지역별 노동조합, 중·후반기에는 직업별노동조합이 다수 설립되었는데, 인쇄·운수·피복·신발·섬유 등 수공업과 경공업 부문이 다수였다. 나아가 직업별 노조의 지역 연맹체가 건설되었는데, 원산노동연합회·경성노동연맹회·평양노동연맹 등이 대표적 예로서 그중 원산노동연합회는 지역 내 파업을 지도·지원하는 큰 역할을 했다. 직업별 전국 연합체를 건설하려는 노력도 있어서 1926년에 최초로 전조선신문배달조합총동맹·조선인쇄직공총연맹·조선철공조합총동맹 등이 세워졌다. 1920년대 후반에서 1930년대 초반에 이르는 시기에는 직업별 노조를 넘어 산업별 연합체를 결성하려는 시도들이 일어났다(김경일, 2004: 137~163, 251~263).

1920년대에 노동자·농민의 전국 조직도 건설되었는데, 1920년 조선노동공제회를 출발점으로 하여 1922년 조선노동연맹이 결성되었다. 이후 1924년에 서울 중심의 노동대회준비회와 지방 거점의 남선노농대회준비회 등이 결성되면서 세 단체의 연합을 통해 그해 4월 조선노농총동맹으로 발전했고, 이 조직은 1927년에 조선노동총동맹과 조선농민총동맹으로 분화되었다. 또한 이 시기에 이미 노동·농민·청년·여성·문예 등의 운동 단체들을 망라하는 사회운동 연합체가 건설되기도 했다. 1927년 원산사회운동협의회가 대표적인 사례이고, 같은 해에 전주와 진주에서도 유사한 연대체가 설립되었다(김경일, 2004: 163~164). 이처럼 노동단체들이 빠르게 확대되면서 현

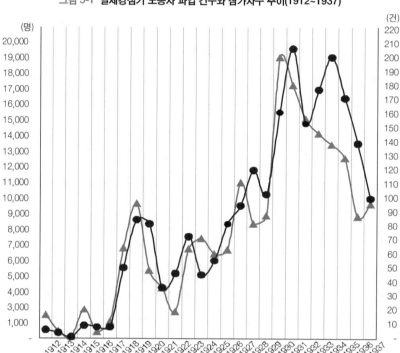

그림 5-1  일제강점기 노동자 파업 건수와 참가자수 추이(1912~1937)

자료: 김윤환(1982: 43)과 김경일(2004: 103, 194, 312)에 제시된 조선총독부 통계를 통합하여 재구성했다..

대자본주의 사회에서 노동자들의 대표적인 조직적 저항 방법인 파업의 빈도
가 급증했다. 1919년에 최초로 파업 빈도와 참가 인원이 급증한 이후로
1920년대 내내 증가 추이가 계속되어 1930년대 초반에 정점에 달했다(〈그
림 5-1〉 참조).

농민단체와 그들의 저항 행동 역시 같은 시기에 크게 성장했다. 박현채
(1985)의 연구에 의하면 농민단체의 수는 1921년에 3개에 불과하던 것이
1922년 23개, 1923년 107개, 1924년 112개, 1925년 126개로 급증하다가
1931년에는 1759개로 정점에 이르렀다. 1920년대 전반기에는 그동안의 자

생적·분산적 농민 저항을 결집하고 조직화하는 움직임이 있었으며, 저항 행동은 대체로 합법적 테두리 안에서 이뤄졌지만 경찰서·재판소 등 공공기관 앞의 시위, 무장경찰과의 충돌, 검거된 농민 탈환 투쟁 등 공권력과 직접 대면하는 정치적 저항도 점점 빈번해졌다. 또한 소규모 쟁의가 다수였지만 1924~1925년 황해도 동양척식회사농장 소작인 쟁의, 조선흥업회사농장 소작인 쟁의 등 대규모 쟁의도 드물지 않게 일어났다.

1925년 이후에는 지주/농민 충돌에 그치지 않고 조선총독부 권력이 농민 저항을 억압하는 주체로 전면에 나서면서 농민 저항의 정치적 성격과 항일투쟁 성격이 강해졌고, 저항 형태 면에서도 지주에 대항하는 대규모 농민 폭동과 비합법 농민조합이 지도하는 항일투쟁이 증가했다. 그 참여자 규모가 1000~2000명에 이르는 경우가 허다하고 기간도 때로는 수개월 지속되었으며, 농장 사무소·경찰서·면사무소 등 민관 기관을 습격·점거·방화하는 등 과격한 행동도 잦았다(박현채, 1985: 181~182, 195~208).

공산주의 운동은 이 시기의 대표적인 이념적 저항 행동이었지만, 조직적으로 성공을 거두진 못했다. 그 하나의 원인은 일제의 감시와 탄압이었지만, 또 하나의 원인은 내부의 분파주의였는데 그것은 또한 지식인 운동으로서의 특성과 관련이 있다. 1, 2, 4차 조선공산당 관계자의 구성을 보면 연령상으로 압도적 다수가 20~30대 청년층이었으며, 직업적으로는 기자·학생·문인·교원 등 지식인층과 상인이 40% 이상을 차지한 데 반해 노동자와 농·어업 종사자는 25% 정도에 불과했다(스칼라피노·이정식, 1986: 180, 184). 그런 한계에도 불구하고 공산주의운동의 영향은 작지 않았다. 그들은 전국 각지의 도시와 촌에서 일제에 저항하고 사회적 약자 계층의 이익을 옹호하는 활동을 벌여 대중의 의식을 변화시켰으며, 무엇보다 문화예술, 청년, 노동운동과 지식인 사회에 깊은 영향을 남겨서 조선프롤레타리아예술동맹(KAPF)처럼 잘 알려진 단체뿐 아니라 그보다 덜 알려진 수많은 소규모 저항 조직들을 탄생시켰다(서대숙, 1990: 110, 127~135).

이상의 여러 경향을 종합해 보면 노동사와 농민, 민족주의사들과 진보적 지식층의 저항 행동은 일제의 폭력 통치가 거칠어지던 1920년대 하반기에도 꾸준히 증가했고, 세계적 대공황 시기인 1929년부터 1930년대 전반기에 가장 고조되었다. 이 경향은 1930년대 후반 중일전쟁과 1941년 태평양전쟁 발발로 완전한 전시체제로 들어서면서 약화되었지만, 1920~1930년대에 저항적 시민사회의 대대적인 성장이 이뤄지지 않았다면 1945년 해방 직후에 시민사회의 폭발이 어떻게 일어났는지, 경제적으로 후진국이던 1960년에 어떻게 민주주의라는 높은 이상을 위한 국민적 저항이 일어날 수 있었는지 설명할 수 없을 것이다.


## 3 | 독재 시대의 민주화운동과 저항적 시민사회

### 1) 민주주의의 좌절, 민주적 저항문화의 발전

한국은 1948년의 정부수립 이후 1987년의 민주적 전환까지 약 40년간 대부분의 시기를 권위주의 통치하에 있었다. 그러나 정치권력과 시민사회 간의 관계라는 관점에서 봤을 때 이 시기 한국의 역사 전개는 역설적이다. 민주주의 체제의 정립이 좌절된 바로 이 시기에 민주적 저항문화가 본격적으로 태동하여 확산되었고, 독재 세력이 지배하던 바로 이 시기에 독립적인 저항적 시민사회가 광대히 발전해 왔기 때문이다. 국가 폭력은 시민사회의 자유의 공간을 제거하기는커녕 '강한 국가와 도전적 사회(strong state and contentious society)'(Koo, 1993) 간의 충돌로 특징지어지는 한국의 정치적 역동성을 만들어냈다.

'해방정국'이라 불리는 1945년 해방 직후의 짧은 몇 년은 격렬하고 빈번하며 대규모적인 저항 행동이 폭발한 시기였다. 일제의 전시체제 탄압으로 침잠했던 노동운동 세력이 재건되어 일본인 소유 공장을 접수하여 관리하는 '자주관리운동'을 전개했고, 전국에 수많은 기업별·산업별 노동조합을 건설했다. 그 조직적 총화로서 1945년에 전국노동조합평의회(전평)를 건설했는데 1946년 초에 조합원 수가 55만 명에 이르렀다. 농민들도 일본인 소유 농지를 접수하려는 '토지획득운동'을 전개했고, 각지에 농민조합과 농민연맹 등 계급 조직을 결성했으며, 1945년에 전국농민조합총연맹(전농)을 결성했다(김동춘, 1990).

노동운동 및 농민운동은 최저임금제, 8시간 노동제, 토지 분배 등 경제적 요구와 더불어, 일제 지배기구의 해체와 민주적 재편을 요구하는 정치적 요구를 내걸고 영향력을 확대했다. 그러나 미군정과 갈등이 격화되면서 1946년에 9월 총파업과 10월 항쟁 등이 일어났고, 1948년에는 한라산·지리산 등지에서 무장투쟁이 전개되기도 했다. 말하자면 이 시기엔 노동조합, 농민조합 결성과 집회·시위 등 제도화된 형태의 저항 행동과 더불어, 일제 지배의 상징인 경찰서 방화, 일본인 소유 공장과 토지의 점유, 도시 게릴라전, 산악지대 유격전 등 다양한 성격의 저항 행동이 분출했는데, 그 혼란이 1950년대까지 어느 정도 지속되었다.

1960년 4·19혁명은 그러한 폭력적 대결의 시기에 종언을 고하고 비폭력적인 전 국민적 항쟁의 시대를 개시한 결정적 전환점이다. 또한 4·19혁명은 수십 만 시민의 비폭력시위에 의해 부패한 이승만 정권의 퇴진과 대통령의 하야를 쟁취함으로써, 아래로부터의 시민 저항 행동을 통해 정당성을 상

표 5-2 **해방 이후 저항 행동 형태의 변화**

| 시기<br>저항 형태 | 1945~1948 | 1948~1960 | 1960~1961 | 1961~1963 | 1963~1972 |
|---|---|---|---|---|---|
| 집회·시위 | 29 | 29 | 113 | 30 | 1106 |
| 폭동 | 46 | 43 | 6 | - | 11 |
| 정치적 음모 | 17 | 127 | 1 | 6 | 9 |
| 기타 | 14 | 14 | 3 | - | 4 |

자료: 신명순(1982: 29)의 표에 제시된 통계를 재구성했다.

실한 정권에 대해 수직적 문책 가능성(vertical accountability)을 행사한 역사적 사례를 만들어냈다. 1960년 4·19혁명, 1987년 6월 항쟁, 2017년 탄핵 촛불시위는 많은 시대적 차이뿐 아니라 흥미로운 역사적 연속성을 보여준다.

4·19혁명의 중심 세력은 전국의 중고생을 선두로 한 학생 집단이었지만, 그와 더불어 공장노동자·회사원·상인·구두닦이·무직자 등 실로 다양한 직업군이 저항 행동에 참여했다. 이뿐만 아니라 한국전쟁 이후 서서히 재건된 지식인 사회가 시민항쟁을 강력히 지원했고, 마지막으로 도시에 거주하면서 정치에 관한 정보와 의견을 갖게 된 수많은 '정치적 공중'이 혁명의 지지 세력이었다(박태순·김동춘, 1991: 특히 2장과 3장). 이때 이후로 한국에서 대부분의 대규모 저항 사건은 4·19혁명과 같이 전국적·다계급적·비폭력적이며 '민주주의'를 핵심 가치로 하는 정치항쟁의 성격을 띠었다.

4·19혁명은 이승만 정권에 대한 정치적 저항이었을 뿐 아니라 '민주적 사회운동'(김은경, 2010)의 한 전형이자 기원이 되어, 이후 수십 년간 한국 민주화운동의 전통으로 자리 잡았다. 해방 직후에 폭동과 반란 등 과격한 저항 행동이 빈번했다면, 1960년대부터는 집회·시위와 같이 민주주의 정치체제에 조응하는 평화적 저항 방식이 지배적이 되었다(〈표 5-2〉 참조). 이는 저항의 내용이 온건해졌음을 뜻하는 것이 아니라 그것을 달성하는 수단이 변했

음을 뜻한다. 즉 물리적 도발과 충돌이 아니라, 평화적 시민의 도덕적 호소력이 저항하는 힘의 원천이 된 것이다. 2000~2010년대의 촛불집회는 수백만 시민이 평화로운 장관(壯觀)을 만들어냄으로써 정치권력에 강한 압력을 가하곤 했는데, 그러한 저항 방식의 문화적 저력은 한국에서 반세기가 넘는 역사를 통해 축적·연마해 온 것이다.

1960~1970년대에 평화적 수단에 의한 저항의 형식으로서 집회·시위뿐 아니라 다른 여러 새로운 행동 방식이 일반 시민들에게까지 확산됐다. 그 예로 '100만인 서명운동'이라는 이름의 항의 행동이 한일협정 반대, 일본 상품 불매운동, 재일교포 구명운동, 유신헌법 개헌 운동 등 다양한 이슈로 전개되었고, 언론 수용자들의 관제언론 불매운동, 'KBS시청료납부거부운동', 정권의 탄압으로 기업광고가 차단된 언론을 위한 격려 광고 운동 등을 들 수 있다(정상호, 2017: 318~336). 이런 변화는 4·19혁명 이후 시민사회의 문화적 변화를 반영하면서, 또한 군부독재 권력의 압도적 물리력이 다른 방식의 저항을 허용하지 않은 결과일 수도 있다.

이상과 같은 저항 방식의 변화와 더불어 또한 주목할 점은, 1961년 군부 쿠데타로 수립된 1960년대 제3공화국하에서도 독립적 시민사회의 영역은 꾸준히 성장했다는 사실이다. 그러한 발전을 주도했던 것은 무엇보다도 민주화운동이었지만, 국가가 허용한 범위를 넘어 결사하고 행동하기를 원했던 수많은 집단이 시민사회의 발전에 함께 기여했다. 노동자와 도시 빈민을 위해 일했던 종교단체들, 대학 내의 학생운동 조직과 공동체들, 아직 약했지만 계속 강해져 갔던 자주적 노동운동 세력, 이 모든 집단들과 다양한 방식으로 연대했던 학자, 예술가, 언론인이 그들이다.

1960년대는 쿠데타 세력의 집권기였지만 이 시기에 전국 수준의 운동조직들이 커가기 시작했다. 최초의 전국적 학생운동 단체가 주로 기독교 학생운동 부문에서 결성되었고, 가톨릭노동청년회·도시산업선교회(이하 산선)·YMCA 등과 같이 종교기관과 연계된 단체들이 대학 내에서의 조직화와 노동자들의 인권 보호를 위한 실천을 확대해 갔다(장숙경, 2013; 한국가톨릭노동청년회50년의기록출판위원회·민주화운동기념사업회, 2009). 그들은 직접적인 정치적 도전을 자제했지만, 그들의 존재와 행위는 중대한 정치적 함의와 결과를 낳았다. 무엇보다 그들의 활동은 노동자와 도시 빈민들을 지원하고 고무했으며, 민주주의와 자유를 공공연히 주창했기 때문에 권위주의 정권으로부터 점점 더 강한 감시와 억압을 받았다.

## 2) '유신' 치하의 민주화운동과 민주노조운동

1970년대 초반 유신헌법 제정으로 박정희의 1인 독재가 강화됐고, 정치적 억압과 노동자 인권 및 단체행동에 대한 탄압이 강화되면서 시민사회의 민주화운동이 더욱 활발해지고 정치화되었다. 1970년대 중반에 학생운동 출신의 정치인과 활동가들이 민청련을 결성하여 독재에 대한 조직적인 저항운동을 거세게 전개했다. 이들은 정치적 민주주의(民主), 민족적 자주성(民族), 사회적 정의(民衆)라는 '삼민(三民)' 이념을 정립하고 한국 사회 개혁의 방향을 제시했다. 이 시기에 종교 부문에서도 민주주의와 인권을 옹호하는 목소리가 더욱 커졌고 공식화되었다. 특히 천주교의 정의구현사제단, 천주교 인권위원회, 개신교 단체인 교회협의회와 산선 등의 발언과 활동은 독재 정권에 상당한 정치적 부담을 줬다.

1970년대 또 하나의 중요한 사건은 분단, 전쟁, 독재를 겪으면서 크게 위축되었던 노동운동의 부활이다. 1970년 젊은 재단사 전태일의 분신 이후로 훗날 '민주노조운동'이라고 불리는 독립적 노동운동이 시작되어 노동자 인권용호와 독립적 노조 결성, 정부의 노동 배제적 정책에 대한 반대 행동 등을 했다. 노동운동은 당시 한국의 산업화에서 중요한 전략적 위치를 차지하던 경공업·제조업 분야인 섬유, 방직, 전기, 전자산업 부문에서 일어났는데, 여기 종사하던 농촌 출신의 10대 여성 노동자들은 고된 노동, 경제적 곤궁, 비인격적 처우로 인한 고통을 나누면서 연대의 공동체와 집단적 정체성을 키워갔다(구해근, 2002).

민주노조운동이 탄생하고 성장하는 과정에서 종교단체와 인권 단체의 지원과 협력은 큰 역할을 했다. 그 대표적인 예가 산선의 활동이다. 산선은 1960년대부터 노동자들을 위한 교육과 문화 활동, 노동조합 조직 또는 기존 노동조합의 민주화 지원 활동, 노동자 인권 보호와 부당노동행위 시정을 위한 활동 등을 활발히 했다. 널리 알려진 사례가 원풍모방·동일방직·반도상사·방림방적 등에서의 노동쟁의다. 산선의 기여를 과장한다면 노동자들의 주체성을 과소평가할 위험이 있겠으나, 독재 치하에서 산선과 같은 주요 종교단체가 노동운동에 기여한 바를 과소평가해서도 안 된다.

박정희 정권은 1960년대까지는 이러한 활동들을 대체로 묵인했으나 유신체제에 와서는 노동운동 및 그 지원 세력에 대한 탄압을 본격화했다. 노동청장은 산선과 가톨릭노동청년회 등의 단체들을 좌경·공산 세력으로 규정하는 자료를 회사·공장·기숙사 등에 배포했고, YH사건 등 노동쟁의 사건을 공권력을 동원하여 탄압했으며, 나아가 노동운동을 지원하는 단체 관계자, 종교인, 언론인, 문인, 학자를 구속하고 고문했다. 한국노총도 독재정권에 협조하지 않는 노동운동 세력과 그 지원 세력을 '불순분자', '불순 세력'으로 규정하고 정권, 회사, 언론의 탄압 행위에 적극적으로 동참했다(임송자, 2016: 306~331).

1970년대 민주화운동의 정치적 폭발력은 때로는 몇몇 개인의 극적인 행

그림 5-2 **박정희 유신체제하에서 발표된 성명서와 시국선언문의 주체(1973~1978)**

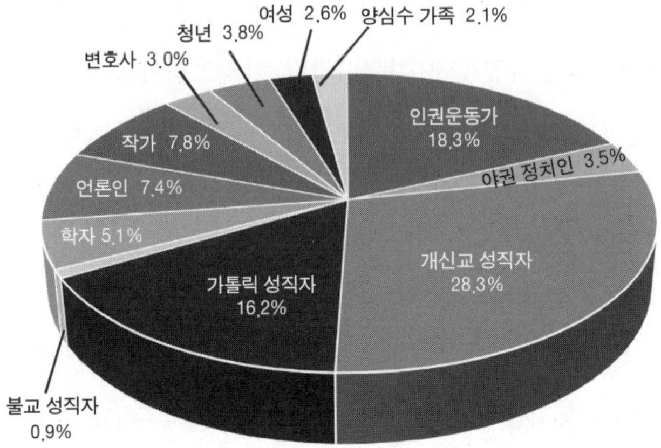

청년 3.8%
여성 2.6% 양심수 가족 2.1%
변호사 3.0%
작가 7.8%
언론인 7.4%
학자 5.1%
인권운동가 18.3%
야권 정치인 3.5%
가톨릭 성직자 16.2%
개신교 성직자 28.3%
불교 성직자 0.9%

자료: Shin(2005: 192)에서 재인용; Sohn(1989: 178)에 제시된 통계를 재구성했다.

위에 의해 생겨나기도 했다. 저항운동들은 조금씩 조직력을 키워갔고 국지
적 변화들을 축적시켜 갔지만, 그들의 목소리에 대한 여론과 언론의 주목은
종교 지도자나 지식인, 대학생 등 문화적 엘리트들이 선언문·성명서·자결·
분신 등의 비일상적 행위를 통해 현실을 고발하고 '증언'(안병무, 1972)하는
사건에 의해 비로소 증폭되곤 했다(유시춘 외, 2005). 유신시대에 발표된 저항
적 성격의 성명서와 선언문이 누구 명의로 나왔는지 조사한 것을 보면, 종교
지도자와 인권운동가가 가장 많았고 작가·언론인·학자 등이 다수 포함되어
있다(〈그림 5-2〉참조).

## 3) '80년 광주'와 저항운동의 급진화

'80년 광주'는 저항문화에 질적인 전환점을 가져왔다. 광주에서 자행한
군부의 학살과 민주주의의 패배는 저항 세력에게 중대한 교훈을 남겼다. 함

께 행동하는 다수의 결집된 힘이 없는 '진실'은 탱크와 총검 앞에 무력할 뿐이며, 그 대가는 무고한 시민들의 희생이라는 것이다. 광주의 진실을 사람들에게 알리고 광주의 비극이 반복되는 것을 막기 위해, 그들은 '힘'이 필요하다고 확신했고, 그 힘을 조직된 대중에게서 찾았다.

전두환 정권 시기 동안 민주화운동의 이념과 방법론이 매우 급진화했다. 대학생들을 중심으로 대중조직을 확대하고 강화하는 시도를 계속했고, 이념적으로는 반파시즘, 반자본주의, 반제국주의 사상이 확산했다. 이들은 전국적 수준으로부터 각 대학의 개별 학과 수준에 이르기까지 위계적이고 견고하게 조직된 행동 단위를 체계적이고 전략적으로 동원했다. 이와 더불어 저항 집단들의 행동 양식과 전략 역시 급진화했다. 화염병과 쇠파이프, 파출소 타격, 방화와 점거 농성, 복면과 두건을 쓰고 돌을 던지는 대학생들의 과격한 모습은 전두환 폭력 통치 시기에 등장한 새로운 저항문화였다.

국가가 허락하지 않은 어떠한 집단행동도 허용되지 않았던 정치 환경하에서, 그들은 저항의 목소리를 세상에 알리기 위해 기습적 집회, 시위, 점거를 행동 수단으로 삼았다. 그들은 또한 경찰의 진압 작전에 앞서 짧지만 시위의 시간을 얻기 위해 종종 화염병과 쇠파이프로 무장했다. 공권력은 대부분의 시기에 극도로 억압적인 태도를 보였고, 이에 따라 저항운동과 정치권력의 관계는 매우 갈등적이었으며 "억압과 저항의 폭력적 상호작용"이 구조화되는 경향을 보였다(홍성태, 2017). 그러한 갈등의 최전선에 섰던 것은 대학생들이었다. 1960년 4·19혁명 이후 1987년 민주화까지 거의 30년의 시간을 '학생운동의 시대'(이호룡·정근식, 2013)라고 부를 수 있을 만큼 한국 현대사에서 학생운동의 역할은 컸지만, 그중에서도 가장 두드러졌던 것은 단연 1980년대였다.

독재를 종식시킨 1987년 6월 민주화 항쟁은 1960년대부터 1980년대까지의 다양한 저항 주체와 저항문화가 결합하고 연대하는 순간이었다. 1970년대 민주화운동과 사회운동들의 주체들은 1980년대 새로운 세대의 투사들에 의해 단지 대체된 것이 아니라, 그들과 조직적 또는 개인적인 연계를 맺으면서 함께 행동했다. 6월 항쟁에서 주도적 역할을 한 연대 조직인 민주헌법쟁취국민운동본부는 명동성당이라는 상징적인 종교기관에서 발족했으며 1960~1970년대 저항운동을 이끌어온 존경받는 정신적 지도자들로 구성되었다. 또한 1980년대 내내 국가 폭력과 대항 폭력의 대치가 고착되어 왔음에도 불구하고, 전 국민적 항쟁의 순간이 도래하자 1960년 4·19혁명과 매우 유사한 장면이 재현되었다.

## 4 | 민주화 이후 개혁기의 시민사회와 사회운동

### 1) 시민사회의 성장과 분화

1987년 권위주의 정권의 종언과 민주주의 제도의 도입 이후에, 사회운동을 비롯한 시민사회 단체들의 정치적 기회구조가 확대되었다. 1990년대를 경과하면서 시민사회 조직의 공공적 이슈에 관한 발언과 행동에 대해 공권력의 억압이 약화되었다. 이뿐만 아니라 정부·의회·정당·기업·언론 등 제도화된 부문이 시민사회와의 소통과 협력에 더욱 개방적이고 협조적으로 변했다. 시민사회 조직들은 중앙정부 및 지방정부들과 협치를 확대했고, 정당들의 입법 활동에 참여했으며, 기업의 공적 책임 활동을 유도할 수 있었고, 주요 언론기관으로부터 각종 기획기사와 보도로 지지를 받곤 했다.

이런 환경 속에서 1990년대에 시민사회단체 설립이 급증하기 시작하여

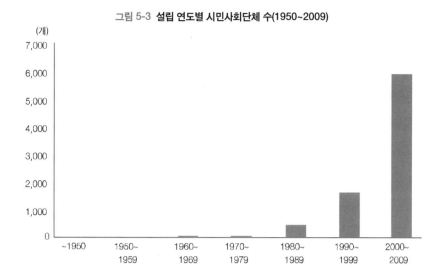

그림 5-3 **설립 연도별 시민사회단체 수(1950~2009)**

(개)

자료: 공석기·임현진(2016:'51, 〈그림 3〉)에 제시된 통계 중 2010~2013년 통계를 제외하고 재구성했다.

김대중·노무현 정부 시기인 2000년대에 시민사회단체 설립이 가장 큰 폭으로 증가했다(〈그림 5-3〉 참조). 민주화 이후 2000년대 초반까지 정치·경제, 평화·통일, 환경 부문 단체의 수가 많이 늘었다면, 좀 더 최근에는 복지 부문 시민사회단체가 급증해서 2013년 조사로 복지 부문 단체가 전체 시민사회단체 중 16.0%로 가장 많은 비중을 차지했으며, 또한 문화·체육, 청년·아동, 여성단체 등의 증가세가 빨랐다(공석기·임현진, 2016: 43). 2010년대에도 시민사회단체 설립 수는 계속해서 늘고 있지만 증가폭은 점차 줄어드는 추세다.

그러나 민주적 이행 후에도 시민적 자유와 권리의 확대는 점진적이고 제한적이며 또한 선택적이었다. 게다가 국가와 시민사회 사이에 억압/저항의 충돌 관계가 사라진 것도 아니었다. 사회운동의 정치적 환경은 이슈와 부문에 따라 달랐다. 중간계급의 표현·언론·사상·결사의 자유가 확대되었지만, 하층계급의 조직화와 단체행동은 여전히 억압되었다. 노동운동과 농민운동 등 계급 기반을 가진 운동 조직들은 여전히 국가권력과 기업의 감시와 탄압

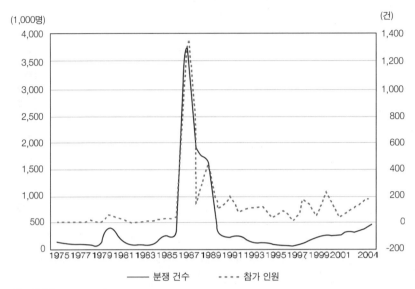

그림 5-4 **노동쟁의 발생 건수와 참가자 수의 추이(1975~2004)**

자료: 통계청.

을 받았다. 서구에서도 시민적·정치적 권리에 비해 노동계급의 집단적 권리
는 제한적으로만 실현되었던 것처럼(Giddens, 1985), 한국에서도 민주화는
시티즌십의 계급적 불균등성을 더 분명하게 만들었다.

　노동계급 내에서 산업구조상의 전략적 중요성과 숙련이라는 권력자원
을 보유한 집단은 그러한 비우호적 환경과 싸워 이길 수 있었다. 1987년 6월
항쟁 직후에 일어난 이른바 '7·8·9월 노동자대투쟁'을 계기로 하여 1987~
1989년에 노동쟁의 빈도와 참여 인원이 폭발적으로 증가했다(〈그림 5-4〉참
조). 1970년대부터 2010년대까지 반세기 동안 노동자들의 쟁의가 전국을
강타할 만큼 거셌던 적은 이때가 유일하다. 그 직후인 1990년에 1970~1980
년대 민주노조운동의 전통을 계승하는 노조들이 전노협을 결성하여 전투적
운동을 전개했고, 더욱 중요하게는 1995년에 핵심 산업 부문의 대공장 노조

**238** | 2부 민주주의 문화에 대한 성찰

그림 5-5 **노동조합 수와 노동조합 조직률의 장기 추이(1980~2018)**

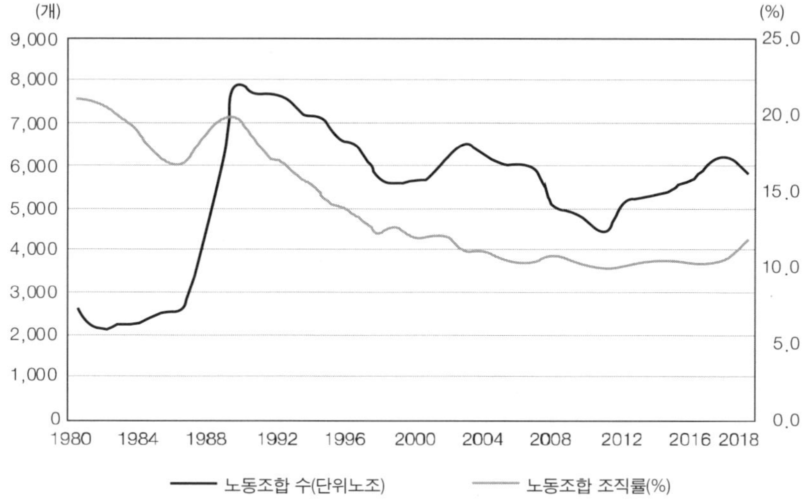

자료: 고용노동부, 「전국노동조합조직현황」.

들이 중심이 되어 민주노총을 결성했다.

그러나 노동계급의 조직력은 지속적으로 쇠락해 갔다. 1987~1989년에 노조의 수가 잠시 급증했지만 1997년 금융위기 후에 노조 조직률이 급감하여 현재까지 10%대의 수준을 지속해 오고 있다(〈그림 5-5〉 참조). 한국의 전투적 노조주의는 간혹 '사회운동 노조주의'의 한 사례로 언급되기도 했는데, 물론 민주화·인권운동과 긴밀히 연계된 민주노조운동의 전통은 순전히 집단 이익을 추구하는 노조와 구분된다. 하지만 1987년 이후에 대기업 정규직 노동자 중심으로 노조 건설에 성공했기 때문에, 노조/비노조의 차이는 한국에서 대기업/중소기업, 정규직/비정규직의 차이와 더불어 노동시장 이중화의 3대 축으로 작용하고 있기도 하다. 이러한 맥락에서 이후 2000년대 들어서는 소득·고용·복지 등 여러 면에서 불안정한 위치에 있는 노동자들의 저항 행동이 증가하게 되는데, 이들은 종종 시민사회 단체 및 정규직 노조와의 연대를 통해 성공적으로 목표를 달성할 수 있었다(이병훈, 2018; 전국불안정노동철폐연대, 2009; Lee and Lee, 2017).

한편 1990년대에는 온건하고 제도화된 수단에 의존하며 더 다양한 계층의 시민들로부터 지지받고자 하는 개혁운동의 흐름들이 급성장했다. 여기에 속하는 사회운동의 참여자들은 종종 스스로를 계급 기반 사회운동을 총칭하는 '민중운동'과 구분되는 의미에서 '시민운동'이라고 불렀다. 1990년대 전반기에 이러한 개념 구분이 점점 대중적으로 이뤄졌다는 사실은 한국 사회운동이 민주주의하에서 빠르게 분화되고 있음을 보여주는 징후였다. 그동안 민주주의, 반독재, 반파시즘과 같은 큰 구호 아래 잠복해 있던 차이들이 드러나기 시작했다. 그 차이는 운동의 목표, 문제정의, 전략과 행동 수단 등에 관한 인식을 공유하는 상이한 집단들로 구체화되었다.

그러나 분화된 부문 간의 실제적 관계는 개념적 구분보다 훨씬 복잡했다. 한편에서 시민운동의 일부는 계급적 이슈를 배제했다. 이들은 '평화적, 개혁적, 공공선 지향적인 시민운동'과 '급진적·혁명적·계급당파적인 민중운동'을 대조하곤 했는데, 이러한 구분 방식을 체계화하고 확산시킨 중요 인물 중 하나인 서경석 목사(서경석, 1993)가 이후에 뉴라이트의 대표적 인물이 되었다는 사실은 '보편성'과 '공공선'의 담론 자체가 구체적 맥락 안에서는 당파성과 계급성이 있다는 것을 상징적으로 보여준다. 그와 달리 많은 진보적 시민단체들은 1980년대 민주화운동과 급진적 학생운동의 계승자였다(Kim, 2006: 103~104). 그들은 1990년대 내내 노동자 단체들과 활발히 연대했으며, 그중 다수는 경제정책, 노동 및 사회정책, 사회복지 등 계급적 의제에서 국가·정치 개혁에 상당한 영향을 미쳤다.

이상의 전개 과정을 거치면서 시민사회의 균열 구조는 복잡한 형태가 되었다. 권위주의 시기 동안에는 독립적 시민사회 세력들은 대체로 반독재·민주주의라는 공동의 목표를 중심으로 연대했으나, 민주화 이후 민중운동과 시민운동 부문의 분화가 일어났고, 시민운동이 진보와 보수로 분할되었을 뿐아니라 민중운동 역시 상대적으로 급진적인 세력과 온건한 세력들로 나뉘었다. 한국 시민사회는 단일한 균열 선으로 반쪽 나지 않는 복합구조를 띠게 된 것이다. 이러한 분화는 민주화 이후 한국의 정치 세력과 계급구조, 갈등 전선의 구조적 분화를 반영하는 것이자, 또한 그러한 구조 변동에 대한 상이한 해석과 대응의 결과이기도 했다(조희연, 1995; 조희연·김동춘·김정훈, 2010).

## 2) 시민운동의 이중적 제도화

시민운동은 정치 민주화, 경제구조 개혁, 환경, 여성, 교육, 평화, 인권, 소비자 권리, 사회복지 확대 등 매우 다양한 부문에서 활동했다. 시민운동은 권위주의하의 민주화운동이나 1990년대의 민중운동으로부터 스스로를 구분 짓는 지향과 정체성을 갖고 있었다. 첫째, 운동 이념의 측면에서 그들은 민주주의나 노동해방과 같은 단일한 목표나 특정 집단 주체의 '중심성', '우선성'을 전제하지 않고 다양성 속의 연대를 추구한다는 의식이 있었다. 둘째, 운동 목표의 측면에서 그들은 사회구조의 근본적 변화의 필요성을 여전히 강조했지만 구체적인 법·제도·관행의 개혁을 더욱 중요시했다. 셋째, 그들은 특수한 집단 이익에 직접적으로 호소하지 않고 '공동선'이나 '공공선'을 모색하는 방법론에 의해 개혁에 대한 폭넓은 지지를 획득하려고 했다.

저항문화 측면에서 시민운동은 이전의 모든 시대와 구분되는 새로운 장을 열었는데, 그것은 이 시민운동들이 이중적 의미에서 '제도화'되었다는 사실과 관련된다. 사회운동의 제도화는 두 측면이 있는데, 그 하나가 제도 부문에 의한 인정과 수용의 증가라면 다른 하나는 집단행동이 점차 제도화된 수단에 의존하는 경향이다. 1990년대 이래로 한국에서는 이 두 경향이 동시에 진행되었다.

첫째, 제도적 인정의 측면에서 한국의 시민운동은 제도화된 사회체제의 구성원으로 자리 잡았을 뿐 아니라, 더 나아가 제도 개혁을 이끌어가는 역할까지 했다. 시민운동은 민주적 전환 직후인 1990년대에 정부 및 의회 감시, 정치제도 개선, 경제적 민주화, 인권 보호, 시민적 자유 확대, 양성평등 강화, 환경친화적 정책 패러다임 도입 등을 포함하는 포괄적 개혁에서 결정적 역할을 수행했다. 그들 중 특별히 풍부한 인적·조직적·재정적 자원과 네트워크를 갖추고 있던 조직들은 대의민주주의에서 정부와 정당들이 수행할 것으로 기대되는 역할의 많은 부분을 대신했다. 그런 의미에서 이 조직들은 정당정치 저발전 상황에서 '준정당적' 기능을 하는 '대의의 대행'을 수행했다 (Cho, 2000: 286).

한국의 많은 시민운동단체는 정치적이고 정책적인 이슈에 관심이 많았고, 실제로 제도 개혁 과정에 영향을 가하는 데 많은 노력을 기울였다. 그 대표적 예는 1989년 창립된 경제정의실천시민연합(경실련), 1994년 창립된 참여연대 등의 대형 시민단체들로서, 이들은 경제·노동·복지·정치개혁 그리고 행정부·입법부·사법부에 대한 모니터링 등 포괄적 활동 영역이 있는 '종합적 시민운동'(조희연, 2001)으로 발전해 갔다. 그 밖에 1987년에 설립된 여성단체연합, 1993년에 설립된 환경운동연합처럼 특정 부문에 집중하는 전국적 운동조직들도 자신의 활동 영역에서 정부·정당·언론에 혁신적 아이디어와 정책적 콘텐츠를 공급했다.

둘째, 행동 수단의 측면에서 시민운동은 법원·정당·정부·언론 등 제도화된 경로를 통한 문제 해결과 대안의 실현에 초점을 맞췄다. 이와 같은 행동 수단의 변화에 상응하여 운동의 핵심 행위자도 변했다. 시민운동단체의 경험 많은 리더와 간부, 유급 활동가와 더불어 운동에 동참하는 변호사, 연구자, 그 밖의 전문가 집단이 결정적 역할을 하게 되었다. 단체의 평회원들이나 공감하는 시민들은 후원금을 내는 간접적 방식, 또는 시민운동단체의 캠페인에서 자원봉사를 하는 직접적 방식으로 운동에 참여했다.

제도적 수단에 의해 운동을 전개하는 몇 가지 전형적인 방식을 관찰할 수 있다. 대표적인 것은 우호적 언론과의 협력을 통해 이슈를 제기하고 대안을 홍보하는 것, 정당들과 협력하여 새로운 제도를 도입하거나 문제적 제도를 수정하기 위한 법안을 만드는 것, 정부기관에 정책적 콘텐츠를 제시하고 그것을 수용하도록 압박하는 것 등이다. 이 과정에서 시민운동단체들은 문제에 대해 책임이 있거나 개혁에 저항하는 비토 세력을 공격하는 활동을 함께 전개했다. 그 하나의 예로 소송이 점점 큰 비중을 차지하게 되었는데, 시민단체들은 정치권력의 부패와 직권남용, 정부기관의 직무 방임, 기업의 부당행위 등 문제적 현실을 사법적 분쟁의 대상으로 만드는 것을 매우 유용한 행동 수단으로 간주했다.

이와 같은 행동 수단의 제도화는 행동 주체의 전문화 경향과 함께 진행되었다. 시민운동의 활동에서 가장 중요한 역할을 한 사람들은 도덕적 동기부여뿐 아니라 특수한 전문적 역량을 지닌 자들이었다. 그들은 많은 경험과 네트워크를 갖추고 있는 운동 리더, 각 분야의 전문가와 학자, 법률적 지식에 능통한 변호사, 그리고 이들의 주장과 활동을 공론장에 전달하는 언론인들이었다. 이들은 또한 서로 조직적·개인적으로 긴밀히 연결되어 있었다. 이뿐만 아니라 집회·시위나 서명운동 같은 행동도 의회·정당·언론 내의 동맹자와의 협력, 또는 법원에서의 분쟁 등과 전략적으로 연계되었다. 그와 동시에 폭력적 수단을 사용하는 저항 행동의 빈도는 1990년대부터 급감하여 김대중 정부 시기에 이르면서 거의 역사에서 사라졌다(〈그림 5-6〉 참조).

그림 5-6 **1990년대 폭력적 저항 행동의 빈도 추이(1991~2002)**

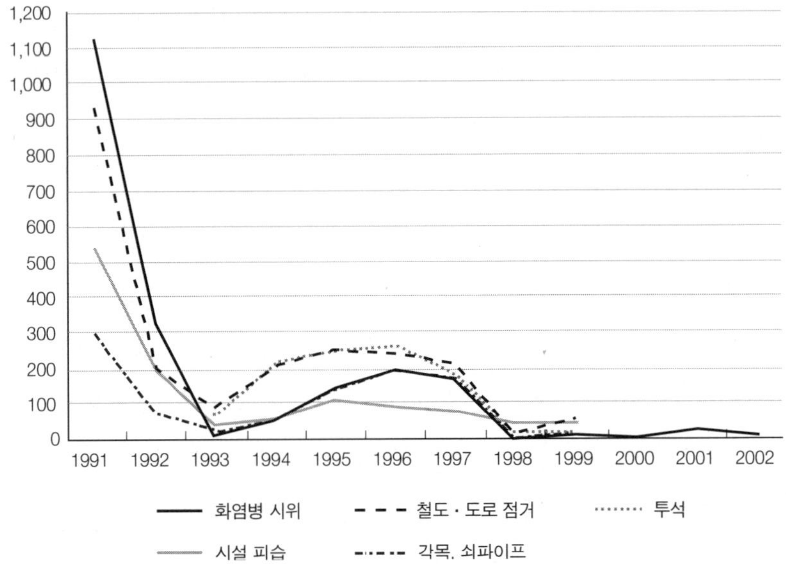

자료: 경찰청, 경찰백서 통계.

이와 같은 제도화 및 전문화 과정은 단지 긍정적 진보만을 의미하지 않고, 몇 가지 측면에서 상당한 문제를 낳았다. 첫째, 경험 많은 활동가들과 개혁적 전문가 집단이 운동을 주도하게 되면서 보통 시민들은 운동의 기획과 실행 과정에서 점점 더 주변적인 역할을 하게 됐다. 더 나아가 전문가 집단 중에서도 변호사 등 법조인이 주도하는 '사회운동의 사법화' 경향까지 나타났다.

둘째, 1990년대 후반 이후 진보적 시민단체들이 진보성향 정권과의 개혁동맹을 맺으면서 '시민운동의 권력화'에 대한 시민들의 비판적 시선이 확산됐다. 특히 운동단체의 지도자들이 고위관료로 임명되거나 정부의 정책 결정과정에서 중요한 역할을 하게 되면서, 시민운동의 정치적 독립성에 대한 의문이 커졌다(Kim, 2006: 118).

셋째, 진보성향 정권하의 2000년대 중반에 '뉴라이트'가 등장하고 반공주의 우익단체들의 활동이 활발해지면서 시민사회 내의 이념적·정치적 대립이 격화됐다. 이에 따라 '국가 대 시민사회'의 구도가 약화되고 '시민사회 내의' 갈등이 부상했으며, 시민단체들이 오랫동안 정당성의 근거로 삼아왔던 '공공선'의 정의 자체가 각기 다른 의미의 공공선을 지향하는 시민운동 세력 간 분쟁의 대상이 되었다(신진욱, 2008).

## 5 | 네트워크 정보사회의 시민정치

### 1) 시민저항 행동의 일반화

앞에서 보았듯이 20세기 하반기의 반세기 동안 한국의 저항문화는 급변하는 국내외 정치 환경과 영향을 주고받으면서 변화를 거듭해 왔다. 해방 이후 10여 년 동안 전쟁·내전·폭동·테러와 그 밖의 유혈 충돌이 계속되었다면, 1960년의 4·19혁명을 전환점으로 하여 민주주의 체제에 조응하는 저항문화가 발전하기 시작하여 많은 시민사회단체들이 생겨나 권위주의 지배 집단과 갈등하면서 활동했다. 1970~1980년대에는 정치 환경이 악화되어 국가 폭력이 잔혹해지면서 민주화운동 주체들도 도발적 저항 행동을 통해 국가에 도전하는 양상이 강해졌다. 그러나 민주주의 도입 후인 1990년대부터 시민운동단체들은 제도 부문에 의해 인정받았을 뿐 아니라, 제도화된 수단을 통해 개혁 목표를 달성하려는 새로운 경향이 생겼다.

이처럼 각 시기의 저항문화는 여러 면에서 큰 차이가 있다. 하지만 이 모든 시기를 관통하는 공통점을 찾는다면, 그중 하나는 바로 저항 행동의 '조직'과 조직적 위계 속의 '리더십', 그들의 목적의식적인 '전략'이 결정적 역할을 했으며, 다수 시민은 이들의 지지자 또는 참여자의 위치에 머물렀다는 사실이다. 이러한 사정은 2000년대 초반부터 완전히 변하게 된다. 그리고 그것은 네트워크 정보사회에서 시민들이 갖게 된 새로운 기술적·문화적·사회적 자원에 의해 가능해졌다는 점에서, 단지 일시적인 현상이 아니라 구조적인 변화였다. 1990년대 시민사회의 부문 간 '분화', 2000년대 중반 이래 진보와 보수 시민사회의 '분절'에 이어서, 이제 시민사회의 탈조직화라는 '분산'이 진행되고 있는 것이다(신진욱, 2011).

21세기 들어 세계의 여러 선진자본주의 사회에서는 사회학자 마누엘 카스텔스(Castels, 2012)가 '네트워크 사회운동(networked social movements)'이라고 불렀던 자생적이고 탈중심화된 저항 행동이 급속히 확산했다. 2010~2011년의 '아랍의 봄', 2011년의 스페인의 '분노한 자들의 운동', 같은 해에 일어난 미국의 '월스트리트 점령 운동', 2014년 홍콩의 '우산혁명'과 대만의 '해바라기 운동', 2015~2016년에 일본의 'SEADLs' 운동 등 많은 주목할 만한 사건이 2010년대의 몇 년간에 집중되었다. 그와 더불어 간과해선 안 되는 점은, 미국의 티파티 운동이나 트럼프주의 운동, 유럽에서의 반이민·반이슬람·반유럽연합 운동 등 우익 급진주의 내지는 극단주의 성격의 대중 행동 역시 동일한 구조적 환경 위에서 점점 더 활발해지고 있다는 사실이다.

이러한 운동들은 몇 가지 주목할 만한 특징을 보여줬다. 첫째, 참여자 수가 수십만에서 수백만에 이르는 대규모 집회·시위가 드물지 않게 되었다. 둘째, 참여자 구성이 연령, 성별, 직업, 참여 경험 등 여러 면에서 매우 다양해졌다. 셋째, 참여자들은 인터넷과 스마트폰으로 정보를 공유하고 소통했으며, 정당이나 전문적 운동 조직에 의존하지 않고 독립적으로 행동을 계획하고 실행할 수 있는 능력이 있다. 넷째, 참여자들은 조직화나 위계적 관계를 거부했으며, 수평적이고 탈중심적인 소통구조, 의사결정구조를 추구했

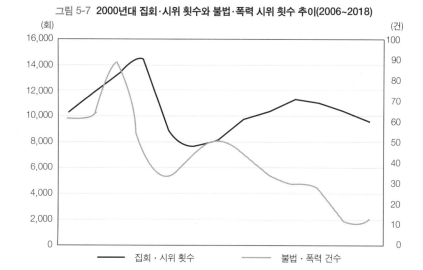

그림 5-7 **2000년대 집회·시위 횟수와 불법·폭력 시위 횟수 추이(2006~2018)**

집회 · 시위 횟수          불법 · 폭력 건수

자료: 경찰청, https://www.police.go.kr/portal/main/contents.do?menuNo=200552(검색일: 2019.12.1).

다. 다섯째, 대규모 행동에까지 도달한 경우에 그 참여자 수가 급속히 증가
했으며, 참여자 수의 감소 역시 급속했다.

그러나 이와 같은 새로운 특성이 과거의 저항문화를 간단히 대체한 것은
아니다. 오히려 그 반대다. 21세기의 시민 저항 행동의 폭발력은 종종 대립
적인 것으로 간주되어 온 측면들이 만나는 지점에서 생겨났다. 참여자의 자
발성과 전략적 행동, 사회운동 조직들과 네트워크화된 대중, 전문적 지식과
대중적 담론, 온라인 소통과 오프라인의 집합행동 등이 하나의 운동에서 결
합되고 상호작용할 때 가장 성공적인 운동이 되었다는 뜻이다.

한국에서의 새로운 시민 저항 행동 역시 이러한 세계적 추세와 많은 맥락
과 특성을 공유한다. 하지만 한국의 사례에서 특별히 흥미로운 점은 불과 십
여 년 사이에 여러 차례에 걸쳐 누적 인원 수백만 명, 심지어 1000만 명 이상
이 참여한 대규모 저항 행동이 반복적으로 일어났을 뿐 아니라, 그중 많은 경

우에 정부정책과 선거 결과, 권력구조에 심대한 영향을 미쳤다는 사실이다. 2000년대에 한국에서는 경찰의 공식 통계로 집계된 것만 해도 매년 거의 1만 건이 넘는 집회·시위가 열릴 만큼 저항 행동의 빈도가 높아졌다. 그와 함께 '집회 및 시위에 관한 법률'(집시법) 위반이나 폭력행위의 빈도는 같은 시기에 현저히 줄어들어서, 다수 시민의 참여가 더욱 용이해졌다(〈그림 5-7〉 참조).

## 2) 촛불집회와 네트워크 사회운동

'촛불집회'라고 부르는 새로운 저항 방식이 이 새로운 시대를 상징한다. 21세기 한국의 이 대표적 시민행동 문화는 2002년의 미선·효순 추모 촛불집회에서 시작되어, 2004년 노무현 대통령 탄핵 반대 촛불집회, 2008년 한미 쇠고기 협정 반대 촛불집회, 2014년 세월호 추모 촛불집회, 2016~2017년 박근혜 대통령 탄핵 촉구 촛불집회 등 여러 차례에 걸쳐 대규모 저항 사건을 만들어냈다. 촛불집회의 참여자들은 조직적이고 위계적인 관계를 선호하지 않고 탈물질주의적이고 개인주의적인 성향을 보이지만, 제도정치에 대한 열정적 관심을 보여왔으며 종종 정부정책과 권력 구도에 중대한 영향을 미쳤다(송경재, 2010; 이갑윤, 2010; 조기숙, 2008).

촛불집회라는 형식 자체는 1970~1980년대 서유럽 평화운동, 동유럽 민주화운동, 인도 여성운동 같은 여러 사회운동에서도 발견할 수 있다. 한국에서도 1960~1970년대 종교계의 민주화, 인권운동에서 촛불 미사나 촛불 예배는 드물지 않은 형식이었다. 21세기 한국의 촛불집회에서 새로운 것은 촛불이라는 상징 형식이 아니라, 인터넷과 SNS로 연결된 압도적 숫자의 시민이 독립적이고 수평적으로 소통하고 집합행동을 확산시켜 강력한 정치적 압력을 만들어낼 수 있게 되었다는 사실이다. 정보사회라는 조건에서 탄생한

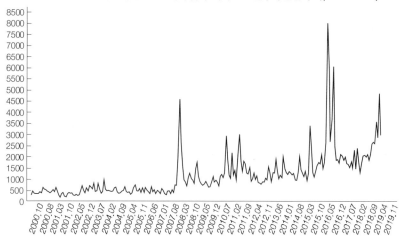

그림 5-8 **2000년대 한국 중앙일간지의 집회·시위 보도 건수의 월별 추이(2000~2019)**

자료: 신문 검색 프로그램 빅카인즈(BigKinds)를 이용하여 16개 중앙일간지에 '집회' 또는 '시위'를 포함한 기사를 검색한 결과이다. 빅카인즈에 2019년에 자료를 제공하기 시작한 ≪조선일보≫, ≪중앙일보≫, ≪동아일보≫는 제외했다.

이 새로운 저항 방식은 "한국 시민들의 권능(empowerment)을 혁신적으로 강화"했으며, 조직적·제도적 권력을 갖고 있지 않은 평범한 시민들은 "소시민의 퇴락한 잔영을 떨쳐버릴 수 있었다"(정상호, 2013: 236, 264~265).

2004년 총선에서 신생 열린우리당의 과반수 의석 획득, 2008년 이명박 대통령의 두 번에 걸친 대국민 사과와 인수위 정책의 후퇴, 2017년 박근혜 대통령의 탄핵 등은, 오로지 촛불집회의 결과라고 할 수는 없겠으나 상당한 영향을 받았음에 틀림이 없다. 이처럼 점점 더 많은 시민이 집회·시위에 참여하고, 또 그 집회·시위가 여론과 정치에 큰 영향을 미치면서 언론 역시 정당·선거 정치 못지않게 시민정치의 저항 행동을 크게 주목하게 되었다(〈그림 5-8〉 참조).

흥미로운 사실은 이처럼 촛불집회가 그 참여자 규모, 정치적 영향, 대중적 관심의 측면에서 큰 사건임에도, 참여자들은 해당 이슈가 소멸되면 새로운 조직을 만들거나 기존의 조직에 새로운 분파를 만드는 식으로 운동을 이어가기보다는 많은 경우 공적 무대에서 내려와 사적 세계로 퇴장했다는 점이다. 하지만 또 다른 정치적 이슈가 부상하면 어디선가 또 다시 수십만의 시민이 광장에 나타난다. 이처럼 시민의 '등장'과 '퇴장'이 지난 20년 동안 한국 사회에서 계속됐다는 사실은 이 시대의 새로운 일상 문화와 저항문화의 일면을 보여준다. 철학자 찰스 테일러(Taylor, 2000)가 "양서류 같다(amphibian)"라고 했던 현대 시민사회 행위자들의 속성, 즉 사적 세계에 머물면서 공적 세계에 참여하는 정치인이 되지 않으면서 정치에 영향을 미치는 특성이 뚜렷이 나타나고 있는 것이다.

한국에서 촛불집회의 주체들은 지속적으로 운동 조직에 참여하는 대신에, 특정한 이슈가 발생하면 공적 무대에 등장했다가 이슈가 소멸하면 사적 세계로 복귀하곤 했다. 그러나 오늘날 시민들의 사적 세계는 다양한 온라인 공론장과 커뮤니티, 정치에 대한 풍부한 지식과 담론을 포함하고 있다. 그런 의미에서 공공적 이슈에 관한 정보·지식·의견·소통 등이 개인들의 사적 삶에 내재한다. 촛불을 들고 있던 시민들이 목적을 달성하고 정치 무대에서 퇴장했을 때 그들은 사라진 것이 아니라 수면 아래로 잠수한 것이다. 알베르토 멜루치(Alberto Bellucci)가 '물밑 네트워크(submerged networks)'(Melucci, 1989)라고 부른 일상생활의 산만하고 파편화된 힘들이 어떤 촉발적 이슈를 만나면 순식간에 정치의 주인공으로 부상하는 것이 가능해졌다.

21세기 한국의 시민들은 이제 스스로 정치인이 되거나 직업적 운동가가 되지 않고서도 언제라도 저항 행동을 통해 정치에 대한 의견을 세상에 전할 수 있게 되었으며, 만약 많은 수의 동료 시민과 함께 행동하는 데 성공한다면 정치에 강력한 영향을 미칠 수 있게 되었다. 사회운동 연구에서 '사회운동사회(social movement society)'라고 부르는 시대, 즉 사회운동을 비롯한 시민 집단행동의 빈도와 규모, 제도적 영향력이 크게 확장하는 시대가 도래한 것이다(Neidhardt and Rucht, 1993; Meyer and Tarrow, 1998).

그러한 변화는 모든 시민의 저항 행동에 더 많은 공적 책임이 따른다는 것을 의미하기도 한다. 왜냐하면 시민의 집단행동은 이제 단순히 사회적 약자의 작은 무기가 아니라, 좋은 것을 위해서도 나쁜 것을 위해서도 사용될 수 있는 치명적 병기가 되었기 때문이다. 실제로 2000년대 유럽과 미국에서, 좀 더 최근에는 한국에서도 극우적·폭력적·배타적 성향을 띤 사회 세력들이 네트워크 정보사회의 조건하에 과거보다 훨씬 더 신속하고 효과적으로 대중 동원을 하고 있다. 이제 저항은 누구든 손에 쥘 수 있는 무기가 되었다.

## 6 | 시민정치 시대에 저항문화의 책임

이 글은 멀리는 조선 후기부터, 그중 특히 1919년 3·1운동 이후부터 2019년까지 100년 동안 조선과 한국에서 저항문화의 지속과 변화를 추적했다. 우리는 19세기 후반에 자발적 결사체와 대중적 정치 공론장의 만개, 민중 기층 조직의 비약적 발전에 놀라워하다가 곧 일본 제국주의의 강점에 의해 그 역사가 중단되는 장면에서 눈길을 멈췄지만, 다시 3·1운동으로 새로운 시대가 열리면서 노동자와 농민, 청년과 여성, 민족주의자와 공산주의자들이 도처에서 단체를 결성하고 선전하고 행동하는 역사가 이어지는 것을 살펴보았다.

해방 후 수십 년간 한국의 보통 사람들은 전쟁과 독재, 고문, 학살, 감시, 노동 현장의 사적 폭력과 같은 거대한 힘에 맞서 싸우면서 저항의 상징과 담론, 의례와 전략, 집단행동 방식들을 발전시켜 왔다. 민주화 이후 한국에서 시민들의 정치참여와 저항 행동이 세계적으로 비견할 만한 사례가 없을 만큼 역동적으로 발전해 온 것은, 한국 시민사회의 심층구조에 이 장구한 저항의 역사가 새겨져 있다는 사실에 의해 부분적으로 설명될 수 있을 것 같다.

이 글에서 우리가 본 저항의 서사는 이 현시대에 이르기까지 힘없는 사람들이 점점 더 많은 권리를 획득해 왔다는 아름다운 진보의 법칙이 아니라, 지배권력이 거듭해서 역사를 되감아 놓은 폐허의 땅 위에 새로 길 닦기를 반복해 온 분투의 이야기들이다. 그러한 역사의 가역성, 변칙성, 불확정성에도 우리는 또한 100년의 역사를 관통하는 저항문화의 장기적으로 일관된 추이를 찾아볼 수 있다.

첫째, 저항 참여 주체의 전반적인 확대 경향이다. 19세기 후반에 농민들은 상시적인 저항의 주체가 될 수 없었지만, 20세기 전반기에 노동자와 농민, 청년과 여성 등 과거에 공적 행위의 주체로 인정받지 못했던 모든 인민이 저항행동에 참여하기 시작했다. 해방 후에 반독재투쟁·민주화운동과 노동운동·농민운동은 일제강점기와 마찬가지로 정치권력의 억압을 받았지만, 사람들은 주권국가이자 명목적인 민주공화국 체제 안에서 더 많은 독립적 조직과 공동체를 건설할 수 있었다. 민주화 이후에는 저항의 주체가 비약적으로 확대되다가 이후 정보사회의 환경에서 거의 모든 시민을 포함하게 되어서, 2019년에는 '광화문 대 서초동' 집회의 세 대결과 같은 장면을 연출하게 되었다. 울리히 벡(Beck, 1986)이 관찰했던 '시민정치 행동의 일반화'와 그에 따른 '제도정치 문법의 근본적 변화'가 21세기 한국에서 분명히 드러나고 있다.

둘째, 미조직화에서 조직화, 탈조직화로 나아가는 경향이다. 독립적 시민사회가 저발전 상태이고 정치 환경이 전근대적이던 20세기 초반까지는 저항 행동이 많은 경우 미조직 상태로 남아 있다가, 20세기 전반기부터 민족주의자, 공산주의자, 노동자와 농민, 청년, 종교인 등 다양한 집단이 제각각 단체를 결성하고 조직적인 집단행동을 하는 양상이 확산되었다. 이와 같은 시민사회의 조직화 경향은 1960~1980년대 독재하에서도 꾸준히 지속되다가, 민주화 이후에는 시민사회단체가 폭발적으로 증가했다. 그러나 2000년대 들어서는 신규 설립 단체의 수가 감소하는 대신에 느슨하게 연결된 수많은 개인들, 비정치적 공동체와 사회연결망이 저항 행동의 촉발·확장·성공에서 중요성이 커졌다. 이러한 경향은 저항의 주체들이 아직 조직되지 '못했다는' 의미로서 저발전성의 지표가 아니라, 조직하거나 조직되기를 '거부하는' 개인들이 조직된 행위자들과 때로는 연대하고 때로는 경쟁하거나 적대하면서 공존한다는 것을 의미한다.

셋째, 저항 행동이 제도정치에 영향을 미치는 방식의 변화다. 국가주권이 없던 일제강점기에는 저항 행동이 제도 권력에 거의 영향을 미치지 못했기 때문에, 이 문제는 대한민국 정부수립 이후에 주로 해당된다. 권위주의 체제하에서는 주로 독재·고문·학살·부패의 '진실을 증언'하는 도덕적 행위나 '화염병'이 상징하는 도발적 행동을 통해 공중의 관심을 끌고 정치권력에 압력을 가했다. 민주주의의 확대와 더불어 시민사회단체들은 정부·국회·법원·지자체 등의 제도 권력과 협력 또는 협상하거나 압력을 행사하는 방식으로 영향력을 행사했다. 최근에 와서는 탈조직화된 개인들이 서로 소통하여 대규모 집단행동이나 압도적 여론을 만들어냄으로써, 정부·정당·기업 등 권력 집단을 위협하거나 유혹하는 기술을 고도화해 가고 있다. 이는 일찍이 라인하르트 벤딕스(Reinhard Bendix)가 '서민주의 원리(plebiscitarian principle)'(Bendix, 1977)라고 불렀던 정당성 요구의 방식이, 제도화된 '기능적 대표의 원리'보다 더 강력해졌거나 최소한 그와 경쟁하는 위치에 있게 되었음을 뜻한다.

이상과 같은 100년의 역사 과정 위에 2020년 현재를 위치시켜 보면, 지금 한국 사회에선 과거 어느 때보다 많은 시민이 온오프라인상의 네트워크로 서로 소통하고 연결되어 집단적 항의 행동에 참여할 수 있게 되었고, 그러한 집단행동으로 언론과 공중의 주목을 끌고 정부·정당에 강한 압력을 행사할 수 있게 되었다. 정보화, 개인화라는 시대적 조건에서 미래에도 상당기간 계속될 것으로 보이는 이러한 최근의 추이는 우리로 하여금 '저항'이라는 개념과 행동의 사회적·도덕적 의미를 다시 한번 성찰하게 만든다.

'저항'은 오랫동안 정치사회적 약자 집단이 동등한 삶의 기회와 권리를 요구하거나 그것의 부재를 규탄하는 행위로 이해되었고, 그렇기 때문에 이 개념 자체에 암묵적으로 도덕적 정당성이 부여되어 있었다. 그러나 21세기 한국 사회에서는 수많은 개인과 집단이 저항 행동에 손쉽게 참여하여 저마다 '국민'의 이름으로 정치와 여론에 영향을 미칠 수 있게 되었다. 이처럼 활발히 정치에 참여하는 시민 가운데는 성소수자의 동등한 인권을 부정하는 극단적 보수주의자들, 군복을 입고 엽총을 들고 군가를 부르며 시내를 행진하는 파시스트들, 좌파를 척살해야 한다면서 화형식을 하는 폭력적 극우파들도 포함된다. 이처럼 동료 시민들의 평등한 인권을 부정하고 다른 신념을 가진 사람들을 배척하는 집단행동은 민주주의를 심각하게 위협한다.

시민들의 정치적 참여와 영향력이 제한되어 있던 시기 동안 시민참여는 그 자체만으로 민주주의의 생기를 북돋아 주는 자양분이 될 것이라고 믿어졌지만, 21세기 시민참여의 시대에는 이제 제도정치권뿐만 아니라 참여하는 시민들에게도 더 많은 책임이 따른다. 특히 한국 사회는 선거 민주주의를 잘 정착시켰지만, 시민들의 보편적인 기본권 보장 등 민주주의의 심층적 내용을 결여한 '결손민주주의'의 문제를 아직까지 갖고 있다(신진욱, 2017). 그런 결손을 채우면서 더 좋은 민주주의로 나아가기 위해 우리는 이제 '피플 파워'를 마냥 찬미하기를 멈추고, 민주적 저항문화를 위한 시민의 책임에 대해 더 많이 성찰하고 토론해야 한다.

6장

# 한국 정치 100년, 정당조직문화의 변화

·
·
·

서복경 (서강대학교 현대정치연구소)

# 1 | 한국정당정치의 흐름

　이 글은 한국 민주주의와 정당을 공부하면서 필자가 가졌던 오랜 고민에서 출발한다. 1987년 이후 민주정치에서 정당은 주기적 선거로 대의정부를 구성하는 핵심 행위자였지만, 1987년 이전 권위주의체제에서도 정당은 그 체제를 구성하고 지탱하는 주요 행위자였다. 1987년의 헌법개정과 함께 '민주화'로의 긴 여정이 시작되었다고 해서 권위주의체제를 지탱했던 정당제도와 문화, 정당 정치인들의 행태가 일거에 사라질 수는 없었다. 그들은 이질적인 정치체제에서도 연속성을 가지며 구체제의 정치문화를 존속시켰고 긴 시간에 걸쳐 시민사회와 갈등하며 점진적인 변화 과정을 거침으로써, 한국 민주주의의 독특한 경로를 만들어냈다. 더 거슬러 올라가 제1공화국은 해방 후 3년 동안 무수히 많았던 정당과 정치인들의 정치적 실천과 갈등으로 작동했고, 일제강점기에도 정당들은 실존했으며 그 정당에 몸담았던 개인들은 제1공화국의 정치인들이 되었다. 그렇다면 한국 정치에서 정치적 지향을 공유하는 정치결사의 기원은 어디일까? 그리고 현재에 이르기까지 정당정치의 결절점은 어느 지점에서 발생했고, 어떤 경로를 거쳐 현재에 이르고 있는가?

서구 정치에서 정당 기원에 관한 연구는 17~18세기 왕정체제에서 입헌적 의회에 대한 요구 내지 그 출현 시점까지 거슬러 올라간다. 영국 정당의 기원은 최소한 명예혁명 시기 토리(Tories)와 휘그(Whigs)까지 거슬러 올라가며(Jones, 1961), 스웨덴 정당의 기원은 1719년 시작된 '자유시대(Age of Liberty)' 의회(riksdag) 내 대표자들의 파벌에서 찾기도 한다(Metcalf, 1977). 이들 국가에서 기원으로 인식되는 정당들이 20세기에 보편화된 정당 모델이 있었던 것은 당연히 아니며, 등장 이후에도 오랫동안 왕정복고와 공화정의 등장이 반복되면서 민주정체에 이르기까지 오랜 시간을 거쳐야 했다. '인도 국민회의(Indian National Congress)'처럼 식민지 경험 국가들의 정당 기원이 식민지 시기로부터 발원한 사례들도 적지 않다(Parashar, 2002). 이렇게 본다면 한국 정당정치의 기원을 민주정체 성립 이후가 아닌 그 이전 시기에서 찾는 것은 가능할 뿐 아니라 자연스럽다.

이 글에서는 한국 정당정치의 기원을 대한제국 시기 '독립협회'로부터 찾고, 이후 시대 변화마다 결절점이 되었던 정당 사례를 중심으로 한국 정당정치의 흐름을 살펴보고자 한다. 한국 정당정치사에 관한 한 지금껏 이런 시도가 없었다는 점에서, 이 글의 해석이나 관점은 그 자체로 논쟁적일 수밖에 없다는 한계를 안고 출발한다. 그러나 한국의 근대정당에 대한 인식과 실천이 1987년 이후 갑자기 생성된 것이 아니며, 한국적 맥락에서 정당정치의 기원에 관한 학술적·경험적 관심은 현재를 이해하는 데도 꼭 필요한 작업이기에 이 글을 내놓게 되었다.

이 글에서 정당은 기본적으로 "정치권력을 획득하고 행사하기 위한 목적으로 모인 개인들의 집단"이라는 모리스 뒤베르제(Maurice Duverger)의 정의를 따른다. 그는, 지향하는 바가 보수적이든 혁명적이든, 명사들의 모임이든 대중의 조직이든, 다원적 민주주의 체제에서든 독재체제에서든 모든 정당은 하나의 기능을 공유한다고 보았다. 정부를 구성하거나 야당으로 기능하면서 국가정책 결정에 결정적 역할을 담당함으로써 정치권력의 행사에 참여하고자 한다는 것이다(Duverger, 1954).

근대정당은 유권자 속의 정당, 조직으로서의 정당, 정부 안의 정당이라는 세 구성요소가 있다(Key, 1964). 집권당이든 야당이든 정부 안의 정당 기능을 수행하려면, 잠재적 혹은 현재적 후보자가 될 수 있는 정치엘리트 충원과 교육 기능을 가지고 선거에서 후보자를 공천해야 하며 당선된 공직자는 의원 그룹 등 공직 수행 집단으로서의 기능을 해야 한다. 공직 집단의 능력을 획득하려면 선거에서 득표하고 지지를 얻는 등 유권자 속의 정당 요소를 가져야 하며 이를 위해 중앙 및 지부 조직, 캠페인 조직 등을 갖춰야 한다. 그리고 선거 때만이 아니라 일상적으로 대유권자 캠페인을 진행하고, 공공정책 결정에 영향을 행사하기 위해서는 리더십-활동가-평당원-지지자로 이어지는 심의 및 결정 구조를 갖춰야 한다. 근대국가를 그 이전의 국가와 구분하는 핵심 요소가 관료조직이듯이 근대정당에서도 정당 관료의 존재 및 전문적 기능이 한 요소가 된다(Michels, 1915; Panebianco, 1988).

이상에서 살펴본 기존 연구를 토대로 이 글에서는 한국 정치사에서 존재했거나 현존하는 정당들의 조직을 세 측면에서 분석하고자 한다. 첫째, 그 조직은 정치권력의 획득이나 행사라는 목적을 공유하며 목적 달성을 위해 어떤 조직적 행위를 수행했는가? 둘째, 시민들 사이에 자신들이 공유하는 가치나 이념을 확산하기 위한 조직을 갖췄으며 이를 토대로 집단적 행위를 했는가? 셋째, 일상적인 정치 활동을 위해 리더십 - 활동가(당 관료 포함) - 평당원 -지지자 집단 사이를 연계하는 조직 구조를 갖췄는가, 갖췄다면 이들이 조직 내 의사결정과정에서 어떤 역할을 담당했는가?

이러한 분석틀을 가지고 한국정당정치의 흐름을 크게 세 시기로 나눠 살펴볼 것이다. 첫 번째 시기는 '독립협회'와 '만민공동회'로부터 제2공화국까지의 시기로, 시민들의 자발적 정치결사체가 실천적으로 태동하고, 일제강점기 독립정부 수립의 노력 과정에서 핵심 정치 주체로서 인식되며, 현존하는 정부 안에서 그 존재 형태를 다양하게 모색해 나갔던 시기다. 두 번째 시기는 1961년 등장한 5·16 군사정부의 민주공화당 창당에서부터 1987년 민주화까지의 시기다. 그 이전까지 이승만 독재체제 안에서도 자발적 시민결사의 속성을 잃지 않았던 한국 정당조직은 민주공화당에 이르러 국가기구로 변모하게 되고, 이것이 전두환 신군부체제의 민주정의당에까지 이어진다. 세 번째 시기는 1987년 민주정체의 채택 이후 지금까지의 시기로, 박정희·전두환 체제의 유산으로 남겨진 국가기구로서의 정당조직과 문화가 민주화된 시민사회의 압력과 충돌하며 변모하는 과정을 다루었다.

## 2 | 정치결사의 기원과 태동

### 1) 시민적 정치결사의 기원: '독립협회'와 '만민공동회'

독립협회는 출범 시점에 "독립문과 독립공원을 건설하는 사무를 관장"을 목표로 삼았다는 점에서['독립협회규칙'(1896.7.2) 제2조], 정치적 목적의 결사체를 직접 표방한 것은 아니었다. 동학농민운동이 외세의 개입으로 중단되고 청과 일본의 대립 속에서 일본의 지지를 받는 개화파에 의해 갑오개혁(1894~1896)이 추진되었던 역사적 맥락에서 보면, 청에 대한 사대외교의 상징이었던 '영은문'과 '모화관'을 헐고 '독립문'과 '독립공원'을 건설하고자 했던 독립협회의 목표에 정치 지향성이 없었다고 볼 수는 없다. 그러나 '정치 권력의 획득이나 행사를 추구'했던 것이 아니고, '만민공동회'가 개최되고 '헌의6조'를 채택하던 시점과는 달리 출범 당시 독립협회는 고종과 그의 관료들의 지지를 받았다는 점에서 시기적으로는 구분된다. 그러나 독립협회의 최초 제안자 서재필은 제안 당시부터 정치결사체를 의도했다고 밝히고 있다.[1] "조직을 결성하여 자유주의, 민주주의 개혁 사상을 널리 전파"하고자 했다는 것이다. 지금 시점에서 자유주의나 민주주의는 특정 정당의 당파적 이념으로 제한할 수 없는 일반 규범이지만, 군주제였던 당시에 자유주의나 민주주의 지향은 혁명적인 이념일 수밖에 없었다. 물론 서재필의 제안 의도가 곧바로 독립협회의 조직 목표로 등치될 수는 없으며, 출범 시점의 독립협회는 규칙이나 운영, 활동 내용을 비춰볼 때 정치결사로 보기 어렵다.

그러나 이런 지향은 조직 운영 규칙과 활동 내용에 반영되었고, 정치결사로의 전환이 가능한 토대를 만들었다. 출범 시점 '독립협회규칙'에 따르면 독립문과 독립공원 건설에 필요한 보조금을 송부하면 모두 회원이 될 수 있었고(제20조), 임원은 회원들의 투표로 선출했으며, 20인 내외의 위원들은 다수결 규칙에 따라 안건을 결정(제9조, 제12조)하도록 되어 있었다. 이런 조직 구성 및 운영 원리는 시간이 흐르면서 시전상인 등 급속히 성장하는 시민층, 동학농민운동을 통해 성장한 농민층, 광산 노동자나 부두 노동자 등 임금노동자층, 갑오개혁 이후 해방된 천인층, 선각적 부인들, 배재학당 등 학교의 교원과 학생들, 소년층들이 회원으로 충원될 수 있는 토대를 마련했다

---

1  "나(서재필 _필자)는 신문(독립신문 _필자)만으로는 대중에게 자유주의, 민주주의적 개혁 사상을 고취하기가 곤란할 듯하여 …… 무슨 정치적 당파를 하나 조직하여 여러 사람의 힘으로 그 사상을 널리 전파시켜야겠다고 ……"(김도태, 1948: 215).

(신용하 2006, 159~166).

또한 1897년 8월 29일부터 시작하여 1898년 12월 3일까지 총 34회에 걸쳐 진행한 협회의 '토론회'는, 회원들 내에 '자유주의와 민주주의를 전파'하기 위한 교육 활동이자 정치적 지향을 형성하고 결정해 나가는 조직 활동이기도 했다. 토론회는 찬성과 반대 측 대표 토론자의 토론에 이어 참여 회원들의 토론과 투표로 가부를 결정했으며, 주제를 선정하는 것은 간부들이지만 토론에 참여한 회원들의 발언에 제한은 없었다. 그러다 보니 1897년 10월 출범한 대한제국의 정체, 정책에 대한 비판이 자유롭게 개진되었고 점차 고종 및 대한제국 관료들과의 정치적 거리도 벌어졌다. 특히 러시아 및 열강들의 국정 개입과 지배에 대한 반대를 다뤘던 21회(1898.2.13), 러시아의 부산 절영도 조차 반대를 결정한 22회(1898.3.6), 의회 설립이 주제였던 25회(1898.4.3) 토론회는 독립협회의 성격이 정치결사체로 변화하는 기점이 되었으며, 의회 설립 요구를 하기에 이른 25회 토론회 이후 대한제국 정부의 견제와 탄압이 본격화되었다(간대철, 2014: 82).

한편 1898년 2월 9일 독립협회 주도로 개최하기 시작해 11월 26일까지 진행했던 만민공동회는, 독립협회 회원만이 아니라 일반인들에게도 개방되었고 시간이 흐르면서 독립협회의 의사결정과는 무관하게 자체적인 회의체로 발전해 갔다. 독립협회의 관점에서 보면 만민공동회는 적어도 출발 시점에는 조직으로서의 협회가 일반 시민들 속에서 자신들의 의제를 제안하고 설득함으로써 대한제국 정부에 대한 정치적 영향력을 획득하기 위한 캠페인의 일환으로 기획되었다. 2월 9일과 3월 9일 만민공동회의 주제는 계속되는 러시아 이권 요구의 부당함과 저지 방안을 다뤄 2월 13일과 3월 6일 개최된 독립협회 토론회와 궤를 같이했다. 그해 4월 25일 러시아와 일본 사이에 체결된 '니시-로젠 협정'에 대해, 독립협회는 협정의 실제 내용과 무관하게 협회 정치 활동의 성과로 인식하기도 했다(간대철, 2014: 85).

그러나 횟수가 거듭되면서 독립협회가 주관하지 않은 만민공동회가 개최되기 시작했고, 10월 29일 만민공동회에서 채택된 '헌의6조'는 독립협회가 제안한 '헌의6조'보다 근대적 정치체제에 한발 더 가까이 간 안으로 평가된다. 서희경(2012)은 만민공동회를 완전히 새로운 형태의 정치운동으로 간주하고 공화주의적 맹아를 보여주었다고 평가한다. 인민 스스로가 정치적 주체가 되고자 했던 시도였고, 입헌군주제로 자의적인 전제정부를 제한하려고 했던 독립신문의 계몽적 수준을 넘어, '참여'를 통한 정치체제의 변화를 시도했다는 것이다. 그러나 매회 개최되는 만민공동회에서 회의 진행과 결정 내용 집행 등을 위한 대의자(代議者)를 구성했다고 해도, 공동의 정치적 목표를 공유한 조직으로 존재했다고 보기는 어렵다. 1898년 12월 독립협회와 함께 만민공동회가 강제해산 되지 않았더라면 상설 조직의 형태로 진전되었을 수도 있겠지만, 해산 시점에도 정치결사체로까지 나아가지는 못했다.

제25회 독립협회 토론회에서 의회 개설 문제가 논의된 이후 협회는 의회 개설 운동을 전개했고, 그 내용은 '헌의6조' 제1조에 담겼다. '헌의6조' 제1조가 지향했던 정치체제에 대해서는, 공화정과는 궤를 달리하는 '외견적 입헌군주제'를 지향했다는 의견(최덕수, 2007)도 있고, 본래적 의미의 입헌군주제를 지향했다는 의견(신용하, 2006)도 있지만, 어떤 체제 지향에서든 민선 대표들이 참여하는 의회 설립에 대한 요구는 분명했으며, 결국 이와 같은 지향점 때문에 고종으로부터 동의와 '조칙5조'를 얻어내고도 강제해산 되는 운명을 맞았다. 독립협회 지도자 17인의 구속을 반대하며 이어진 만민공동회의 압박에 직면하자 고종은 이들을 석방할 수밖에 없었다. 11월 29일 마침내 중추원 관제를 실시해 독립협회 계열 17명, 황국협회 28명, 고종 직계 4명 등 50명의 의관을 임명했다. 독립협회 계열 중추원 의관들은 12월 말 만민공동회가 불법화되면서 자리에서 쫓겨나지만, 잠시나마 대한제국 정부 구성에 참여했던 것이다.

독립협회를 우리나라 정당정치의 기원으로 삼는 이유를 정리해 보면 다음과 같다. 첫째, 협회는 최소한 의회 개설 운동을 전개했던 시점부터 정치권력의 획득이나 행사라는 목적을 공유했고, 이를 위한 조직적 행위로서 '헌의6조'를 채택했으며, 만민공동회를 통한 대중적 실천을 조직했다. 둘째, 시민들 사이에 협회의 이념으로서 자주 민권운동을 확산하기 위해 지방 지회를 두었고, 자매단체들과 함께 만민공동회 참여 등의 집단행동을 조직했다. 셋째, 일상적인 정치 활동을 위해 사무국을 두었고 위원장 - 위원 - 회원 체제를 갖췄으며, 회원들은 만민공동회를 조직하는 주체로서 협회와 지지자 사이에 연계를 담당했고, 회원들은 협회 내 의사결정에 민주적으로 참여할 수 있었다. 넷째, 독립협회와 만민공동회 활동으로 길러진 청소년·청년들이 일제강점기에 다양한 독립운동 세력의 중추를 이루었고, 자주독립 노선 이외에도 공화정 지향과 민권운동의 흐름을 이어감으로써 재산, 성별, 신분에 관계없는 평등한 시민권에 기반을 둔 민주공화국을 독립 이후 채택해야 할 정치체제로 공고화하는 데 기여했다.

## 2) 일제강점기 독립운동과 다양한 정당

독립협회와 만민공동회가 강제해산 된 후에도 당시 활동했던 참여자들 중 일부는 비밀결사 형태로 활동을 지속했고, 1902년 '개혁당 사건'으로 이상재 등이 투옥되었다. 1907년 비밀결사로 출발해 1911년 '105인 사건'으로 막을 내릴 때까지 활동했던 '신민회'는 독립협회와 만민공동회 참여자들이 대거 결집했던 독립운동 단체였다. 신민회는 1910년경 회원이 800여 명으로 알려졌는데, 날조된 데라우치 암살미수 사건으로 이 중 600여 명이 검거되어 105명이 기소되었을 정도로 그 규모가 컸다. 신민회는 독립협회와 일제강점기 독립운동 세력들 사이를 잇는 가교 역할을 했을 뿐 아니라 그 정치적 지향과 독립운동을 위한 활동 방식을 공식화하여 이후 독립운동의 이정표를 제시했다는 점에서도 그 존재 의의가 컸다. 또한 "국권을 회복하여 자유 독립국을 세우고, 그 정치체제는 공화정체로 한다"라고 정치적 지향을 밝혀 입헌군주제에 머물렀던 독립협회의 정체를 뛰어넘었다(윤경로, 1990).

일제 강점 직후 국내 독립운동가들 중 상당수는 중국과 러시아, 미주 지역으로 흩어져 활동을 이어나갔는데, 이 과정에서 '조직'은 필수 요소일 수밖에 없었다. 상시적인 생명의 위협 속에서 일본제국주의에 대한 저항행동을 지속해 나가기 위해서는, 언제든 자신의 빈자리를 대체할 독립운동가들을 충원·훈련하고 자금과 정보를 모을 수 있어야 했기 때문이다.

신민회 회원이었던 박은식·신채호 등은 중국 상하이로 건너가서 1912년 신규식 주도로 결성된 '동제사'에 합류했으며(김희곤, 1985), 동제사에 참여한 젊은 운동가들을 중심으로 1917년 '신한청년당'이 결성되었다. 이상설·이종호·이동휘 등은 연해주 지역으로 가서 그 지역에서 활동하고 있던 홍범도와 결합해서 1911년 '권업회'를 결성했고, 1914년 '대한광복군정부'를 조직했으며, 사관학교를 설립하기도 했다(윤병석, 1990). '대한광복군정부'는 제1차 세계대전 발발과 함께 곧바로 해산되었지만, 함께했던 운동가들은 당시 하바롭스크, 북만주 지역으로 이동하여 새로운 조직 활동을 모색했다. 양기탁·이시영·이회영·이상룡 등은 서간도 지역으로 이주하여 독립운동 기지 건설 활동에 착수했고, 경학사와 신흥강습소를 열어 이주 한인 자치 활동과 독립군 교육훈련 활동에 돌입했다. 최초의 시도는 자금 부족 등으로 실패했지만, 독립군 교육훈련과 한인 자치를 위한 시도는 근거지를 옮겨가면서 계속되었다.

1915년 3월 베이징에서 성낙형, 신민회 활동가 유동열, 이상설, 박은식, 이동휘, 동제사의 신규식 등이 창립했다가 그해 7월 당원들의 체포로 해산된 '신한혁명당'도, 신민회가 표방했던 독립전쟁 준비를 우선 목표로 삼아 결성되었다. 신한혁명당은 일제 강점 이후 정당의 형태를 표방한 최초의 독립운동 조직이었고, 신한청년당 등 이후 독립운동계에서 정당을 표방하는 조직이 자유롭게 등장할 수 있는 길을 열었다. 그리고 군주의 허가를 토대로 독립전쟁을 준비하려던 노선이 실패한 이후, 독립운동가들 사이에서 군주제 부활을 표방하는 세력은 사라졌으며 '독립국가의 정체는 공화정이어야 한다'는 합의가 이루어졌다(강영심, 1988). 독립협회로부터 이어진 민주주의와 민권운동의 전통, 1910년대 독립운동 과정에서 만들어진 공화정체에 대한 운동 세력들 간의 합의는 1919년 상하이임시정부가 독립국가의 정체를 '민주공화국제'로 표방했던 이유를 설명해 준다.

1920년 이후 독립운동 조직들은 이념 지향과 활동 노선을 중심으로 다양하게 분화해 갔으며, 1920년대 말부터 1937년 중일전쟁 발발 시점까지는 분립된 독립운동 조직들 간의 통합을 향한 움직임이 전개되었고, 중일전쟁 발발 이후에는 공산당 계열을 제외한 나머지 정치단체들이 충칭임시정부를 중심으로 결집하여 1945년 해방을 맞이했다.

1920년 이후 일련의 분화 흐름은 동아시아를 둘러싼 국제정치의 변화와 맞물려 있었다. 1917년 러시아에서 사회주의혁명이 성공하고 소비에트연합이 결성되었으며 1921년에는 중국공산당이 창당되었다. 중국 국민당과 공산당은 북방 군벌에 대항하기 위해 1924년부터 제1차 국공합작에 들어가지만, 1927년 합작이 결렬되면서 내전상태로 돌입했다. 1910년대 일본의 무단통치로 국내 활동 기반이 급격히 약화되면서 중국과 러시아로 근거지를 옮겼던 독립운동 세력들은 소련과 중국 국내 정치 변화에 영향을 받을 수밖에 없었다. 1918년 5월 하바롭스크에서 이동휘·박애·전일 등이 결성한 한인사회당은 당시 코민테른에서 인정받은 유일한 한인 사회주의 정당으로, 1921년 고려공산당으로 개명하여 상해파 고려공산당으로 불렸다. 1919년 11월 옴스크 공산당 고려족부에서 출발한 이르쿠츠크파 고려공산당과 상해파 고려공산당은 패권 다툼 과정에서 '자유시 참변'을 빚어 양 파 모두 해체되었지만, 1925년 코민테른과의 연계하에 조선공산당이 별도로 조직되었다.

비공산당 계열 독립운동 세력들 가운데 가장 먼저 정당적 질서를 채택한 것은 '의열단'이었다. 의열단은 1911년 요인 암살과 기간시설 파괴 등의 활동 노선을 걷는 무장 독립운동 단체로 출발했으나 1925년 김원봉 등 주력 인사들이 중국 황푸군관학교에 입교하면서 노선 전환을 꾀했다. 1927년 '독립촉성운동에 대한 선언'을 제출하면서 대중적 협동전선 전략을 주창했고, 1928년 '조선의열단 제3차 전국대표대회 선언'을 통해 20개 조의 정강정책을 발표했는데(독립운동사편찬위원회, 1970: 1414~1416), 의열단의 정강정책은 사회주의 노선에 가까웠다. 한편 한국독립당은 1930년, 1935년, 1940년에 각기 다른 세력과 이념 지향적 재구축을 이루었다. 1930년 결성된 한국독립당은 이동녕·안창호 등을 중심으로 '종래의 지방적 파벌 투쟁을 청산하여 민족주의 운동 전선을 통일하고 임시정부의 기초적 정당을 조직'하려는 목적을 표방했다. 이동녕·안창호·이유필·김두봉·안공근·조완구·조소앙 등 7명이 당의와 당강을 기초했으며, 기본 이념은 조소앙이 주창했던 삼균주의였다(조선중대사상사건경과표, 22; 강만길, 2018: 40에서 재인용).

사회주의 노선에 근접한 의열단과 삼균주의에 토대를 둔 한국독립당, 조선혁명당은 각기 다른 이념을 지향했지만 독립운동 세력의 통일전선이 필요하다는 점에 일치를 보았고, 1932년 '한국대일전선통일동맹'을 결성했다.

그리고 1935년 '한국대일전선통일동맹'의 해체와 더 넓은 세력들의 참여 속에서 '조선민족혁명당'이 출범했다. 하지만 조소앙 등이 이탈하여 한국독립당을 재건하고, 지청천이 조선혁명당으로 분화되었다. 이 세력들은 1940년 한국독립당으로 다시 모였다. 김원봉은 민족혁명당을 유지하면서 충칭임시정부에 참여했다가 1945년 해방을 맞는다.

한편 해방 직후 건설된 '건국준비위원회'는 일제 패망 당시 국내에 체류하고 있던 독립운동가들의 분포 및 활동 범위를 확인시켜 준다. 미군 진주 직전까지 불과 20여 일의 동안 한반도 남쪽에서 146개 지부가 결성되는 과정은, 지방 근거지 단위마다 자발적인 활동과 상향식 조직 건설 과정을 전제하지 않고는 설명이 불가능하다. 이들은 일제강점기 고통받던 한국인들의 생활공동체 곳곳에 뿌리를 내리고 있었고, 미군정과 소군정에 의한 분할 점령, 미군정의 인위적인 정치 지형 개편에 뒤이은 분단 과정이 없었더라면 자발적 정치결사의 씨앗이 되었을 것이다.


## 3 | 반공 이념 정당들만의 '정부 안의 정당'

### 1) 미군정과 반공 이념 정당의 출현

일제강점기 독립운동 세력들은 공유하는 이념 지향에 따라 모인 운동가 조직으로서 정당을 표방했지만, 당연하게도 정부 안의 정당이나 유권자 속 정당의 면모를 갖출 수 없었다. 미군정과 소군정의 분할 점령이라는 예견치 못한 방식의 해방이 아니었다면, 각 정당은 대중적 당원과 지지자들을 획득하는 경쟁 과정에서 정당조직의 변화를 경험했을 것이고 독립정부 구성과정에서 공직을 담당하면서 이념과 정책의 현실화 과정을 거쳤을 것이다. 그러나 현실은 일제강점기 정당들을 인정하지 않는 미군정의 통치 체제에 적응해야만 했고, 1945년 12월 모스크바삼국외상회의 결정을 수행하는 과정에서 미군정의 인위적인 정당 질서 재편을 경험해야 했다.

1945년 9월 11일 점령군 사령관 하지는 "통일된 의견과 방책을 듣고자 …… 12일 오후 2시 각 조직체 대표 2인씩을 만나 나의 일에 협조할 것을 희원한다"라는 내용의 기자회견을 했는데, 존 하지(John Hodge)의 이런 발언은 점령군과 대화 기회를 얻으려면 조직체를 결성해야 한다는 유인으로 작용했다. 제1차 미소공위를 앞두고 남측 정당, 단체들에 대한 정보 파악이 필요했던 미군정은 1946년 2월 '정당에 관한 규칙'(군정법령 제55호)을 공포하고 정치 활동을 할 목적으로 결성된 3인 이상 단체의 등록을 의무화했다. 그 결과 1946년 6월까지 등록한 정치단체 수는 102개였으며, 1947년 제2차 미소공위 참여 신청 정치단체는 422개에 이르렀다(서복경, 2016: 100). 이 중 대부분은 당원이 20~30명에 불과한 조직이었고, '반민족분자들이 호신책을 도모하기 위해 결성한 정당'도 적지 않았다(심지연, 2017: 42).

미군정이 자신의 이해관계에 따라 미소공동위원회(이하 미소공위)에 참여할 정치단체를 선별하거나 2차 미소공위를 앞두고 좌익 계열의 정당을 불법화하는 등의 개입이 없는 조건이었다면, 오랜 강점 기간 직후 명사정당의 난립은 근대적인 정당질서로 나아가기 위한 사전단계로서 이해될 수도 있었다. 그러나 미군정이 좌익 계열 정치단체를 억압하고 우익 계열 정치단체라 하더라도 자신들의 뜻대로 움직이지 않는 정치단체를 배제하는 정책을 취하면서 정부수립 과정에서 정당 질서는 교란되었고 미군정과의 거리를 중심으로 재편되는 명사정당들이 우선권을 얻었다. 그 결과로 '민주의원'에 참여했던 한국민주당(이하 한민당)은 미군정의 집권당 기능을 자임했고, 자신을 중심으로 정부수립 과정을 주도하고자 했던 이승만은 조직적 기반이 없이도 정국 운영의 주도권을 장악할 수 있었다.

이 시기의 정당정치가 일제강점기까지 정당정치와 뚜렷이 구분되는 것은 반공 이념 정당의 출현이었다. 조소앙·조만식·김구 등 일제강점기 우익 계열 독립운동가들 중에서도 공산주의 이념을 반대한 사람이 다수 있었지만, 한국독립당·조선민주당 등이 반공 이념을 지향하는 가치로 표방하지는 않았다. 반면 한민당은 '한국 정당사에서 최초로 그리고 본격적으로 이념대결의 막을 열었던' 정당이었다(심지연, 1982: 49). 한민당은 창당 준비 단계에서부터 "해방 직후부터 날뛰는 적색분자를 분쇄"하는 것을 정당 결성의 목표로 내걸었고 9월 16일 창당대회에서는 충칭임시정부 지지와 함께 인민공화국 타도를 주창했다(심지연, 2004: 38). 한편 이 시기 이승만은 정당을 도모하지는 않았지만, 1946년 초부터 주창한 남한 단독정부 수립 노선을 정당화하는 명분으로 반공 이념을 내세웠다.

1920년대 이후 좌우익 계열 독립운동가들이 이념과 노선에 따라 분립하면서도 통일전선 운동이나 '민족유일당운동' 등을 추진했던 것은, 독립 추진과 해방 이후 독립정부 수립 과정에서 함께해야 할 세력이라는 기본 인식이 있었기 때문이다. 반면 한민당과 이승만은 한반도 전체 독립정부 수립이라는 과제보다 반공 이념이 더 우선하는 정당과 정치를 표방함으로써, 해방 이전까지 독립운동가들의 정치결사체들과는 궤를 달리했다. 또한 두 세력은 당원의 확대나 훈련을 통해 정당의 이념이나 가치를 확산하고자 하거나 대중적 캠페인의 방식으로 지지자를 확보하는 등 정당조직문화가 있지 않았고 명사정당으로서의 조직문화를 선호했다는 점에서도 공통적이었다. 그 대신 미군정에 참여 기회를 얻고 그들과 거래를 통해 정치권력을 획득하거나 행사하고자 했다.

독립협회는 회원가입의 문턱을 낮추고 조직의 의사결정에 동등한 참여기회를 보장하는 등의 방법으로 회원을 확대하고, '토론회'로 회원을 교육하며 '만민공동회'를 통해 대중적 캠페인을 벌였다. 비밀결사 점조직으로 운영되었지만, 신민회는 교육을 통한 애국계몽운동과 독립전쟁 준비를 위해 회원을 확대하고 시민들을 교육하는 것을 기본 활동 노선으로 채택했다. 일제에 맞서 독립운동을 해야 했던 조건을 감안하더라도, 강점기 정당들은 무장독립운동 노선이든 애국계몽운동 노선이든 관계없이 비밀결사 조직을 구축했고, 당원 확대에 힘썼으며, 군사훈련이든 근대 교육의 방식이든 일반 시민들 사이에서 자주독립과 근대적 인식의 확산을 위해 힘썼다. 이렇게 본다면 해방 후 이 두 세력의 궤적은 해방 이전 정당조직문화와는 단절적인 모습으로 볼 수 있다.

## 2) 정부 '안의' 정당과 정부 '밖의' 정당

제헌국회의원 선거(이하 제헌선거)가 시행되고 정부가 수립됨으로써 한국 정당정치는 '유권자 속의 정당'이 '정부 안의 정당'이 될 수 있는 역사적인 시대를 맞이했다. 하지만 단독정부 수립을 둘러싼 갈등의 결과로 해방 정국에서 무수히 분립했던 정치 세력 중 이승만계와 한민당만이 조직적 참여를 결정했을 뿐, 중간파부터 남조선노동당에 이르기까지의 세력들은 조직적 불참을 결정함으로써 정부 밖의 정당으로 남았다. 남조선노동당은 선거 무산을 위한 무력투쟁 노선을 채택함으로써 반체제 정당으로 남았고, 전쟁 이후 한국의 정당 지형에서 그 흔적마저 사라졌다. 근로인민당·한국독립당 등 중간파들은 마지막까지 단독정부 수립을 위한 선거에 반대했을 뿐 아니라 조직적 불참을 표명했다. 넓게 흩어져 있던 중간파 계열 인물들은 정당이나 단체 소속이 아닌 무소속으로 출마해 적지 않은 수가 당선되었고 제헌국회 내 '소장파'로서 활동 족적을 남겼지만(백운선, 1992), 제헌선거에서도 제헌국회 활동 과정에서도 '조직'으로 존재하지는 못했다.

제헌선거에는 200개 선거구에 총 948명의 후보가 출마했는데, 이 중 절반에 이르는 486명이 무소속이었다. 참여한 정당, 단체의 수는 48개였지만 후보가 1명인 정당·단체가 25개에 이르렀고, 10명 이상의 후보를 낸 정당·단체는 6개였는데 이 가운데 스스로 정당을 표방한 세력은 한민당 단 하나였다. 가장 많은 후보를 낸 단체는 해방 정국에서 이승만을 중심으로 결성된 범우익 계열 운동단체인 '대한독립촉성국민회'(이하 독촉국민회)로 194명의 후보를 냈으며, 그 밖에도 대한독립촉성농민총연맹이 10명, 대한독립촉성애국부인회가 7명의 후보를 냈다.[2] '독립촉성'이라는 단어는 1927년 의열단의 '독립촉성운동에 대한 선언'에서 볼 수 있듯이, 우익 계열만의 독자적인 정치 지향을 나타냈던 용어가 아니라 일제강점기와 해방 정국에서 좌우를 막론하고 독립정부 수립을 염원하던 세력들이 공유했던 언어로 보인다. 해방 정국에서 '독립촉성'을 표방한 단체들이 난립했고 제헌선거를 둘러싼 갈등 과정에서 이승만계와 한민당을 주축으로 한 우익 운동 단체가 되었지만, 참여자들이 특정 정치적 목적이나 조직적 지향을 공유한다고 보기는 어려웠다.

독촉국민회에 이어 한민당이 86명, 대동청년단이 70명, 조선민족청년단

---

2  제헌국회의원 선거에 출마한 후보자·당선자·득표수 등에 대한 통계는 『대한민국 선거사』 1집(1973)과 '중앙선거관리위원회 선거통계시스템'(검색일: 2020.5.10) 자료의 차이가 크다. 예컨대 『대한민국 선거사』 1집은 무소속 후보자 수를 417명으로, 대한독립촉성국민회 후보자수를 235명으로, 한민당 후보자 수를 91명으로 기록하고 있지만, '선거통계시스템' 자료에는 무소속 486명, 대한독립촉성국민회 194명, 한민당 86명으로 되어 있다. 이 글에서는 '선거통계시스템' 자료를 기준으로 한다.

이 18명의 후보를 냈다. 조선민족청년단은 1946년 10월 광복군 육군 중장으로 귀국했던 이범석을 주축으로 구성된 우익 청년 단체였고, 대동청년단은 임시정부 광복군 총사령관이던 지청천이 귀국하여 국내 청년 단체들의 통합을 기치로 내걸고 1947년 4월 창설한 우익 청년 단체였다. 후일 이범석은 원외 자유당 건설의 핵심 축을 담당했고, 지청천은 이승만 정부 최초의 야당을 표방하고 결성된 민주국민당에 가담했지만 제헌선거 당시에 정당적 지향이나 질서를 갖추고 있지는 않았다.

이렇게 본다면 조직으로서 정당이 전국 단위 후보를 내어 제헌국회에 진출한 유일한 사례는 한민당이었다. 한민당은 제헌선거에서 200개 선거구 중 86명의 후보를 냈고 29명의 당선자를 낸 것으로 공식 기록되어 있다. 하지만 제헌국회 한민당 의원 수는 60명에서 89명까지 집계된다(대한민국 국회, 1960: 85; 조병옥, 1959: 344). 원래 한민당 소속이었으나 선거 당시 대중적 거부감 등으로 인해 무소속이나 독촉국민회, 청년단의 간판으로 출마해 당선된 의원들이 있었고, 제헌국회 개원 후 무소속 의원들을 한민당이 적극적으로 포섭했던 것이 그 이유였다(문창성, 1948). 한민당 소속 의원들은 제헌국회의 '헌법 및 정부조직법기초위원회' 위원 30명 중 14명의 위원 및 위원장 자리를 차지하는 등 제헌국회 논의를 주도했다(심지연, 2017: 68~69).

반공 이념에 입각해 단독정부 수립을 추진했고 제헌선거에 적극적으로 임했던 이승만·한민당 연합은 대한민국 최초의 '정부 안의 정당'이 되었고, 헌법 제·개정과 정부 구성, 이승만의 권력 독점 및 장기집권 시도를 둘러싼 갈등을 거치면서 한국 최초의 집권당과 야당으로 분화되어 나갔다. 권력 분점을 기대했던 한민당은 정부 구성에서 소외되자 1949년 민주국민당으로 외연을 넓히면서 먼저 '정부 안의 야당'을 표방하게 되었고, 이승만은 1951년 결성된 '원외 자유당'에서 '족청계'를 제거해 나가면서 한국 최초의 '대통령의 집권당' 모델을 만들어나갔다(서복경, 2016: 175~178).

1954년 제3대 총선 공천 과정은 이승만 1인을 정점으로 하는 자유당 조직을 구축하는 계기가 되었다. 전쟁 중에 '부산정치파동'이라는 '대한민국 최초의 쿠데타'(김일영, 1993)로 대통령직선제를 도입했던 이승만은 1956년 대선 재출마를 위한 헌법개정을 추진했고, 1954년 총선에서 개헌 조건부 공천을 내걸었다. 자유당 공천을 받기 위해서는 "1. 본당의 총재의 지시와 당 정책을 절대로 복종함. 2. 민의원의 된 후에는 민의에 의한 당 결정의 개헌을 절대로 지지함"이라는 서약서에 서약을 해야 했다(≪조선일보≫, 1954.4.17). 자유당의 공천 과정은 개정 당헌에 따라 공천 대회 – 도 당부 심사 – 중앙 당부 심사 – 총재의 승인 절차를 거쳐야 했는데, 최고 득점자라고 하더라도 총재 승인을 받지 못하면 공천을 받을 수 없었고 현직 국회의원이라고 하더라도 이승만 개인의 추천에 의해서만 공천을 받을 수 있었다(서병조, 1963: 381).

3대 국회에서 자행된 일명 '사사오입 개헌' 이후 1955년 9월 18일 민주당 출범까지의 과정은, 한편으로 의회 내 반이승만 세력의 결집체인 '호헌동지회'가 하나의 정당으로 결합해 나가는 과정이었고 다른 한편으로 조봉암 세력을 '정부 밖 정당'으로 밀어내는 과정이었다. 신당 추진 세력은 조봉암의 가입을 찬성하는 '민주대동파'로 갈렸고 '자유민주파'의 승리로 조봉암 세력의 배제를 통한 민주당 창당으로 귀결되었다. 출범 당시 민주당은 한민당(한국민주당) – 민국당(민주국민당) – 민주당으로 이어지는 세력과 자유당 탈당파 및 무소속 합류파로 구성되었고, 이들은 후일 민주당 신파·구파 갈등의 진원지가 된다.

정당조직의 관점에서 자유당과 민주당은 의회 내 분화를 통해 형성된 의원 정당, 선거 캠페인을 위해서만 작동되는 캠페인 정당, 지역 유지와 명망가들의 느슨한 연합체인 명사정당, 정치권력과 이권이 거래되는 후원·수혜

조직의 성격을 띠었다. 일제강점, 분단과 전쟁이라는 격렬한 폭력적 갈등과 전후에 형성된 협애한 정당 경쟁의 이념적 스펙트럼을 논외로 하고 볼 때, 제1, 제2공화국의 정당들은 영국 근대 초기 의회의 토리와 휘그, 프랑스 혁명 의회의 자코뱅당과 지롱드당처럼 사회 격변의 결과로 만들어진 의회 안에서 '정부 안의 정당'들 간의 경쟁을 통해 분화된 정치집단으로 형성되기 시작했던 원형적 정당조직의 성격을 띤다.

35년의 식민지 경험 이후 등장한 최초의 공화국에서, 전쟁을 통해 사회적 뿌리가 파헤쳐진 한국 사회라는 조건에서, 곧바로 사회 균열에 조응하고 리더십 – 활동가 – 당원 – 지지자들을 아우르는 체계적인 정당조직이 등장할 수는 없었다. 4·19혁명은 이 원형적 정당조직들이 민주정체의 규범을 학습하고 사회적 갈등과 균열에 조응할 수 있는 역사적 계기를 제공했다. 그러나 불과 10개월여 만에 그 계기는 5·16군사쿠데타로 인해 사라져버렸다.

## 4 ┆ 국가기구가 된 정당

### 1) 국가기구가 만든 국민 동원 정당, 민주공화당

1961년 여름에서 가을 사이에 민주공화당의 창당이 결정되고,[3] 중앙정

---

3    박정희 국가재건최고회의 의장은 1961년 8월 12일 '1963년 3월까지 헌법을 개정하고 여름에 민정 이양을 하겠다'는 일정을 최초로 밝혔다. 서중석(2014.7.29)에 의하면, 이 선언 직후 중앙정보부에 대외문제연구소가 설치되었고 여기에서 정당 창설을 통한 민정 이양 계획이 나왔으며, '8·15 계획서'로 불리는 이 계획의 핵심 내용은 '군인들이 예편해 대선과 총선에서 승리하고 민정에서도 정권을 잡아야 한다. 선거 승리를 위해 군인이 참

보부 산하 '정책연구실' 혹은 '대외문제연구소'[4]에서 창당 과정을 기획·주도 했으며, '재건동지회'[5]라는 기초 조직을 통해 1962년 1월부터 12월까지 비밀리에 조직화가 이뤄졌다. '재건동지회'는 쿠데타 가담 군인들로 구성된 중앙정보부 인력 외에 윤천주·김성희 등 학계 인사와 서인석·윤주영 등 언론계 인사들이 참여한 중앙의 선전·훈련·기획 단위, 그리고 중앙정보부가 점 조직으로 발굴해 낸 지방 단위 인력들로 구성되어 있었다. 핵심 실무 인력이었던 강성원에 의하면 "정당에 필요한 정책이나 이념은 정책연구실에서 개

여할 정당을 만들어야 한다. 정당을 만들기 위해 때가 묻지 않은 민간인들의 협조가 필요하다. 구정치인의 도전을 물리칠 방법을 찾아야 한다. 이러한 목표를 달성하기 위해 새 헌법과 선거제도를 고안해야 한다'는 것이다. 공화당 사전 조직화의 실무 핵심이었던 강성원의 진술에 따르면, 1961년 7월 9일 발표된 '장도영반혁명사건'을 전후로 한 시기부터 쿠데타 세력의 정치참여 구상이 시작되었던 것으로 보인다(조영재, 2016: 40).

4    서중석(2014.7.29)에 의하면, "8·12 성명 직후 김종필의 중앙정보부 쪽에서 정치학·법학·경제학·교육학 등의 학자들과 중앙정보부의 여러 간부까지 합쳐서 21명으로 구성된 '대외문제연구소'를 만들었고 여기에서 신당의 정책 개발을 담당"했다고 한다. 김종필은 '5·16 직후 창설된 중앙정보부가 곧바로 부설조직으로 최규하 등 관료와 윤천주 등 교수 23명의 위원으로 정책연구실을 만들었다'고 증언한다(김종필, 2016: 137). 강성원도 "중앙정보부 산하에 헌법을 만들고 정치정화법을 만들고 정당을 만들기 위해 '정책연구실'을 설치했고 윤천주·윤주영 등 23명의 대학교수들로 조직"했으며 '먹고살려는 문제가 있어 중앙정보부 산하에 두었으나 중앙정보부와는 전혀 관계가 없는 조직'이었다고 한다(조영재, 2016: 42~43). 중앙정보부가 신당 창당 추진 단위를 자체적으로는 '정책연구실'로, 대외적으로는 '대외문제연구소'라고 칭한 것으로 짐작된다.

5    '재건동지회'는 1962년 1월 말 법조계·언론계 등 각계 인사 52명으로 구성되었고, 사무총장 이영근(육사8기), 조직부장 강성원(육군 소령), 훈련부장 윤천주(고려대학교 교수), 선전부장 윤주영(≪조선일보≫ 편집국장), 조사부장 서인석(≪뉴욕타임스≫ 서울 특파원) 등이 핵심 인물이었다. 재건동지회는 1962년 말까지 1200여 명의 사람들을 회원으로 가입·훈련시켰고, 이들은 민주공화당 중앙 및 지방 조직 '사무국요원'으로 배치되었다(조영재, 2016: 38, 47).

발하고 조직화는 자신을 중심으로 한 중앙정보부에서 완전히 별도로 진행했다"라고 진술하고 있다(조영재, 2016: 45). 강성원이 중심이 된 중앙정보부 소속 군 인사들이 경찰과 정보부의 정보를 활용해 점조직으로 '재건동지회' 참여자들을 발굴해 서울로 보내면, 한 번에 50~60명씩 모아 한 달 정도의 교육을 거쳐 중앙 및 지방 조직에 배치했다는 것이다.

민주공화당 창당 과정을 특징짓는 키워드는 '점조직'·'밀봉교육'·'사무국 요원'·'이원조직' 등이다. 5·16쿠데타 세력은 육군사관학교 5기와 8기를 중심으로 구성되었고 이들은 국가재건최고회의 위원들이 되었지만, 창당 과정은 이들에게조차 비밀리에 박정희 - 김종필(중앙정보부장) - 이영근(재건동지회 사무총장) - 강성원(재건동지회 조직부장)으로 이어지는 직할 라인을 통해 결정·기획·집행되었다. '점조직'과 '밀봉교육'은 민주공화당 창당 과정의 비밀성을 칭하는 당대의 용어였다. 민주공화당 사전 조직화가 완료될 무렵인 1962년 12월 23일 김종필은 최고회의 위원들에게 창당 경과 등을 알렸는데, 당시 사전 조직에서 소외된 쿠데타 세력들은 김종필계에 의해 주도된 창당 과정을 '공산당식 밀봉교육'이라는 용어로 비판했다.

1955년 육군 대위로 예편하고 성동고등학교 교사로 재직 중에 중앙정보부 요원에 의해 강제로 재건동지회에 가입된 김영도의 사례는 '점조직'과 '밀봉교육'을 통해 '사무국요원'을 만들어내는 과정을 구체적으로 보여준다(조영재, 2016: 53~112). 김영도에 의하면, 어느 날 학교로 중앙정보부 요원이 찾아와서 다짜고짜로 서류에 사인하라고 했으며 사인한 뒤에는 훈련에 보내졌다고 한다. 그 자신은 누가 자신을 추천했는지, 어떤 과정을 거쳐 자신이 '선택'됐는지에 대해 당시에 전혀 몰랐고, 나중에도 알지 못했다고 한다. '밀봉교육'이라 불리는 훈련에서는 윤천주 등이 경제학·사회학·재정학 등을 강의했고, 교육 후 중앙 조직의 훈련부에 배치되었다가 선전부로 옮겨졌다. 매일 열리는 회의에서 활동 보고를 해야 했는데 서로 가명을 써서 이름을 알 수 없었으며, 수직적 위계 구조에서는 바로 위 상급자만 볼 수 있었다고 한다. 김영도는 민주공화당 사무국에서 활동을 지속하다가 1973년 9대 국회에서 유정회 의원이 된 인물로, 본인 스스로는 정치할 의사가 없었기 때문에 직업상 주어진 일을 했을 뿐 당시 돌아가는 정치 상황이나 당내 갈등 등에 대해서도 관심이 없었다고 진술하고 있다.

예춘호는 어느 날 어떤 사람이 찾아와서 "이 얘기를 다른 데 옮기면 안 된다"면서 참여할 것을 요구해 한 달을 하지 않겠다고 버텼지만 결국 훈련을 받고 '사무국요원'으로 배치됐다고 한다. 부산에서 사업을 하다가 군사정부의 '재건국민운동'에 관련된 예춘호[6]의 사례(조영재, 2016: 113~123)에서도 유사한 경험이 되풀이되고 있다. 1962년 말 1200여 명에 달했던 '재건동지회' 회원들은 최초 가입 과정은 모두 다를 수 있겠지만, '점조직'을 통해 '밀봉교육'을 받고 '사무국요원'이 되는 경로는 유사했다.

이렇게 훈련된 '사무국요원'들이 당원·대의원 등의 대의조직이나 선출된 의원들의 조직과는 별도로 정당 관료조직을 구축하여 정당의 중핵을 구성하는 정당 모델을 당대 용어로 '이원조직'이라 불렀다. 1963년 1월 공개적인 창당 준비 과정에서 그 모습을 드러낸 민주공화당에 대해, 당 창당을 주도했던 '김종필계'와 창당 과정에서 소외됐던 최고회의의 군 인사들은 '반김종필계'를 형성하면서 갈등했고, 갈등 과정에서 '이원조직'에 대한 찬반 논쟁이 격렬하게 전개되었다. 후일 김종필은 이런 정당 모델이 '정치학 교수(윤천

---

6    예춘호는 제6, 7대 국회의원이 되었고 1964년 공화당 사무총장을 맡았다. 그는 1969년 3선개헌에 반대하다 공화당에서 제명되었고 1980년 김대중내란음모사건으로 구속되기도 했다.

주·김성희·강상운)들이 각국의 정당조직과 영국 등 선진국 정당의 모델을 연구해 내놓은 안'이었다고 회고했으며, '우리가 만든 신당은 한국에 없던 현대식 정당이었고 가장 큰 특징이 사무국과 원내를 나눈 이원조직'이었다고 평가했다. '자유당과 민주당 시절 정당은 조직 기반이 없는 정당이었지만 자신들은 명실상부한 공당(公黨)을 만들고 원외 사무국이 당 중심이 되도록 설계했으며, 사무국은 창당 정신을 끌고 가기 위한 기반'이었다는 것이다(김종필, 2015.5.18).

김종필의 진술은 공화당 창당 주축 세력들의 정당에 대한 이해를 잘 보여준다. 이들은 자신들이 만들어갈 정당조직의 기반을 당원·대의원 등의 대의조직이 아니라 당료들의 조직으로 이해했다. 만약 이들이 당원 기반 정당을 고려에 두었다면 당원(대의원)·의원·당료의 3원 조직이라는 표현을 썼을지 모르겠다. 하지만 이들이 인식하는 정당조직은 의원 조직과 당료로 구성되어 있었던 것이다. 김종필의 진술을 해석해 보면, '자유당과 민주당은 당료 조직이 없는 사당이었고 민주공화당은 당료 조직이 있는 공당'이 되는 것이다. 그런데 이 당료 조직은 당원들의 대의 조직이 필요에 따라 구성하는 당 실무 조직이 아니라, 중앙정보부가 '점조직'을 통해 끌어내 '밀봉교육'으로 훈련시켜 배치한 인사들이다. 이들은 당원이나 대의원 혹은 선출된 의원들과 무관하게 '창당 정신을 끌고 가는' 원외 조직인 셈이다. 그렇다면 이들은 누구의 통제를 받은 것일까?

출범 당시 공화당은 1200여 명의 '사무국요원'과 15만여 명의 당원을 갖추고 출발했으며, 한때 170만 명 이상의 당원을 확보하기도 했다(김용호 2001). 강성원에 따르면 '사무국요원' 선발 명단을 민간과 군 수사기관을 통해 만들었다고 하는데, 당원의 충원은 어떻게 이뤄졌을까?

5·16 군사정부가 '군사혁명의 국민혁명화'를 내걸고 진행한 재건국민운

동 조직이 공화당 당원 충원의 수원(水源)이었다. 재건국민운동본부는 전국 단위 대중 동원 및 통제 기구였을 뿐 아니라, 마을 단위 생활공동체까지 뿌리를 뻗어 군사정부에 우호적인 인물을 선별해 내고 지방정치 동향을 조사하여 통제 기반을 구축하는 정치도구로 기능했다(김현주, 2018: iii). 군사정부는 최고회의를 통해 '재건국민운동에관한법률'을 제정했고 법에 따라 박정희 최고회의 의장은 '재건국민운동본부' 본부장을 임면했다. 본부는 시와 도에 지부를 두며 구·군(市)·읍·면·동(里)·통·반(坊)에 '지구재건국민운동촉진회'를 두고 지구재건국민운동촉진회장은 해당 지구 구·군·읍·면·동·통·반장이 이를 겸하며 각각 상급기관의 명을 받아 활동하고 본부장, 각지부장 또는 지구재건국민운동촉진회장은 각종의 기관, 사회단체, 기타 집단에 '집단재건국민운동촉진회'를 둘 수 있게 되어 있었다. 그리고 재건국민운동본부는 활동을 수행하면서 관계 행정 각부, 기타 기관의 긴밀한 협조를 얻을 수 있었다. 군사정부 기간 '재건국민운동본부'의 조직원은 430만 명에 달했으며, 1963년 민정 이양을 앞두고 주 활동 영역인 국민계몽운동에 참여했던 사람은 1300만 명을 상회했다고 한다(허은, 2009). 당시 대한민국 인구가 2500만명이던 시절이었다. 예춘호의 사례에서 볼 수 있듯이, 이 조직은 공화당 당원을 충원하는 거대한 수원이 되었다.

공화당이 공개적인 창당과 1963년 총선 이후에도 이런 체제를 유지할 수 있었던 것은 물론 아니다. '재건국민운동' 조직은 1963년 총선 이후 그 필요를 다했다. 선거 후 군사정부는 이 운동에 더 이상 관심을 두지 않았고, 조직은 군사정부 시절 결합했던 지식인들을 중심으로 관 지원을 받지 않는 민간단체가 된 뒤 소멸하는 과정을 거쳤다. 제6대 국회는 1963년 12월 5일 '한국반공연맹법'을 제정했고, '반공연맹' 조직을 통해 국민 동원 체제를 이어나갔다. 현존 자유총연맹의 전신인 한국반공연맹(이하 반공연맹)은 휴전 직후

그림 6-1 **1980년 민주공화당 대회에서 김종필 총재가 연설하는 모습**

민주공화당은 중앙정보부에서 창당을 기획한 국민 동원 정당이었다.
자료: 민주화운동기념사업회 오픈아카이브.

1954년 결성한 '아시아민족반공연맹' 한국 지부의 소관 부처를 외무부에서 공보부로 옮긴 다음 지부를 갖춘 국내 조직으로 재탄생시킨 조직이다(유상수, 2009: 463). 사무국 중심 정당조직도 유지될 수는 없었다. 1965년 당헌 개정과 함께 공화당 활동의 중심은 원내조직으로 옮겨갔다. 1972년 유신 선포 후 사무차장 직위와 부녀국, 지방의 관리장 제도가 폐지되었고, 유정회라는 유사 정당이 공화당의 원내조직 기능 일부도 대체했다(김용호, 2001).

쿠데타 세력의 한 분파인 김종필계가 윤천주 등의 학자들로부터 아이디어를 얻고 중앙정보부를 통해 조직하고자 했던 공화당 초기 정당조직 모델에 대해 '한국정당의 근대화 프로젝트'였다는 평가(장훈, 2000)도 있지만, 이런 평가는 공화당의 현실적 조직화 과정이 무시된 채 윤천주 등의 아이디어에만 주목했던 것으로 보인다. 윤천주 등의 기획에 주목하더라도, 당시 이들의 기획을 근대정당의 조직화 과정으로 보기는 어렵다. 이들의 구상에는 공동의 정치적 지향을 갖는 시민들이 당원·당료·의원 집단을 갖추고 정치권력을 획득하거나 영향력을 행사하기 위해 스스로 결사한다는 조직 개념이 결여되어 있기 때문이다.

1965년부터 공화당이 시행한 '사무국요원' 공채 제도를 정당 현대화의 역사적 계기로 평가하는 시각도 있지만(최한수, 1999: 259), 이 역시 동의하기 어렵다. 서구 정당사를 볼 때 정당이 스스로 제도화되면서 당료 조직을 갖추기는 하지만, 당료 조직이 있다고 근대정당이 되는 건 아니기 때문이다. 근대정당에서 당료는 공동의 목적을 실행하기 위한 기능적 필요를 충족하기 위해 발전해 왔으며, 당연히 그들도 공동의 정치 지향을 공유하는 당원으로 출발해야 한다. 공화당 공채 1기로 채용된 정창화는 '전역 후 취직난으로 워낙 힘들고 어려운 상황에서 공채 광고를 보고 지원했으며, 100 대 1의 경쟁률을 뚫고 합격했고, 70년대 중반 이전까지 사무처 공채에는 서울대, 연대, 고대가 아니면 합격을 할 수 없었으며 일종의 정당 고시로 인식되었다'고 진술한다(조영재, 2016: 153~183). 당시 공화당은 취업을 앞둔 청년들에게 시민들의 자발적 정치결사체가 아닌 준국가기구로 인식되었던 셈이다.

쿠데타로 헌정을 중단시키고 '정치활동정화법'으로 쿠데타 세력을 제외한 모든 정치인들의 활동을 금지한 상태에서 중앙정보부가 비밀리에 자금을 동원하고 점조직으로 '사무직요원'과 당원을 동원해 결성한 그 정당은 17년 8개월간 지속되었으며, 전두환 신군부 체제에서 민주정의당의 모델이 되었을 뿐 아니라 민주화 이후에도 오랫동안 유산을 남겼다.

## 2) 국가기구가 된 정당의 유산

공화당·민정당으로 이어진 25년 정당정치가 민주화된 한국 정치에 남긴 가장 큰 유산은, 민주주의에 대한 정치인과 시민 모두의 인식을 왜곡하고 더 나은 정치를 향한 상상력을 제한했다는 점이다. 민주주의는 다수의 지배 이전에 다양한 소수의 공존을 전제한 정치체제다. 이는 공동체를 구성하는 구성원들의 다양한 이해와 열정은 부분(part)과 다양한 소수(minority)로 실존하며, 이들 사이에 갈등과 토론, 설득의 과정을 거쳐 비로소 사회 전체의 거대한 다수와 소수가 '만들어지는 것'이다. 민주정체에서 정당은 그 사회적 기반이 무엇이든 부분을 대표하며 부분들 간의 갈등과 경쟁 체제(system)를 통해 사회는 전체로 대의된다는 것이 민주정체의 기본 가정이다(Sartori, 1976: 4~12). 다른 이념, 이해관계, 열정들이 그 자체로 정치적으로 대표될 권리가 있다는 전제, 정치적 다수와 소수는 다양한 소수의 자유로운 결사와 표현 위에서 갈등과 설득의 제도적 과정을 통해 만들어지는 것이라는 이해는 민주정체 작동의 토대가 되는 규범인 것이다.

공화당·민정당이 집권당이었던 25년의 역사는 '정당이란 무엇인가'에 대한 사회 구성원 전체의 인식을 바꿔놓았다. 박정희·전두환 세력은 쿠데타의 알리바이를 만들기 위해 제2공화국까지의 정치와 사회를 부정하고 자신들이 만든 정치질서의 정당성을 사회 구성원 전체의 인식으로 이식하기 위해 노력했고, 공화당과 민정당은 이들이 만든 질서를 정당화하는 핵심 기제였다. 특히 이들이 부정해야 했던 실존 현실은 4·19혁명으로 등장했던 제2공화국이었다. 군사쿠데타는 '무능하고 혼란스럽고 부패한 정치를 능력 있고 깨끗하며 질서 있는 정치로 만들기 위한 혁명'이어야 했기 때문이다. 그들의 알리바이에서 제2공화국의 부정적인 정치를 만들어낸 핵심 주범은 '파벌싸움을 일삼는 무능한 정당'이었고, 자신들이 만든 국가기구로서의 공화당·민정당을 그 대척점에 세워야 했다.

그러나 그들이 만든 정당 안에서도 파벌 갈등은 상존했고, 그 정치인들은 더 부패했으며, 또한 권위주의 집권 세력이 장악한 행정부에 대하여 더 무능했다. 그들은 이런 현실을 가리고 정당화하기 위해 끊임없이 제2공화국 정당정치의 실패를 불러들였다. 이 과정에서 정당은 부분의 대표여서는 안 되고 '공당(公黨)'은 전체로 국가를 대표해야 하며, 부분 대표의 권리 주장은 공익을 훼손하므로 억압되어 마땅하다는 논리를 학계·언론계·법조계를 동원해 반복적으로 재생산해 냈다. 민주화된 한국 정치는 이 거대하고 왜곡된 민주주의와 정치에 대한 사회적 인식을 걷어내는 지난한 과제를 안고 출발해야 했다.

또한 국가기구가 된 정당은 자발적 결사의 권리를 강제적 국가동원에 대한 의무로 대체해 버렸다. 이 시대를 살아낸 시민들에게 공화당·민정당의 당원이 된다는 것은 재건국민운동, '반공(연맹)운동', '사회정화운동' 조직에 가입하고, 준조세를 납부하며, 활동에 동원되는 것과 다르지 않았다. 강제동원에 응한 시민들 중 소수는 그에 상응하는 이권이나 직위를 대가로 받기도 했지만, 다수는 강제로 회원(당원)이 되고 선거 때마다 동원되는 정당 활동에 대해 뿌리 깊은 거부감을 내재화했다. 또, 국가가 허락한 결사가 아닌 자발적 결사는 법으로, 국가기구의 자의적 폭력으로 제한당하는 것을 직접 경험하거나 목도했기 때문에, 정당만이 아닌 어떤 형태의 자발적 결사든 그것은 권리가 아닌 위험한 행위로 인식될 수밖에 없었다. 집권당이 아닌 정당에, 노동조합에, 공익단체에 가입하는 것이 결코 권리가 될 수 없었던 조건에서 우리의 민주주의는 출발했다.

한편 공화당·민정당의 역사가 민주화 이후 정당조직에 남긴 큰 유산은 여야를 가리지 않고 불법 정치자금으로 운영되는 조직이 필수적이거나 불가피하다는 인식과 행태였다. 공화당 창당을 둘러싼 쿠데타 세력 내부 갈등과정에서 불거진 일명 '4대 의혹사건'[7]은 국가기구가 주체가 되어 벌인 조직적범죄행위였지만, 이렇게 모인 불법자금으로 동원한 공화당 조직은 '쿠데타 세력이 군부로 돌아가야 한다'는 군 내부와 시민사회의 저항 속에서도 1963년 선거를 승리로 이끌었고, 1967년 대선과 총선의 큰 승리를 안겨주었다. 박정희·전두환 세력은 국가재정을 횡령하고 재벌과의 불법거래 등으로 비밀 자금을 조성하면서 조직 동원과 선거 캠페인을 벌여나갔고, 이들의 행태는 주기적인 '의혹' 사건으로 터져 나왔지만 결코 근절되지 않으면서 '정치를 하려면 불법자금이 불가피하다'는 사회적 인식을 만들어나갔다.

물론 이승만 정권도 국가재정 횡령과 기업과의 불법거래로 얻은 자금으로 금권선거를 자행했다. '3인조 투표'·'공개투표' 등의 투표 부정행위, '쌍가락지표'·'피아노표'·'샌드위치표'·'올빼미 개표' 등의 개표 부정행위(천주교서울대교구홍보국, 1960: 77), 야당 선거 사무원 매수나 폭력배를 동원한 선거 캠페인 방해 행위 등을 자행했던 이승만 정권에도 불법자금은 중요했다. 하지만 4·19혁명은 국가기구와 불법자금을 동원한 부정선거가 시민들이 결코용납할 수 없는 헌법 위반 범죄임을 확인시켜 주었다. 그러나 제2공화국과제5대 국회가 이승만 정권의 선거부정에 대해 제대로 단죄하기도 전에, 쿠

---

7   '김종필계'가 중앙정보부를 통해 공화당 창당 자금을 마련하기 위해 실행했다고 알려진 불법행위를 말한다. 대한증권거래소를 장악해 주가조작으로 부당이득을 챙긴 '증권파동', 외화획득 명분으로 외국인 종합 위락시설을 만들면서 국가재정을 횡령한 '워커힐 사건', 일본에서 완제품 승용차를 불법 반입하여 국내 판매로 폭리를 취한 '새나라자동차 사건', 5·16군사정부가 불법으로 금지했던 회전 당구기를 수입 허용하고 서울 시내 33곳에 도박장 개설 승인으로 이득을 챙기려 했던 '회전 당구대 사건'이 그것이다.

데타를 일으킨 군부는 더 큰 규모로 조직적인 국가범죄를 도모했을 뿐 아니라 이런 체제를 25년 동안 지속시켰다. 이런 체제에서 야당도 이들과 경쟁하기 위해서는 돈으로 움직이는 동원 조직이 필요해졌다. 박정희·전두환 정권은 본인들에게 절대적으로 유리한 합법적인 정치자금 모금의 길을 열고, 다른 한편으로 '선거공영제' 명분의 기탁금, 국고보조금을 야당에도 흘려줌으로써 공모 관계를 형성해 나갔다.[8]

다당 경쟁과 주기적 선거로 작동되는 대의민주제는 일상적인 체제 유지 비용을 필요로 하며, 정치자금은 민주정치의 필수 요소다. 정당 운영과 선거 제도 유지를 위한 국가재정의 투입 역시 민주정치의 기본 요소다. 그러나 박정희·전두환 체제가 도입하고 물려준 선거공영제와 불법자금의 교묘한 조합은 민주정치의 그것과는 다른 것이다. 민주주의에서 체제 유지 비용을 공동체가 함께 감당한다는 원리는, 정당 당원으로 가입해 당비를 내고 자발적으로 후원금을 내고 세금으로 제도 운용 비용을 지불하는 전반적인 체제에 대한 시민적 합의에 토대를 두어야 한다.

공동체가 함께 민주주의 운영 비용을 감당해야 한다는 시민적 합의가 부재한 상태에서 경상보조금, 선거 보조금, 특별 보조금, 후보자 선거 비용 반

---

8    제3대 국회는 1965년 '정치자금에 관한 법률'을 제정하여 중앙선거관리위원회에 기탁하는 방식으로 합법적인 정치자금 모금 제도를 도입했지만, 정치자금의 기탁 및 수탁 절차를 대통령령으로 정하여 야당에 기탁금을 제공하는 자의 개인정보를 국가기구가 확인할 수 있도록 함으로써 사실상 합법적 정치자금의 독점체제를 만들었다. 1969년 법 개정으로 기탁금의 60%를 제1위 원내정당에 선배분하고, 40%는 다른 원내정당에게 의원 비율에 따라 나누게 함으로써 야당도 일부 기탁금을 공유(?)할 수 있는 길을 열었다. 전두환 신군부는 '헌법'에 '국가는 법률이 정하는 바에 의하여 정당의 운영에 필요한 자금을 보조할 수 있다'는 내용을 삽입했고, 법을 개정하여 정당 후원금 제도와 국고보조금 제도를 도입했다.

환 등 재정지출 항목만 늘려갔던 민주화 이후 체제는 정당정치에 대한 시민의 반감을 증폭시킬 수밖에 없었다. 또한 민주화의 정초선거 시점에 이미 '정부 안의 정당'으로 존재했던 정당들이 당원이나 지지자 기반 확대를 통한 재정 자립 노력의 유인을 점점 더 축소시켰고, 국가 지원에만 기대게 해 정당 운영을 위해서는 불법적 방법을 동원해서라도 원내 다수 의석 정당이 되어야 한다는 정당 생존 방식을 만들어냈다. 1987년 한국 민주주의는, 스스로 국가기구임을 자임하거나 국가에 종속되어 버린 정당들의 체제를 물려받으면서 출발한 것이다.

## 5 | 시민사회의 충격과 국가기구가 된 정당의 변형

### 1) 비대칭적 정당조직의 유산

1988년 민주화 이후 최초 국회의원 선거에 후보를 낸 정당은 14개였고, 무소속 포함 후보자 수는 총 1043명이었다. 이 중 당선자를 낸 정당은 5개였는데 그중 4개는 권위주의 체제에 기원을 둔 정당들로, 전두환 체제 집권당 민주정의당(이하 민정당), 박정희 체제 집권당 민주공화당에 뿌리를 둔 신민주공화당(이하 공화당), 박정희·전두환 체제 야당에 기원을 둔 통일민주당(이하 통민당)과 평화민주당(이하 평민당)이었다.

1988년 기준 민정당 당원 수는 당선자를 낸 4개 정당 당원 수 총합의 1.9배였고, 통민당 당원의 6.9배, 평민당 당원의 6.1배, 공화당 당원의 4.6배였다. 지구당 수 기준으로 224개 지역 선거구 전체에 지구당을 둔 정당은 민정당밖에 없었으며, 지역별 당원 수 분포를 보면 민정당만 광역시도 기준 전

표 6-1 13대 총선후보자 및 당선자와 1988년 기준 정당조직 현황

| | | 민주 정의당 | 통일 민주당 | 평화 민주당 | 신민주 공화당 | 한겨레 민주당 | 무소속 | 전체 |
|---|---|---|---|---|---|---|---|---|
| | 지구당 수(개) | 224 | 198 | 169 | 180 | 61 | - | - |
| 1988 | 당원 수 | | | | | | | |
| | 전국 | 2,804,478 | 419,291 | 458,533 | 606,954 | 11,572 | - | - |
| | 서울 | 578,996 | 117,870 | 113,995 | 167,201 | 4,950 | - | - |
| | 대구 | 189,805 | 12,039 | 1,237 | 27,231 | 315 | - | - |
| | 부산 | 183,481 | 46,385 | 9,593 | 33,051 | 708 | - | - |
| | 광주 | 36,663 | 444 | 46,596 | 695 | 63 | - | - |
| 13대 총선 | 지역구 후보자 | 224 | 202 | 165 | 181 | 63 | 111 | 1,043 |
| | 당선자 | | | | | | | |
| | 지역구(명) | 87 | 46 | 54 | 27 | 1 | 9 | 224 |
| | 전국구(명) | 38 | 16 | 13 | 8 | 0 | 0 | 75 |
| | 합계(명) | 125 | 62 | 67 | 35 | 1 | 9 | 299 |

자료: 1988년 기준 각 정당의 지구당 수 및 당원 수는 중앙선거관리위원회(2009a:523~524) 자료이다.

체에 고르게 당원이 분포되어, 다른 정당 당원들의 지역 편중은 확연했다. 통민당의 광주 당원 수는 이 지역 민정당 당원의 1.2%, 평민당 당원의 1.0%에 불과했고, 부산 지역 평민당 당원 수는 민정당 당원의 5.2%, 통민당 당원의 20.7% 수준이었다. 대구 지역 민정당 당원 수는 평민당의 153배, 통민당의 16배였다. 서울에서 민정당은 10명, 통민당은 10명, 평민당은 17명의 당선자를 냈지만, 당원 수는 다른 정당들에 비해 민정당 당원이 4~5배 더 많았다.

당시 각 정당 등록 당원들이 정당에 얼마나 소속감이 있었는지, 당 활동에 얼마나 적극적으로 참여했는지는 정당마다 다를 수 있다. 그러나 1987년 '6·29선언'이 있었고 10월에 헌법개정 국민투표가 있었으며 12월에 대선, 이듬해 4월에 총선이 있었던 정치 일정을 고려하면, 전두환 체제에서 각 정당의 조직 기반이 큰 변동 없이 지속된 결과로 해석하는 게 현실적이다. '정당법'상 이중 당적이 금지되었고, 당원 등록 시 주민등록번호 등을 포함한

실명 등록을 해야 했으며, 당사자의 서명날인과 법정 당원의 경우 인감증명 첨부 조건까지 있었다. 명의만 빌려준 당원이더라도 최소한 본인의 승인은 있어야 가능했던 것이다.

1988년 기준 정당의 당원 규모와 지역별 분포를 보건대 민정당과 다른 정당들은 출발 조건부터 조직 자원 면에서 현격한 차이를 보일 수밖에 없었으므로, 13대 대선과 13대 총선에서 후보 득표의 지역별 편중은 예견치 못한 놀라운 결과가 결코 아니었다. 새로운 체제에 대한 시민들의 높아진 정치참여 열망이 있었기에 13대 대선에서는 그나마 비등한 경쟁이 가능했지만, 지역 선거구 단위로 진행된 총선에서까지 조직 자원의 한계를 넘어선 경쟁이 이뤄지기는 어려웠던 것이다. 후일 민주화 직후 양대 선거와 1990년 3당 합당으로 만들어진 민주자유당(이하 민자당)과 민주당의 경쟁 구도는 '지역주의' 혹은 '지역정당 체제'라는 새로운 현상으로 해석되었고, 정당조직도 혈연과 학연, 지연이라는 전근대적인 조직문화에 토대를 둔 것으로 비판받기도 했지만, 그 근저에 박정희·전두환 체제 25년이 만들어낸 비대칭적인 정당조직의 현실이 있었다는 점은 크게 주목받지 못했다. 13대 총선 후 1년 9개월 여 만에 등장한 민자당은 1990년 기준 219개 지구당 235만 2005명의 등록 당원을 보유했던 반면, 평화민주당에 일부 시민사회 세력들이 결합해 창당된 민주당은 70개 지구당 5만 868명의 당원을 가진 심각한 비대칭적 조건에서 다시 출발해야만 했다(중앙선거관리위원회, 2009a: 525).

## 2) 국가기구가 된 정당들의 제도적 카르텔 형성

박정희·전두환 체제로부터 물려받은 비대칭적 정당조직의 유산은, 13대 국회 원내정당들이 권위주의 체제를 지탱했던 정당·선거·정치자금 제도를 폐지하고 민주정체에 맞게 재구성해 나가는 대신 그들만의 카르텔을 존속시키고 심지어 강화해 나가는 유인으로 작용했다.

민정당은 국가재정과 기업 결탁을 통한 불법 정치자금으로 선거 동원 조직을 운영했던 역사적 경험 위에 있었다. 오랜 시간 이들에게 당 조직은, 권위주의체제에서도 선거를 시행해야만 했던 조건에서 불법 정치자금과 정치적 특혜를 통해 가동해야 하는 '정치 머신(political machine)'(Gosnell, 1933)으로 존재했다. 권위주의 체제에서는 야당을 배제한 채 은밀한 불법 정치자금 동원을 할 수 있었지만, 더 이상 그 방법에 의존하기는 어려웠다. 지정 기탁금 제도를 활용해 기업 기탁금을 독점하는 방법은 여전히 유효했지만, 정보가 공개되는 조건에서 불공정경쟁이라는 비판을 피하기는 어려웠고 어느 시점에서든 야당과의 공유가 불가피했다.

야당들은 민주화 정초선거에서 극심한 조직 자원의 불균형을 확인했지만, 새롭게 당원을 확대하고 지지 기반을 확대할 수 있는 당 조직 경로를 채택하기에는 당장 눈앞의 선거 경쟁이 시급했다. 권위주의 체제에서 야당 경험이 전부인 정치인들이 당비와 후원금을 내줄 충성스러운 당원과 지지자를 조직하는 방법을 훈련받았던 것도 아니다. 13대 총선으로 원내 의석을 차지한 권위주의 집권당과 야당들은 박정희·전두환 체제에서 정치자금을 매개로 만들어진 원내정당 카르텔 구조를 공고히 하고 확장하는 데 이해관계를 같이했다.

1988년 당시 정당들은 1980년에 개정된 '정치자금에 관한 법률'을 적용받고 있었고, 당시 법은 원내정당에 3중으로 유리한 구조였다. 원내 의석순으로 4개 정당에만 총국고보조금의 20%를 5%씩 선배분한 다음, 총액의 40%는 의석 순위에 따른 비율로 원내정당에 배분하고, 나머지 40%를 최근 총선 득표 비율에 따라 다시 배분하는 구조였다. 원내정당들은 당연히 의석

표 6-2 **연도별 정당 수입 총액(1988~1992)**

(단위: 원)

| 구분 | 1988 | 1989 | 1990 | 1991 | 1992 | 계 |
|---|---|---|---|---|---|---|
| 전년도 이월 | 279,194,838 | 980,338,506 | 3,180,563,551 | 4,358,882,200 | 5,550,807,533 | 14,349,786,628 |
| 당비 | 45,139,949,963 | 15,143,289,518 | 8,214,524,624 | 17,273,490,165 | 187,724,935,612 | 273,496,189,902 |
| 기탁금 | 22,150,430,000 | 17,528,940,000 | 16,910,665,943 | 29,548,953,450 | 22,345,671,779 | 108,484,661,172 |
| 보조금 | 999,999,990 | 2,499,999,900 | 10,479,281,910 | 10,479,281,950 | 42,007,427,780 | 66,465,991,530 |
| 후원회 기부금 | 2,000,000,000 | 2,000,000,000 | 8,598,346,069 | 11,053,739,651 | 17,632,040,851 | 41,284,126,571 |
| 차입금 | 4,259,438,034 | 3,035,231,060 | 1,513,358,384 | 1,188,826,450 | 5,566,015,040 | 15,562,868,968 |
| 기관지 발행 수입 | 64,570,000 | 275,502,800 | 148,117,759 | 191,621,065 | 217,297,950 | 897,109,574 |
| 기타 사업 수입 | 1,101,259,486 | 537,611,554 | 2,271,295,815 | 4,700,486,466 | 2,969,991,526 | 11,580,644,847 |
| 계 | 75,994,842,311 | 42,000,913,338 | 51,316,154,055 | 78,795,281,397 | 284,014,188,071 | 532,121,379,192 |

주: 수입 총액은 각 정당의 중앙당, 시도 지부, 지구당, 구·시·군 연락소 분을 모두 합한 금액이다.
자료: 중앙선거관리위원회(2009a: 479).

비율로도, 득표 비율로도 유리한 지위에 있었다. 보조금 총액은 '예산 범위 내'로 되어 있어 매년 예산편성 당시의 협상 결과에 따라 달라졌다. 이 제도 하에서 1988년에는 10억여 원, 1989년에는 25억여 원의 총보조금이 정당마다 배분되었다.

1989년 12월 13대 국회는 '정치자금법'을 개정해 보조금 총액 산정기준을 '최근 실시 총선 선거권자 1인당 400원'으로 정했고, 1990년 국고보조금 총액은 105억여 원으로 1989년에 비해 4배 가까이 증가했다. 1991년 12월 국회는 다시 법을 개정해 총액 산정기준을 '선거권자 1인당 600원'으로 올렸고, 대선이나 총선·지방선거가 있는 해에는 '선거권자 1인당 300원'을 추가 계상해 선거보조금을 지급하는 제도를 신설했다. 그 결과 총선과 대선이 함께 있었던 1992년 국고보조금 총액은 420억 원으로 1991년 보조금보다 4배가 늘어났다. 13대 국회에서만 보조금 총액은 10억여 원에서 420억여 원으로 42배가 늘어나게 되었다. 14대 국회는 1992년 12월 선거보조금 총액 산

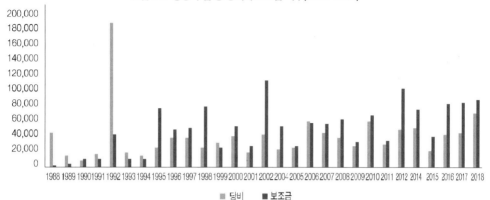

그림 6-2 **정당 수입 중 당비와 보조금 액수(1988~2018)**

자료: 중앙선거관리위원회(2009a, 2009b, 2005, 2006, 2007, 2008, 2009, 2010, 2011, 2012, 2013, 2014, 2016, 2017, 2018, 2019).

정기준을 "선거권자 1인당 600원"으로 다시 변경했고, 제1차 전국 동시 지방선거가 있었던 1995년 보조금 총액은 761억으로 늘어났다(중앙선거관리위원회, 2009b: 628).

동시에 13대 국회는 보조금 배분 기준을 변경해 교섭단체 구성 정당의 프리미엄을 획기적으로 강화했다. 1989년 법 개정으로 원내정당 의석순 4개 정당에 총액 20%를 5%씩 균등 배분하던 기준을 총액 40%를 10%씩 균등 배분하도록 변경했고, 총액 30%는 원내정당에 의석 비율로, 나머지 30%를 최근 실시 총선 득표 비율에 따라 배분하도록 변경했다. 1990년 3당 합당으로 원내 양당체제가 만들어진 이후인 1991년 '정치자금법'을 다시 개정해 '의석순 4개 정당 균등 배분' 기준이 삭제된 대신 '교섭단체 구성정당에 총액 40%를 균등 배분'하도록 했다. 그 결과 원내 두 정당은 1992년에 1988년보다 42배 늘어난 국고보조금을 사실상 독식할 수 있게 되었다.

반면 13대 국회 기간 정당 수입에서 당비가 차지하는 비중은 급격히 낮아졌다. 1988년 당비의 비중은 59.4%였으나 1990년 16%, 1991년 21.9%

로 줄어들었다. 1992년에는 1991년보다 정당 당비 수입이 10배 가까이 증가했는데 이는 국회의원 선거 공천을 받은 후보들이 납부한 특별당비 덕분(중앙선거관리위원회, 2009a: 478~480)으로, 1993년에는 다시 12.0%로 줄어들었다. 〈그림 6-1〉은 1988년부터 2018년까지 우리나라 정당들의 수입 중 당비와 국고보조금 액수를 나타낸 것이다. 1993년 이후 지금까지 예외적인 경우를 제외하고 대부분의 기간에 국고보조금 액수가 당비 총액을 상회하는 현상이 지속되었으며, 전국 단위 선거가 있는 해에는 특히 국고보조금 의존도가 더 높았다. 경상보조금 외에 선거 보조금이 더 지급되었기 때문이다. 지난 30여 년 동안 '정치자금법'은 수차례 개정되었고 국고보조금 배분 기준도 변경되었지만, 교섭단체 구성정당에 특혜를 부여하는 원리는 지속되고 있다.[9]

박정희·전두환 체제로부터 물려받고 13대 국회가 훨씬 더 강화된 형태로 제도화한 정치자금 카르텔 즉 항상 당대 교섭단체 구성정당들이 국고보조금의 특혜를 얻는 구조는, 구체제가 함께 물려준 '정당법', '선거법'의 유산과 결합되면서 민주화 이후 정당 체제의 성격과 개별 정당의 조직문화를 특별한 경로로 주조해 냈다.

정당 체제 수준에서는 새로운 정치 세력이 원내로 진입하는 데 강력한 진입장벽이 세워졌다(음선필, 2008: 149; 이부하, 2019: 457). 중앙당은 수도에 있어야 하고 5개 이상 광역시·도에 조직과 법적으로 규정된 수의 당원이 있어야만 정당이 될 수 있는 '정당법'은 박정희 군사정부 때 만들어져 민주화

---

9  현행 '정치자금법'에 따르면, 국고보조금 총액 50%를 교섭단체 구성정당에게 우선 배분한 후 5석 이상의 의석을 얻은 정당에 대하여는 5%씩을, 의석을 얻지 못했거나 5석 미만의 의석을 얻은 정당에 대하여는 보조금의 2%씩을 배분·지급하도록 되어 있다.

이후 30여 년이 흐르는 시간 동안 존속되었고, 신생 정치 세력이 정당조직이 되는 것 자체를 가로막는 제도적 진입장벽으로 작동했다. 선거 기간이 아니면 선거 관련 정치 활동을 할 수 없는 '선거법'은 1958년 이승만 정부 때 만들어져 박정희 군사정부에서 더욱 강화된 형태로 제도화되었으며, 역시 민주정치 시기 30년을 꿋꿋이 버텨왔다. 신생정당 소속 정치인이나 기존 교섭단체 구성정당 내에서 현직 국회의원에 도전하려는 신생 정치인은, 불리한 인지도를 극복하기 위해 훨씬 긴 기간의 선거운동이 필요할 수밖에 없다. 그러나 법에 허용된 13일의 선거 기간이 아니면 제대로 된 선거운동을 할 수 없는 조건은 현직 의원에 대한 신생 정치인들의 도전 자체를 가로막는 진입장벽이 되어주었다. 여기에 더해 당대 교섭단체 구성정당들이 갖는 국고보조금 배분의 특별한 제도적 혜택은, 그 정당들과 경쟁해야 하는 신생정당이나 교섭단체를 구성하지 못한 원내정당들에 원천적으로 불공정경쟁의 장을 제공하는 것일 수밖에 없었다.

'정당법'과 '선거법', '정치자금법'이 결합된 공고한 제도적 진입장벽은 13대 국회 교섭단체 구성정당들에 난공불락의 요새를 만들어주었다. 이들은 지난 30여 년 동안 정치부패나 사회 변화에 둔감했기 때문에 생긴 시민적 불신을 돌파하기 위해 "정치개혁", "정당 민주화"라는 슬로건 아래 여러 시도를 해왔지만, 13대 국회가 구축한 제도적 진입장벽을 훼손하는 시도는 하지 않았다. 원래 교섭단체였던 그 세력들 사이에서 이합집산은 거듭되었지만, 소속 정당의 이름이 바뀌고 어제의 동지가 오늘의 경쟁자가 되더라도 늘 교섭단체로 남는 선택을 해왔다. 하지만 민주정치의 역사는 쌓였고 그 과정에서 시민들의 민주주의 인식과 경험은 성장했으므로 '교섭단체가 다시 교섭단체가 되는' 그 길이 계속 순탄할 수는 없었다.

## 3) 시민사회로부터의 충격과 정당들의 변형

13대 국회 교섭단체 구성정당들과 그 후예들은 민주화 직후부터 민주정치에 대한 시민적 기대와 실망이 빚어내는 압력에서 자유로울 수 없었다. 민주정체가 채택되었으므로 구체제와 다른 정치를 원하는 시민들의 요구는 당연했다. 그러나 그 요구가 정당 간 경쟁 체제를 바꿀 수 있는 제도적 환경을 갖추고 새로운 정치 세력들이 원내로 진입하여 경쟁하는 대안이 아니라, 13대 국회에서 이미 교섭단체가 되어버린 정당들에 대한 '정치 엘리트 교체', '정당 민주화'에 대한 대안으로 정의된 것은 그들만의 제도적 카르텔이 작동한 덕분이었다. 이 카르텔은 '소수 정당(신생정당)이 난립하면 정치가 불안정'해지고 '미국식 양당제가 민주화된 한국 사회에서 정당정치의 대안'이라는 언론과 지식인들의 논리로 뒷받침되고 있었다. 이 논리들은 민주화 정초선거에서 이미 소수 정당이 아닌 거대 정당의 지위를 얻은 정당들만의 경쟁 체제가 정당하고 바람직하다는 전제 위에서, 과거와 다른 정치를 모색하는 대안으로 경로를 설정하게 만들었다. 새로운 정치 세력의 진입이 봉쇄된 조건에서 기존 정당들이 변화하는 대안만 남게 된 것이다. 이제 13대 국회 교섭단체 구성정당의 후예들은 '정당민주화'를 향한 치열한 경쟁에 뛰어들 수밖에 없었다.

시민사회로부터의 첫 번째 충격은 1995년 시민운동 세력들이 결성한 '정치개혁시민연합', 즉 '개혁신당'이었다. 이들은 '3김 청산'을 통한 "정당민주화"'를 핵심 슬로건으로 내걸었고, '예비선거제' 도입을 그 방안으로 제출했다. 당대 정당정치의 문제는 구체제의 상징적 인물인 '3김'이 정당 공천을 좌우하는 '보스정치'이고, 이 폐해를 근절하기 위해서는 '민주적 정당 공천'이 이뤄져야 하며, '예비선거제'를 통한 '정당민주화'가 대안이라는 주장이었

표 6-3 **민주화 이후 한국정당의 대통령 후보선출제도**

| 연도 | 정당 | 선거인단 구성 방식 | 규모* | 제도 유형 |
|------|------|----------------|-------|----------|
| 1978 | 민정당 | 전당대회 대의원 | 7,309명 | 당내·지명·추대 |
| | 민주당 | 전당대회 대의원 | 약 1,200명 | 당내 합의·추대 |
| | 평민당 | 전당대회 대의원 | 약 3,200명 | 당내 합의·추대 |
| | 공화당 | 전당대회 대의원 | 약 3,200명 | 당내 합의·추대 |
| 1992 | 민자당 | 전당대회 대의원 | 6,882명 | 당내 경선 |
| | 민주당 | 전당대회 대의원 | 2,426명 | 당내 경선 |
| 1997 | 신한국당 | 전당대회 대의원 | 12,430명 | 당내 경선 |
| | 국민회의 | 전당대회 대의원 | 4,368명 | 당내 경선 |
| 2002 | 한나라당 | 대의원 : 당원 : 유권자 = 3 : 2 : 5 (성, 연령, 지역별 인구 비례) | 50,000명 | 개방형 경선 |
| | 민주당 | 대의원 : 당원 : 유권자 = 2 : 3 : 5 (성, 연령, 지역별 인구 비례) | 70,000명 | 개방형 경선 |
| 2007 | 한나라당 | 대의원 : 당원 : 유권자 : 여론조사 = 2 : 3 : 3 : 2 (성, 연령, 지역별 인구 비례) | 163,617명 | 개방형 경선 |
| | 민주신당 | 당원 여부 관계없이 누구나 참여 가능 | 495,911명 | 완전 개방형 경선 |
| 2012 | 새누리당 | 대의원 : 당원 : 유권자 : 여론조사= 2 : 3 : 3 : 2 (성, 연령, 지역별 인구 비례) | 103,118명 | 개방형 경선 |
| | 민주통합당 | 당원 여부 관계없이 누구나 참여 가능 | 614,517명 | 완전 개방형 경선 |

주: * 선거인단 규모는 여론조사를 포함한 유효 투표 수 기준이다.
자료: 박수형(2014: 200, 〈표 1〉) 인용.

다. '개혁신당'은 당시 민주당과 통합하면서 이 주장을 민주당의 대안으로
만들어냈지만, '새정치국민회의'가 등장한 조건에서 소수당인 민주당의 대
안이 전면화되지는 못했다. 그러나 이 논리는 시민운동 세력, 전문가와 지식
인, 언론을 통해 시민들의 정치 불신을 야기하는 스캔들이 터질 때마다 반복
되며 확산되었다. 1997년 'IMF 외환위기'가 닥치고 최초의 정권교체가 일어

나면서 정치 전반의 예측 불가능성이 커졌고, 마침내 2002년 대선을 앞둔 새천년민주당의 대선후보 경선 제도로 '국민참여 경선제'가 도입되었다. '정당 민주화' 의제를 선점당했다고 인식한 한나라당 역시 그해에 이 제도를 받아들였다(박수형, 2014).

'개혁신당'은 처음부터 독자적인 정당 질서 구축을 목표로 삼지 않았고 민주당과 통합했지만, 그 민주당 역시 한나라당·새정치국민회의의 양당 경쟁 속에서 독자적인 생존에 실패했다. 압도적인 제도적 카르텔을 넘어서기에 자원은 부족했고 새로운 방식의 정당 질서에 대한 비전 또한 부재했기 때문이다. 그러나 그들의 아이디어는 살아남았고 2002년을 기점으로 우리나라 정당조직 변형의 기점을 만들어냈다. 대선후보 선출을 당 밖에 개방한 이후 국회의원 후보 공천 과정에도 이 방식을 적용하고자 했으나 대선 경선처럼 대규모로 조직하는 데는 실패했으며 그 자리에 '여론조사 공천'이라는 또 다른 제도가 들어섰다.

공직 후보를 선출하는 당원들의 권리는 공직 후보자가 될 수 있는 권리와 직결되어 있다. 공직 후보라는 지위는 후보자 개인의 힘으로 존재하는 것이 아니라 당내에서 스스로 만든 조직적 자원을 토대로 획득할 수 있는 것이다. 공직 후보를 선출하는 당원들은 누군가의 조직적 자원 범위 내에 있으면서 스스로 조직적 자원을 쌓아 공직 후보가 될 기회를 학습하는 것이다. 그들은 당 밖에서 새로운 당원을 충원하여 자신의 조직적 자원으로 전환하고 자기가 지지하는 공직 후보를 당선시킴으로써 당의 정책과 노선에 스스로의 영향력을 행사하는 활성화된 당원이 된다.

그러나 공직 후보 선출의 권리가 당 밖으로 개방되면서 당원들은 활성 당원이 될 기회를 제약당했고, 공직 후보가 되고자 하는 정치인들은 당내에서 조직적 자원을 구축하는 대신 느슨한 지지자들을 대상으로 '팬클럽' 등을 조직해 공직 후보 선출 시기마다 동원하고, 일상적인 시기에는 당 밖에서 관리하는 새로운 조직 전략을 취하게 되었다. 조직으로서의 정당은 안팎의 경계가 점점 모호해졌고, 정당 소속 공직 후보자나 공직자들은 점점 더 당원들에게 의존하지 않게 되었으며, 선거 때마다 정당들은 공직 후보를 선출해 줄 국민들과 공직 후보자를 당 밖에서 찾아다니게 되었다.

한편 2002년 '국민경선제'라는 이름의 개방형 경선제 도입은 시민사회로부터 두 번째 충격을 만들어냈다. 2000년 새천년민주당(이하 민주당) 밖에서 만들어졌던 '노무현을 사랑하는 사람들의 모임'(노사모)이 당내 소수파 주자인 노무현을 민주당의 공식 대선후보로 만들어버린 일대 사건이 발생한 것이다. 노무현 후보의 선출은 민주당 내 갈등을 촉발시켰고, 그의 대통령 당선으로 본격적인 갈등이 시작되었다. 민주당 다수파는 그들이 확립해 놓은 정당 질서 안에서 노무현 대통령이 움직이기를 원했지만, 당내 소수파였고 당 밖에서 들어온 '노사모'에 빚을 진 대통령은 '정당민주화'에 대한 요구를 무시할 수 없었다. 결국 분당에 이른 민주당과 한나라당의 무리한 탄핵 추진은 신생정당 열린우리당을 과반 의석을 확보한 집권당으로 만들어주었고, 열린우리당의 '정당민주화' 실험은 본격적으로 무대에 올랐다.

열린우리당은 당정 분리, 원내정당화, 기간 당원제 확립, 국민참여경선의 제도화를 당내 민주주의 확립의 기조로 삼았다(형은화, 2013: 167) 열린우리당의 창당 주체가 된 민주당 쇄신파의 개혁론이 '권력의 분산을 통한 정당민주화 및 의원 중심의 원내정당화'에 방점을 두었다면, '노사모' 내 정당 추진 세력이 만들고 열린우리당에 결합했던 '개혁당'은 '당원의 직접 참여'에 초점을 맞추고 있었다(박찬표, 2014: 52). 당원의 능동적 참여에 의해 작동하는 정당 모델과 의원 중심 정당 운영 모델은 처음부터 공존할 수 없는 기획이었다. 국민참여경선제는 선거 때만 작동하는 느슨한 지지자 네트워크와 일상적인 시기에 의원 집단의 힘으로 작동하는 '원내정당' 모델은 공존할 수 있을지 몰라도, 권한을 가진 능동적인 '진성당원'들과는 공존할 수 없었다. 하지만 열린우리당의 '정당민주화' 노선을 기획하고 추진했던 사람들은 이런 이질적인 정당조직 요소들을 마치 충돌 없이 공존할 수 있을 것처럼 하나의 바구니에 담았고, 그 실험은 파국으로 끝이 났다. 열린우리당이 추구했던 정당조직 모델의 구성 요소 중 당정 분리와 기간당원제는 열린우리당의 붕괴와 함께 사라졌지만, 원내정당 중심의 정당 운영과 국민참여경선제는 살아남아 이후로도 끈질긴 생명력을 보여주고 있다.

민주화 이후 정당정치에 시민사회가 가한 세 번째 충격은 민주노총이 주도해 만든 '민주노동당'의 등장이었다. 민주노총은 1995년 출범 당시부터 '노동자정당 건설'을 목표로 내걸었고 '국민승리21'을 거쳐 민주노동당을 창당했으며, 2012년 총선 후 통합진보당 분열로 '배타적 지지' 노선을 철회할 때까지 조합원의 당원 가입과 공직 후보 출마, 정당투표에서 배타적 지지 입장 공표, 재정적 지원을 지속했다(김장민, 2017: 127~130). 민주노동당은 노동조합의 주도와 지지로 구성된 민주화 이후 최초의 정당이었고, 13대 국회 교섭단체 구성정당의 후예가 아닌 정치 세력으로 원내에 진입한 최초의 정당이었으며, 그 후예들이 지금까지 원내에 생존해 있는 유일한 정치 세력이기도 하다. 또한 그 당은 2002년 이후 지배적인 모델이 된 원내정당과 국민참여경선제로 유지되는 정당이 아니라 대부분의 당원들이 당비를 내고 당 공직후보 결정권을 온전히 행사하는 정당 모델을 유지해 온 유일한 정당이다. 하지만 민주노동당 계열 정당들의 운명은 매 선거에서 위태로웠으며, 원내 진입 이후 지금까지 교섭단체 구성에 성공하지는 못했다. 제도적 장벽 앞에 번번이 좌절을 경험했고, 21대 총선후보 공천 과정에서는 개방형 경선제를 채택함으로써 미래를 예측하기 어렵게 만들었다.

민주정치의 시간이 흐르면서 시민들의 정치적 표현은 다양해졌고, 시민들이 밀어 올리는 의제들의 범위는 넓어졌으며, 정당 활동에 대한 관심도 높아졌다. 그러나 활성화된 시민사회의 역량은 제도적으로 확립된 강고한 진입장벽 앞에서, 원내에서 경쟁하는 정당들의 수를 늘리고 대표의 범위를 확장하는 힘으로 작동하지 못한 채 교섭단체 구성정당들의 '정당민주화'라는 정체불명의 개혁 의제와 불화하면서 병목현상을 보이고 있는 것이 현재적 모습이다.


## 6 ¦ 변화의 동력은 정당 '사이에'

어떤 문제를 긴 시간 지평 안에 놓고 살펴보는 일은, 현재가 만들어진 경로 의존적 궤적을 드러내 주고, 당대의 시선에서는 보이지 않던 구조적 제약을 확인시켜 준다는 점에서 유용하다. 또한 주요 역사적 계기마다 반사실적 가정을 허용함으로써 존재하지 않았던 경로를 상상하게 하고 다른 미래에 대한 가능성을 탐색하게 만들어준다. 독립협회와 만민공동회에서 출발해 현재에 이른 한국 정당정치 변화의 궤적을 추적한 이 글이 유용성이 있다면 아마 그 지점에서일 것이다.

동학농민운동과 갑오개혁으로 신분제가 철폐된 토대 위에서, 독립협회는 자유주의와 민주주의 이념을 확산시키는 대중적 캠페인을 조직했고 평민들의 참여로 의회를 개설하고자 했으며, '헌의6조'로 대한제국 정부에 정치적 영향력을 행사하고자 했다. 일제 강점이 없었다면 '독립협회'는 대한제국과 갈등하면서 긴 시간에 걸쳐 스스로 근대적 정치결사체로 전환되고, 다른 정당들의 태동을 촉발하며 '정부 안의 정당'이 되었을지 모른다. 일제강점기에 독립운동가들이 지향한 이념과 독립운동 노선에 따라 결성하고 해산하고 통합하면서 축적해 온 정치결사의 경험들이, 미·소 냉전의 국제질서와 미군정에 의해 왜곡되고 전쟁과 분단 질서 속에서 산산이 부서지지 않았다면, 좌에서 우까지 넓게 포진한 다양한 정당이 만들어졌을 것이고, 이들이 '유권자 속의 정당'으로 경쟁하면서 '정부 안의 정당'이 되는 경로를 밟았을 수도 있다.

반공 이념 정당들만이 '정부 안의 정당'이 되는 좁아진 경로가 현실화되었지만, 시민들은 4·19혁명으로 그 구조적 제약에 돌파구를 만들었다. 제2공화국 5대 국회는 다양한 정당 경쟁의 장이 되지는 못했지만 4·19혁명으로 확인된 시민적 요구에 부응하기 위해 한발 한발 나아가고 있었다. 10개월여의 짧은 기간이었지만 이승만 체제가 만들어놓은 다양한 시민권 제약을 하나씩 제거해 나가고 있었고, 거리와 작업장에서 터져 나오는 시민들의 불만과 항의에 즉각 반응할 능력은 없었지만, 적어도 인내하는 방법은 배워나가고 있었다. 그 시간이 중단되지 않고 지속될 수 있었더라면, 긴 시간에 걸쳐 다양한 시민적 항의와 참여를 토대로 새로운 정치결사들이 태동하고 의회의 구성정당들이 바뀌며 산업화 단계마다 시민들의 요구에 조응하는 방식으로 정치체제를 만들어나갔을지 모른다.

박정희 군사정부는 당대에서만이 아니라 지금까지도 세계적 유례를 찾아볼 수 없는 정치결사 제한 체제를 제도화했고, 국가재정과 불법거래로 만든 자금으로 마을 단위의 생활공동체에까지 침투하는 국민 동원 조직을 구축해 '정당'이라고 불렀다. 그 체제가 만든 '정당'은 이전까지 시민들과 정치 엘리트들이 상상했던 그 어떤 '정당'들과도 달랐다. 그것은 군대와 중앙정보부와 경찰의 조직적 질서를 닮아 있었고 시민들이 강권적 국가기구의 이미지를 '정당'으로 상상하게 만들었다. 국가기구가 된 정당의 25년 역사는, 민주정체의 헌법을 채택한 지 30여 년의 시간이 흘렀어도 여전히 긴 그림자를 드리울 만큼 강력한 유산을 남겼다.

13대 국회 교섭단체 구성정당들은 마치 당연하다는 듯 구체제의 '정당법'과 '선거법'을 온존시켰고, '정치자금법'을 개정해 그들만의 제도적 카르텔을 만들어냈다. 민주주의에서 정당은 자발적으로 결사한 당원들의 조직으로서 지지와 후원을 매개로 지지자들을 설득해 '정부 안의 정당'이 되기 위해 경쟁해야 했지만, 이 경로를 선택하기에는 구체제가 물려준 제도적 카르텔이 강력했고 무엇보다 매력적이었다. 이들은 정치의 공간을 시민에게 개방하는 대신 높은 진입장벽을 세우고 밀려드는 시민사회의 압력을 개별 정당의 '정당 민주화' 대안으로 대체하고자 했다. 정당의 정치 활동은 원내 활동과 개별 정치인의 정당 밖 지지자 관리 활동으로 구성되었고, 불법 정치자금에 의존했던 관행은 국고보조금에 대한 의존도를 높이는 것으로 바뀌었다. '상향식 공천'에 대한 요구는, 선거 때마다 정당 밖 개별 정치인의 지지자들을 초대해 '국민참여경선'을 하거나 '여론조사 공천'을 하는 것을 의미하게 되었다.

박정희·전두환 체제의 유산 위에서 13대 국회가 주조해 낸 정당정치의 경로는, 민주정치 30년의 역사 속에서 변형을 거듭했고, 지금과 같은 독특한 정당조직문화를 만들어냈다. 이 체제의 미래는 어떻게 될까? 현행 체제를 지탱하는 제도적 조합과 정치적 힘은 여전히 강력하다. 그러나 이 체제에 만족할 수 없는 시민들의 불만 역시 강력하며, 민주정치의 경험을 체득하고 제도정치권 안으로 진입하려는 시민사회의 힘 또한 커지고 있다. 제도 안에서 지탱하려는 힘과 제도 밖에서 균열을 내려는 힘들이 빚어내는 역동적 과정은 앞으로도 지속될 것이다. 그러나 지난 역사로 확인되듯이 시민들의 민주적 역량이 성장하는 것과, 그것을 민주정체의 힘으로 바꿔내는 대안은 다른 차원이라는 것이다. 결국 문제는 누가, 무엇을 대안으로 정의할 힘을 갖느냐이다. "민주주의는 정당 '내부가' 아니라 정당 '사이에' 있다"(Schattschneider, 1942: 60)라는 명제는 여전히 유효하다. 변화를 바라는 힘들이 정당 내부가 아니라 정당의 경쟁 관계를 변화시키는 힘으로 조직될 수 있을 때, 우리는 지금과는 다른 정당들을 볼 수 있을 것이다.

<u>7장</u>

# 미투 100년,
# 성폭력을 넘어 민주주의로 가는 길

·
·
·

**김아람**(한림대학교 글로컬융합인문학 전공)

# 1 | 왜 성폭력인가?

　민주주의 100년을 돌아보는 지금, 한국의 여성·젠더 문화는 사회 전반의 문화를 변화시키는 동력이 되고 있다. 역사적으로 보면 오늘의 변화는 오랜 시간에 걸친 문화 변화와 여성들의 주체적 저항의 결과이기도 하다. 일제 시기부터 현재에 이르기까지 가부장적 권력구조와 폭력적인 문화가 지속하는 사회에서 여성은 동등한 인격으로 인정받고자 했고, 그 노력은 다양한 방식으로 계속됐다. 100년에 걸쳐서 젠더 인식을 형성하고 차별을 개선할 제도와 법률을 만들며 연구와 정책을 심화할 수 있었던 것은 장기에 걸친 문화의 변화가 있었기 때문이다. 또한 그 변화를 이끈 데는 당대의 억압에 저항하고 스스로 주체화한 여성들이 있었다.

　이 글에서는 장기간에 걸쳐서 나타난 성폭력 사건과 그것을 가능하게 했던 또는 그것에 저항해 왔던 문화에 대해 다루고자 한다. 2017년 10월 미국 할리우드 영화 제작자 하비 와인스타인(Harvey Weinstein)의 성폭력을 고발하면서 해시태그를 다는 '미투(#Me Too) 운동'이 널리 알려졌다. 하지만 성폭력에 대해 말하고, 대응하는 미투는 최근에 갑자기 나타난 현상이 아니다. 성폭력은 개별적인 사건으로만 존재하는 것이 아니라 그 시대의 젠더 문화와 역사적인 상황에 밀접하게 연관되어 있으며, 지난 100년간 다양한 저항의 사례를 찾아볼 수 있다. 성적으로 위계가 분명하고 젠더 불평등을 공유하는 문화 속에서 폭력 또한 하나의 문화 요소로 인식될 수 있었고, 피해 여성들은 '수치'이거나 '그럴 수 있는 일'로 받아들일 수밖에 없었다. 그 속에서 어떤 성폭력은 사회적으로 '사건'이 되었다. 이 과정에서 피해자가 스스로 대응하는 과정 자체가 새로운 역사가 형성되는 과정이기도 했다.[1]

성폭력은 그 범주와 양상 또한 달라지고 있다. '성폭력' 개념은 여성의 성적자기결정권을 인정하는 데서 출발한 운동의 산물이고, 1980년대에 이르러서야 성립했다. 같은 행위의 피해라 하더라도 시대에 따라 그 의미는 다르게 해석되었고, 법적인 처벌 또한 물론 다르다. 단적인 예로 과거에는 강간과 강제 추행만 문제로 여겼지만, 현재는 사이버상의 성폭력 피해까지 매우 심각하며 그 양태 역시 매우 다양하다. 성폭력의 개념과 방식의 변화는 단순히 폭력의 행태가 바뀐 것에만 국한되지 않고, 젠더 문화의 지속과 변화가 복합적으로 맞물려 있는 것이다.

조선시대에 여성의 성은 '정절'로 표현되었다. 그러다가 일제시기인 1920년대에 들어서서 여성의 성이 일부일처제를 지탱해야 한다는 '정조' 개념으로 바뀌었고, 남성의 재산으로 취급되었다. 1920년대의 또 다른 변화는 강간과 강제 추행을 근대의 법으로 처벌하기 시작했다는 것이다. 그로부터 해방 후에도 성폭력 범죄는 강간죄와 강제추행죄로 제한되었다.

100여 년 동안 성폭력 개념과 그 의미는 크게 달라졌지만, 사건이 벌어

---

1    이러한 의미에서 적극적으로 운동했던 피해자의 실명을 노출했다.

진 당대의 피해자들은 그 시대적인 상황과 제약 속에 존재했다. 피해자가 여성단체와 연대하여 성폭력 사건에 대응하게 된 것은 1980년대부터였다. 1980년대부터 성폭력 반대·추방 운동이 시작되었고, 민주화의 진전으로 법률 제·개정, 제도와 정책 수립 등의 성과가 나타났다. 1991년 김학순의 증언 이후 1990년대에 일제시기의 국내외 전시 성폭력 경험에 대한 증언이 활발히 나오게 된 것만 보아도 50년이 넘는 시간 동안 피해자는 침묵할 수밖에 없었음을 보여준다. 일제시기부터 1970년대까지 외부로 알려진 성폭력 사건들도 있었지만 피해자 대부분은 피해 사실이 알려지지 않기를 원했고, 사건의 법적 처리나 사회적인 시선에도 대응할 수 없는 문화 속에 있었다. 성폭력 사건의 발화 역시 사법기관, 언론, 남성 지식인이 주도했다. 사건의 결말 또한 남성 가해자가 처벌받지 않거나 미미한 처벌로 끝나는 것이었다.

이 글에서는 성폭력에 대항해 온 100년의 역사를 통해 앞으로의 민주주의를 전망하고자 한다. 여기서는 오랫동안 유지돼 온 여성 차별과 억압의 구조 속에서 성폭력을 묵인·용인해 온 문화를 '성폭력 문화'라고 지칭하고자 한다. 누구라도 인간으로서의 가치를 존중받고 주인으로 살아갈 수 있는 체제이자 현상이 민주주의라고 한다면, 그것은 성폭력 문화가 유지되는 사회에서는 이룰 수 없는 것이다.

방대한 시간 속에 존재한 수많은 성폭력 사건과 그것을 둘러싼 사회문화적 맥락까지 모두 다룰 수는 없으므로, 이 글은 다음의 쟁점에 집중할 것이다. 첫째, 사건 중에서도 주로 피해자가 생존하여 고투했던 과정에 주목한다.[2] 해방과 분단, 한국전쟁과 군부독재로 이어지는 1950~1970년대 시기에는 성폭

---

2    일제에 의한 전시 성폭력인 '일본군위안부', 해방 후 미군 기지촌에서의 성폭력과 성 착취 또한 핵심적인 주제이지만, 방대한 역사와 독자성으로 이 글에서는 다루지 못했다.

력 사건이 외부에 알려지지도 그에 대응하는 운동이 두드러지지 않았는데, 그 시대적·문화적 특징을 다룬다. 시기를 막론하고 여성이 성폭력 피해 사실을 공개하면 차별과 혐오를 경험했다. 최근 미투 이후에도 피해자를 향한 억압은 계속되고 있으며, 피해 자체를 인정하지 않는 등 반감도 크다. 이 때문에 피해자의 목소리와 활동을 역사적으로 기록하는 것이 더욱 중요하다.

둘째, 피해자와 연대하는 여성들의 활동을 민주화와의 관련성에 주목하여 그 의의를 살펴볼 것이다. 정치적 민주화의 요구는 고문과 최루탄 등 공권력에 의한 폭력이 난무하는 사회를 변화시키고자 함이었고, 동시에 부당한 권력에 의한 성폭력으로부터 여성의 권리를 찾는 과정이기도 했다. 1980~1990년대의 성폭력 대응 운동은 피해자의 주체화를 통해 시작되었고, 관련 단체가 조직되어 피해자를 지원할 수 있었다. 1983년에 창립한 '여성의전화'는 처음으로 여성에게 가하는 폭력을 '성폭력'으로 개념화하고, 문제를 해결할 방법을 찾기 시작했다. 또한 2000년대까지 여성운동이 활발히 전개되며 여성단체들의 연대가 가능해졌다. 성폭력특별법(성폭력범죄의처벌및피해자보호등에관한법률)이 제정된 것은 조직화된 운동의 성과이다. 대학·학교·직장 등 각계에서 제기된 성폭력 문제는 실질적이고 일상적인 민주화를 요구하는 것이자 촉진하는 계기가 되었다.

셋째, 이 글에서는 민주주의를 구현하는 수단이자 원리이기도 한 사법체제와 그 문화가 여성과 성폭력에 적용되었을 때의 한계를 비판적으로 다룰 것이다. 성폭력 사건이 벌어지면 그 결과는 법적인 판단으로 사건의 성격을 결정하게 되므로, 수사기관과 사법부의 영향력이 크게 작용한다. 그동안 성폭력 대응 운동의 목표 중 하나는 부당한 사법절차와 판단에 문제를 제기하고, 정당하게 법을 집행하도록 하는 것이었다. 성폭력 사건에서 피해자는 수사와 재판 과정에서 2차 피해를 입을 뿐만 아니라 가해 사실을 부정하는 판결이 나올 경우에 역고소를 당하거나 익명의 다수에게 비난을 받는 피해를 겪는다. 2020년 지금도 비민주적인 사법 문화와 일반 상식 수준에 못 미치는 가해자 중심의 성폭력 사건 판결이 계속 나오면서, 피해자의 고통이 가중될 뿐만 아니라 성폭력에 관대한 문화가 지속될 수 있다는 우려가 제기되고 있다.

이 글은 '미투 100년'이라는 과감한 제목 아래 각계의 여러 선행 연구를 참조하여 서술했다. 시대별 사건과 문화를 살펴보기 위해서는 역사학·문학·여성학 등 여러 학문 분과의 성과에 기댈 수밖에 없다. 특히 여성의전화·한국여성단체연합·한국여성민우회 등 여성단체를 비롯해 많은 연구자들이 1980년대 이후의 성폭력 '추방' 또는 '반(反)성폭력' 운동을 다루었기 때문에 주요 사건과 그 대응을 파악할 수 있었다. 1980년대 이전의 성폭력 사건 자체에 대한 연구는 미진하여 신문기사 등을 토대로 서술했다. 2020년을 지나는 지금도 성폭력은 계속 벌어지고 있으며 용기를 내는 피해자, 연대하는 연구자·활동가의 발화와 소통의 시도가 치열하게 이뤄지고 있다. 그 성과들을 모두 다루지 못한 것에 대해 미리 양해를 구한다.

## 2 ┃ 일제시기~1970년대, 강요된 침묵을 깨온 시도들

### 1) 근대적 여성의 자기 인식과 남성 지식인의 이중성

근대에 접어들어 여성의 성은 시대적 요구에 따라 동원되었고, '정조'로 유지되어야 했다. 여성의 성이 '정조'라는 개념으로 확립된 것은 일제시기에 이르러서다. 조선시대의 '정절'이 일제시기에 '정조' 개념으로 바뀌었다. 정절은 재가 금지와 내외를 강조하는 의미였다면, 정조는 우생학의 영향을 받아서 양처현모를 통해 일부일처제를 유지해야 한다는 의미를 담고 있다. 제국의 식민지 지배는 문화와 사상, 학문까지 포함한 것이었다. 이 시기 우생학이 도입되면서 여성의 신체적 특징이 정조를 '과학적'으로 증명하는 수단이 되었다. 1930년대에는 일제의 대륙 침략전쟁이 시작되었고, 국익을 위해 여성의 정조가 '형법'(조선형사령)에서 '보호'해야 하는 것으로 강조되었다. 해방 후 1953년에 제정한 한국의 '형법'도 일제 식민지 시기의 정조 담론을 이어갔다(한봉석, 2014). '간음에 관한 죄'는 해방 후 '정조에 관한 죄'로 그 명칭이 바뀌었다.

식민지 시기에 근대적인 주체로 등장한 여성들이 스스로 정체성을 형성하고 사회적으로 활동했던 '신여성'이라는 말로 널리 알려져 있다. 하지만 신여성에게도 가부장적 질서와 남성 주도의 근대 기획은 강고하게 작용했다. 여성이 정치적·문화적 주체로 성장했지만, 남성 지식인이 주도하는 사회는 이들을 이중적으로 대상화하고 있었다. 여성의 주체성을 인정·활용하면서도 여성은 계몽해야 하는 대상이거나 비난의 대상으로 여겨졌다. 1920년대에 자유연애와 자유결혼이 확대되었지만, 그 변화는 여성들에게 온전한 자유를 허용하는 것이 아니었다. 연애는 부부 중심의 '신가정'을 형성할 때 옹호될 수 있었으므로 여성의 욕망과 반드시 부합한다고 볼 수 없었다. 신여성에게 작동하는 사회의 이중성은 이들을 근대국가의 자립적인 존재로 보면서도, 동시에 충실한 모성의 담지자 신가정에서 그 역할을 해야 한다는 것이었다. 자유연애도 자유결혼의 전제로 유의미했다.

또 근대 문화를 향유하는 '모던 걸' 신여성은 사치와 허영의 표본이자 풍자의 대상이 되기도 했다. 예를 들어 대중매체는 여성을 소비의 주체로 삼아 광고를 하면서도 한편으로는 이들의 소비를 비꼬았다. 여성을 향한 관음적인 시선과 오락문화도 식민지 시기의 여성·젠더 문화를 구성했다. 신여성 담론 역시 남성 지식인들이 주도하면서 가부장적 체제의 옹호 속에 신여성을 하시하고 조롱하며 폄하하고 있었다(이지원, 2019).

일제시기에 많은 신여성들이 이러한 이중적 시선과 실질적인 억압 속에 있었다. 여기서는 근대적 교육을 받고 소설가, 극작가, 번역가로 활동한 김명순에 대해 살펴보겠다. 최근 여러 여성 독립운동가에 대한 관심이 높아지면서, 그들의 활동이 시대적인 성 문화에 의해 제약·저평가되었다는 점이 문제로 제기되고 있다. 김명순은 이미 잘 알려졌다고도 볼 수 있지만, 남성 지식인들이 왜곡한 인식이 반영돼 있어서 그의 성폭력 피해는 충분히 설명되지 않았다.

식민지 근대사회의 이중적·관음적 인식 속에 김명순은 지속적으로 모욕과 조롱을 당했다. 1915년 7월 30일 ≪매일신보≫에는 "동경에 유학하는 여학생의 은적(隱迹), 어찌한 까닭인가"라는 제목의 한 기사가 실렸다. 김명순이 마포연대부 보병 이응준과 '서로 오매불망'하다가 이응준이 그리워서 기숙사를 빠져나가 행방불명되었다는 내용이다. 8월에 연이어 나온 기사는 이응준이 결혼을 거부했고, 김명순이 그 후 자살을 시도했다고 보도했다. 이는 김명순이 연인이었던 이응준에게 강간당하고 결혼을 거절당한 사건이었지만, 사건이 벌어진 후 오랜 시간 동안 김명순은 '타락한' 여성으로 규정되었고 성적 조롱과 희롱의 대상이 되었다. 반면에 이응준은 일본 육군사관학교를 졸업하고 해방 후 초대 육군참모총장으로 승승장구했다.

김명순은 1896년 평양에서 태어나 서울 진명여학교를 졸업한 후 문단에 등단했다. 그가 쓴 자전적 소설인 「탄실이와 주영이」에 따르면 이응준이 도쿄로 자신을 찾아오면서 연애를 시작했다고 한다. 강간을 당한 후 좌절감을 느끼고 이응준에게 격렬하게 항의했지만, 이응준은 강간을 부인했다. 김명순은 마음에 맞는 한 남자와의 만남이라고 생각을 바꿔 그에게 결혼을 요청했지만, 이응준은 그마저도 거부했다. 이응준은 자신을 지원했던 독립운동가 이갑의 딸인 이정희와 결혼했다.

이응준은 일부 도쿄 유학생들로부터 비판을 받기도 했지만, 강간 사건에 대한 조선 사회의 여론은 철저히 김명순을 비난하고 있다. 이 사건을 처음으로 기사화한 《매일신보》는 이응준의 이름을 이용준으로 잘못 쓰고, 사건에 대해 부분적으로만 보도하면서 2년 후인 1917년에 이응준을 "반도의 수재"라고 극찬했다(이준식, 2015). 1920년대의 여러 기록에서도 김명순은 부정적으로 기술되었다. 잡지 《개벽》에서는 김명순 자신이 독신주의를 선택한 것에 대해 시를 쓴 것을 두고도 조롱했고, 작가 김기진은 「김명순씨에 대한 공개장」(1924)에서 김명순이 "첩의 딸"로 "부정(不淨)한 혈액"이며 "육욕(肉慾)"에 "퇴폐하고 황량한 피부"를 가졌다고 매도했다(김경애, 2011). 잡지 《별건곤》에서도 "남편을 다섯 번째씩" 갈았다거나 혼외 아이를 출산했다고 하는, 사실이 아닌 글을 실었다. 1930년대에도 《별건곤》, 《삼천리》 그리고 염상섭의 소설 「제야」에서 김명순을 타락한 여성으로 그리고 있다.

김명순은 가까운 사이였던 김동인으로 인해 또다시 성폭력 피해를 입었다. 김동인은 1939년에 발표한 「김연실전」에서 주인공이 일본 유학 중 유학생들과 문란한 연애를 하면서 선각자적인 의식에 사로잡혀 있는 것으로 묘사했는데, 당대에도 김명순을 모델로 썼다는 것이 알려져 있었다. 김동인은 이후에도 김명순을 비하하고 조롱했다. 「김연실전」이 나온 후 김명순은 일본으로 떠났는데, 소설가 전영택은 그가 생활고에 시달리다가 정신병원에 수용돼 있던 중 사망했다고 전한다.

김명순은 자신의 작품에 강간 가해자인 이응준과 또 다른 성폭력을 가한 남성 지식인들을 향한 분노와 증오를 담아냈다. 시 「침묵」에서 "원수를 또 다시 지옥에 만날까봐 침묵!"할 수밖에 없다며 분노했고, "좋은 집도 싫다고 외따로 나왔거든 세상에 조소될 때 그 비탄과 분노를 무엇에게 이르냐'라며 토로했다. "음부(淫夫)에게는 탕녀의 소리밖에 안 들리고 난봉의 입에서는 더러운 소리밖에 안 나오는 것"이라며 자신을 '탕녀'로 모는 남성들을 향해 외치고 있었다. 자신의 아명을 딴 자전적 소설 「탄실이와 주영이」에서도 자신은 일본 소설에서 방탕하게 그려진 권주영이 아니라고 말하며 자신이 도마 위의 고기처럼 여겨진다고 개탄했다.

그는 피해자인 자신을 재차 가해하는 언론에 적극적으로 대응하기도 했다. ≪매일신보≫에 김기진이 쓴 글에 대해 '사실이 아니며 말을 조작한 것이 많다'는 내용의 반박문을 투고했다. 그러나 이 글은 편집자의 사과문으로 대체되어 실리지 못했다. ≪별건곤≫에 대해서도 발행인 차상찬과 글을 쓴 방정환을 명예훼손으로 고소했다.

또한 거듭된 비난과 언어폭력에도, 작품 활동을 통해 스스로 위안하고 의지를 다시 세웠다. '눈물을 거두'고 '다시 일어나자'고 스스로를 격려하고, '자신의 길을 굽히지 않고 나아'가겠다고 다짐한다. 작품집을 출간하며 문단의 주목을 받기도 했고, '이상을 실현하고자 간단없이 붓을 잡을 것'이라고 희망을 가졌다. 1936년에는 과거를 회고하면서 남과 스스로를 저주하던 때가 있었다고 고백했다. 김경애는 이러한 그의 성찰을 보고, 그가 증오와 복수의 마음을 딛고 용서하는 경지로 나아가 진정한 성폭력의 생존자가 된다고 평가했다(김경애, 2011: 69~70).

하지만 김명순의 생은 성폭력 후유증에 따른 슬픔과 우울증이 지배한 것이었다. 그는 두 차례나 자살을 기도했을 뿐 아니라 작품 속에도 자살과 죽음에 대한 이야기가 자주 등장한다. 그가 외로울 때는 여성들도 곁에 없었다. 진명여학교 동창인 나혜석, 친구 김일엽에게도 도움을 받지 못했고, 소외되었다(김경애, 2011; ≪여성신문≫, 2018.3.13). 그가 남긴 시 「유언」은 자신을 학대하고 미워한 조선 사회에 남긴 것이었다.

조선아 내가 너를 영결할 때 개천가에 고꾸라졌던지 들에 피뽑았던지 죽은 시체에게라도 더 학대해다오. 그래도 부족하거든 이 다음에 나같은 사람이 나더라도 할 수만 있는대로 또 학대해 보아라. 그러면 서로 미워하는 우리는 영영 작별된다. 이 사나운 곳아 사나운 곳아.

김명순의 사례에서도 볼 수 있듯이 일제시기 신여성은 주체적으로 자신과 세계를 자각하고 문학 등의 활동으로 그 표현의 장을 형성했지만, 남성 주도의 언론과 지식사회는 이중적인 인식으로 그것을 제약했다. 근대적 변화들은 여성의 욕망을 발현할 수 있는 계기이기도 했지만 여전히 이들에게 요구된 것은 가부장 질서를 유지할 수 있는 신가정의 모성이었고, 남성의 관음과 오락의 대상이 되어야 한다는 것이었다. 이러한 사회의 이중성은 여성의 인격을 모독하고 삶을 파괴하는 폭력이었지만, 당사자가 침묵하지 않는 것 외에 누구도 저항하지 못하는 시대였다.

## 2) 분단·전쟁 속의 성폭력과 살아남은 여성들

해방부터 1970년대에 이르기까지 한국 사회는 급격한 변화를 겪어왔다. 남북의 분단이 한국전쟁으로 이어졌고, 전후 복구와 구호가 개발로 점차 전환되어 가면서 여성의 삶과 문화 또한 달라졌다. 여성들은 주어진 사회적 조건에서 역동성을 발휘하거나 사회를 변화시키는 역할을 했다. 그러나 가부장제의 원리와 의식은 온존되었고, 여성의 성에 대한 통제도 지속됐다. 특히 이 시기 여성은 역사적 상황하에서 동원되거나 희생되었고, 성폭력 또한 국가와 사회의 묵인과 무책임 속에 방치되었다.

먼저 해방 직후 남북한에 외국 군대가 주둔하자 여성들은 새로운 억압을 받았다. 미군과 소련군에 의한 성폭력 사건은 당시 신문에 나오거나 마을에서 떠도는 이야기로 알려지곤 했다. 주둔 군인의 횡포에 대해 어떠한 사회적인 대응이 있었는지 확인되지 않지만, 여성들은 일상생활에 통제를 받았다. 남한에서는 1945년 미군 주둔 시점부터 1967년 주한미군지위협정(이하 SOFA) 발효 전까지 한국 정부가 미군 범죄에 대해 재판권을 행사할 수 없었기 때문에 성폭력 사건도 정확한 통계자료가 남아 있지 않다. 그저 개별 사건이 언론보도로 알려지는 정도였다. 그 사례를 보면, 1946년에는 미군 병사 4명이 강간죄로 군정 재판소에서 종신형을 선고받았는데, 미국으로 호송되기 전에 탈출했다가 체포되는 일이 있었다. 두 명은 무기와 탄환을 소지하고 변장하여 시내에 잠입하기까지 했다(≪동아일보≫, 1946.3.13, 1946.3.15).

당시 북한에서도 소련군의 성폭력이 여성들에게 공포와 불안을 야기했다. 소련군의 성폭력은 전쟁 전 여성들의 월남에도 영향을 미쳤다. 1946년에 월남한 한 여성은 "그 소련 놈들이 색시, 색시 하며 찾으러 다녀서 변소에만 있다가" 살 수 없겠다고 생각하여 남편과 함께 남한으로 내려왔다. 다른 여성도 "소련군이 집집마다 댕기면서 젊은 여자들은 다 숨어"버렸다고 했다.[3]

1947년에는 좌우 대립이 심화하는 가운데 강간, 약탈, 살해 사건이 남한 곳곳에서 벌어지고 있었다. 1947년 1월 호남선 열차에서 벌어진 강간 사건은 '전 민족의 분노'를 사며 주목을 받았던 사건이다. 미군 4명이 여러 사람

---

3    2015년 6월 3일 김아람 면담, AKS_2015_KFR_1230004_034_변일녀_9.구술녹취문; AKS_2015_KFR_1230004_033_김생금_9.구술녹취문(연세대학교 역사와공간연구소 소장).

이 보는 가운데 범죄를 저질렀기 때문이다. 그런데도 미군 사령부는 폭행죄에 대해서는 유죄판결을 하면서도 강간죄는 증거불충분으로 기각했다(≪동아일보≫, 1947.2.9, 1947.3.12; ≪경향신문≫, 1947.2.18).

분단과 한국전쟁 과정에서도 여성의 성이 동원되거나 희생되었다. 제주 4·3사건 당시 여성의 정조와 모성이 공동체적 정체성의 보루로 여겨졌고, 가족이나 마을공동체 사회에서 여성의 성적 폭력은 마을의 '수치'나 '상실'처럼 생각되었다(김성례, 2001). 이때 여성 성폭력, 강제 결혼 등의 사례가 있지만, '제주4·3특별법'에 의해 작성된 진상조사 보고서의 '희생'에는 포함되지 않았다. 경찰이나 토벌대에 의한 성고문이 제시되어 있으나 그 상황이 명확하지는 않다(권귀숙, 2014). 제주4·3사건과 맞물려 있는 여수·순천사건 당시에는 여성의 성적 피해가 반란군의 잔인함을 보여주거나 반공주의를 고취하는 수단으로 이용되었다. 빨치산 김지회의 '애처' 또는 '애인'으로 알려진 조경순의 이야기는 신문기사뿐만 아니라 기록영화로도 남겨졌다. 기독교신자로 간호사였던 그녀는 '신여성'의 표상이었지만 동시에 '역도의 위안물'로 체포되고 말았던 것으로 재현되었다(임종명, 2016).

한국전쟁은 여성의 삶과 문화에 복합적인 계기로 작용했다. 전시에 한국 정부와 유엔군은 위안소를 설립하여 여성들을 미군 '위안부'로 동원했고, 기지촌에서의 성매매가 시작되었다. 기지촌에서는 강간·살인 등 성폭력 사건 성폭력 사건이 빈번하게 일어났다. 파주에서는 1957년 4월 26일에 미군으로 추정되는 '흑인'이 여성을 강간·살인한 사건이 벌어졌다. 기지촌에서의 미군 범행 사건은 미군이 수사를 주도했기 때문에 그 실체가 더욱 드러나기 어려웠다. 이 사건에서도 미군이 일방적으로 수사를 하자 한국 경찰은 한미 합동수사를 강조했다. 용의자가 범행 사실을 부인하여 수사가 부진하던 중 목격자가 증언을 하여 수사가 이어질 수 있었다(≪조선일보≫, 1957.4.29,

1958.6.12; ≪경향신문≫, 1958.6.13). SOFA가 발표된 1967년에 강간으로 특정한 사건만 14건에 달했다. 이 중 한국에서 재판권을 행사한 사건은 2건에 불과했다.[4]

전쟁 중 전황에 따라 피난하거나 다시 복귀하려는 상황에서 여성은 성폭력의 대상이 되었다. 1951년 봄에 전선이 교착된 이후로 피난을 갔다가 복귀를 원하는 사람들이 늘어났다. 특히 한강 이북의 서울, 경기지역으로부터 피난한 사람들은 1952년이 되어도 한강을 건너는 도강과 서울 입성이 허가되지 않았다. 이때 도강을 해주겠다고 속여서 여성을 강간하는 일이 벌어졌다. 순경으로 미군 헌병 부대에 파견된 박진방은 노량진역에서 근무하던 새벽에 한 여성이 정식 도강증 없이 입경하려는 것을 알고 도강시켜 주겠다고 역구내의 빈 화차로 유인해 강간하고, 오후에도 17세 여성을 도강시켜 준다며 역 부근 자신의 집으로 유인해 강간하려고 했다. 피난을 갔다가 열차로 돌아오던 여성이 미군에게 강간을 당하는 사건도 벌어졌다. 영등포에서 서울로 들어오던 중에 열차에 동승했던 미군이 이 사건의 가해자였다. 그는 즉시 체포되었다고 하지만, 이후에 어떤 처분을 받았는지는 알려지지 않았다 (≪동아일보≫, 1952.1.15; ≪경향신문≫, 1952.1.23, 1952.6.4).

한강 도강에 도강증이 필요했던 것처럼 전쟁기 피난 중에는 신분이 증명되지 않을 경우 사상을 의심받았다. 경찰이나 철도 근무자가 신분 증명을 요구하며 범행을 저지르기도 했다. 강원도 삼척에서는 삼척 철도 운수국원이 자신을 미군방첩대(CIC) 요원이라고 속이고 신분을 조사해야겠다며 중학교 교사를 강간하려고 했다. 이 여성은 강간은 모면했지만, 큰 상처를 입었

---

4    주한미군범죄근절운동본부, "미군범죄 주요 통계", http://usacrime.or.kr/doku/(검색일: 2020.5.30).

다고 한다. 전라남도 함평에서도 순경이 관내를 순찰하다가 혼자 있는 여성을 강간하려 했다. 이 여성은 전쟁에 출정한 군인의 아내였는데, 국민증 조사를 구실로 내세웠다. 이 사건은 미수에 그쳤지만, 가해자는 다른 군인의 아내를 강간하고 사라졌다(≪경향신문≫, 1952.7.10.; ≪동아일보≫, 1952.8.5).

전쟁이 끝난 후 여성들은 전통질서와 가부장적 권력에 도전했다. 남성 부재의 상황에서 여성들이 가계를 책임졌고, 사회적으로도 여성 노동은 유의미했다(이임하, 2004). 하지만 동시에 여성이 적극적으로 노동에 나설 수 있는 조건 또한 제한적이었기 때문에 여전히 구호 대책이 유효할 수밖에 없었다. 당시 여성과 아동의 구호는 민간에 상당히 의존하고 있었는데, 구호물자를 빌미로 여성에 대한 성폭력이 자행되었다. 사회사업을 명목으로 구호 시설을 운영하거나 구호를 담당하는 이들은 미국 원조 기구나 원조 단체로부터 물자를 지원받을 수 있었다. 정부가 구호 대책을 관할하지 못하는 상황이라 개인과 종교단체가 시설 대다수를 설립하고 운영했다. 경남 마산에서는 '갱생모자료' 경영자가 구호물자를 착복하고 군인의 아내와 여성들을 강간하려다가 발각되는 일이 있었다. 그는 여성들에게 자신의 요구대로 하면 배급을 많이 주고 원하는 걸 다 들어주겠다고 했으며, 요구에 응하지 않는 여성은 내쫓았다(≪동아일보≫, 1955.7.12, 1955.7.18). 이렇듯 당시 여성들은 구호를 포기해야만 성폭력에 저항할 수 있는 상황에 처해 있었다.

## 3) 1970년대 여성 노동과 성적 통제

1960년대 중반부터 본격적으로 산업화가 진행되면서 여성 노동자가 크게 늘었고, 1970년 전태일의 분신을 계기로 열악한 노동조건이 사회적으로 환기되었다. 특히 지식인과 학생들은 젊은 여성 노동자들의 근무 현실에 많은 관심을 기울였다. 농촌의 젊은 여성들은 가부장적 가족문화와 이촌향도에 따라 농촌의 원가족을 부양한다는 목적과 단절된 교육 기회를 되찾기 위해 도시로 상경해 여성 노동자가 되었다. 사회적·개인적 의무감뿐만 아니라 다양한 욕망을 실현하기 위해 공장 노동, 식모, 버스차장 등 여러 분야로 여성들의 직업 활동이 확산되었다.

1970년대에 활발하게 전개된 민주 노조 설립 운동은 주로 여성 노동자들이 근무하는 사업장에서 주도했다. 공장 여성 노동자들은 제도적인 훈련은 받지 못했어도 스스로 숙련 과정을 터득하며 노동에 대해 애착과 자부심을 느끼게 되었고, 작업장 질서의 전복을 시도했다. 또한 도시산업선교회 등 교회 단체와 민주 노동조합 결성 과정에서 노동자들 사이의 관계망은 민주 대 어용, 남성 대 여성 등과 같은 단순한 구도가 아니라 복잡하고 모순적이었다(장미현, 2016; 김원, 2006).

여성 노동자들의 활발한 활동에도, 이들에게는 고정된 성적 관념과 통제가 강하게 작동하고 있었다. 1970년대 사회 인식은 일하는 여성 노동자를 '이상적인' 여성상에 부합하지 않는다고 이미지화하면서 신체적 능력뿐만 아니라 학력과 교양이 부족하다고 하시했다. 여성 노동자들은 외모에 따라 고용·직종 배치·임금·승진 등에 차별을 경험하는 한편, 성적으로 주부나 여대생과는 다르다는 차별적 인식의 대상이 되었다. 이런 인식은 여성 노동자들 스스로의 자존감을 떨어뜨리거나 순결 이데올로기와 통념을 수용하게 만들었다.

또한 노동 현장에도 성차별 구조와 인식이 적용되어 기업주, 관리자, 남성 노동자 동료들에 의한 여성 노동자의 성적 통제가 일상적으로 일어났다. 직장 내 성희롱과 성추행으로 이직을 해야 했고, 심지어 직장 밖에서도 남성 노동자가 성추행을 했다. 여성들의 중요 취업 직종이었던 버스차장은 영세한 버스업체에 고용되었는데, '삥땅'을 밝힌다는 이유로 행하는 몸수색을 감당해야 했다. 운전기사가 '삥땅'을 강요하기도 했지만, 여성차장만 몸수색을 했다. 남성 수색자는 차장들에게 옷을 벗어보라고 강요하거나 강제로 벗기는 행위도 서슴지 않았다. 버스차장을 했던 여성 40명을 대상으로 한 설문조사에서는 강간과 같은 사건을 주위에서 들은 적이 있다는 질문에 25%가 자주, 60%가 가끔 듣는다고 답변했다. 업무 이후에 운전기사가 강간을 한다는 이야기는 여성들 사이에서 공공연했던 것으로 보인다. 여성 노동자들의 성폭력 위협은 직장 안팎에서 모두 있었고, 일하는 여성들은 성적 통제와 노동 통제의 이중적인 억압 속에 있었다(장미경, 2006; 김경희 2005).

## 3 | 1980년대~1990년대 초반, 성폭력이라고 말하기

### 1) 공권력의 억압 속에 제기된 '성폭력' 개념

1980년대~1990년대 초반은 억압적인 통치 권력이 사회를 통제하고 고문을 비롯해 공권력을 행사하여 폭력 민주화 요구를 묵살하던 때였다. 이렇듯 사회적으로 폭력이 만연한 분위기 속에, 성폭력을 처음으로 정의하여 공론화하고 다양한 방식으로 그에 대응하는 등 운동을 시작했다. 그 출발은 성폭력 대응 운동에 집중하는 단체의 설립이었다. 성폭력 공론화 시대의 도래는 성폭력 문제를 고발하고 처벌을 요구하는 단체의 등장으로 가능했다. 성폭력 대응 단체들의 설립을 통해 본격적으로 성폭력 개념에 대한 논의가 전개될 수 있었고, 피해자가 도움을 청하거나 문제를 제기할 수 있었다. 이 단체들은 여타의 여성운동 단체들과 연대해 성폭력을 사회문제로 부각시켰고,

문제 해결을 위해서도 연대했다.

1983년에 설립된 '여성의전화'는 처음으로 성폭력에 대한 개념을 "여성에 대한 차별이 폭력적으로 나타난 것"으로 정의하고 여성을 경시하는 말, 희롱, 강제적 성관계, 물리적 구타 등을 그 범주에 포함했다. 그 범주는 점차 결혼 퇴직 강요, 직장 내 성차별, 낙태까지 확장되었다. 여성의전화는 성폭력 상담과 사건의 진상규명 작업을 진행하고 가해자 처벌과 피해자 인권 보호를 위해 노력했고, 1990년대에는 전국의 15개 지부에서 성폭력 상담소를 설립했다(민경자, 1999: 22~23).

1991년 4월에는 여성학자들이 운동과 결합하여 '한국성폭력상담소'를 개소했다. 한국성폭력상담소는 '성적인 폭력'의 개념을 좁은 의미로 해석해 그 범주에 성기노출, 어린이 성추행, 윤간, 아내 강간, 강도 강간을 포함했다. 이후에 점차 성폭력에 대한 불안감과 공포, 그로 인한 행동 제약도 간접적인 성폭력에 포함되어 갔다(한국성폭력상담소, 1996). 한국성폭력상담소가 1993년 12월에 국내 처음으로 24시간 운영하는 성폭력 피해자 위기 센터를 열었고, 상담뿐만 아니라 재판 지원 활동, 피해자 구명운동, 교육 및 예방 활동, 연구를 병행했다. 1990년대 중반에는 지방에서도 성폭력 상담소가 생기기 시작했다(민경자, 1999: 22).

1980년대는 폭압적인 정권하에서 인신매매와 성폭력 사건이 계속해서 알려졌다. 성폭력 피해자 조사가 없어서 그 실태를 정확히 알 수 없지만, 범죄 통계로는 강간 사건이 1975년 2794건에서 1987년에 5034건으로 늘었다. 성폭력 신고율이 낮은 것을 고려할 때, 실제 사건은 훨씬 더 많았음을 짐작할 수 있다.

1980년대 성폭력 사건의 시대적 특징은 남성 독점의 공권력에 의한 성폭력 사건이 여성들의 고발로 드러나기 시작했다는 점이다. 1984년 9월에 전두환 방일 저지 시위에 참가했던 경희대학교 여학생 세 명이 청량리 경찰서에서 알몸으로 희롱과 추행을 당하는 사건이 벌어졌다. 여성단체는 처음으로 연대하여 대책협의회를 구성하고 사과와 진상조사, 해당 경찰 사법 처리 등을 요구했다. 이 사건에 대응하기 위해 대학과 여성단체에서 여성 조직을 만들었고, 그 이후에도 여성단체들이 연대하는 운동 방식이 만들어졌다(권김현영, 2020).

1980년대 고문과 성폭력에 대한 문제 제기는 민주화를 해야 한다는 요구로 이어졌다. 특히 1986년 6월, 부천경찰서에서 일어난 문귀동 사건이 민주화운동 내에서도 큰 이슈가 되었다. 위장취업 한 권인숙이 조사를 받던 중 문귀동에게 성고문을 당했다. 피해자의 고발과 여성단체 연대체가 꾸려졌지만, 검찰은 권인숙이 '혁명을 위한 도구'로 이용되었다고 매도하며 공문서 위조로 기소했다. 사건이 벌어진 해에 26개 여성단체가 대책위원회를 결성하고 공동 대책위로 확대하여 '고문, 성고문 용공조작 범국민폭로대회'를 개최했고, 신민당도 합세하여 3000여 명의 시민이 명동에 모였다.

하지만 문귀동이 기소유예 처분을 받자 사법사상 가장 많은 166명의 변호인이 초기 수사부터 은폐와 조작이 있음을 지적했다. 한국여성단체연합에서는 재판부가 사건을 문귀동 개인의 행위로 국한해 관계기관 대책회의 관련자에 대한 증인 채택을 기각한 것을 비판하며 성고문을 명령한 상급자를 처벌하고, 사건을 은폐·조작한 관계기관 대책회의에서 어떤 일이 있었는지 정확히 진상을 규명해야 한다고 주장했다. 이후 재판이 시작될 때까지 1년이 넘는 시간이 걸렸다. 문귀동은 1989년 3월 대법원 판결로 징역 5년이 확정되었다(≪조선일보≫, 1986.9.2, 1988.7.27, 1989.3.15; 민경자, 1999: 26~28). 문귀동 성고문 사건이 공권력에 의한 성폭력을 적나라하게 드러냈고 민주화의 필요성을 더욱 환기했지만, 성폭력을 막기 위해 민주화가 선행되어야 한다는 논리는 시대적 한계이기도 했다. 민주화로 공권력의 폭력이 제한되었다고 하더라도 성폭력이 벌어지는 의식과 문화는 쉽게 변화하지 않았고, 한편으로는 오히려 사건을 개별화하거나 피해자를 비난하는 일들이 벌어졌다.

1988년 12월 5일 대구에서 다방 종업원이 귀갓길에 파출소로 끌려가 모욕과 협박을 당하고, 파출소 내 취사장에서 경찰 2명에게 윤간을 당했다. 피해자는 성병까지 옮았다. 이 사건으로 대구 지역 18개 단체가 연합하여 대책위를 구성하고 200여 명이 참여해서 '경찰에 의한 여성인권유린 규탄대회'를 열었다. 한국여성단체연합은 해당 경찰의 구속 처벌, 대구시경 국장의 사퇴, 정부에 성폭력 근절을 요구하는 성명서를 발표하고 농성했다.

피해 여성은 "어느 여자가 강간당하지도 않았으면서 온갖 비난을 무릅쓰고 강간당했다고 말하겠느냐"라면서 "다방 종업원으로 일하지만 몸을 팔지는 않았다"라고 호소했다. 그러나 오히려 피해자가 무고 및 간통 혐의로 구속되어 5개월을 복역했다. 이미 이혼을 합의했던 남편의 고소도 경찰이 사주한 것으로 의심되었다. 피해자의 3년여에 걸친 노력에도, 1992년 경찰 두 명은 무혐의 처분을 받았다. 피해자의 찢긴 옷, 진단서, 체모 등의 물증이 있었지만, 검찰에서는 확증이 없다고 보았다(≪한겨레≫, 1989.1.18, 1989.2.3, 1992.2.21; ≪동아일보≫, 1989.1.16).

같은 시기에 전라남도 고흥에서도 경찰에게 강간당한 피해자가 자살을 한 사건이 있었다. 1987년 피해를 입은 여성은 심지어 임신 7개월이었다. 피해자의 남편은 출산 후 사건을 전해 듣고 고소했지만, 순천지청은 가해 순경을 다른 지역으로 발령 내고 사건을 간통 사건으로 몰았다. 고소가 기각되자 피해자는 자살을 했다. 여성의 가족과 주민들은 호소문을 발표하고 재수사를 요구했으며, 1989년 1월에 광주·순천·여수 등 11개 지역의 인권단체가 공동대책위원회를 결성하여 기자회견, 규탄 대회, 철야농성 등 활동을 전개했다. 결국 범인 김봉환은 면직된 후 가해를 자백하고 구속되었다(≪동아일보≫, 1988.12.17; ≪조선일보≫, 1989.4.6).

## 2) 피해자의 주체화와 성적 통념 맞서기

1980년대부터 1990년대 초반, 사회적으로 알려진 성폭력 사건에서 피해자는 적극적으로 저항하고, 편견과 성적 통념에 대응했다. 대구와 고흥에서 일어난 두 사건은 그 구체적인 사례에 해당한다. 첫째, 대구 사건에서 피해자 강정순은 이혼했다는 사실과 다방 종업원이라는 점이 재판 과정에서 불리하게 작용했고, 오히려 무고로 고소를 당했다. 피해자 스스로도 자신의 직업에 대한 편견으로 재판에 승산이 없을 것이라고 생각하고 혼자 고통을 감내하려 했었다(민경자, 1999: 35). 그가 용기를 내어 피해를 공개했다는 점으로도 그 의미가 컸다. 여성단체연합은 그에게 1989년 올해의 인물상을 수여했다. 강정순은 "어떤 사람에게나 함부로 짓밟을 수 없는 자존심이 있다는 것을 보여주고 싶었다"라고 하며 "끝까지 싸워 앞으로 억울하게 강간당하고 호소도 못 하는 여성이 없어지는 세상을 위한 밑거름이 되겠다"라고 했다. 사건을 주제로 한 그림이 전시되고, 연극 〈다시 일어서는 질경이 꽃〉도 공연되었다(≪한겨레≫, 1989.9.20, 1989.10.4).

둘째, 피해자 및 가족이 지역단체와 적극적으로 연대했다는 점이다. 대구여성회 등 대구 지역 18개 단체가 공동 행동을 벌였고, 고흥 사건은 남편과 지역 주민이 고소를 제기하고, 광주의 단체가 힘을 모았다. '제2의 문귀동 사건'으로 국민운동 전남본부와 여성단체의 학생들이 전남도경과 순천지청에서 계속 농성을 벌였고, 결국 가해자를 구속시킬 수 있었다(≪동아일보≫, 1989.4.6).

성폭력 행위 및 사회 통념에 적극적으로 대항했던 또 다른 쟁점은 정당방위 논쟁이었다. 1988년 2월 경북 영양에서는 강제로 키스를 하려는 남성의 혀를 깨문 사건이 있었다. 여성은 구속기소 되고, 법원은 1심에서 유죄를 선고했다. 여성단체의 비난에도 사법부는 정당방위를 인정하지 않았다. 여성의전화는 '정당방위도 죄인가'라는 주제로 긴급 토론회를 열었다. 2심에서는 여성이 무죄를 선고받고 가해자 2명은 강제추행치상죄로 유죄 판결을 받았지만, 1심 재판 과정에서 가해자의 변호사와 검사가 여성 피해자와 술을 마셨다는 사실을 문제 삼아 '강간당해 마땅한 상황'으로 몰고 가며 피해자를 고통스럽게 했다(≪한겨레≫, 1988.9.22, 1989.1.22). 이 사건은 〈단지 그대가 여자라는 이유만으로〉라는 영화로도 제작되었다.

1991년 1월 전라북도 남원에서는 21년 전인 9살 때 성폭행을 당한 김부남이 가해자를 살해하는 사건이 벌어졌다. 여성은 어린 시절의 충격으로 대인 기피 증세를 보였고, 두 번의 이혼 뒤 19년이 지나서 가해자 송백권을 살해했다. 그는 가해자이면서 피해자였

그림 7-1 **김부남 사건 관련 신문 기사**

자료: ≪경향신문≫, 1991.8.17.

다. 수감 중에 강간쇼크증후군과 외상후스트레스장애를 겪고 있었다. 아들과 남편에게도 거부감을 가질 정도로 극심한 남성 기피증에도 시달렸다. 사건 초기에는 살인사건이라는 점 때문에 여성운동 단체가 즉각 활동하기 어려웠다. 전북에서 민주화운동, 여성운동을 하던 박상희 목사가 이 사건의 대책위를 꾸렸다. 전북 지역 11개 단체가 대책위원회를 구성하고 김부남의 석

방을 요구하며 무죄를 입증하기 위해 노력했다. 박상희 목사는 항소가 기각되자 판사에게 대들어 구속되기도 하는 등 열정적으로 싸웠다.

김부남은 살인을 후회하지 않는다며 1심 최후진술에서 힘겹게 "사람을 죽인 게 아니라 짐승을 죽였다"라는 말을 남겼다(≪한겨레≫, 1991.8.11.; ≪경향신문≫, 1991.8.17). 이 사건이 마무리되기 전에도 성폭행으로 정신적 후유증을 앓던 여성이 자살하는 사건들이 발생했고, 어린이 강간 사건 또한 벌어졌다. 이러한 충격 속에 성폭력 피해자에 대한 사회적 관심과 보호를 보장하고 성폭력 범죄를 피해자의 입장에서 다룰 수 있는 법안 마련이 시급한 과제로 등장했다.

충주에서는 12년간 의붓딸 김보은을 성폭행해 온 김영오를 그녀의 애인 김진관이 살해하는 사건도 있었다. 9세 때부터 김영오에게 상습적으로 성폭행을 당해온 김보은은 애인 김진관에게 이 사실을 털어놓았다. 김진관은 김영오에게 김보은을 놓아달라고 사정했지만, 오히려 죽인다는 협박을 받자 살인을 저지르게 되었다. 사건 발생 후 김진관의 아버지가 한국성폭력상담소에 처음으로 상담을 의뢰했고, 한국성폭력상담소는 여성의전화, 한국여성민우회와 공동 대책위원회를 꾸렸다. 충남 지역 대학생들도 적극적으로 결합했다. 그 결과 1심보다 항소심 형량이 낮아졌고, 1993년 특별사면으로 김보은은 복권이, 김진관은 감형이 되었다(민경자, 1999: 51~52; ≪한겨레≫, 1992.2.2).

하지만 이 사건에서는 정당방위가 인정되지 않았다. 검찰은 사건을 불륜 사건으로 몰고 갔고, 어머니를 매도했다. 어머니와 가족들은 성폭행 사실을 알고 있었으나 말리지 못했다. 김영오는 검찰 서기관으로 충주지청에 근무하고 있었고, 그의 가정폭력 또한 심각했기 때문이다. 정당방위가 인정되지 않은 데는 피해자인 김보은뿐만 아니라 김진관이 직접 살해를 했기 때문이기도 했다. 여성운동 단체와 변호인단은 집 안에 도둑이 들었을 때 온 식구가 정당방위에 나선다는 논리로 김진관의 정당방위를 주장했으나 받아들여지지 않았다.

두 사건은 성폭력 상황에서의 정당방위 문제뿐만 아니라 성폭력 피해가 얼마나 오랫동안 지속되는지를 보여주기도 한다. 김부남 사건은 21년, 김보은·김진관 사건은 12년 동안 성폭력 피해자가 고통스럽게 살다가 가해자를 살해했다. 전혀 저항할 수 없었던 어린 시절의 충격은 시간이 지난다고 사라지는 것이 아니었다.


## 4 | 1990년대 중반~2000년대, 반성폭력 대응 운동과 사회의 지지

### 1) 다양해진 성폭력 범죄와 대항하는 사람들

1980년대에 성폭력 개념이 정립되었지만 그 행위의 범위는 신체적인 것에 한정되어 있었다. 그러다가 서울대학교 교수의 성희롱과 그 대응 과정에서 성폭력 범주가 확대되었고, 일상의 문화로 치부하던 언행 또한 폭력이 될수 있음이 환기되었다. 특히 성희롱이 가장 문제가 되는 공간이 '직장 내'였다. 1993년 8월 서울대학교 신정휴 교수가 지속적으로 여성 조교를 괴롭혔고, 피해자가 불필요한 신체접촉, 데이트 제의를 거부하자 그 조교는 갑자기 해고되었다. 피해자는 '명예훼손을 감내하여 다른 성희롱 피해를 막기 위해서라도 진실을 밝혀야 한다는 의미에서' 학교에 대자보를 게재했고, 신 교수를 향해 공개 사과와 사퇴 요구가 이어졌다. 그러나 신 교수는 조교를 명예훼손으로 고소했고, 조교는 신 교수와 대학 총장, 국가를 상대로 손해배상청구소송을 제기했다. 이 사건으로 직장 내 성희롱 문제가 본격적으로 대두했다. 대법원에서 파기환송 되어 신 교수에 대해서는 배상 판결이 났지만, 대학과 국가의 책임에 대해서는 기각했다.

이 사건은 성희롱을 법적으로 문제 삼은 첫 사례로 의미가 크다. 그러나 사건이 인정되기까지 그 저항도 컸다. 1심에서 3000만 원 배상 판결이 나왔는데, 언론에서는 "사제지간의 다정한 정이 없어지고 인간애가 사라지고 있다", "여자 옆에 가려면 3000만 원 준비해라" 등의 기사를 내놓았다. 성희롱은 범죄이기보다 개인적인 문제나 장난으로 여겨지고 있었고, 문제 삼는 여성을 '사회부적응자'로 취급했다(나눔터, 12: 8~9). 2심에서는 행위에 악의가 없고 성적 의도가 분명하지 않다며 원고 패소 판결을 내렸다. 그러나 대법원에서는 '무수한' 신체접촉, 불쾌한 언사, 시선으로 피해자가 불쾌하고 곤혹스러운 느낌을 가졌다면, 피해자를 지휘·감독하는 관계에서 가해자가 성적인 동기와 의도를 가진 것이라고 보았다. 또한 언동이 집요하고 계속적이어서 피해자에게 성적 굴욕감이나 혐오감을 느끼게 한다고 적었다. 당시 대법원에서도 성희롱이 종전에는 법적 문제가 되지 않고 묵인되거나 당사자 사이에 해결되었음을 지적하면서 새로운 유형의 불법행위임을 적시하고, 피해자의 정신적 고통을 입증하라는 가해자 측 견해에는 반대했다.[5]

대학 내 성폭력 사건은 학내 행사에서도 문제가 되었다. 1985년 이화여대의 대동제가 외부에 개방된 후 타 대학 남학생들의 난동이 지속되었고, 그때마다 이화여대에서는 문제를 제기했다. 1996년 대동제에서는 고려대학생 500여 명이 광장을 점거하고 집단 난동을 부리는 사건이 벌어져 많은 여학생들이 부상을 입기도 했다. 이화여대는 사건을 단순폭력 사건이 아니라

---

5    대법원, 95다39533 판결, '손해배상(기)', 1998. 2. 10. 선고.

성폭력 사건이라고 규정했고, 이에 성폭력 개념을 둘러싼 논쟁이 있었다. 다른 대학들에서도 학칙 제정을 요구하는 가운데, 대학 최초로 1997년에 동아대학교에서 여학생회의 건의를 수용해 성폭력 처벌을 위한 학칙이 제정되었다. 서울대에서는 교내에서 발생한 성 문제를 조사할 진상조사위원회 구성을 논의했고, 『성적괴롭힘 예방 지침서』를 제작했다.

## 2) 성폭력특별법 제정과 문화 바꾸기

1991년 8월 김부남의 "짐승을 죽였다"라는 절규와 함께 성폭력에 대한 사회적 관심도 매우 높아지고, 법 제정 활동도 본격화되었다. 이에 대해서는 같은 해 초부터 여성의전화에서 문제를 제기했다. 가정폭력피해 여성을 보호하던 중 가해 남편이 이 단체를 인신매매단으로 신고해 상근자가 연행되는 사건이 있었다. 당시 현행법으로는 이 문제를 해결할 수 없었다. 관련 단체들은 법 제정의 필요성을 절감하고 '성폭력특별법제정추진특별위원회'를 통해 구체적인 입법 운동에 들어갔다. 아내 구타를 포함할 것인지를 놓고 의견이 갈리기도 했으나, 결과적으로 협의의 개념인 성적인 폭력으로 정의했다. 법안은 1992년 7월에 제출되었지만, 대선 후 새 정부가 들어서자 정부 차원에서 논의가 재개되었다.

1994년 4월 1일에 시행한 '성폭력범죄의처벌및피해자보호등에관한법률'(이하 성폭력특별법)에서는 친족에 의한 강간, 장애인에 대한 준강간, 업무상 위력 등에 의한 추행, 공중 밀집 장소에서의 추행, 통신매체를 이용한 음란죄를 규정했다. 그러나 아내 강간은 남성 국회의원들의 반대로 포함되지 못했다. 또한 국가 및 지방자치단체가 성폭력 범죄를 예방하고 피해자를 보호하기 위해 상담소·보호시설 설치 및 경비 보조 등의 지원을 하도록 하고,

가해자 처벌 규정에 보호관찰과 보호감호 제도를 도입했다. 피해자 보호 절차에서도 피해자 신원과 사생활 비밀 누설 금지, 심리비공개 제도 조항이 마련되었다.[6]

'성폭력특별법'은 일반인들의 성폭력에 대한 인식을 변화시키고 성폭력이 사회적 범죄라는 인식을 확산시켜 고소율을 높였다. 법 제정을 통해 '성폭력'이라는 용어가 일상화되어 더 자유롭게 문제를 제기할 수 있게 된 것 또한 큰 의미가 있었다. 또한 이 법은 국가가 여성단체의 활동을 인정하고, 지원하도록 한 최초의 법으로 여성운동의 발전에 기여했다(이재경, 1993: 24). '성폭력특별법'은 성폭력 추방이나 피해자의 보호뿐만 아니라 가부장적 문화와 인식을 광범위하게 변화시킨다는 차원에서도 의미가 컸다. 강간 등에 의한 상해 치상과 살인, 치사를 구별하고, 업무상 위력에 의한 추행, 공중 밀집 장소에서의 추행, 통신매체 이용 음란을 규정하고, 미수범도 처벌하도록 했다. 그러나 '성폭력특별법'도 한계가 있었다. 가장 중요한 쟁점이 친고죄 조항이 유지되었다는 점이다. 두 번의 개정으로 미성년자가 피해자일 경우에는 수정되었으나, 성인의 경우는 2013년까지 유지되었기 때문이다.

한편 1990년대 중반부터는 대학 내 여학생들의 '영페미니스트' 운동이 활발하게 진행되어 일상의 남성 중심적 성문화에 문제를 제기했다. 2000년 초에는 '운동사회내성폭력뿌리뽑기100인위원회'의 주도로 기존 운동 조직 내의 성폭력 피해를 폭로하고 가해자의 실명을 공개하는 운동이 일어났다. 이로 인해 대학 및 공동체 내 성폭력 사건 해결과 성문화 변화를 위한 운동이 심화할 수 있었다(김보화, 2019).

---

6    법률 제4702호, '성폭력범죄의처벌및피해자보호등에관한법률', 시행 1994.4.1, 1994.
     1.5. 제정.

2000년대에는 성폭력 사건이 대중적으로 알려지고, 여론이 형성되는 과정에서 미디어의 역할이 주목되기 시작했다. 사건의 보도 방식과 프레임이 사회적 인식을 형성하는 데 큰 영향을 미친다는 분석 결과도 나왔다. 여성민우회, 'TV모니터위원회', '신문모니터위원회', '바른 언론을 지키는 시민의 모임' 등은 2005~2006년에 6개 주요 일간지의 성폭력 사건 보도를 검토하여, 가이드라인을 제시한 바 있다. 분석 결과 대부분의 신문에서 잘못된 통념을 재생산하고, 실효성 없는 대책을 부풀린다거나 성폭력 사건의 본질을 벗어나 정치적 공방의 소재로 이용하는 등 문제점이 드러났다(한국여성민우회20년운동사 연구위원회, 2008: 104~105).

한국성폭력상담소가 주최한 '생존자 말하기 대회'는 성폭력 피해자를 생존자로 부르는 계기가 되었다. 생존자로 명명한 것은 피해자에 대한 강력하고 단일한 이미지를 깨고, 다양한 피해 경험의 사회적 의미를 확인하는 운동이었다. 2003년 제1회 대회부터 14명의 생존자가 100여 명의 청중과 함께 다양한 방식으로 자신에게 일어났던 일과 당시의 감정, 현재 자신의 생각, 생존자로서의 다짐 등을 표현했다. 스스로 신청한 참가자가 모여서 말하기를 하는 것은 법적 증언과 같은 형식이 아니었고, 자유로운 분위기였다(권김현영, 2020).

## 5 ┃ 2010년대, 미투가 이끄는 새로운 민주주의

### 1) 미투의 용기와 연대하는 정치

최근 한국 사회에서 성폭력 사건은 커다란 사회문제로 인식되고 있으며 젠더의식과 문화에도 변화가 일어나고 있다. 미투는 특정 개인이나 집단에 국한된 이슈가 아니었다. 성폭력 가해/피해 관계가 권력 위계에 직결되어 있는 사회구조적 문제로서 드러날 수 있는 것이다. 그 권력관계는 직장, 동료뿐만 아니라 가족과 친족 등 모든 관계에서 형성될 수 있으며 권력 위계 속에서 여성에 의한 성폭력, 다양한 성정체성을 억압하는 폭력 또한 나타나고 있다.

이러한 변화를 반영하여 법적으로도 전환점이 마련되었다. 2013년 6월에는 '성폭력특별법' 제정 당시부터 문제가 제기되었던 '친고죄'를 폐지하고, 강간의 객체를 '부녀'에서 '사람'으로 바꾸는 등 성폭력 관련 주요 법이 개정되었다. 여러 단체가 오랫동안 친고죄 폐지 운동을 전개한 결과였다. 친고죄 조항은 성폭력 피해자의 '명예'와 '사생활'을 보호한다는 이유로 성폭력 피해당사자의 고소가 있어야만 공소를 제기할 수 있게 했다. 이로 인해 성폭력 문제가 사회적 범죄가 아니라 개인적 치부라는 사회적 인식을 확산시킴으로써 성폭력 가해자 처벌에 장애 요소로 작용했다. 또한 성폭력 관련 범죄의 고소기간은 1년 이내라고 제한한 조항은, 1년이 지나도 고소하지 않았다면 성폭력이 아닐 것이라는 통념, 성폭력이 '수치스러운 일'이므로 피해당사자만이 고소할 수 있다는 인식 등에서 비롯한 것이었다.

법 개정으로 성폭력은 고소 기간 없이 대부분 공소시효가 10년이며, 당사자가 아닌 제3자도 신고할 수 있다. 피해자와 가해자가 합의를 하더라도 고소가 취하되지 않는다. 이러한 변화는 성폭력이 개인적이고 숨겨야 할 일이 아니라 공적이고 사회적인 범죄임을 명확히 한 것으로 볼 수 있다(김보화, 2019).

2015년 '메갈리아'와 '미러링' 등에 영향을 받으며 법적·형식적으로는 성차별이 금지되어 있지만, 실제 사회는 성차별적이라는 인식이 확산되었다. 온라인을 기반으로 한 성폭력 폭로도 나타났다. 2016년 5월의 강남역 여성 살인 사건은 여성들의 새로운 연대를 만들어냈다. 사건이 여성혐오 범죄인가에 대해 논란이 있었으나 불특정 여성이 특별한 동기 없이 입은 피해였다는 점에서 여성들은 실질적인 공포와 위협을 느꼈다. 이에 20대 여성들이 중심이 되어 SNS를 매개로 새로운 연대를 만들고, 사건 1주기에는 '5·17 강남역을 기억하는 하루 행동'으로 광화문·신촌·홍대·강남역 일대에서 "우리의 두려움은 용기가 되어 돌아왔다"라고 외치며 여성혐오와 차별, 폭력을 비판했다(한국여성단체연합, 2017: 242~243, 248).

2018년 1월 29일에 통영지청에 근무하던 서지현 검사는 법무부 검찰국장 안태근에게 성추행을 당했다는 사실을 공개했다. 그녀는 사건 이후 가해자의 개입으로 부당한 인사 조치를 받았고, 그 부당함을 주장했으나 검찰 내에서 받아들여지지 않았다. 서지현은 '미래의 범죄에 용기를 주어서는 안 된다'는 생각으로 피해 사실을 공개했다. 서지현의 '미투' 이후 2월에는 연극 연출가 이윤택, 시인 고은 등을 비롯해 문화예술계 인물에 대한 미투가 연달아 이어졌다.

2018년 3월 5일, 유력한 대선후보로 거론되던 안희정 당시 충남도지사에 의한 성폭력 피해가 뉴스를 통해 알려졌다. 1980년대에 학생운동을 활발히 했고, 민주 이념을 지향한다는 인사의 가해 사건은 법적·사회적으로 큰 쟁점이 되었다. 2017년부터 10여 차례 일어난 성폭력 사건에 대해 대법원에서 최종적으로 유죄판결이 나왔지만, 피해자에 대한 음해와 2차 가해가 지금도 벌어지고 있다.

가해자와 피해자의 권력 위계는 재판 과정에서도 드러날 정도로 명확했고, 피해자를 완전히 고립시켰다. 1심 재판 당시 피해자는 16시간에 걸쳐 심문을 받았지만, 피고인 심문은 하지 않았다. 피고인이 범죄에 사용한 휴대폰을 파기했고 진술을 번복하는데도 1심 판결에서는 피고인이 일관되고 진실하다고 판단했다(김지은, 2020: 148~151, 155). 피고 측 변호인과 증언은 사건을 '불륜'으로 몰아갔고, "피해자는 아내"라는 말이 적극적으로 유포되었다. 사건을 '여자 문제'라는 프레임으로 만들고 조직적인 댓글을 다는 등 여론을 형성한 이들은 '진보'를 논하던 남성들 그리고 여성들도 있었다. 이러한 여성들은 왜 첫 피해 시점에 말하지 않았는지를 문제 삼으며 피해를 당한 여성보다 안희정을 지키려는 아내와 자신들을 동일시하는 모습을 보였다(권김현영, 2019: 66~72).

그러나 안희정은 유력한 대선주자이자 피해자의 임면권자로서 폭행이나 협박을 동원하지 않아도 충분히 상대방의 의사를 제압할 수 있었다. 피해자에게 부과된 업무에서도 상시 대기, 감정노동 등 다양한 방식으로 위력이 행사되었다. 2심 재판이 비공개로 전환되자 신원 노출을 우려했던 증인들이 추가 증언을 했고, 판결에도 인용되었다. 재판부는 "피고인의 지위나 권세가 피해자의 자유의사를 제압하기에 충분한 무형적인 세력에 해당한다"라고 판단했다.

대법원에서도 "업무상 위력에 의한 간음"이 최종적으로 인정되었다. 법원은 성폭행이나 성희롱 사건을 심리할 때는 사건이 발생한 맥락에서 성차별 문제를 이해하고 양성평등을 실현할 수 있도록 '성인지 감수성'에 유의해야 한다고 판결했다. 이 판결은 그동안의 가해자 중심 문화와 인식, 구조 등으로 인해 오히려 피해자가 부정적인 여론이나 불이익한 처우 및 신분 노출의 피해 등을 입기도 했음을 인정한 것이다. 피해자의 대처 양상이 저마다 다르게 나타날 수밖에 없다. '피해자다움'을 강요하는 것을 문제시했다는 데 큰 의의가 있다.[7]

---

7    대법원, 2019도2562 판결, '강제추행, 피감독자간음, 성폭력 범죄의 처벌 등에 관한 특례법 위반(업무상 위력 등에 의한 추행)', 2019.9.9. 선고.

그림 7-2 #미투 운동 포스터

자료: 스쿨 미투 페이스북.

각계에서의 미투의 영향을 받아 학내 성폭력 사건을 알리는 '스쿨 미투'도 이어졌다. 10~20대 청소년과 청년들도 인권 의식이 향상되고, 사회의 문화가 자신들의 삶과도 직결됨을 체감하며 일상에 광범하게 퍼져 있는 성폭력 문화를 문제 삼았다. 중등학교 내의 성폭력이 알려지게 된 것은 1990년대 중반이었다. 한국여성민우회는 1996년 S 중학교 성추행 사건을 계기로 학내 성폭력 문제를 본격적으로 제기한 바 있었다. 상담 활동, 학교 내 성의식 및 성폭력 실태조사를 통해 예방 활동을 전개했다(한국여성민우회20년운동사 연구위원회, 2008: 109~111). 스쿨 미투 직전 국가인권위원회 조사 결과, 학생들은 자신의 의견을 이야기하기 어려운 이유로 '학교의 수직적이고 비민주적인 문화'를 들었다. 교사와 학생의 수동적인 관계에서 불쾌감을 표시하면 '불량'하거나 '대드는' 아이로 찍힌다는 것이었다(국가인권위원회, 2017).

2020년 5월 기준 전국 100여 개 학교가 스쿨 미투에 동참했지만, 스쿨 미투가 일어나도 그 사건 처리 과정은 민주적이지 않았다. 교사들은 그릇된 동료 의식으로 학생들에게 도움을 주지 못하거나 학생들이 사건을 알려도 나서지 않았다. 또한 학생들의 자치 활동 기구가 나서서 사건을 해결하는 사례는 거의 없었다. 학생회 등 자치 조직이 형식적으로 존재하는 경우가 많기 때문이다. 학생 자치 활동은 입시를 위한 스펙으로 활용되고 있고, 그 또한 학교 관리자나 교사들의 영향하에 있기 때문이었다. 교사들의 의식을 조사한 통계에서는 30% 이상이 스쿨 미투가 생활교육과 수업에 부정적이라고 했고, 약 19%가 교권을 침해한다고 했다. 생활기록부에 대한 교사의 영향력과 위계적인 학교문화 속에서 학생들은 스쿨 미투를 주저할 수밖에 없다(조진희, 2020: 62~73).[8]

## 2) 디지털 성 착취는 자유가 아니다

한국의 인터넷 기술과 환경은 세계 최고 수준으로 발달했다. SNS를 활용한 대등한 관계 형성, 자유로운 의사 표현과 소통은 일상에서 민주주의가 구현될 수 있는 매개이다. 그러나 디지털 기술력이 극단적인 이윤추구, 착취적인 성문화와 결합하며 심각한 성폭력 사건이 연이어 벌어지고 있다. 권김현영의 지적대로 디지털 성착취의 역사는 인터넷 역사와 궤를 같이한다. 1990년대 중반부터 누드 사진집, 포르노그래피 제작·유포를 시작으로 1999~ 2000년에는 남자 친구에 의한 여성 연예인 동영상 유출 사건이 있었다. 2000년대 초반에는 초고속인터넷 확장을 기반으로 포르노 사이트의 음란물 유포가 수익모델이 되었다. 그 후 2015년 여성들은 불법 음란물 사이트인 소라넷을 폐쇄하자는 운동을 벌였고, 이듬해에 핵심 서버가 폐쇄되었다. 또한 여성들은 웹하드를 통해 불법 촬영물이 유통되고, 수익 창출에 이용되는 데 대한 수사를 촉구했다(권김현영, 2020: 52~67).

---

8    "학생들이 교사의 정당한 생활교육이나 수업을 방해하는 부정적 요소로 작용할 것이다?"라는 질문에 31.8%가 동의한다고 응답했고, "입시 경쟁 교육체제에서 교권을 침해하여 학교교육의 위기를 가져오는 매우 부정적인 영향을 줄 것이다?"라는 질문에 전체 동의가 18.9%였다.

단체 채팅방에서의 성폭력 사건은 이후 벌어질 심각한 사건들의 전조였다. 단체 채팅방 성희롱 사건이 2014년에 처음 불거졌다. 이후 대학생들에 의해 비슷한 사건들이 연이어 폭로되었다. 이제, 디지털 세계가 또 다른 생활세계로 존재하고, 모바일메신저가 새로운 소통 환경을 형성하며, 가상공간과 실제 세계의 간극이 허물어지고 있다. 그런데 이런 디지털 공간이 오랜 시간 동안 젠더 간 불평등한 방식으로 구성되었고, 성폭력 사건 또한 관습과 관례로 여겨졌다. 성폭력이 남성들이 친밀한 관계를 맺는 방식이거나 놀이 문화로 공유되는 것이다(윤보라, 2020).

불법 촬영 및 비동의 유포 범죄는 촬영·공유·시청 등의 행위가 물리적인 해를 가하지 않았다는 점 때문에 피해가 가시화되지 않고, 가해자는 범죄의 심각성을 간과하는 경우가 상당히 많다. 인터넷에 영상이 언제, 어떻게 유포될지 알 수 없고, 완전히 지우기도 쉽지 않기 때문에 그 피해가 심각함에도 법원에서는 초범·미성년자 등을 근거로 낮은 형량을 부과했다.

텔레그램 'N번방'이 "판결을 먹고 자랐다"라는 지적이 나온 이유도 여기에 있다. N번방은 텔레그램으로 여성의 사진 등을 공유하고 약점을 잡아 협박한 후 더 과격한 요구를 하는 수법을 사용했다. 이 사건은 익명의 추적단 '불꽃'이 직접 취재를 했고, 또 다른 여성들의 프로젝트 팀 '리셋'이 디지털 성폭력 관련 활동 등을 정리한 국회용 보고서 자료를 만들었다(≪한겨레≫, 2020.3.25). 그 주범들이 대부분 잡혔지만, 어떠한 판결이 나올지는 지켜볼 일이다.

N번방 사건 이후 '성폭력범죄의 처벌 등에 관한 특례법'이 2020년 5월 19일 자로 개정되었다. 개정법은 디지털 범죄의 피해가 증가함에 따라 카메라 등을 이용 촬영죄 등의 법정 형량을 상향하고, 불법 성적 촬영물의 소지·구입·저장·시청에 대한 처벌 규정을 신설했다. 10월 20일에는 진술조력인

## 그림 7-3 손정우 미국 송환 결정 촉구 기자회견

청원, 법원 앞 시위, 모의법정, 포스트잇 붙이기, 해시태그 등 온라인, 오프라인에서 다양한 방식으로 저항하고 있다.

자료: ≪민중의 소리≫, 2020년 7월 7일 자.

배치와 2차 피해 방지를 규정한 내용으로 개정되어 2021년 1월 21일자로 시행 예정이다.[9]

최근 국제적으로 물의을 일으킨 디지털성범죄에 대한 한국의 법원 판결이 문제가 되었다. 손정우는 '웰컴 투 비디오'라는 아동 성 착취물 거래 사이트를 운영하며 전 세계적으로 아동 성폭행을 조장하고 성 착취물을 배포한 범죄자로, 비트코인을 활용한 돈세탁으로 막대한 수입을 얻었다. 피해자 중에는 생후 6개월 된 영아까지 있었고, 검거 당시 사이트에서 성 착취 파일

---

9    법률 제17507호, '성폭력범죄의 처벌 등에 관한 특례법', 시행 2021.1.21, 2020.10.20. 일부개정.

17만 개가 발견된 반인륜적 범죄였음에도 국내에서는 1년 6개월의 형을 선고받았다. 미국은 한국에 범죄인인도 요청을 했으나 서울고등법원(강영수 부장판사)에서 불허했다. 손정우와 그 부친은 탄원서·반성문 등을 감형받기 위해 이용했고, 심지어 혼인신고까지 활용했다. 부당한 판결은 법령의 한계이기도 했지만, 그보다는 법원의 오만과 성폭력 범죄에 대한 무지의 결과였다. 이에 많은 시민들이 분노했다. 사법부를 규탄하는 여성단체가 새롭게 만들어졌고 청와대 청원, 법원 앞 시위, 모의 법정, 포스트잇 붙이기, 해시태그 등 온오프라인에서 다양한 방식으로 저항하고 있다.

디지털 성폭력에서 중요한 사실은 '주범' 이외에도 수만 명에 이르는 이용자가 있다는 것이다. "호기심으로 구경만 했다"라는 말들이 범죄를 정당화하지는 않는다. 한 N번방의 유료 회원은 '구경하기 위해' 운영자에게 사진과 동영상을 제공했고, 특정 수위를 요구했다. 기획자·운영자·관전자는 돈을 내면 여성에게 무엇이든 요구할 수 있다고 여긴 공범 관계였다(권김현영, 2020: 48~49).

## 6 | "구시대의 마지막 목격자"가 되기 위해

N번방 사건 후 공유되던 해시태그 중 하나는 "함께 구시대의 마지막 목격자가 됩시다"였다. '구시대'는 100년으로 끝날 수 있을까.

성폭력 사건에서 피해자가 공개적으로 문제를 제기하고 사회적 차원에서 여성단체가 적극적으로 대응하게 된 시점은 1980년대이지만, 지난 100년 동안 수많은 성폭력 사건이 존재했고, 그 사건들은 시대적인 맥락 속에서 드러나지 못하거나 피해자를 비난하는 논리가 압도해 버렸다. 해방 후부터

1950~1960년대의 '가족법' 개정 운동, 1960~1970년대부터의 여성 농민·노동 운동이 시작되었을 때도 성폭력 문제는 소수 피해자 여성의 개별 사건으로 치부됐다. 1980년대 초반부터 비로소 '성폭력' 개념을 법제화하고, 정신적·언어적 피해를 인정하게 되었다.

일제시기 문학가로 활동했던 김명순의 성폭력 피해 사실은 당대 지식인들에 의해 철저하게 비난의 대상이 되었다. 최근에 그에 대한 성차별적인 재현과 조롱을 문제시하기 전까지 그녀는 방탕하고 타락한 생활을 했던 비운의 여성으로만 기록되어 있었다. 그러나 주목할 점은 그녀가 당시부터 스스로 자신에 대한 가해를 반박하고 고소를 하는 등 문제를 제기했으며, 지속적인 활동으로 여러 작품을 남겼다는 사실이다. 그녀의 생애는 성폭력과 이후 계속된 비난과 멸시로 우울하기도 했겠지만, 저항하며 자유롭게 이상을 추구하려고 노력한 것이었다는 점을 강조해야 한다.

해방 후 1970년대까지 알려진 성폭력 사건은 미군 주둔, 피난 및 구호 정책과 관련되었다. 피난 갔다가 돌아오는 사람들을 속이거나 신분 증명을 핑계로 강간하는 사건이 벌어졌다. 구호시설에서도 시설장이 구호물자를 미끼로 여성들을 통제하려는 일들이 있었다. 미군이 주둔하는 지역에서는 미군에 의해 성폭력 사건이 벌어져도 SOFA가 발효된 1967년까지는 미군이 일방적으로 수사를 주도했다. 이 시기의 강간 사건들은 '증거불충분'을 이유로 유죄판결이 나오지 않았다. 한편 1960~1970년대 경제성장의 주축이 되었던 여성 노동자들에게도 고정된 성적 관념이 통용되고, 노동 현장에서 성폭력이 빈번하게 벌어졌다. 당시의 여성들에게는 노동 통제와 성적 통제가 이중적으로 작동하고 있었다.

한국여성의전화가 1983년에 성폭력 개념을 정의하며 성폭력 문제에 집중해 활동을 시작했다. 1980년대는 공권력에 의한 성폭력 사건들이 문제로 제기되었다. 경찰이 학생운동, 노동운동을 하는 여성에게 성추행, 성고문을 자행한 사건은 민주화운동을 억압하는 것이기도 했다. 1986년 문귀동 사건은 사건을 은폐·조작하려는 정부의 시도가 문제시되었다. 1980년대 말에 벌어진 사건들에서는 여성이 다방 종업원이라는 점이 약점으로 여겨졌고, 임산부의 피해 또한 '불륜' 사건으로 취급되었다. 이에 피해자나 가족이 적극적으로 나서며 비난과 통념에 저항했고, 지역단체가 연대하여 사회적인 인식을 변화시키고 가해자를 처벌할 수 있게 되었다.

또한 성폭력 피해자의 정당방위 논쟁도 진행되었다. 오랫동안 정신적인 피해에 시달린 여성이 가해 남성을 살인한 사건을 통해 성폭력 피해의 지속성과 심각성을 확인할 수 있다. 성폭행을 하려던 남자의 혀를 깨물어 유죄판결을 받았던 여성은 사건 발생 56년이 지난 2020년이 되어서야 재심을 청구했다.

서울대학교 신 교수 사건은 성폭력 범주에 성희롱을 포함하는 계기가 되었다. 이후 성희롱 또한 법적으로 문제 삼을 수 있었고, 성적 굴욕감과 혐오감을 피해로 인정했다. 1990년대 중반부터 성폭력 대응 운동은 다양한 주체와 방식으로 이뤄졌다. 대학에서도 자체적으로 진상조사위원회를 구성하고 관련 학칙을 제정했다.

1990년대 중반 성폭력 대응 운동을 통해 얻은 중요한 성과는 '성폭력특별법' 제정이었다. 특별법을 통해 '성폭력'이라는 용어가 일상화되고, 성폭력이 범죄라는 인식을 확대할 수 있었다. 가해자를 처벌하고 피해자를 보호함과 동시에 가부장적 문화와 인식도 변화시키는 계기가 되었다. '성폭력특별법' 제정 후 성폭력 교육과 예방을 위한 활동도 더욱 활발해졌다. 2000년대에는 성폭력에 대한 언론의 보도를 점검하고, 성폭력을 둘러싼 사회의식과 통념을 바꾸려는 운동이 전개되었다.

2010년대에 접어들어 성폭력 사건과 그 대응 운동은 여성·젠더 차원의 이슈를 넘어서 사회 전반의 민주적 변화를 추동했다. 민주주의 사회의 기본적인 원리에 문제를 제기하고 있는 것이다. 그것은 여성의 신체가 안전할 권리, 촬영물 유포 등 의사에 반하는 행위를 강제받지 않을 자유, 법 제도의 민주적 운영과 공정한 판결 등을 요구한다.

대학에서는 성폭력 사건에 대응할 자치 기구를 구성하고 규정을 만들기도 했다. 또한 스쿨 미투의 결과로 학생회 등 자치체가 실질적인 역할을 하도록 변화하기도 했지만, 현재 대부분의 성폭력 사건은 여전히 법적 판결에 의존하고 있다. 성폭력의 범주가 확대되고 직장·학교 등 조직 내에서의 성폭력은 구성원 사이의 관계와 문화가 원인이 되는데, 법적 처리에만 의존하게 되면서 오히려 사건이 가해/피해의 개별적인 문제로 바뀌게 된다. 그러므로 조직 내에서 민주적으로 소통하여 평등한 관계를 형성하고, 갈등이 발생했을 때 숙의할 수 있는 문화와 절차를 마련할 필요가 있다.

또한 수사와 재판 등 사법절차에서의 성적 차별을 없애고 민주적으로 개선할 필요가 있다. 반복되는 피해 진술 문제와 경찰·검찰의 피해자 인권침해는 점차 시정되고 있으나, 안희정 사건 1심 재판에서도 볼 수 있듯 여전히 높은 지위와 권력을 가진 남성 가해자는 심문 등 재판절차에서 유리한 위치에 있다. 최근 성폭력 가해자 상당수는 피해자를 무고로 고발하고 있으며 형량을 줄이기 위해 여러 방법을 쓰고 있다. 반성문과 탄원서뿐만 아니라 성폭력 피해자를 위해 단체에 기부를 하는 것 또한 흔히 쓰는 방법이다. 형식논리에 입각한 이러한 법률적용은 반드시 개선되어야 한다.

남성 가해자 중심의 문화에서 비롯한 2차 가해는 '표현의 자유'라는 명목으로 묵인되기도 한다. 언론보도에서의 차별과 혐오는 사실상 제재를 받지 않는다. 수많은 기사와 그에 달리는 댓글로 성폭력 피해자는 또 다른 피해를 입는 것이다. 잘못된 정보를 생산하고 성폭력의 그릇된 통념을 재생산하는 보도는 여론을 왜곡하고, 다양한 의사 표현 수단이 왜곡된 여론을 확산시키고 있다.

성폭력은 평등한 인권 보장을 제도화하는 21세기 사회에서도 젠더 불평등과 폭력이 얼마나 만연해 있는지를 보여주고 있다. 역사적으로 성폭력은 개별 사건이었던 것이 아니라 성별, 권력의 위계에 따른 착취/피착취 관계가 드러난 것이었다. 당대의 의식과 문화는 시대적 한계이기도 했지만, 그 과정에서 극심한 피해를 겪었던 수많은 여성들이 있었다. 거기서 고군분투하며 시대적 한계를 넘고자 했던 용기와 운동들이 인권 의식을 향상시켰고, 자유롭고 평등한 관계를 형성하는 민주주의를 진전시켜 왔다.

미투와 함께 한국 사회의 차별적·가부장적 문화는 변화하고 있다. 그러나 여전히 공고하게 존재하는 비민주적 권력관계에서 성폭력을 드러내기 어렵고, 그릇된 통념 속에서 '피해자다움'을 강요하는 사회 분위기 때문에 피해자의 자유가 침해되고 있다. 이제 민주주의의 외피 속에 존재하는 위계와 성폭력은 '구시대'의 유물로 남겨야 할 때다. 우리가 "마지막 목격자"가 되어 아직도 용인되고 있는 성폭력 문화를 지속적으로 문제 삼을 때 구시대와 결별하고 좀 더 나은 민주주의를 실현할 수 있을 것이다.

# 8장

# 이념서클을 통해서 본
# 학생운동 조직문화의 변화

.

.

.

김정인(춘천교육대학교 사회과교육과)

# 1 │ 성찰을 위한 모색

학생운동의 역사는 3·1운동에서 시작된다. 일제시기 3대 대중 시위로는 1919년 3·1운동, 1926년 6·10만세운동, 1929년 광주학생운동을 꼽는데, 모두 학생들이 앞장섰다는 공통점이 있다. 해방 이후에도 학생은 4·19부터 6월 항쟁까지 민주화 역사에서 핵심 주체 세력이었다. 그런데 대학 교육이 엘리트 선민 교육에서 대중화 교육으로 변화하면서 학생운동 역시 엘리트적·선민적 운동에서 1980년대를 기점으로 대중화되는 동시에 약화의 길을 걸었다.

해방 후 학생운동은 합법·공개 활동 시대를 지나 유신체제를 거치면서 비합법·지하 활동 시대를 맞았다. 1970년대 중반 이후 긴급조치 9호 시대에 형성된 운동권 문화는 1980년대 학생운동 조직문화에까지 영향을 미쳤다. 1980년대 중반을 거치면서 학생운동은 이념서클이 약화되고 학과와 학회를 중심으로 운동권 문화가 확산되는 길을 걸었다.

지금까지 해방 이후 학생운동에 대한 연구 성과는 적지 않은 편이다. 그럼에도 대부분 학생운동의 전개 과정에 주목한 경우가 많고, 학생운동 문화에 대해 검토하고 성찰한 성과는 거의 없다. 그런 점에서 1980년대 대학의 하위문화와 대중정치라는 관점에서 학생운동의 조직과 문화를 성찰하고자 한 김원의 연구(김원, 2011)는 독보적이라 할 수 있다. 민주화운동기념사업회에서 펴낸 『학생운동의 시대』는 학생운동 전반을 다룬바, 운동의 조직문화에 접근한 몇 편의 글이 실려 있어 주목된다(이호룡·정근식, 2013). 한편 해방 이후 학생운동과 관련해서는 구술 자료가 적지 않고 사건별·학교별 등으로 학생운동 관련 자료나 문집을 묶거나 활약상을 정리한 단행본들이 있으나, 회고담적 성격이 강하다.

이 글에서는 1950년대부터 1980년대까지 학생운동을 실질적으로 주도한 이념서클이 합법·공개 활동의 시대에서 비합법·지하 활동 시대를 거쳐 학생운동 대중화 시대에 이르면서 보여준 조직문화의 변화 추이를 고찰하고자 한다. 해방 이후 이념서클의 뿌리에는 일제시기 학생운동을 이끈 비밀결사, 특히 독서회가 자리하고 있다. 독서회의 강한 이념성과 정치성을 계승한 이념서클들은 1980년대까지 학생회를 대신하거나 혹은 주도했다. 합법과 비합법, 공개와 지하를 오가며 1980년대까지 존속했던 이념서클은 한국 학생운동사의 특징을 드러내는 존재인 동시에 '운동권 문화'로 불린 학생운동 조직문화의 산실 역할을 했다.

1987년 민주화 이후 30여 년이 흐른 지금, 산업화 세력에서 민주화 세력으로 주류 교체가 마무리 중이다. 그런데 민주화 세력 절대다수의 출신 기반인 학생운동, 구체적으로는 이념서클의 조직문화가 이후 그들이 만들어온 정치 문화에 미친 영향이 적지 않았을 것으로 보인다. 이와 같은 현재성에 대한 성찰과 함께 이념서클을 통해 학생운동 조직문화의 역사적 추이를 되짚어 보고자 한다.

## 2 | 이념서클의 탄생과 저항적 운동문화의 형성

### 1) 1950년대: 합법적 공개 조직으로서의 이념서클의 탄생

1950년대 대학에는 학생 자치 기구인 학생회가 없었다. 1949년에 탄생한 학도호국단만이 있을 뿐이었다. 그 대신 합법적이고 공개적인 이념서클이 생겨나 활동했다. 그런데 이념서클은 학과 혹은 단과대학을 근간으로 조직되는 특징을 보였다. 서울대에서는 1955년 법대 학생들이 신조회를 결성했다. 이듬해인 1956년에는 문리대 정치학과 학생들이 신진회를 조직했다. 신진회는 학과 단위의 이념서클이었지만 기존 회원 5명의 추천을 받아 가입하도록 하는 등 폐쇄적으로 운영되었다(서울대학교60년사편찬위원회, 2006: 838). 고려대에서는 1955년경 경제학과 학생들의 주도로 협진회가 만들어졌다. 이들 공개적이고 합법적인 이념서클들은 일상적으로 독서토론과 함께 공개 토론회를 개최했다. 협진회를 이끈 김낙중은 이념서클의 성립 배경을 이렇게 회고했다.

> 전쟁이 끝난 후 50년대 중반 젊은 지식인들은, 우리 민족이 왜 싸워야 하는가, 사회주의·공산주의가 뭐길래 이렇게 적대시하는가 하는 의문을 가지게 되고 이런 물음에 답하기 위해서 공부를 해보자는 관심이 일어나게 된다. 그러나 이 방면으로 공부를 해보고 싶어도 책을 구할 수 없었고 도서관에 소장된 사회주의 관계서적은 모조리 '대출 불허'라고 명시되어 있었다. 학생들의 이러한 지적 갈등은 정규적인 대학교육으로는 채워지지 않았다. 이러한 분위기하에서 사회과학을 같이 연구하자는 움직임이 자연발생적으로 일어나기 시작했다. 서클은 구하기 힘든 책들을 돌려 읽을 수 있는 좋은 기회였기

때문이다(고려대학교 100년사 편찬위원회, 2005: 137~138).

그런데 이념서클이란 이념과 서클의 합성어인바 1950년대 대학의 서클들이 지향한 이념은 사회민주주의였다. 신조회는 '사기업을 적당히 사회 통제하에 두며 사회보장제도를 확충해 사회의 불평등을 해소하고자 한'(곽순모, 1984: 48~49) 페이비언주의에 관심이 많아 영국의 페이비언협회에 가입하려는 시도를 하기도 했다(유용태 외, 2020: 54). 신진회 역시 자본주의와 공산주의의 한계 모두를 극복할 수 있는 대안으로 서유럽의 사회민주주의에 주목했다. 신진회 회장을 역임한 윤식은 사회민주주의에 관심을 두고 이념서클을 만들게 된 연유를 이렇게 회고했다.

> 미국을 중심으로 하는 전형적인 서구적 자본주의와 공산진영에서 표방하는 전형적인 공산주의를 다 비판하는 서구적인 사회주의에 매력을 느끼는 사람들의 모임이었습니다. 양 이데올로기를 지양하면서 우리나라에 맞는, 독자적인, 그 당시로서는 제3의 이데올로기를 모색해보자는 뜻에서, 처음부터 '주의자'라기보다는 연구해보자는 생각에서 연구서클을 만들자고 했던 것으로 알고 있습니다. 우리로서는 제3의 길로서 사회민주주의를 말했던 것이기도 합니다. 처음에 착상한 것은 영국의 페이비언 소사이어티에서였습니다 (한국정신문화연구원, 2001: 165~166).

고려대 협진회 역시 후진국인 한국이 갈 수 있는 제3의 길로 사회민주주의에 관심을 갖고 독서하고 토론했다. 이처럼 사회민주주의에 관심이 있던 이념서클인 신조회, 신진회, 협진회는 두 달에 한 번 대학별로 돌아가며 모임을 갖고 사회민주주의를 연구하고 공동연구 발표회를 개최했다.

그런데 한국전쟁의 상흔이 삶을 짓누르고 냉전 반공주의가 기승을 부리던 1950년대에 이념서클은 결국 그들이 추구한 '제3의 이념'인 사회민주주의 때문에 탄압을 받을 수밖에 없었다. 1957년 신진회원인 류근일이 연루된 필화사건이 일어났다. 그가 서울대 문리대 신문 ≪우리의 구상≫ 1957년 12월 9일 자에 쓴 「모색」의 '무산대중을 위한 체계로의 지향'이라는 부제와 "새로운 형태의 조국", "무산대중의 단결" 등의 표현을 문제 삼은 것이다 (≪동아일보≫, 1957.12.15). 류근일은 경찰 수사를 받아야 했고 이 사건으로 신진회는 1958년 1월 말 해산당했다(유용태 외, 2020: 58). 그는 사회민주주의에 입각한 표현이라 주장했지만, 이승만 정부는 이를 수용하지 않았다. 류근일 필화사건의 여파로 신조회도 활동이 어려워졌다.

하지만 신진회와 신조회는 곧바로 재건되었다. 먼저 1958년 신조회가 사회법학회라는 이름으로 재건되었다. 사회법학회는 신조회보다 현실 문제에 더 적극적인 관심을 보였다. "노동법, 경제법, 사회정책학을 연구한다"라는 목표 아래(≪대학신문≫, 1958.4.21) 노동문제와 노동운동에 관심을 갖고 활동했다. 통상의 세미나와 토론회를 진행하면서 인천과 부산의 부두 노동자를 시작으로 영월과 삼척의 탄광, 대구 섬유 회사에서 일하는 노동자에 대한 실태조사를 실시했다. 하지만 신조회의 후신인지라 경찰의 주시를 받으며 활동해야 했다(서울대학교60년사편찬위원회, 2006: 838). 1959년에는 서울대 문리대 정치학과 2학년생들이 신진회를 계승해 사회민주주의를 지향하는 이념서클인 후진국문제연구회를 결성했다. 후진국문제연구회는 4·19 직후 다시 서클 이름을 신진회로 복원했다.

이처럼 1950년대 중반에 등장했던 이념서클들이 단과대학 혹은 학과에 기반을 두던 경향은 4·19 당시에도 반복되었다. 이념과 노선에서는 사회민주주의에 대한 관심이 지속되었다. 다만 한 가지 주목해야 할 변화가 있다면

1950년대 후반에 비공개 이념서클들이 만들어지기 시작한 점이다. 역시 이번에도 학과가 결성 주체였다. 1958년 서울대 문리대 사회학과 학생들이 비공개로 농촌사회연구회를 결성했다.

1960년 4·19가 일어났다. 그런데 대학생이 앞장선 4·19였건만, 이를 주도한 학생 자치 조직이나 세력이 별도로 존재하지는 않았다. 이념서클 역시 별다른 역할을 하지 못했다. 그러므로 4·19 직후 대학에서 제일 먼저 일어난 운동이 학도호국단을 해체하고 학생 자치 기구인 학생회를 만드는 것이었다. 서울대 문리대에서는 학도호국단이 해체되자 곧바로 1960년 5월 10일 600여 명의 학생이 모여 학생 총회를 개최하고, 학생 자치회의 조직·구성·운영에 대해 결의했다. 그런데 이날 학생 총회를 주도한 이는 신진회원인 정치학과 과회장 윤식이었다(《대학신문》, 1960.5.16). 이를 통해 이념서클이 학생회 결성에 관여하고 있었음을 알 수 있다. 비공개 이념서클이던 농촌사회연구회는 4·19 직후인 1960년 6월 15일 공개 활동을 표방하며 후진사회연구회로 개편했다. 이에 앞서 4월에는 농대에 농정연구회가, 수의대에 농촌연구회, 5월에는 법대에 농촌법학회(농법회)가 결성되었다. 그런데 4·19 이후 대학생들은 국민 계몽운동에 뛰어들었다. 이는 일제시기부터 존재했던 학생 주도의 계몽운동과 맥을 같이하는 것으로, 당시 대학생들은 자신들이 국민을 이끌어야 하는 선민이고 엘리트라는 인식이 있었음을 보여준다. 서울대 학생들은 1960년 7월 7일 국민계몽대를 결성하고 농촌에는 국민계몽반을, 도시에는 새생활운동반을 파견했다(《대학신문》, 1960.7.11). 후진사회연구회와 신진회가 이 서울대 국민계몽대들을 이끌었다. 4·19 당시 별다른 활동을 보이지 않았던 이념서클들이 4·19 이후 학생운동을 주도하기 시작한 것이다.

## 2) 1960년대 초중반: 이념서클의 연대를 기반으로 하는 정치운동의 개막

4·19를 경험한 대학생들은 국민 계몽과 함께 단과대학과 학과를 뛰어넘는 연대성을 발휘하며 통일운동에 뛰어들었다. 이는 대학에서 사회민주주의 대신에 민족주의가 대안적 이념으로 부상한 것과 관련이 있었다. 이러한 변화를 선도한 이념서클들은 한국 사회 후진성의 근본 원인을 분단 모순과 외세 의존에서 찾고, 그 해결책으로 남북의 평화공존·교류·통일, 자립경제의 수립을 제시했다(오제연, 2007: 289~290). 그리고 그들이 바로 통일운동의 주역으로 나섰다. 서울대에서는 1960년 11월 18일 신진회, 후진사회연구회, 사회법학회의 주도로 문리대·법대·상대·미대·의대·수의대 등을 아우르는 서울대 민족통일연맹(이하 민통련)을 발족했다. 이는 대학 차원에서 저마다 통일운동을 추진하는 조직을 결성하는 흐름과 맞물린 것이었다. 각 대학의 통일운동 조직들은 이듬해 2월과 3월에 '한미경제협정 반대투쟁'과 '2대 악법 반대투쟁'을 전개했다. 그리고 이 과정에서 '한미경제협정반대투쟁위원회', '악법반대전국학생투쟁위원회' 등 전국 단위의 학생 연대체가 등장했다. 이러한 연대 활동을 바탕으로 1961년 5월에는 통일운동에서도 대학 간 연대체가 결성되었다. 서울대 민통련이 남북학생회담을 제의한 후 18개 대학이 참여해 민족통일전국학생연맹을 결성했다(김동춘, 1988: 38). 하지만 열흘 남짓 만에 5·16군사쿠데타가 일어나면서 모든 시도가 수포로 돌아갔다. 통일운동에 가담한 이념서클은 해체되었고, 관련 학생들은 체포되었다.

이처럼 4·19는 학생운동 조직과 조직문화에 중요한 변화를 초래했다. 학생 자치 기구인 학생회가 부활했고, 통일운동을 매개로 학과, 단과대를 넘는 학교 단위의 연대체가 만들어졌고, 나아가 이들이 함께 전국적 연대체를 형성했다. 4·19의 '봄'에 학생운동은 '연대'의 가치를 익히고 실천했던 것이다.

5·16군사쿠데타로 크게 위축되기는 했지만, 이듬해부터 되살아난 이념서클과 학생운동의 양상은 4·19 이후 변화에 기반을 두고 있었다. 먼저 대부분의 이념서클이 민족주의를 표방했다. 연세대에서 1962년 정치외교학과와 행정학과 학생들을 중심으로 오시회라는 독서모임이 생겨났다. 그런데 오시회 회원으로서 총학생회장에 당선된 안성혁은 1963년 총학생회 산하에 오시회를 기반으로 한 한국문제연구회(이하 한연회)를 창립했다. 한연회는 "당신의 조국 한국을 알자"를 모토로 삼고, "한국의 사상, 통일, 정치, 산업 경제, 민족문화, 과학기술 등의 모든 문제를 진지하게 연구하여 한국 민족이 지닌 무한한 가능성을 찾기에 노력하겠"다는 목표를 내세웠다(≪연세춘추≫, 1963.11.4). 고려대에서는 4·19 전후에 정치외교학과에서 만든 의회민주주의와 사상을 연구하는 학술 서클인 민주정치연구회(이하 민정회)가 활동하고 있었다(≪연세춘추≫, 1963.11.16). 1963년 3월에는 민족주의 이념 연구 단체인 민족사상연구회(민사회)가 결성되었다. 민사회는 "우리 민족의 나아갈 길과 민족사상의 제 연구"를 목표로 내세웠다(≪고대신문≫, 1963.5.4). 1963년 10월 4일 서울대 문리대에서는 합법적인 학생운동을 추구하는 민족주의비교연구회(이하 민비연)가 결성되었다. 민비연은 "고립적·일방적 전수식 강의의 맹점을 탈피하고 여러 유형의 민족주의를 비교, 연구함으로써 민족주의에 대한 과학적 인식의 토대를 마련하여 민족사적 현실을 타개할 수 있는 한국적 민족주의 이념을 모색, 정립하겠다"라는 취지의 선언문을 발표했다(≪대학신문≫, 1963.10.7).

이와 같이 1960년대 초반에도 이념서클은 학과, 학과 연합, 또는 단과대별로 만들어지고 있었다. 세미나를 하고 강연회나 토론회를 개최하는 문화도 이어졌다. 한연회는 매주 금요일 오후 하나의 주제를 선정해 토론회를 개최했다. 매주 열리는 세미나에서는 한 권의 책을 선정해 토론하고 '주보'를 만드는 식으로 진행되었다. 한연회는 주로 사상 토론회·좌담회·강연회를, 민정회는 격주로 세미나를 1회 열었다.

그런데 1950년대와 달리 1960년대에는 이념서클과 학생운동의 이후 변화를 조망할 수 있는 변화가 일어났다. '학생운동은 정치운동이냐'라는 원론적인 문제 제기가 시작된 것이다. 한연회에서는 창립총회부터 학생운동에서의 한연회의 위상을 둘러싼 논쟁이 벌어졌다. 오시회 출신 대부분은 한연회가 회원 개인의 학문 도야와 교내 면학 분위기 조성을 주도하는 데 관심을 가져야 한다고 주장했다. 반면 일부 오시회 출신과 총학생회 간부들은 한연회가 연세대 이념서클로서 학생운동을 이끌어야 한다고 주장했다. 한편 민비연은 창립 당시 주요 활동 목표로 '첫째, 가능한 대로 합법적인 범위 안에서 학생운동의 기반을 넓히자. 둘째, 연구 발표회나 세미나를 통해 학술적 이념적 지표를 확립하자. 셋째, 민정 이양에 대비해 학생운동의 새 방향을 정립하자' 등을 내세우며 학생운동의 정치성을 부정하지 않았다.

한일협정 체결이 현실로 다가오자 1964년부터 4·19 때와 달리 각 대학의 이념서클이 적극적으로 연대해 정치운동, 즉 '한일협정반대운동'에 나섰다. 서울대에서는 민비연이 문리대 신문사와 함께 '한일굴욕외교반대투쟁위원회'를 결성했다. 연세대에서는 한연회 회장이 곧 총학생회장이었으므로, 총학생회를 중심으로 한일협정반대운동에 나섰다. 고려대는 연세대처럼 총학생회가 전면에 나서지 않았으므로, 여러 단과대학 학생회와 이념서클을 고려대 전체 차원의 단일조직으로 묶어 서울대처럼 별도의 투쟁 조직인 '구국투쟁위원회'를 결성했다. 고려대 학생운동 핵심 세력 중 가장 연배가 높았던 선배가 위원장을 맡고, 그 밑에 부위원장을 정경대·법대·상대 학생회장이 공동으로 맡았다. 기획·선전·행동 등 조직의 실무 책임은 민정회와 민사회 회원들의 몫이었다.

한편 각 대학의 이념서클들은 학교를 넘어 서로 연락하며 한일협정반대 운동을 이끌었다. 한일협정반대운동에서도 통일운동처럼 대학 간 연대체 구성이 시도되었다. 전국 대학의 학생회의 연합단체인 한국학생총연합회 (이하 한학련)가 결성된바, 한학련은 대학연합 투쟁조직인 '난국타개전국학생 대책위원회'를 조직하고, 1964년 5월 25일 전국 31개 대학에서 대학별로 '난 국타개학생총궐기대회'를 개최했다(6·3동지회, 2001: 264). 6월 1일에는 난국 타개전국학생대책위원회에 참여한 각 대학 대표 35명이 청와대 앞에서 시 위하려다 연행되었다.

1964년 6월 3일 연대 시위로 절정에 달한 한일협정반대운동은 '계엄령' 선포로 막을 내려야 했다. 그리고 많은 학생들이 '내란죄' 등의 혐의로 처벌 을 받았다. 민비연은 1964년 5월 20일 '민족적 민주주의 장례식'을 주도하면 서 한일협정반대운동을 상징하는 이념서클로 떠올랐다. 1965년 재개된 한 일협정반대운동이 8월 26일 '위수령' 발동으로 다시 탄압을 받으면서 민비 연은 당시 반대운동에 관여하지 않았음에도 문교부의 지시에 따라 9월 26일 강제해산 되었다(≪대학신문≫,1965.9.20). 그리고 얼마 후 중앙정보부는 국 가 전복을 기도했다는 혐의로 김중태 등 민비연 회원 11명을 구속하고 김도 현 등 6명을 수배했다(이호룡·정근식, 2013: 88).

## 3) 1960년대 후반~1970년대 초반: 학생운동 주체로서의 이념서클과 저항 적 운동 문화의 형성

한일협정반대운동의 좌절과 박정희 정부의 탄압에 위축되었던 이념서 클의 활동은 곧바로 활기를 되찾는 복원력을 보였다. 서울대 문리대에서는 낙산사회과학연구회(이하 낙산연)와 한국사상연구회(이하 한사연) 등이 활약했다. 낙산연은 사회학과·철학과·정치학과 학생들이 1965년 6월 "한국적 이념의 형식을 위한 일반 사회과학의 연구를 목적"으로 결성했다(≪대학신문≫, 1965.6.21). 여느 이념서클과 마찬가지로 강연과 세미나 등의 활동을 전개했다. 한편 민비연을 계승한 이념서클 후진국문제연구회(이하 후문회)는 학생운동에 적극적이었다. 후문회는 주제 발표회를 자주 열었는데, 주로 선배들이 후배들에게 사회주의 이론과 제3세계 민족주의에 대한 지식을 가르쳤다. 하지만 회원들이 1967년 6·8 부정선거 규탄 시위에 적극 참여해 지도교수가 중앙정보부에 끌려가는 고초를 겪는 가운데 학교에서 정식 서클로 인정받지 못했다. 후문회는 다시 1969년 3월 농촌문화연구회(이하 농문회)를 결성했다. 그런데 당시 농문회 등 이념서클은 1967년 동백림사건, 1968년 통혁당사건 등이 연이어 발표되면서 매카시즘의 광풍이 불자, 후배에 대한 체계적 학습보다는 선배가 후배를 개별적으로 만나는 방식의 학습을 선호하는 양상을 보였다.

1970년에 들어와 서울대 문리대에서는 서클 통합 운동이 일어났다. 농문회, 한얼, Pax Romana 등 3개 서클이 통합해 문우회라는 이념서클을 만들었다. 문우회는 표면적으로는 "현실의 문제점을 연구, 토론, 비판, 통합하며 대학 내의 아카데믹한 풍토를 조성"한다고 목표를 내세웠지만, 실제로는 "민주, 민족 투쟁을 계속해 온 선배들의 맥맥한 전통을 이어받아 조국의 현실에 대한 학구적 탐구와 그 실천적 행동을 목표"로 삼았다. 서울대 문리대에는 당시 문우회와 함께 후진국사회연구회(후사연)가 활동하고 있었다. 후사연은 특정한 학과, 혹은 학과 연합이 아니라 교양과정부에서 1학년들이 조직한 독자적 이념서클로 2학년이 되어 단과대학으로 흩어진 다음에는 지부를 만들어 활동을 지속했다. 후사연은 사회 현실에 관심을 보이며 '경기도 광주 대단지'의 도시 빈민과 '평화시장' 노동자의 실태를 조사하고 보고서를 작성해 발표했다. 흥미로운 것은 이념서클 후사연이 학생회에 각별한 관심을 갖고 학생회장 선거에도 개입해 1971년 주요 단과대학 학생회장을 모두 차지했다는 사실이다. 서울대 법대에서는 1950년대 말 탄생한 사회법학회가 4·19와 한일협정반대운동을 거치면서 1960년대 후반까지 대표적인 이념서클로 자리하고 있었다. 사회법학회는 앞에서 살펴보았듯이 발족 당시부터 노동자와 빈민 문제에 대한 실태조사를 이어가고 있었다. 1966년에는 강원도 삼척 도계읍과 장성읍의 광산 근로자 실태조사를 했다. 1970년에는 서울시 용두동·연희동·성산동 빈민 지구, 1971년에는 부산 지역 노동자와 경기도 광주 대단지 빈민에 대한 실태조사에 나섰다. 여기에 덧붙여 또 하나 주목해야 할 활동은 1970년부터 이른바 '지하신문'의 대명사인 ≪자유의 종≫을 발간하기 시작했다는 점이다.

서울대 법대에 장기 존속한 사회법학회가 있다면 연세대에는 한연회가 있었다. 한일협정반대운동 과정에서 해체 위기를 맞았으나 1965년 후반에 다시 교내 단체로 등록하는 데 성공했다. 한연회는 일상적인 학술 활동, 즉 주간 토론회와 다양한 심포지엄·강연회 등을 이어가면서 1966년부터 1년에 한 번씩 ≪한국 연구≫라는 서클 연구지를 간행했다. 또한 그해 11월부터 ≪내 나라≫라는 이름의 신문을 발간했는데, 앞서 언급한 ≪자유의 종≫과 같은 원조 격의 '지하신문'이었다.

한연회의 회원 가입 유형은 크게 세 가지로 나뉘었다. 첫째, 집회나 시위에 참가하는 과정에서 이를 주도하는 한연회의 존재를 인지하고 가입한 회원이 있었다. 둘째, 기존 회원들의 가입 권유를 받고 참여한 회원이 있었다. 셋째, 서클 홍보물을 보고 스스로 가입한 학생이 있었다. 이런 양상은 당시 다른 이념서클과 크게 다르지 않았다. 한연회 회원들이 회원으로서의 정체성을 획득하고 이를 바탕으로 공동체의식을 갖게 되는 계기는 농활과 MT

참가였다. 1967년 여름에는 충청남도 서산군 팔봉면 고파도리에서 농촌활동을 벌이고, 근처에서 MT를 진행했다. 한연회의 가장 중요한 활동은 학생운동이었다. 반정부 투쟁에 소극적인 총학생회를 대신해 한연회가 학생운동을 이끌었다. 1967년 6·8 선거에 대한 부정 논란이 일어나자 이튿날 한연회가 나서서 성토대회를 벌였다(≪연세춘추≫, 1967.6.12). 1969년에는 한연회 주도로 '범연세호헌투쟁위원회'가 결성되어 연세대의 '3선개헌반대투쟁'을 이끌었다(≪연세춘추≫, 1969.8.25). 1970년에는 4·19 10주년에 미온적인 총학생회를 대신해 한연회가 '범연세4·19기념사업추진위원회'를 결성하고 시국선언, 『백서』 발표, 결의문 채택 등 기념행사를 주도했다(≪연세춘추≫, 1970.4.20). 1971년 5월 20일에는 한연회가 '교련철폐투쟁'을 주도하는 가운데 연세대 학생운동 세력은 물론 서강대·한양대 등 8개 대학 학생들까지 규합한 범대학민권쟁취청년단을 발족했다(≪연세춘추≫, 1971.5.24).

이와 같은 연세대의 사례를 통해 1970년대 초반 정치문제에 소극적인 학생회를 대신해 이념서클이 행사를 주도할 정도로 조직을 갖추고 학생운동을 주도하는 위치에 있었음을 알 수 있다. 또한 신문이나 회지를 통한 선전 홍보 활동이 중요해지기 시작한 시기가 이때였음을 알 수 있다. 지하신문의 등장은 학생운동의 정치적 성격이 점점 강화되고 있음을 보여주는 징표였다.

고려대에서는 1960년대 후반에 새로운 양대 이념서클이 등장했다. 먼저 1967년 민사회와 한사연이 통합해 한국민족사상연구회(이하 한사회)를 결성했다. 한사회는 회지 ≪한사보≫를 발간하기 시작했고(≪고대신문≫, 1967.6.10), 정기 토론회, 강연회, 심포지엄 등 통상적인 활동을 펼쳤다. 또 하나의 이념서클은 한맥이었다. 한맥은 1969년 민족 이념과 가치관 확립을 표방하며 활동해 온 '민맥'과 휴머니즘에 입각한 민족주의를 지향했던 '한모임'이 진보적 이념서클을 지향하며 통합해 결성했다(≪고대신문≫, 1969.3.24). 그런데 한사회와 한맥 모두 학생운동에 관심을 보이면서, 학생회장 선거에서 서로 경쟁했다. 1969년에는 한맥이 총학생회장과 다수의 단과대학 학생회 장을 배출했다. 1971년 1학기에는 한사회가 지원하는 후보가 총학생회장에 당선되면서 한사회 회원 다수가 총학생회에 들어갔다. 반면 2학기에는 한맥 출신으로 총학생회장이 바뀌면서 다시 한맥이 학생운동을 주도했다.

한편 1960년대 후반기에도 각 대학 이념서클들은 연대 활동을 지속했다. 그런데 종전과 달리 이념서클들이 연대 조직체를 추진해, 1967년 3월 한국 연구학생연맹이 탄생했다. 이 연맹은 주축인 연세대 한연회와 고려대 한사 회가 서울대 낙산연을 끌어들여 만들었다. 그들을 엮어준 공통 가치는 민족 주의였고, 1년에 한두 번 모임을 하거나 세미나를 개최했다. 이념서클 간의 연대 문화는 6·8 부정선거 규탄 시위와 3선개헌반대투쟁에서 저력을 발휘했 다. 서로 투쟁 선언문의 내용을 공유하되, 시위는 대학별로 준비했다. 1970년 에는 4·19 10주년을 맞아 전국대학생연맹이 『학생운동의 나아갈 길』이 라는 백서를 발표했다(서울법대학생운동사편찬위원회, 2008: 120~127). 하지만 전국대학생연맹은 명의만 있을 뿐 실체가 없는 조직이었다. 이념서클의 연 대 조직은 이듬해인 1971년에 만들어졌다. 그해 4월 14일 서울대 상대에서 서울대·고려대·연세대 등 11개 대학 이념서클 회원 등 300여 명이 모여 교 련 철폐, 공명선거 캠페인 등의 행동강령을 내걸고 민주수호전국청년학생연 맹(이하 민주수호전학련)을 결성했다(≪자유의 종≫, 1971.4.15). 6월 12일 민주 수호전학련은 연세대 한연회 주도로 결성된 범대학민권쟁취청년단과 통합 해 전국학생연맹(이하 전학련)을 결성하는 데 성공했다. 전학련은 처음에 4인 의 대표를 두었다(≪자유의 종≫, 1971.6.21). 그러나 전학련 공동 의장들이 소 속 대학의 데모를 주도하면서 경찰의 수배를 받게 되자 1971년 2학기부터는 비상 체제로 운영했다. 전학련은 1971년 9월 7일 10쪽에 달하는 『민주, 민족, 통일의 깃발을 높이 들자!』라는 시국 백서를 발표했다(71동지회, 2001: 74). 당시 경북 지역에서는 경북대·대구대·청구대·계명대·효성여대 등이 경북학생총연맹을 결성해 전학련에 참여했다(이호룡·정근식, 2013: 320).

이와 같은 전국적 연대 조직 형성을 가능하게 만든 이념서클 간의 교류 활동 중 가장 주목할 만한 것으로 1968년부터 1971년까지 매년 한 차례씩 열렸던 고려대 한맥 주관 '전국남녀대학학술토론대회'가 있었다. 이 토론대회는 연세대 한연회, 서울대 문우회·후사연·사회법학회·이론경제학회 등 각 대학 이념서클이 공식적으로 모이는 중요한 자리이기도 했다. 경북대의 이념서클 정사회(1964~1970)와 정진회(1970년 창립)도 꾸준히 참여했다. 토론대회에 참가한 각 대학 이념서클 학생들은 대회가 끝나면 1박 합숙을 하며 연대 의식을 높였다.

1971년 1학기부터 교련 철폐 투쟁과 더불어 각종 부정부패에 대한 규탄 시위, 고려대에 군인들이 난입한 사건에 대한 규탄 시위 등이 계속되는 가운데 전학련은 10월 14일 명동의 흥사단 강당에서 전국학생연맹총대회, 즉 전국 대의원 대회를 열어 한국외대 선경식을 새로운 위원장으로 선출하고, 정부 규탄 및 전 대학인의 결전을 호소하는 「총대회선언문」을 발표하고자 했다. 하지만 총대회는 경찰이 집회 장소를 봉쇄하면서 열리지 못했다. 박정희 정부는 다음 날인 10월 15일 '위수령'을 선포하고 ≪자유의 종≫, ≪내나라≫, ≪한맥≫, 고려대 한사회 기관지 ≪산 지성≫ 등 12종의 이념서클 간행물의 발간을 금지하고, 이념서클을 강제로 해산시켰다. 이때 해산된 이념서클은 후사연(서울대), 문우회(서울대 문리대), 사회법학회(서울대 법대), 한연회(연세대), 통일문제연구회(연세대), 한사회(고려대), 한맥(고려대), 정진회(경북대) 등이었다(71동지회, 2001: 413). 서울대 문리대 낙산연은 학교 당국이 해산시켰다. 또한 22개 대학에서 169명의 학생이 제적 처리되었고(≪조선일보≫, 1971.10.20), 주동 학생들은 구속 후 강제징집 되었다. 정부는 모든 대학에 학생의 정치 활동 금지와 제명 학생의 재입학 금지 등을 골자로 한 학칙 개정을 지시했다. 이로써 공개적인 이념서클 시대는 막을 내려야 했다.

## 3 | 이념서클 주도의 학생운동 추이와 운동권 문화

### 1) 긴급조치 9호 시대: 이념서클의 지하조직화와 운동권 문화의 형성

앞서 살펴본 것처럼 1971년 '위수령' 사태 이전에는 이념서클이 앞장서서 학생운동을 이끌었으나 결국 해체의 길을 걷고 말았다. 이념서클의 사실상 소멸은 학생운동의 위축을 초래했다(이기훈, 2005: 490). 1972년 10월 17일 비상계엄이 선포되고 유신체제가 시작되면서 학생운동은 더욱 움츠러들었다. 게다가 1973년 봄 박정희 정부는 고려대 이념서클들을 표적 삼아 탄압했다. 먼저 한맥 회원들이 구속되었다. 한맥은 위수령 이후 해체되었던 서클을 다시 결성하면서 「민우」라는 유인물을 발간해 유신체제의 본질을 1인 영구 집권을 위한 총통제로 규정하고, 현 정권 타도에 앞장설 것을 주장했다. 이에 박정희 정부는 이들을 고려대 노동문제연구소의 김낙중과 엮어 공안 사건을 조작했다. 이것이 'NH회 그룹 학원 침투 간첩단 사건'이다. '1971년 10·15 위수령으로 한맥이 해체된 후 김낙중의 지령을 받고 공산주의 서적을 탐독, 만국 프롤레타리아의 균등 사회주의 이론을 광적으로 신봉, 북한 지령에 따라 현 정부를 타도하기 위한 지하서클인 NH회를 결성, 불온유인물인 「민주 통일의 횃불을 들자」와 「민우」 등을 다량 제작 살포하며 현 정부 타도 활동을 벌여왔다'는 것이었다. 두 달 후에는 한사회 회원들이 "검은 10월단을 결성, 문서 야생화 250부를 찍어 교내에 뿌렸다"라는 혐의로 구속되었다. 전남대에서도 「함성」 사건으로 학생들이 구속되었다(이기훈, 2005: 477~478).

학생운동이 침체 국면 돌파하게 된 계기는 1973년 10월 2일 서울대 문리대에서 일어난 시위였다. 이날 시위는 언론통제로 보도되지 않았지만, 이화여대·숙명여대·경북대 등 다른 대학으로 번져갔다. 11월 15일에는 고려대생들이 가두시위에 나섰다(임춘식, 2001: 42). 이에 박정희 정부는 구속 학생 전원 석방과 학사 처벌 백지화를 담은 유화적인 12·7조치를 내놓았다. 하지만 재야 세력은 개헌 청원 백만인 서명운동을 선언했고, 학생운동 세력은 전국민주청년학생총연맹(이하 민청학련)의 이름으로 시위를 모의했다. 그러자 박정희 정부는 대통령 긴급조치 1, 2호와 4호로 강경하게 대처했다. 하지만 긴급조치 4호가 해제된 후인 1974년 2학기와 이듬해 1학기에도 대학가에서는 시위가 잇달았다. 이화여대에서 개교 이래 최대 규모의 시위가 발생하는 등 전국 대학에서 격렬한 반정부 시위가 일어났다. 이에 1974년 2학기에는 72개 대학 중 44개교가 휴강하고, 13개 대학에 문교부가 계고장을 발부했다(임춘식, 2001: 43). 1975년 1학기는 3월부터 학생 시위가 발발하면서 3월 8일 고려대생들이 가두시위에 나서자 박정희 정부는 긴급조치 7호를 선포해 고려대에 휴업을 지시했다. 그럼에도 4월 11일 서울대 농대 학생 김상진의 할복자살로 학생 시위가 정점으로 치닫자 박정희 정부는 연세대·고려대 총장의 사표를 수리하고 5월 13일 긴급조치 9호를 선포했다.

서울대는 긴급조치 9호 시대를 맞아 캠퍼스를 관악으로 옮기면서 전환기를 맞았다. 1976년 1학기 학회 등록을 받을 때 종전 문리대의 이념서클들은 다시 살아나지 못했으나, 상대 이념서클이던 한국사회연구회·이론경제학회·농업경제학회·후진국경제학회·국제경제학회, 법대 이념서클이던 농법회·경제법학회 등은 이름을 바꿔 등록했다. 가령 한국사회연구회는 사회과학회, 이론경제학회는 경제철학회, 후진국경제학회는 경제문제연구회 등으로 개명했다. 신생 이념서클로는 역사철학회·흥사단아카데미·사회복지연구회·사회철학회·현대사회연구회가 등록했다. 한편 종전에는 비이념서클이던 고전연구회·대학문화연구회 등이 학생운동에 가담하는 변화도 일어났다.

고려대는 1973년 1학기에 공안 사건으로 탄압을 받은 데다 1975년 1학기 시위에 나섰다가 고려대 휴교만을 명한 긴급조치 7호로 탄압받으며 한동안 학생운동이 침체기를 겪어야 했다. 당시 고려대에는 한맥, 한사회와 뿌리가 다른 양대 이념서클인 청년문제연구회와 민족이념연구회가 활동하고 있었다. 1970년에 청년문제연구회는 보수 지향적 이념서클로 출발했다. 하지만 1976년 고전연구회, 1978년 겨레사랑회로 재발족하면서 이념서클로 거듭났다(고려대학교 청우회, 2012: 41~45). 민족이념연구회는 1968년에 사회과학적 이념 지향성이 강한 학술 서클로 발족해 긴급조치 9호 시대에 사회과학연구회로 이름을 바꿨다. 이처럼 긴급조치 9호 시대에 고려대에는 겨레사랑회·사회과학연구회·법률행정연구회·한국농어촌문제연구회·동민회·한국학연구회 등의 합법적 공개서클과 민맥 같은 비합법의 이념서클이 공존했다.

연세대는 앞에서 살펴보았듯이 1960년대부터 한연회가 이념서클을 대표하고 있었다. 1971년 위수령 사태 이후 한연회는 동곳회 가입을 통해 이 서클을 통째로 접수했다. 1973년 4월에는 동곳회를 한연회를 계승한 서클로 인정했다. 하지만 1974년 민청학련 사건에 회원들이 연루되면서 활동이 어려워졌다. 그해 9월 민족문화연구회를 창립해 재출발했지만, 이 역시 1975년 긴급조치 9호에 의해 다시 해산되고 말았다. 긴급조치 9호 시대에 박정희 정부는 서클에 대한 지도교수제를 실시했다. 서클은 지도교수를 확보하지 못하면 공중분해 되거나 지하화할 수밖에 없었다. 그런데 연세대에서는 민족문화연구회를 비롯해 목하회, 인간격정반 등 명맥을 유지하던 이념서클이 해산된 후 재등록이 어려운 상황에서, 미선계 학교라는 특성 때문에 교목실장이 기독학생회(SCA)의 지도교수를 맡게 되면서 기독학생회가 학생운동의 중심 역할을 하게 되었다. 기독학생회는 신입생 의식화 교육과 함께 방학 중에는 빈민 지역에 도시봉사단을 파견하고 농촌봉사활동을 전개했다(긴급조치9호철폐투쟁30주년기념행사추진위원회, 2005: 278~279).

긴급조치 9호 시대를 맞아 이념서클은 조직과 운동 방식을 근본적으로 바꿔나갔다. 이때 이른바 '운동권 문화'가 형성되기 시작했다. 서울대 이념서클을 사례로 살펴보면, 당시에는 한사(사회과학회)·농법회·아카데미 등 3대 서클이 막강한 세를 형성하고 있었다. 여기에 10개의 서클이 가세해 함께 상시적 혹은 간헐적으로 학생운동 방향 설정과 의사결정을 주도했다. 당시 이념서클이 가장 주력한 활동은 활동가 양성 구조를 안정화하고 체계화하는 것이었다. 그래서 혹시 투쟁을 진행하더라도 활동가 재생산 구조가 마비되거나 파괴되지 않도록 책임 단위를 확실하게 분리하는 방침을 마련했다. 나아가 노동·농민·빈민 운동 등 민중운동으로의 이전을 위한 일상적인 준비 체계를 갖추고자 했다(긴급조치9호철폐투쟁30주년기념행사추진위원회, 2005: 113~114).

무엇보다 후배를 길러내는 재생산구조를 유지하는 것이 절실했다. 그렇다고 데모를 안 할 수는 없으니까 데모는 하되 고학년이 하고, 모든 것을 투입하지 말고 필요한 만큼만 하며, 더 이상 불길이 번지지 않도록 그 소수가 모든 책임을 지는 방식이어야 했다. 물론 학생운동만으로는 민주화 실현에 한계가 있는 만큼 노동자·농민의 의식화·조직화를 위하여 기층 대중으로 이전해 나가는 준비를 하는 것도 중요했다. 말하자면 전통적 운동 방식을 폐기하고 완전히 새로운 운동을 설계하게 된 것이다(이호룡·정근식, 2013: 120).

이념서클의 주된 활동으로는 매주 개최하는 세미나와 학기별로 1~2회 실시하는 MT, 여름방학의 농촌활동 등이 있었다. 역사, 철학, 사회과학에 관한 세미나를 통해 학생운동을 위한 이론을 학습하고 의식을 고취하며, 수련회와 농촌봉사활동을 통해 결속감을 다지고 자신을 단련하는 조직문화를 갖추고 있었다. 이런 활동은 이념서클의 오랜 전통이기는 하지만, 긴급조치 9호 시대에 더욱 체계적으로 이뤄졌다.

신입생 계열별로 모집을 시작한 1974년부터는 신입 회원을 위한 공동 오리엔테이션을 실시하기도 했으며, 공통 세미나 교재인 『현실 인식의 기초』(1979)를 제작하기도 했다. 1학년 신입 회원 교육은 3학년이 책임졌고, 때론 둘 이상의 이념서클이 연대해 공동 세미나를 운영하기도 했다. MT는 통상 1박 2일 동안 서울 근교에서 한 방에 20~30명이 모여 3, 4학년 선배가 주제 발표를 하고 질문과 답변, 토론하는 방식으로 진행되었다. MT는 세미나의 심화 과정이자 결속력을 높이는 자리였다. 농촌활동은 여름방학 중 실시되었다. 오전 5시에 일어나 오후 7시까지 육체노동에 종사하고 저녁에는 농민과 대화를 하고 밤늦도록 반성과 토론을 하는 시간을 가졌다. 농촌활동은 농촌 현장의 문제를 직접 겪으면서 졸업하거나 또는 유신 반대투쟁을 하다가 제적되어 학교를 떠난 다음 자신이 이전할 터전을 모색하는 훈련의 장이었다. 또한 이때부터는 노동야학을 통해 노동계급과 인간적 유대를 다지면서 기층민중의 실상과 의식을 접하는 과정이 이념서클의 활동이자 교육으로 자리를 잡아갔다. 그것은 기층 민중 속으로, 즉 농민운동과 함께 노동운동으로의 이전을 보편화하는 방향으로 나아갔다. 이와 같은 이념서클 활동의 기반에는 인맥이 있었다. 세미나, 술자리, 공동 숙식 등 일상을 같이하며 쌓은 결속력은 투쟁적 행동을 결단하는 동력이 되었다. 서클 회원 간의 결속력은 자신이 속한 서클을 '패밀리'라고 부르는 데서 알 수 있을 정도로 단단했다. 실제로 그들은 '팀방'이라고 부르는 공간에서 하루 종일 함께 생활하는 경우가 많았다. 팀방은 숙소이자 아지트이고, 세미나실이며 강의실이자 술집이었다(농촌법학회, 2012: 579).

그런데 엄혹한 시절인 만큼 이념서클이 가장 중시한 것은 보안이었고 이를 체질화하는 문화가 중시되었다.

> 보안을 위해 우리는 언더 내부의 일은 일체 비밀로 하고, 어떤 일도 기록으로 남기지 않으며, 관련 전화번호도 적어놓지 않고 모두 암기하는 걸 생활화했다. 물론 용공 조작 등을 피하기 위해 조직의 명칭이나 규약 등도 만들지 않았고, 언더 구성원들끼리는 학교 내 공개된 장소에서 서로 만나는 일조차 피했다. 모임의 장소는 학교 외부에서 하는 것을 원칙으로 했고 급하게 교내에서 협의하거나 연락할 일이 있을 경우 미리 전화를 해 사람들이 오가지 않는 은밀한 장소에서 만나고 만난 뒤에도 각자 다른 길로 헤어졌다. 또 학교 밖에서의 모임 장소는 주로 방이 있는 중국집일 수밖에 없었는데, 서울대생들이 많이 사는(하숙 또는 자취방이 모여 있는) 지역은 피했으며 학교에서 버스 한 번으로 가는 지역은 모임 장소에서 무조건 제외했다. 아무리 좋은 모임 장소를 찾아내더라도 한 장소를 한 달에 두 번 이상 사용하지 않는 것이 내부 원칙이었다(긴급조치9호철폐투쟁30주년기념행사추진위원회, 2005: 467~468).

긴급조치 9호 발동 직후 이념서클 대부분이 학교 당국에 등록은 했지만, 회원 전체를 노출하지 않는 방식을 택했다. 일단 사찰을 염려해 등록할 때 제출하는 회원 명단에 회장 1명만 실명으로 하고 나머지는 회원이 아닌 학생들의 이름을 빌려 적었다. 회장으로는 성적·전력 등에 문제가 없고, 시위에 가담하지 않을 학생을 내세웠다. 즉, 서클의 실제 지도부는 따로 있었던 것이다.

그런데 서울대에서는 관악 캠퍼스로 옮기면서 이념서클의 대표들로 구성된 '서클연합'이 학생운동의 주력이 되었다. '74언더', '75서클연합회' 등으로 불린 서클연합은 학년 단위로 구성되었다. 처음 구성된 것은 74학번 때이고, 75학번 때부터 체계화되었다. 서클연합은 연말에 회장 임기를 마친 3학년이 새로 임기를 시작하는 2학년 모임을 만들어주는 방식으로 구성되었다. 74학번은 1학년 말 학내 시위를 경험한 뒤 자발적으로 모임을 갖고 자체적인 논의 그룹을 만들었는데, 2학년 말 73학번의 후견 아래 서클연합을 구성할 때는 이미 상당한 조직력을 갖추고 있었다. 처음에는 6~8개 정도의 이념서클이 참여했으나, 점차 늘어나 1979년에 이르러서는 10~16개 정도의 이념서클이 가담했다.

서클연합은 학생운동의 핵심 주체 역량을 양성·보전하는 한편 시위를 주동할 인물을 안정적으로 배출할 수 있는 시스템을 갖추고, 강화된 학원 사찰에 대응해 보안 세부 수칙을 생활화했다(80년대전반기학생운동기념문집출간위원회, 2006: 17). 서클연합은 단선적으로 운영되지 않았다. 75학번의 경우 복수의 서클연합이 존재했으며 77학번과 78학번의 경우는 '연합언더' 외에 '단과대언더'도 있었다고 한다(80년대전반기학생운동기념문집출간위원회, 2006: 12, 15). 75학번 서클연합이 2개 존재했던 것은 74학번 지도부가 만일의 경우에 대비한 2선 조직을 비밀리에 가동했기 때문이다. 서클연합을 대표하는 지도부도 유동적인 구조였다. 74학번은 1인 지도부에 가까웠고, 75학번도 1인 지도부였으나 회장이 시위를 주동하고 구속된 뒤에는 사전에 내정했던 사람이 이어받았다. 76학번의 경우 3인 지도부로 출발했으나, 1979년 본격적으로 시위를 조직할 때는 서클연합이 1인 지도부 체제로 운영되고 있었다. 서클연합은 명시적 조직이 아니었으므로 회장은 선출이나 임명이 아니라 서로 간의 신뢰와 공감대를 바탕으로 자연스럽게 결정되고 인정되었다. 이처럼 2학년 말에 구성된 서클연합이 학생운동을 계획하고 실행하는 시기는 4학년 때였다. 실행계획 가운데는 유인물 제작·살포나 페인팅 등 비교적 안전한 활동이 있기도 했지만, 가장 위험한 계획인 시위 주동자 배출도 이들의 임무였다. 3학년생은 각 서클 내부의 후배 양성, 서클연합에서 합의되거나 결정된 사항의 전파 및 훈련, 시위에 인원을 동원하는 역할, 유인물 작업 등을 맡았다. 시위 주동자로 나서는 것은 구속과 제적을 각오해야 했으므로 결단이 필요했다. 따라서 시위 주동자는 서클연합 구성원 중 지원을 받아 순번을 정하는 방식으로 선발되었다.

그런데 긴급조치 9호 시대에 이념서클들은 발표회나 토론회 개최, 회지 발간 등의 활동을 전혀 하지 않았다. 고려대 한맥의 「민우」와 한사회의 「야생화」가 공안 사건으로 비화되고, 1977년 10월 7일 서울대 사회학과가 준비한 창설 30주년 기념 학술 심포지엄 '1920년대 한국 민족운동 고찰'이 원천봉쇄 되어 대규모 구속과 처벌, 임시 휴업 사태로 번졌던 경험에서 알 수 있듯이 공개 활동은 불가능하고도 위험했기 때문이다. 서울대 서클연합은 이처럼 합법적인 활동이 봉쇄된 상황에서 학내 시위 날짜와 인원 등을 조정하고 지원하는 역할을 했다.

긴급조치 9호 시대의 시위 투쟁은 유신체제를 무너뜨리는 게 아니라 파열구를 내는 것을 목표로 했다. 이러한 목표를 내세운 1976년 12월 8일 서울대 시위는 성공을 거두었다. 4학년이 주동자로 나서서 최소 3명의 인원으로 시위를 결행하고 모든 책임을 지는 방식은 그동안 무력감에 빠져 있던 학생운동에 강렬한 자극이 되었다(긴급조치9호철폐투쟁30주년기념행사추진위원회, 2005: 12). 이 전술은 이듬해 서울대 3월 28일 시위와 4월 12일 시위에도 나타났고, 다른 대학에서도 시도되었다.

1977년 10월 7일 서울대 사회학과 심포지엄 사건은 이런 시위 투쟁으로 조성된 일반 학생의 정서적 지지를 확인하는 계기가 되었다. 이 사건 이후 서클연합은 학내에 상주하는 기관원과 형사의 주의를 다른 데로 돌리기 위한 전술과 주동자가 시위를 안전하게 지휘할 수 있는 공간 확보 전술을 마련했다. 1977년 11월 11일 시위는 주동자를 3개 조로 나눠 한 조는 학생회관에서 초동 시위에 들어가 기관원들을 유인하고, 다른 한 조는 5동 앞에서 학생을 모아 도서관 4층 열람실로 이끌며, 나머지 한 조는 열람실에서 창밖 아크로폴리스광장의 학생을 향해 시위를 지휘할 준비를 한다는 작전을 세웠다. 이날 시위는 3000여 명에 가까운 학생들이 동참하면서 오후 6시까지 이어지며 성공을 거두었으나, 투옥과 학사징계라는 희생이 뒤따랐다. 1978년에 들어서는 시위 전술이 더욱 다양해졌다. 5월 8일 시위와 6월 12일 시위는 분·초 단위의 시간차 시위에 들어가 학생을 아크로폴리스광장으로 일시에 모으고, 1동 난간에서 시위대를 지휘하는 전술을 구사했다. 주동자 5명 가운데 4명이 도피에 성공해 '시위 주동은 곧 구속'이라는 등식이 깨졌다. 한편 고려대·서강대·서울대·이화여대 등이 준비하던 연합 시위는 1978년 10월에 발각되어 모의에 그치고 말았다(긴급조치9호철폐투쟁30주년기념행사추진위원회, 2005: 293~294).

이처럼 긴급조치 9호 시대에는 도서관 점거 시위, 건물 난간 시위, 밧줄 시위, 분·초 단위의 시간차 시위, 예고 시위 등 온갖 전술을 시도했다. 시위 주동 이외에도 인원 동원, 주동자 보호, 유인물 살포, 페인팅 등 다양한 활동도 병행했다. 그러므로 긴급조치 9호 시대에는 시위 주동자가 나서지 않더라도 많은 이념서클 회원들이 시위에 동원되었다가 구속이나 징계를 당한다든가 단순 가담자로 시위 현장에서 연행되어 구속된 사례가 많았다. 유인물 작업을 한 것이 뒤늦게 발각되어 투옥되는 경우도 있었다. 시위 인원 동원이나 시위 주동자 경호 등은 주로 저학년이 맡았고, 유인물 작업은 시위 주동자로 나서지 않을 고학년이나 징계 중인 저학년의 몫이었다.

유신정권이 막을 내린 1979년은 고려대에서 이념서클인 겨레사랑회·민맥 등의 회원들이 나서 재학생 1000여 명에게 학생운동 상황을 정리한 지하신문을 발송하는 사건으로 시작되었다(고대100년사편찬위원회, 2005: 238~239). 부산대에서는 각 학년별 조직 체계와 재생산 구조까지 갖춘 지하운동 조직, 즉 패밀리들이 생겨났다(이호룡·정근식, 2013: 365). 이처럼 '겨울공화국'이라고 불린 긴급조치 9호 시대에 이념서클이 이끄는 학생운동은 지하화하는 경향을 보였지만, 비합법 조직으로서 이념서클의 사회과학적 학습 커리큘럼에 기반을 둔 교육이 체계화되고 이념서클 간의 연대체가 조직되어 극도의 보안을 유지하면서 시위 주동자를 지속적으로 배출해 게릴라식의 다양한 전술을 구사한 시위를 전개했다. 이렇게 형성된 운동권 문화는 1980년대까지 이어지며 학생운동의 학습 체계와 투쟁 방식에 영향을 미쳤다.

## 2) 1980년대 초중반: 학생운동의 대중화와 운동권 문화의 확산

1980년 5월 17일부터 1983년 말까지 대학 내에 경찰 병력이 상주하면서 공안 사찰 분위기는 긴급조치 9호 시대와 거의 같았다. 결국 이념서클은 계속 비합법·비공개의 형태를 유지하지 않을 수 없었다. 그리고 긴급조치 9호 세대인 비합법 이념서클 지도부가 1982년 1학기까지 남아 언더 지도부로서 기존 운동 방식을 전수했다.

1980년대 전반기에는 비합법 이념서클, 즉 언더서클의 수가 폭발적으로

그림 8-1  민주화운동으로 구속된 학생들의 석방과
민주적 정부에 정권 이양을 요청하며 학생들이 칠판에 쓴 글

자료: 민주화운동기념사업회 오픈아카이브.

그림 8-2  고려대에서 열린 학생운동에 대한 공개 대토론회

자료: 민주화운동기념사업회 오픈아카이브.

증가했다. 언더서클에 참여하는 학생 수도 급속히 늘었다. 서울대의 경우, 외부 서클이 학내로 들어와 비공개로 전환한 경우도 있었고, 새로운 언더서클이 만들어졌으며, 단재사상연구회와 같은 '공개서클의 언더화'도 이뤄졌다(박태영, 2020: 55). 81학번 이후 이념서클 회원이 급증했는데, 이는 5·18의 충격과 학생운동 탄압에 대한 반작용 때문이었다. 졸업정원제 실시 이후 크게 늘어난 학생 수도 언더서클의 회원 증가에 가세했다. 언더서클은 회원이 늘면 보안을 위해 몇 개 소그룹으로 나눠 운영하는 전략을 취했다(유용태 외, 2020: 210~211). 서강대에서도 기존 언더서클이 활발히 활동하는 한편, 현대문학연구회·국제경제연구회 등 새로운 언더서클이 생겨났다. 단국대에서는 단일 패밀리가 학생운동을 이끌었는데, 1980년에는 80학번 회원들이 주체가 되어 언더화된 스터디그룹을 운영했다. 이듬해에 회원이 증대하면서 스터디그룹을 2개로 나눠 운영했다(80년대전반기학생운동기념문집출간위원회, 2006: 241). 고려대에서는 1982년부터 언더서클들이 본격적으로 활동했다. 이 무렵 학내 시위를 주도하고 유인물을 살포한 주동자들은 모두 언더서클에서 훈련받은 학생들이었다(고려대학교100년사편찬위원회, 2005: 271).

1980년대 전반기 학생운동에서는 언더서클과 함께 공개적인 학회나 단과대 단위의 운동 체계가 병존했다. 앞서 언급했듯이 1970년대 후반 긴급조치 상황 아래, 각 대학에는 학생 시위 일정과 학생 동원을 모의하기 위한 언더 지휘부가 생겨났다. 서울대에서는 앞서 언급한 서클연합이 언더 지휘부를 구성했다. 고려대에서는 1980년에 고학번 중심의 언더조정회의가 결성되었다(고려대학교 민주동우회, 2009: 439). 연세대에서는 평화문제연구회·인간연구회·탈춤반 등 기존 공개 이념서클 외에 상대, 문과대, 이·공대 언더서클의 활동이 활발해지면서 1981년 2학기 말이 되자 컨트롤 타워(C·T)라고 불린 언더 지휘부가 구성되어 연세대의 학생운동을 지휘·조정했다. 이와 같은 언더 지휘부들은 교내외 유인물 살포와 시위를 기획하고 시위 주도자를 선발했다(80년대전반기학생운동기념문집출간위원회 편, 2006: 258~260).

1981년부터는 학생운동에서 학회 활동을 강화하면서 이를 동원 체계로 재편하려는 흐름이 본격화되었다. 학회에 대해 김원은 "학문이 학문으로서 자기 역할을 수행하기 위해 필요한 자기반성을 집단적 토론으로 자율적으로 수행하는 대학생 조직으로 상업화된 대중문화를 부정하는 대학 문화의 구심체"로 정의했다(김원, 2011 :91). 고려대에서는 서클별 지하조직을 만들되 단과대 학회도 활성화하는 방향을 추진했다(고려대청우회, 2012: 55). 80학번들은 실제로 학회를 결성하고 활동하면서 학회 또는 학과가 동원 단위로서 훨씬 효율적이라는 점을 경험하고는 공개서클과 언더서클에 참여한 학생들을 각과의 학회 건설에 참여시켰다(고려대학교 민주동우회, 2009: 423, 437). 이를 통해 학회의 핵심 인물을 중심으로 학과에 맞는 학습이 진행되었고, 단과대별 동원 체계가 만들어졌다. 서울대에서는 서클연합 중심의 학생운동이, 1980년 12월 11일 학생 시위를 빌미로 100여 명이 넘는 학생들이 체포되어 조사받은 무림사건으로 타격을 입으면서, 이를 극복하기 위한 대안으로 모든 언더서클 회원들이 주요 단과대학으로 헤쳐 모여서 단과대학별 논의와 동원 체계를 갖추는 변화를 모색했다. 그리하여 1982년부터 80학번의 주도로 과별로 학회가 만들어졌고, 단과대별 동원 체계가 마련되었다. 이 과정에서 언더서클은 활동가 양성을 담당하고 학생 동원은 단과대를 통해 이뤄지는 조직 운동문화가 형성되었다(농촌법학회50년사발간위원회, 2012: 497~498). 이후 서울대에서는 주요 단대의 핵심 책임자인 동원 책임자(post)를 중심으로 움직이면서 이른바 포(Po)시스템이 1983년에 정착되어 1985년까지 존속했다(김진균, 2003: 210~212). 7명의 주요 단과대학 포스트들은 협의체를 구성해 서울대 학생운동의 방향과 일정 등을 조율했다. 이 협의체에서 결정된 사항은 각 단과대학 포스트를 통해 각 단과대학별 동원 체계에 전달되었다(유용태, 2020: 213~214). 성균관대는 공개서클과 언더서클의 독자성을 축소하는 방식의 동원 체계를 구축했다. 1982년 말에서 1983년 초에 학교로 복귀한 78학번의 주도로 기존 이념서클, 공개서클, 각 과에 속했던 4학년 80학번들이 모두 7~8명으로 구성된 10개의 학습 팀으로 묶였다. 그리고 학내 활동을 비합법 서클, 합법 서클, 단과대, 여학생 팀, 합법 공개 부문으로 분류하고 투쟁 및 학교 간 연대를 담당하는 1인을 배치하는 체계를 구축하고 1985년까지 운영했다(80년대전반기학생운동기념문집출간위원회, 2006: 368). 고려대에서도 1984년 이후 성균관대와 비슷한 동원 체계가 마련되었다. 서클주의의 한계를 비판하면서 학교 전체를 5개의 섹트로 구분하고, 이를 이끌 투쟁 지도부로서 CT(Control Tower)를 배치했는데 기존의 언더 조정 회의도 그대로 존속되었다(고려대학교 100년사 편찬위원회, 2005: 280).

한편, 1980년대 전반기 학생운동에서는 이른바 페더(federation의 약어)로 불린 비공개 학교 간 연대 모임이 학생운동에 큰 영향력을 발휘했다. 개별 학교 단위를 벗어나야 학생운동이 발전할 수 있다는 인식을 가진 활동가들이 나서 고려대·서울대·성균관대 3개 대학 학교 간 연대 모임이 1983년 봄부터 상설화되었다. 1984년 4월경부터는 연세대 대표자가 참가하면서 고려대·서울대·성균관대·연세대 4개 대학의 대표자 모임으로 자리를 잡았다. 학교 간 연대 모임은 거의 매주 한 번 모임을 갖고 각 학교의 정보를 교환하고 쟁점을 토론했다. 이 학교 간 연대 모임에 참석하는 대표자들은 1985년까지 각 대학의 언더 지도부를 이끄는 위치에 있었다. 학교 간 연대 모임의 결정 사항 대부분은 학교 내에서 관철되었다. 학교 간 연대 모임의 안정적 운영은 학교 간 연합 시위가 일반적인 시위로 정착하는 데 중요한 자극제가 되었다. 학교 간 연대 모임은 각자 인근 대학 언더서클과도 활발히 연계했다.

그런데 1983년 12월 학원 자율화 조치 방침 이후 언더서클 중심의 운동 방식에 대한 본격적인 비판이 제기되었다. 또한 학생회와 투쟁위원회 같은 합법, 반(半)합법 조직에 기반을 둔 운동이 확대되었다. 1980년대 전반기 학생운동 역량의 급성장에 언더서클은 큰 역할을 했다. 하지만 언더서클 운동 체계는 서클 회원으로서의 정체성과 학생운동 활동가로서의 정체성이 분리되기 어려운 구조였다. 합법적인 활동이 많아지는 상황에 제대로 대처하지 못하는 상황이 발생했고, 더욱이 학생회나 학생 중심으로 활동하면서 언더서클에 대한 소속감이 약한 학생들이 등장했다.

당시 서울대에서는 메아리·탈반·연극반 등의 문화 서클과 고전연구회·세계문화연구회 등의 학술 서클을 중심으로 한 공개 본부 서클들이 활발히 활동하고 있었고, 각 단과대학별로 잡지 발간, 학회 설립 등 학생운동 대중화의 저변이 확산되면서 학생운동이 질적으로 변화할 수 있는 토대가 구축되었다(박태영, 2020: 64). 이러한 변화를 발판으로 서울대 학생운동을 이끌던 언더 지휘부 격인 깃발(MT) 그룹과 반깃발(MC) 그룹 모두 언더서클 시스템을 비판하고 나섰다. 마침내 1985년 포시스템을 이끌었던 서울대 언더서클들은 포시스템을 해체하고 소속원 모두가 학생회에 진출해 지도부를 구성할 것을 결정했다. 이때 깃발 그룹은 포시스템 대신 정치투쟁, 선전선동, 연대 투쟁 등 기능별 조직을 강화한 중앙투쟁위원회를 구성해 학생운동 지도부를 결성해야 한다고 주장했다(일송정 편집부, 1988: 83). 또한 학생운동은 대중운동과 다른 높은 수준의 사상적 통일, 조직 규율, 훈련 체계를 가진 지도 조직을 건설해야 한다고 주장했다. 반면 반깃발 그룹은 학생회 조직의 강화를 주장했다. 학회를 통해 성장한 학생운동 세력도 언더서클 중심의 운동 체계를 비판했다. 기존 언더서클 중심의 운동 체계는 학생회 혹은 학회를 통해 성장한 학생들을 동원하여 지시만을 받는 수동적 대상으로 만드는 구조라는 것이다. 이처럼 1985년 말과 1986년 중반을 거치면서 서울대는 물론이고 대부분 대학에서 언더서클에 기반을 둔 운동 방식에 대한 비판이 본격적으로 이어지면서 언더서클, 즉 이념서클 중심의 운동 체계가 와해되어 갔다.

하지만 1980년대 중반 학생운동은 이념서클을 해체하고 대중적인 학생운동을 추구하면서도 비합법 조직에 기반을 둔 운동 방식을 완전히 포기하지 않았다. 즉, 학생운동을 확대하는 과제와 사회변혁을 동시에 추진하고자 하면서 이념서클은 해체하되, 사회변혁을 지향하는 비합법적인 전위 조직을 건설했다. 이같이 학생회 강화를 추진한 흐름과 선도적인 정치투쟁을 지향하는 흐름은 개별 학교 단위를 넘어 전국적 단위의 학생운동 조직을 결성하는 데까지 이어졌다. 먼저 1984년 11월 5일에는 42개 대학 연합으로 전국민주화투쟁학생연합(민투학련)이 결성되었다. 11월 20일에는 '전국대학생대표자회의'의 성과를 기초로 1953년 이후 최초의 전국적 학생운동 조직인 전국학생총연맹이 결성되었다(김민호, 1988: 104~105). 1985년 4월 17일에는 민족통일민주쟁취민중해방투쟁위원회(삼민투위)가 결성되었다.

이처럼 선도적인 정치투쟁을 추구하는 비합법적인 전위 조직을 건설하고 합법적인 전국적 연대 조직으로 투쟁위원회를 건설한 데서 알 수 있듯이, 1980년대 초중반 학생운동에서 가장 두드러진 특징 중 하나는 급진적인 이념 체계의 전면화였다. 급진화의 결정적 계기는 5·18의 비극이었다. 학생운동은 5·18을 통해 국가 폭력과 미국의 기만적 행동, 그리고 서울역 회군에서 드러난 무기력함을 자각하며 자신을 성찰했다(김주호, 2016: 211~212). 이들은 급진적 민족주의, 사회주의적 이념을 지향하며, 특히 마르크스주의, 종속이론, 제국주의 이론, 네오마르크스주의, 해방신학 등에 기반한 운동론을 모색했다. 학생운동은 이러한 이념적 토대를 기반으로 반독재·반외세·민족해방의 통일 논리를 앞세웠다. 학생운동은 조직적이고 체계적인 투쟁을 강조하면서 현실 사회문제를 급진적인 혁명 방법으로 해결하고자 했다. 이 과정에서 지배계급에 대해 적대감을 표출했고, 현재의 자본주의적 체제로는 주변 강대국에 대한 정치·경제적 종속관계를 극복할 수 없다는 인식하에 반미 성향을 나타냈다.

　이와 같은 이념의 급진화와 함께 이 시기 학생운동에서 일어난 큰 변화는 이념서클의 쇠락 혹은 해체와 동시에 일어난 학생운동의 대중화였다. 학생운동 지도부는 과거의 과격 투쟁을 반성하고 대중성을 확보하기 위해 공개적이고 체계적인 운동 조직을 구축하려고 노력했다. 그들은 '학원자율화추진위원회'와 같은 공개적인 운동 조직을 만들어 활동했고, 학생회를 학생운동의 대중적 구심체로 활용하고자 적극 시도했다. 학생 대중의 의견을 스스로 공표할 수 있는 대자보와 유인물을 통해 학생운동의 저변을 확대하고자 했다. 시위 효과의 극대화 방안으로는 대학 간 연합이나 타 운동 부문과의 연대를 중시했다. 이때부터 학과는 합법적인 대중 활동공간으로 자리를 잡았다. 언더서클의 회원들은 과별 학회를 만들거나 과 회지를 발행하는 등 학과에서의 활동에 많은 시간을 할애했다. 농촌활동도 1982년부터는 언더서클별 활동에서 학과별 활동으로 바뀌기 시작했다. 이처럼 많은 학생의 참여로 학생운동이 대중화하게 된 주된 계기는 학생운동 이념의 급진화 계기와 동일하게 5·18의 진실에 대한 접근에서 비롯된 정의감과 분노를 꼽을 수 있다(채장수, 2007: 249). 이러한 분노와 정의감은 당시 대학생 대부분이 현실 참여를 긍정적으로 받아들이는 분위기와 맞물리면서 많은 학생들을 학생운동에 투신하게 만들었다(이수인, 2008: 52).

　이처럼 1980년대 초중반을 거치면서 해방 이후 학생운동을 이끌었던 이념서클은 서서히 소멸의 길을 걸었고, 학생운동이 대중화되면서 긴급조치 9호 시대에 자리 잡은 운동권 문화도 대학 문화의 하나로 시민권을 갖게 되었다.

## 4 | 역사에서 진보로, 그리고

해방 이후 학생운동은 한국 사회 민주화의 주역이었다. 1987년 6월 항쟁으로 공고한 민주화의 길로 들어선 이후, 흔히 '586'이라 불리는 학생운동 지도부 출신들이 정치 주류를 형성하고 있다. 1987년 당시 학생 '대중'으로 거리에서 "호헌철폐 독재타도"를 외친 세대는 나이가 들면 보수화된다는 통념을 깨고 여전히 진보적 정치 성향을 갖고 있다. 민주화운동의 추동력으로서의 학생운동의 역사는 과거의 것이 되었지만, 그 영향은 21세기인 오늘에까지 미치고 있다. 그런데 오늘날 학생운동 지도부 출신들이 생산하는 정치문화에서는 정치적 진보성과 문화적 진보성 사이의 괴리를 느끼게 된다. 동시에 그것을 학생운동 조직문화의 연장선상에서 성찰해 보게 된다.

이상에서 이념서클을 중심으로 학생운동 조직문화를 살펴본 바에 따르면, 이념서클은 합법·공개의 시대를 거쳐 1970년대 중반 이후 비합법·지하의 시대를 걷게 되었다. 그때 형성된 운동권 문화의 기반 위에서 1980년대 학생운동은 합법과 비합법의 조직문화가 공존하는 가운데 대중화의 길을 걸었다. 바로 그 학생운동을 이끈 지도부들은 정치적으로 민주화를 지향했으나 그들의 조직문화는 과연 민주주의적이었는지 되묻게 된다. 그런데 지금까지 축적된 학생운동과 관련한 연구 및 구술 작업에서 드러난 학생운동 조직문화의 최고 가치는 '헌신성'이었다. 저항문화적 가치로서의 의미를 갖는 헌신성은 한편으로는 '영웅주의적 고귀한 희생'이라는 심성에 바탕하고 있는바 학생운동 이후의 삶에서 자신의 행보를 정당화하는 기제로 작용할 가능성이 높다. 여기에 대한 분석은 추후를 기약한다.

## 참 고 문 헌

### 서문 한국 민주주의 100년, 가치와 문화의 변화

강정인 외. 2002. 『민주주의의 한국적 수용: 한국의 민주화, 민주주의의 한국화』. 책세상.

권보드래. 2019. 『3월 1일의 밤』. 돌베개.

김동춘. 2005. 「민주화라는 환상을 넘어서」. ≪황해문화≫, 49호.

_____. 2014. 「박근혜정권의 '국정원 정치': '구조적 파시즘' 하에서의 국가주의의 재등장」. ≪경제와 사회≫, 101호.

김정인. 2015. 「역사 교과서 논쟁과 뉴라이트의 역사인식」. ≪역사교육≫, 133호.

_____. 2018. 「한국민주주의 기원의 재구성」. ≪기억과 전망≫, 통권 39호.

김정한. 2013. 『1980 대중봉기의 민주주의』. 소명출판.

마넹, 버나드(Bernard Manin). 2004. 『선거는 민주적인가: 현대 대의 민주주의의 원칙에 대한 비판적 고찰』. 곽준혁 옮김. 후마니타스.

망원한국사연구실 19세기 농민항쟁분과. 1988. 『1862년 농민항쟁: 중기말기 전국 농민들의 반봉건 투쟁』. 동녘.

박정희. 1978. 『민족중흥의 길』. 광명출판사.

사워드, 마이클(Michael Saward). 2018. 『민주주의란 무엇인가』. 김정인·이석희 옮김. 까치글방.

서규환. 2007. 「민주주의 사상의 재성찰을 위해」. 민주화운동기념사업회 연구소 엮음. 『민주주의 강의 2: 사상』. 민주화운동기념사업회.

서울대정치학과 독립신문강독회. 2004. 『독립신문, 다시읽기: 백년 전 거울로 오늘을 보다』. 푸른역사.

송규진. 「일제시기 참정권 청원운동의 논리」. 변은진 외. 『제국주의 시기 식민지인의 '정치참여' 비교』. 선인.

송찬섭. 「1862년 농민항쟁과 소통의 정책」. 『역사 속의 민주주의』(역사학대회 자료집).

슘페터, 조지프(Joseph Schumpeter). 1985. 『자본주의, 사회주의, 민주주의』. 한서출판사.

월린, 셸던(Sheldon Wolin). 2013. 『이것을 민주주의라고 말할 수 있을까?: 관리되는 민
　　주주의와 전도된 전체주의의 유령』. 후마니타스.

유용태. 2012. 「신민주의, 20세기 중국의 정치유산」. 『역사 속의 민주주의』(역사학대
　　회 자료집).

이나미. 「일제시기 조선 자치운동의 논리」. 변은진 외. 『제국주의 시기 식민지인의 '정치
　　참여' 비교』(선인, 2009).

킨, 존(John Keane). 2017. 『민주주의의 삶과 죽음: 대의민주주의에서 파수꾼 민주주의로
　　』. 교양인.

한규무. 「함석헌과 민주주의: 1960년대를 중심으로」. 『역사 속의 민주주의』(역사학대회
　　자료집).

함석헌. 1965. 『뜻으로 본 한국역사』(개정판). 삼중당.

NCC인권위원회. 1987. 『1970년대 민주화운동』.


Held, David. 1995. *Democracy and the Global Order: From the Modern State to Cosmopolitan
　　Governance*. Stanford: Stanford University Press.

| 1부  한국 민주주의의 가치와 지향 |

## 1장  자유 대 자유, 저항과 반동의 역사를 넘어서

강명희. 2014. 「20세기 전반기 한국 자유주의의 형성과 굴절」. ≪인문논총≫, 71권 4호.

경향신문특별취재팀 엮음. 2007. 『민주화 20년의 열망과 절망: 진보 개혁의 위기를 말하
　　다』. 후마니타스.

공보처 엮음. 1953. 『대통령 이승만 박사 담화집(1)』.

김성연. 2019. 「한용운의 독립운동과 자유·평등사상의 역사적 맥락」, ≪선문화연구≫, Vol. 26.

_____. 1954. 『대통령 이승만 박사 담화집(2)』.

권보드래. 2008. 「실존, 자유부인, 프래그머티즘: 1950년대의 두 가지 '자유' 개념과 문화」.
　　≪한국문학연구≫, 35권.

김영작·윤순갑. 2005. 「개화파의 근대국가 건설구상」. 한국·동양정치사상사학회 엮음. 『한
　　국정치사상사: 단군에서 해방까지』. 백산서당.

김정인. 2015. 「역사 교과서 논쟁과 뉴라이트의 역사인식」. ≪역사교육≫, 133호.

김정훈. 2007. 「민주화 20년의 한국 사회: 기로에 선 한국 민주주의」. ≪경제와사회≫, 74호.

김주호. 2017. 「민주주의의 자유편향적 발전과 그 결과: 민주주의의 이름으로 추진된 신자유주의적 개혁」. ≪사회이론≫, 52호.

김효전. 2009. 「근대 한국의 자유민권 관념: 당시의 신문잡지의 논설분석을 중심으로」. ≪공법연구≫, 37호.

김효전. 2009. 「자유·평등·박애와 근대 한국」. ≪헌법학연구≫, 15호.

노재봉 외. 2018. 『한국 자유민주주의와 그 적들』. 북앤피플.

대통령비서실 엮음. 1973. 『박정희 대통령 연설문집(1)』(최고회의편: 1961년 7월~1963년 12월). 대한공론사.

_____. 1976. 『박정희 대통령 연설문집(5)』(제8대편(상): 1972년 12월~1975년 12월). 대한공론사.

레이코프, 조지(George Lakoff)·엘리자베스 웨흘링(Elisabeth Wehling). 2018. 『나는 진보인데 왜 보수의 말에 끌리는가?: 인지과학이 밝힌 진보-보수의 실체』. 나익주 옮김. 생각정원.

류준필. 2004. 「19세기 말 '독립'의 개념과 정치적 동원의 용법: ≪독립신문≫ 논설을 중심으로」. 이화여대 한국문화연구원 엮음. 『근대계몽기 지식 개념의 수용과 그 변용』. 소명출판사.

문일웅. 2015. 「만민공동회 시기 ≪제국신문≫과 ≪황성신문≫의 인민 동원 논리: '자유(自由)' 개념 비교를 중심으로」. ≪인문과학연구≫, 21호.

문지영. 2009. 『자유』. 책세상.

_____. 2011. 『지배와 저항: 한국 자유주의의 두 얼굴』. 후마니타스.

_____. 2019. 「'자유민주적 기본질서'와 한국의 헌법 이념: 헌법 전문 개정의 쟁점을 중심으로」. ≪인간·환경·미래≫, 23호.

박영효. 1990. 「기획번역: 박영효의 건백서; 내정개혁에 대한 1888년의 상소문」. 김갑천 옮김. ≪한국정치연구≫, 2호.

박주원. 2004. 「≪독립신문≫과 근대적 '개인', '사회' 개념의 탄생」. 이화여대 한국문화연구원 엮음. 『근대계몽기 지식 개념의 수용과 그 변용』. 소명출판사.

서중석. 2005. 『이승만의 정치이데올로기』. 역사비평사.

서형실. 1994. 「일제시기 신여성의 자유연애론」. ≪역사비평≫, 25호.

선학태. 2005. 「한국 민주주의 공고화의 가능성과 한계: 김대중 정부의 사회복지개혁」. ≪한국정치학회보≫, 39권 5호.

소현숙. 2011. 「강요된 '자유이혼', 식민지 시기 이혼문제와 '구여성'」. ≪사학연구≫, 104호.

손호철. 2010. 「민주주의와 신자유주의 사이에서: 한국 '자유주의정권' 10년의 정치」. ≪기억과 전망≫, 22호.

신주백. 2019. 「3·1운동과 1920년대 초 주체의 사회변동」. ≪인문과학연구≫, 28호.

안병직 엮음. 2011. 『한국 민주주의의 기원과 미래』. 시대정신.

안병직·이영훈. 2007. 『대한민국 역사의 기로에 서다』. 기파랑.

오수창. 2011. 「2011 역사 교육과정과 '자유민주주의'의 현실」. ≪역사와 현실≫, 81호.

유길준. 2004. 『서유견문』. 허경진 옮김. 서해문집.

윤도현·김성희·김정훈. 2004. 『한국의 빈곤과 불평등』. 민주화운동기념사업회.

윤치호. 2003. 『(국역)윤치호 일기 1』. 송병기 옮김. 연세대학교출판부.

_____. 2003. 『(국역)윤치호 일기 2』. 박정신 옮김. 연세대학교출판부.

윤해동. 2012. 「뉴라이트 운동과 역사인식: '비역사적 역사'」. ≪민족문화논총≫, 51호.

이광일. 2006. 「자유화·세계화 이후 운동정치의 대안」. 신영복·조희연 엮음. 『민주화·세계화 '이후' 한국 민주주의의 대안 체제 모형을 찾아서』. 함께읽는책.

이나미. 2013. 「'자유'의 추가인가, '민주'의 삭제인가: 역사교과서의 자유민주주의 논쟁」. ≪내일을 여는 역사≫, 52호.

이상록. 2020. 『한국의 자유민주주의와 ≪사상계≫』. 고려대학교 민족문화연구원.

이재교. 2006. 「[쟁점] 뉴라이트 비판, 표적이 빗나가다: 정해구 교수의 뉴라이트론에 대한 반론. ≪시대정신≫, 33호. http://blog.naver.com/PostView.nhn?blogId=ngmin&logNo=22095854405&categoryNo=54&parentCategoryNo=0&viewDate=&currentPage=1&postListTopCurrentPage=1&from=search(검색일: 2020.4.18).

이정호. 2008. 「부록: 페리클레스 추도연설」. 플라톤 지음. 『메넥세노스』. 이정호 옮김. 이제이북스.

자카리아, 파리드(Fareed Zakaria). 2004. 『자유의 미래: 오늘의 민주주의 무엇이 문제인가?』. 나상원·이규정 옮김. 민음사.

장석흥. 2018 「이회영의 민족혁명과 자유사상」. ≪한국학논총≫, 49권 1호.

전재호. 2004. 「자강론과 자유주의 식민지 초기(1910년~1920년대 초) 신지식층의 자유주의관」. ≪정치사상연구≫, 10권 2호.

_____. 2014. 「2000년대 한국 보수주의의 이념적 특성에 관한 연구: 뉴라이트를 중심으로」. ≪현대정치연구≫, 7권 1호.

정보람. 2016. 「1950년대 '자유' 개념의 번역과 〈자유부인〉」. ≪이화어문논집≫, 38호.

정용화. 2006. 「근대적 개인의 형성과 민족: 일제하 한국자유주의의 두 유형」. ≪한국정치학회보≫, 40권 1호.

최주한. 2004. 「개조론(改造論)과 근대적 개인: 1920년대 초반 ≪개벽(開闢)≫지를 중심 으로」. ≪어문연구≫, 32권 4호.

한국고전종합DB, http://db.itkc.or.kr/(검색일: 2020.2.18).

허은. 2013. 「미국의 문화냉전과 '자유 동아시아'의 구축, 연쇄 그리고 균열: 미국정부의 도서계획과 한국사회 지식인의 인식」. ≪민족문화연구≫, 59호.

허은. 2015. 「냉전시대 미국정부의 자유세계 발간과 자유 동아시아의 형성」. ≪아세아연 구≫, 58권 1호.

6월민주항쟁10주년사업범국민추진위원회. 1997. 『6월항쟁 10주년 기념 자료집』. 사계절.

Patterson, Orlando. 2007. *Freedom in the Making of Western Culture*. Lightning Source Inc.

## 2장 평등과 균등의 길항, 또는 연대

『논어』, 『맹자』, 『조선왕조실록』.

≪대한매일신보≫, ≪독립신문≫, ≪동아일보≫, ≪제국신문≫.

구자상. 2019. 「신라시대 여성관으로 본 여왕의 등장과 불교」. ≪동아시아불교문화≫, 37집.

국사편찬위원회. 2002. 『신편 한국사 20: 고려 후기의 사회와 대외관계』. 국사편찬위원회.

권정호. 2014. 「조선조 위민정치와 복지사상의 탐색」. ≪한국동양정치사상사연구≫, 13권 2호.

김동춘. 2015. 『대한민국은 왜?: 1945~2015』. 사계절출판사.

김순영. 2006. 「불평등과 한국의 민주주의」. ≪아세아연구≫, 49권 4호.

김용구. 1974. 「정치적 자유와 경제적 평등」. ≪기독교사상≫, 18권 2호.

김용민. 1994. 「1860년대 농민항쟁의 조직기반과 민회」. ≪사총≫, 43집.

김용휘. 2017. 「해월 최시형의 평화사상」. 『한국인의 평화사상』(서울대학교 통일평화연 구원 학술회의 논문집).

김윤태. 2018. 「불평등과 이데올로기」. ≪한국학연구≫, 67호.

김인걸 외. 1998. 『한국현대사 강의』. 돌베개.

김종수. 2013. 「제헌헌법 사회보장이념의 재발견과 계승」. ≪사회보장법연구≫, 2권 2호.

김종철. 2019. 『근대문명에서 생태문명으로』. 녹색평론사.

김중섭. 2019. 「형평운동: 신분 차별과 인권 발견」. 『대한민국 인권 근현대사』. 국가인권 위원회.

김지혜. 2018. 「모두를 위한 평등」. ≪민주법학≫, 66호.

김효전. 2009. 「자유·평등·박애와 근대 한국」. ≪헌법학연구≫, 15권 2호.

박건. 2018. 「한국사회 성소수자 차별경험의 재인식」. ≪정신문화연구≫, 41권 3호.

박경서·이나미. 2010. 『WCC창으로 본 70년대 한국민주화인식』. 지식산업사.

박대현. 2016. 「1960년대 참여시와 경제 균등의 사상」. ≪한국민족문화≫, 61호.

배경한. 2002. 「삼균주의와 삼민주의」. ≪중국근현대사연구≫, 15집.

배상환. 2010. 「인간 평등이념과 근대 인도의 신불교운동」. ≪한국선학≫, 27호.

백영경. 2019. 「가족, 차별, 인권」. 『대한민국 인권 현대사』. 국가인권위원회.

사르토리, G. 1989. 『민주주의 이론의 재조명』, 2. 이행 옮김. 인간사랑

서남동. 2018. 『민중신학의 탐구』. 동연.

서상일. 1957.12.10. "새 세계관". ≪경향신문≫.

손석춘. 2004. 「한국 공론장의 갈등구조」. ≪한국언론정보학보≫, 27호.

신기현. 1989. 「동학의 평등 인식」. ≪호남정치학회보≫, 1집(5월).

_____. 1991. 「한국 지도층의 평등인식: 경험적 분석」. ≪한국정치학회보≫, 25권 1호.

_____. 1995. 「한국의 전통 사상과 평등 인식」. ≪한국정치학회보≫, 29권 2호.

_____. 1998. 「한국정치에 대한 평등인식의 영향력 분석」. ≪정치정보연구≫, 1권 1호.

신원철. 2013. 「노사협의회 제도의 형성과 전개(1945~1997)」. ≪사회와역사≫, 98호.

신진욱. 2015. 「불평등과 한국 민주주의의 질」. ≪한국사회정책≫, 22권 3호.

안병무. 1975. 「민족·민중·교회」. ≪기독교사상≫, 203호.

여운연. 1991.3.21. "시민연대회의 고문 장일순 '겨레의 가능성 대중 속에'". ≪시사저널≫.

윤사순. 2015.2.2 "통일의 염원: 길은 어디에 있나?". ≪한겨레≫.

이나미. 2017. 『한국시민사회사: 국가형성기 1945~1960』. 학민사.

이덕재. 2007. 「민족경제론의 공동체성과 현재적 의의」. ≪동향과 전망≫, 72호.

이병천. 2007. 「민족경제론과 대중경제론」. ≪사회경제평론≫, 29권 2호.

이상록. 2020. 『한국의 자유민주주의와 사상계』. 고려대학교 민족문화연구원.

이영재. 2018. 『근대와 민』. 모시는사람들.

이우정. 1994. 「평화운동과 한국 여성운동」. 『한 나그네의 삶』. 이상철목사고희기념집출 간위원회. 대한기독교서회.

장일순. 2016. 『나락 한 알 속의 우주』. 녹색평론사.

장일순·이현주. 2003. 『무위당 장일순의 노자 이야기』. 삼인.

정건화. 2007. 「민족경제론을 위한 변명」. ≪동향과 전망≫, 72호.

정상호. 2017. 『한국시민사회사: 산업화기 1961~1986』. 학민사

정승현. 2013. 「조봉암·진보당과 한국 현대 진보이념」. ≪현대정치연구≫, 6권 1호.

정영훈. 2018. 「조소앙의 단군민족주의와 삼균사상」. ≪단군학연구≫, 38호.

정종원. 2017. 「반계 유형원의 평등사상과 도덕국가체제론」. ≪민족문화연구≫, 75호.

_____. 2018. 「개항기 한글신문의 평등개념 연구」. ≪사학연구≫, 129호.

정태석. 2020. 『한국인의 에너지: 평등주의』. 피어나.

정학섭. 1984. 「조소앙의 삼균주의」. 『한국현대사회사상』. 지식산업사

정한울·조계원. 2019. 「한국 사회의 갑질 문화에 대한 경험적 연구」. ≪한국정치학회보≫, 53권 1호.

조성환. 2018. 『한국 근대의 탄생』. 모시는사람들.

조영래. 1991. 『전태일평전』. 돌베개.

조정인. 2014. 「소득분배의 불평등과 기회 불평등 인식이 한국인들의 재분배정책 선호에 끼치는 영향력」. ≪정치정보연구≫, 17권 2호.

주성수. 2017. 『시민사회사: 1987~2017』. 학민사.

최봉대. 1995. 「초기 상공회의소 활동을 통해 본 해방 후 자산가 집단의 정치 세력화 문제」. ≪사회와역사≫, 45호.

최성현. 2004. 『좁쌀 한 알』. 도솔.

홍윤기 외. 2020. 『평등과 21세기적 문제군』. 휴머니즘.

황선재·계봉오. 2018. 「경제적 불평등 인식에 대한 경험적 연구」. ≪한국인구학≫, 41권 4호.

## 3장 헌법 제1조의 기원과 변화로 본 '민주공화국'으로서 대한민국

강정인. 2009. 「니콜로 마키아벨리: 서양 근대정치사상의 탄생」. 강정인 엮음. 『서양 근대 정치사상사』. 책세상.

강준만. 2009. 『한국 현대사 산책 1980년대 편』. 인물과 사상사.

곽준혁. 2005. 「민주주의와 공화주의」. ≪한국정치학회보≫, 39집 3호.

김경희. 2007. 「서구 민주공화주의의 기원과 전개」. ≪정신문화연구≫, 30권 1호.

_____. 2009. 『공화주의』. 책세상.

김동훈. 2011. 『한국헌법과 공화주의』. 경인문화사.

김백유. 2015. 「제1공화국 헌법의 성립과 헌법발전」. ≪서울법학≫, 22권 3호.

김육훈. 2012. 『민주공화국 대한민국의 탄생』. 휴머니스트.

나인호. 2011.『개념사란 무엇인가』. 역사비평사.

다치바나 다카시(立花孝志). 2008.『천황과 도쿄대 1』. 이규원 옮김. 청어람 미디어.

릭터, 멜빈(Richter Melvin). 2010.『정치·사회적 개념의 역사』. 송승철·김용수 옮김. 소화.

박근갑 외. 2009.『개념사의 지평과 전망』. 소화.

박명림. 2010.「민주공화국에서 국가를 다시 생각하다」. 도정일·박원순 외.『다시 민주
　　　주의를 말한다』. 휴머니스트.

박찬승. 2008.「한국의 근대국가 건설운동과 공화제」.≪역사학보≫, 200호.

박현모. 2007a.「박정희의 민주공화주의관 변화 연구」.≪동양정치사상사≫, 6권 2호.

_____. 2007b.「일제시대 공화주의와 복벽주의의 대립」.≪정신문화연구≫, 30권 1호.

박형준·권기돈. 2019.『보수의 재구성: 새로운 정치를 위한 자유공화주의 선언』. 메디치
　　　미디어.

서경석. 2009.「민주주의와 헌법개정」.≪법학연구≫, 12집 3호.

성낙인. 2017.『헌법과 생활법치』. 세창출판사.

신용하. 1986.「19세기 한국의 근대국가형성 문제와 입헌공화국 수립운동」.『한국의 근
　　　대국가형성과 민족문제』. 문학과지성사.

신우철. 2008.『비교헌법사: 대한민국 입헌주의의 연원』. 법문사.

신진욱. 2007.「사회운동의 연대 형성과 프레이밍에서 도덕적 감정의 역할: 5.18 광주항
　　　쟁 팸플릿에 대한 내용분석」.≪경제와 사회≫, 73호.

_____. 2008.『시민』. 책세상.

안병진. 2008.『민주화 이후 민주주의와 보수주의 위기의 뿌리』. 풀빛.

유경남. 2009.「광주5월항쟁 시기 광주의 표상과 광주민주시민의 형성」.≪역사학연구≫,
　　　35호.

유길준. 1996.『유길준전서』, 1권. 일조각.

유진오. 1980.『헌법기초회고록』. 일조각.

이계일. 2011.「공화국 원리의 함의에 대한 이념사적 고찰」.≪법학연구≫, 21권 2호.

이국운. 2001.「공화주의 헌법 이론의 구상」.≪법과 사회≫, 20호.

이동수. 2007.「개화와 공화민주주의: 독립신문을 중심으로」.≪정신문화연구≫, 30권 1호.

_____. 2010.「르네상스기 이태리 도시국가의 정부: 자유와 법치의 공화정」.≪한국정치연
　　　구≫, 19집 2호.

이명순. 2007.「공화주의의 유형과 그 비판」.≪철학사상≫, 29호.

이영록. 2010.「한국에서의 '민주공화국'의 개념사」.≪법사학연구≫, 42권.

임채원·도명록. 2013.「2012년의 진보: 보수 균열과 시민행동주의: 공화주의적 계기 속

바론테제의 적용」. ≪의정연구≫, 19권 1호.

장은주. 2010. 「민주적 애국주의와 민주적 공화주의」. ≪시민과 세계≫, 17호.

장진숙. 2012. 「한국에서 공화주의 논의의 의미와 과제」. 성공회대학교 석사학위논문.

정상호. 2012. 「동아시아 공민 개념의 비교 연구」. ≪동북아연구≫, 27권 1호.

_____. 2013. 「한국에서 공화개념의 발전 과정에 관한 연구」. ≪현대정치연구≫, 6권 2호.

_____. 2016. 「동아시아 공화(共和) 개념의 비교 연구」. ≪한국정치학회보≫, 50집 5호.

정해구 2008.7.9. "대한민국은 민주공화국이다". ≪미디어 오늘≫.

조승래. 2010. 『공화국을 위하여』. 길.

최장집. 2002. 『민주화 이후의 민주주의』. 후마니타스.

_____. 2005. 「민주주의와 헌정주의: 미국과 한국」. 로버트 달(Robert Dahl) 지음. 『미
국헌법과 민주주의』. 박상훈·박수형 옮김. 후마니타스.

최정운. 1999. 『오월의 사회과학』. 풀빛.

포칵, 존(John Pocock). 2011. 『마키아벨리언 모멘트』 1, 2. 곽차섭 옮김. 나남.

한정선. 2012. 「근대중국의 공화제 실험과 제국일본의 동요」. ≪중국근현대사연구≫, 53집.

허동현. 1994. 「1881년 조사시찰단의 명치 일본정치제도 이해」. ≪한국사연구≫, 통권
86호. 한국사연구회.

홍윤기. 2004. 「시민적 실존의 철학적 소묘」. 『참여와 연대로 본 민주주의의 새 지평』.
홍성태 옮김. 아르케.

홍태영. 2012. 「프랑스 공화주의의 전환: 애국심에서 민족주의로」. ≪사회과학연구≫, 20권
1호.

송민. http://www.korean.go.kr/nkview/nklife/2001_3/11_7.html(검색일: 2013.
5.15).


Ball, Terence. 1988. *Transforming Political Discourse: Political Theory and Critical
Conceptual History*. Blackwell.

## 4장 한국의 토지소유 이데올로기는 어떻게 변천해 왔을까?

강문구. 1998. 「한국의 민주화와 토지공개념 논쟁」. ≪동북아연구≫, 4권.

김명수. 2014. 「보유세 개혁의 좌절에 관한 조세정치적 해석」. ≪경제와 사회≫, 101호.

_____. 2018. 「토지공개념 헌법 명기에 내포된 가능성과 한계」. ≪경제와 사회≫, 119호.

김성보. 2001. 『남북한 경제구조의 기원과 전개』. 역사비평사.

김성호. 1989. 『농지개혁사 연구』. 한국농촌경제연구원.

김용섭. 1988. 「근대화 과정에서의 농업개혁의 두 방향」. 조용범 외 지음. 『한국 자본주
　　의 성격 논쟁』. 대왕사.

김윤상. 2009. 『지공주의』. 경북대학교 출판부.

방기중. 2001. 「농지개혁 사상 전통과 농정이념」. 홍성찬 엮음. 『농지개혁 연구』. 연세대
　　학교 출판부.

서중석. 1989. 「일제시기·미군정기의 좌우 대립과 토지문제」. ≪한국사연구≫, 67호.

신용하. 1982. 『조선토지조사사업연구』. 지식산업사.

유종성. 2016. 『동아시아 부패의 기원』. 동아시아.

이경식. 1987. 「17세기 토지절수제와 직전(職田)복구론」. ≪동방학지≫, 56권.

이민우. 2015. 「여말선초 사전 혁파와 토지제도 개혁구상」. 서울대학교 박사학위논문.

이영훈. 2007. 『대한민국 이야기』. 기파랑.

＿＿＿. 2016. 『한국경제사』, II. 일조각.

이행. 1992. 「토지공개념제의 정치경제: 민주화, 국가, 사유재산」. ≪한국과 국제정치≫,
　　8권 1호.

장상환. 2003. 「농지개혁」. 『한국 농업·농촌 100년사』(하). 한국농촌경제연구원.

장시원·이영훈. 2002. 『한국경제사』. 한국방송통신대학교 출판부.

전강수. 2007. 「부동산 정책의 역사와 시장친화적 토지공개념」. ≪사회경제평론≫, 29권 1호.

＿＿＿. 2010. 「평등지권과 농지개혁 그리고 조봉암」. ≪역사비평≫, 91호.

＿＿＿. 2012. 『토지의 경제학』. 돌베개.

＿＿＿. 2019. 『부동산공화국 경제사』. 여문책.

정진상. 1995. 「해방 직후 사회 신분제 유제의 해체: 경남 진양군 두 마을 사례 연구」. ≪사회
　　과학연구≫, 13집 1호.

조석곤. 2001. 「20세기 한국 토지제도의 변화와 경자유전 이데올로기」. 안병직 엮음. 『한
　　국경제성장사』. 서울대학교 출판부.

＿＿＿. 2009. 「대한민국 임시정부의 경제적 평등에 기초한 민족국가 수립의 꿈과 그 좌절」.
　　≪국제경상교육연구≫, 6권 4호.

조지, 헨리. 2016. 『진보와 빈곤』. 비봉출판사.

타케노리, 마츠모토. 2016. 「일본 덕분에 조선이 풍요로워졌다?」. 이타가키 류타·김부자
　　엮음. 『Q&A '위안부' 문제와 식민지 지배 책임』. 배영미·고영진 옮김. 삶창.

한시준. 1992. 「조소앙의 삼균주의」. ≪한국사 시민강좌≫, 10집.

＿＿＿. 1996. 「조소앙의 민족문제에 대한 인식」. ≪한국근현대사연구≫, 5호.

허수열. 2016. 『개발 없는 개발』. 개정 2판. 은행나무.

李在茂. 1955. 「朝鮮における'土地調査事業'の實體」. ≪社會科學硏究≫, 7卷 5号. 東京大學社會科學硏究所.

## | 2부 민주주의 문화에 대한 성찰 |

### 5장 한국 저항문화의 전통과 변화

공석기·임현진. 2016. 『한국 시민사회를 그리다: 시민사회단체 기초통계 조사』. 진인진.

구해근. 2002. 『한국 노동계급의 형성』. 신광영 옮김. 창비.

김경일. 2004. 『한국노동운동사 2. 일제하의 노동운동: 1920~1945』. 지식마당.

김동춘. 1990. 「한국 근현대 사회변혁운동(개항~6·25전쟁)」. 조희연 엮음. 『한국사회운동사』. 죽산.

김은경. 2010. 「한국 민주화운동의 기원으로서 4월혁명 재평가」. 한국정치연구회 엮음. 『다시보는 한국 민주화운동: 기원, 과정, 그리고 제도』. 선인.

김정인. 2015. 『민주주의를 향한 역사: 시대의 건널목, 19세기 한국사의 재발견』. 책과함께.

_____. 2017. 『독립을 꿈꾸는 민주주의: 민주주의 개념으로 독립운동사를 새로 쓰다』. 책과함께.

박명규. 1986. 「식민지 지주제의 형성 배경: 한말 전북 지역을 중심으로」. 한국사회사연구회 엮음. 『한국 근대 농촌사회와 일본 제국주의』. 문학과지성사.

박태순·김동춘. 1991. 『1960년대의 사회운동』. 까치.

박현채. 1985. 「일제하 민족해방운동의 과제와 농민운동」. 박현채·정창렬 엮음. 『한국민족주의론 III』. 창작과비평사.

서경석. 1993. 「민중신학의 위기」. ≪기독교사상≫, 37권 9호.

서대숙. 1990. 『한국 공산주의 운동사 연구』. 이론과실천.

송경재. 2010. 「인터넷 시민운동 양식의 변화와 의미: 시민과 정치적 기회구조 변화를 중심으로」. ≪사회이론≫, 가을/겨울호.

스칼라피노, 로버트(Robert Scalapino)·이정식. 1986. 『한국 공산주의 운동사 1』. 한홍구 옮김. 돌베개.

신명순, 1982. 「한국정치에 있어 정치시위의 효율성: 정치시위의 주동세력, 요구내용, 방법, 규모 및 대상과 이에 대한 정부의 반응」. ≪한국정치학회보≫, 16호.

신진욱. 2008. 「보수단체 이데올로기의 개념 구조, 2000~2006: 반공, 보수, 시장 이데올로기를 중심으로」. ≪경제와 사회≫, 78호.

_____. 2011. 「2천 년대 한국 시민사회의 분절과 분산」. 강원택·장덕진 엮음. 『노무현 정부의 실험: 미완의 개혁』. 한울엠플러스.

_____. 2016. 「한국에서 결손민주주의의 심화와 '촛불'의 시민정치」. ≪시민과 세계≫, 29호.

안병무. 1972. 『역사와 증언』. 기독교서회.

안병욱. 1997. 「1894년 농민전쟁의 역사적 위치」. 한국역사연구회 지음. 『1894년 농민전쟁연구 5: 농민전쟁의 역사적 성격』. 역사비평사.

오수창. 1992. 「'홍경래의 난'의 주도세력과 농민」. 한국역사연구회 지음. 『1894년 농민전쟁연구 2: 18·19세기의 농민항쟁』. 역사비평사.

유시춘 외. 2005. 『우리 강물이 되어: 70·80 실록 민주화운동 Ⅰ, Ⅱ』. 경향신문사.

이갑윤. 2010. 「촛불집회 참여자의 인구·사회학적 특성 및 정치적 정향과 태도」. ≪한국정당학회보≫, 9권 1호.

이병훈. 2018. 『노동자연대: 불안정고용 시대 노동약자들의 승리 전략』. 한울엠플러스.

이영호. 1995. 「농민전쟁 이후 농민운동조직의 동향」. 한국역사연구회 지음. 『1894년 농민전쟁연구 4: 농민전쟁의 전개과정』. 역사비평사.

이호룡·정근식 엮음. 2013. 『학생운동의 시대』. 선인.

임송자. 2016. 『한국의 노동조합과 노동운동의 역사』. 도서출판 선인.

장숙경. 2013. 『산업선교, 그리고 70년대 노동운동』. 도서출판 선인.

전국불안정노동철폐연대. 2009. 『비정규직 없는 세상』. 메이데이.

정상호. 2013. 『시민의 탄생과 진화』. 한림대학교 출판부.

_____. 2017. 『한국시민사회사: 산업화기 1961~1986』. 학민사.

조기숙. 2009. 「2008 촛불집회 참여자의 이념적 성향: 친북반미좌파 혹은 반신자유주의?」. ≪한국정치학회보≫, 43집 3호.

조희연. 1995. 「민중운동과 '시민사회,' '시민운동'」. 유팔무·김호기 엮음. 『시민사회와 시민운동』. 한울엠플러스.

_____. 2001. 「종합적 시민운동의 구조적 성격과 변화전망에 대한 연구」. 유팔무·김정훈 엮음. 『시민사회와 시민운동 2』. 한울엠플러스.

조희연·김동춘·김정훈 엮음. 2010. 『거대한 운동에서 차이의 운동들로: 한국 민주화와 분화하는 사회운동들』. 한울엠플러스.

진덕규. 1982. 「1920년대 국내 민족운동에 관한 고찰: 물산장려운동의 이데올로기적 성격을 중심으로」. 송건호·강만길 엮음. 『한국 민족주의론 I』. 창작과 비평사.

한국가톨릭노동청년회50년의기록출판위원회·민주화운동기념사업회. 2009. 『한국가톨릭 노동청년회 50년의 기록』. 다해.

한명기. 1992. 「19세기 전반 반봉건 항쟁의 성격과 그 유형」. 한국역사연구회 지음. 『1894년 농민전쟁연구 2: 18·19세기의 농민항쟁』. 역사비평사.

한상권. 1992. 「18세기 중·후반의 농민항쟁」. 한국역사연구회 지음. 『1894년 농민전쟁 연구 2: 18·19세기의 농민항쟁』. 역사비평사.

홍성태. 2017. 「사회운동의 폭력성 구조화: 억압과 저항의 폭력적 상호작용, 1960~1987 년」. ≪경제와 사회≫, 115호.

홍순민. 1992. 「17세기말 18세기초 농민저항의 양상」. 한국역사연구회 지음. 『1894년 농 민전쟁연구 2: 18·19세기의 농민항쟁』. 역사비평사.


Bendix, Reinhard. 1977. *Nation-building and Citizenship. Studies of Our Changing Order.* Berkeley: University of California Press.

Blumer, Herbert. 1951. "Social Movements." in Alfred M. Lee(ed.). *New Outline of the Principles of Sociology.* second revised edition. New York: Barnes Be Noble, Inc..

Castels, Manuel. 2012. *Networks of Outrage and Hope: Social Movements in the Internet Age.* Cambridge, UK, and Malden, MA: Polity.

Cho, Hee-Yeon. 2000. "Democratic Transition and Changes in Korean NGOs." *Korea Journal,* Vol.40, No.2.

Elias, Norbert. 2006[1983]. "Über den Rückzug der Soziologen auf die Gegenwart." *Aufsätze und andere Schriften II.* Frankfurt/M.: Suhrkamp.

Giddens, Anthony. 1985. *The Nation-State and Violence.* Cambridge: Polity Press.

Goodwin, Jeff and James M. Jasper(ed.). *Rethinking Social Movements: Structure, Meaning, and Emotion.* Lanham et al.: Rowman & Littlefield.

Kim, Dong-Choon. 2006. "Growth and Crisis of the Korean Citizens' Movement." *Korea Journal,* Vol.46, No.2.

Koo, Hagen. 1993. "Strong State and Contentious Society." in H. Koo(ed.). *State and Society in Contemporary Korea.* Ithaca: Cornell University Press.

Lee, Byoung-Hoon and Sophia Seung-Yoon Lee. 2017. "Winning Conditions of Precarious Workers' Struggles: A Reflection based on Case Studies from

South Korea." *Industrial Relations,* Vol.72, No.30.

McCarthy, John D. and Mayer N. Zald. 1977. "Resource Mobilization and Social Movements: A Partial Theory." *American Journal of Sociology,* Vol.82, No.6.

Melucci, Alberto. 1989. *Nomads of the Present.* London: Hutchinson Radius.

Meyer, David S. and Sidney Tarrow. 1998. *The Social Movement Society: Contentious Politics for a New Century.* Oxford, UK: Rowman & Littlefield.

Neidhardt, Friedhelm and Dieter Rucht. 1993. "Auf dem Weg in die 'Bewegungsgesellschaft'? Über die Stabilisierbarkeit sozialer Bewegungen," *Soziale Welt,* Vol.44, No.3.

Quaranta, Mario. 2015. *Political Protest in Western Europe: Exploring the Role of Context in Political Action.* Heidelberg: Springer.

Rucht, Dieter. 1998. "The Structure and Culture of Collective Protest in Germany since 1950." in David Mayer and Sidney Tarrow(ed.). *The Social Movement Society.* Lanham et al.: Rowman & Littlefield

Shin, Jin-Wook. 2005. *Modernisierung und Zivilgesellschaft in Südkorea.* Wiesbaden: DUV.

Sohn, Hak Kyu. 1989. *Authoritarianism and Opposition in South Korea.* London and New York: Routledge.

Taylor, Charles. 1990. "Modes of Civil Society." *Public Culture,* Vol.3, No.1.

Tilly, Charles. 1986. *The Contentious French.* Cambridge, MA, and London: Harvard University Press.

_____. 1990. *Coercion, capital, and European states, AD 990-1990.* Oxford, UK, and Cambridge, MA: Basil Blackwell.

_____. 2004. *Social Movements, 1768-2004.* Boulder and London: Paradigm Publishers.

Tilly, Charles and Sidney Tarrow. 2007. *Contentious Politics.* Boulder and London: Paradigm Publishers.

Traugott, Mark(ed.). 1995. *Repertoires and Cycles of Collective Action.* Durham and London: Duke University Press.

Ullrich, Peter, Priska Daphi and Britta Baumgarten. 2014. "Protest and Culture: Concepts and Approaches in Social Movement Research-An Introduction." in P. Ullrich, P. Daphi and B. Baumgarten(ed.). *Conceptualizing Culture in Social Movement Research.* New York: Palgrave Macmillan.

간대철. 2014. 「독립협회 정체 연구」. 서울대학교 대학원 사회과학대학 정치외교학부 외교학전공 석사학위논문.

강만길. 2018. 『조선민족혁명당과 통일전선』. 창비.

강영심. 1988. 「신한혁명당의 결성과 활동」. 『한국독립운동사연구 2』.

국사편찬위원회 엮음. 1973. 『한국독립운동사. 자료 3: 임정편3』.

김도태 엮음. 1948. 『서재필박사자서전』. 수선사.

김용호. 2001. 『한국정당정치의 이해』. 나남출판.

김일영. 1993. 「부산정치파동의 정치사적 의미」. ≪한국과 국제정치≫, 9권 1호.

김장민. 2017. 「좌파정당과 노동조합의 관계에 관한 연구: 민주노동당과 민주노총의 관계를 중심으로」. 경상대학교 박사학위논문.

김종필. 2016. 『김종필증언록』. 와이즈베리.

_____. 2015.5.18 "〈김종필 증언록 '소이부답'〉 '33: 현대식 정당을 만들다'". ≪중앙일보≫.

김현우. 2000. 『한국정당통합운동사』. 을유문화사.

김현주. 2018. 「5·16 쿠데타세력의 유사 민간정권 창출」. 경북대학교 박사학위논문.

김희곤. 1985. 동제사의 결성과 활동. ≪한국사연구≫, 48호.

대한민국국회. 1960. 『국회십년지(國會十年誌)』. 대한민국국회.

독립운동사 편찬위원회. 1970. 『독립운동사자료집』.

독립협회. 1896.7.2. '독립협회규칙'.

문창성. 1948. 한민당은 어데로 가나?. ≪신천지(新天地)≫, 3권 6호.

박수형. 2014. 「대통령 후보선출제도 변화 연구: 한국 정당은 왜 그리고 어떻게 국민경선제를 도입하게 되었나?」. ≪한국정치학회보≫, 48권 4호.

박은식. 1915. 『한국통사』. 단국대학교 출판부 동양학연구소 지음. 1975. 『박은식전서』

박찬표. 2012. 열린우리당의 정당개혁과 그 결과에 대한 연구. ≪기억과 전망≫, 27호.

백운선. 1992. 『제헌국회내 소장파에 관한 연구』. 서울대학교 박사학위논문.

서병조. 1963. 『주권자의 증언』. 모음 출판사.

서복경. 2016. 『한국 1세대 유권자의 형성: 제1·2공화국의 선거』. 마인드탭.

서중석. 2014.7.29. "'가만있어라' 강조한 '박통', 은밀히 뒤통수쳤다". ≪프레시안≫. https://m.pressian.com/m/pages/articles/119045?no=119045

서희경. 2012. 『대한민국 헌법의 탄생: 한국 헌정사, 만민공동회에서 제헌까지』. 창비.

신용하. 2006. 『신판 독립협회연구(상)』. 일조각 심지연. 1982. 『한국민주당연구』. 풀빛.

_____. 2017. 『한국정당정치사: 위기와 통합의 정치』. 3차증보판. 백산서당.

유상수. 2009. 「한국반공연맹의 설립과 활동」. ≪한국민족운동사연구≫, 58호.

윤경로. 1990. 『105인사건과 신민회연구』. 일지사.

윤병석. 1990. 「1910년대 연해주지방에서의 한국독립운동」. 『국외 한인사회와 민족운동』. 일조각.

음선필. 2008. 「정당국고보조금제도의 헌법적 검토」. ≪헌법학연구≫, 14권 2호.

이부하. 2019. 「정당국고보조금 제도의 법적 문제점과 개선방안: 주요 유럽국들의 국고보조금 제도를 비교하며」. ≪법조≫, 68권 5호.

장훈. 2000. 「민주공화당의 실패한 실험: 전통 앞에서 좌절한 민주공화당의 대중정당의 실험」. 한국정치사 기획학술회의 발표논문.

조병옥. 1959. 『나의 회고록』. 민교사.

조영재. 2016. 『박정희시대 민주공화당 구술연구』. 선인.

중앙선거관리위원회. 1973. 『대한민국정당사 1집』.

_____. 2009a. 『대한민국정당사 4집』.

_____. 2009b. 『대한민국정당사 5집』.

_____. 2016. 『대한민국정당사 6집』.

_____. 2005. 『2004년도 정당의 활동개황 및 회계보고』.

_____. 2006. 『2005년도 정당의 활동개황 및 회계보고』.

_____. 2007. 『2006년도 정당의 활동개황 및 회계보고』.

_____. 2008. 『2007년도 정당의 활동개황 및 회계보고』.

_____. 2009. 『2008년도 정당의 활동개황 및 회계보고』.

_____. 2010. 『2009년도 정당의 활동개황 및 회계보고』.

_____. 2011. 『2010년도 정당의 활동개황 및 회계보고』.

_____. 2012. 『2011년도 정당의 활동개황 및 회계보고』.

_____. 2013. 『2012년도 정당의 활동개황 및 회계보고』.

_____. 2014. 『2013년도 정당의 활동개황 및 회계보고』.

_____. 2016. 『2015년도 정당의 활동개황 및 회계보고』.

_____. 2017. 『2016년도 정당의 활동개황 및 회계보고』.

_____. 2018. 『2017년도 정당의 활동개황 및 회계보고』.

_____. 2019. 『2018년도 정당의 활동개황 및 회계보고』.

천주교서울대교구홍보국. 1960. 『새벽』. 2020.8.20. 구글도서 검색.

최덕수. 2007. 「제1차 헤이그 세계평화회의(1899년)와 독립신문」. ≪민족문화연구≫, 47호.

최한수. 1999. 『한국정치의 이해』. 건국대학교 출판부.

허은. 2009. 「'5 · 16군정기' 재건국민운동의 성격: '분단국가 국민운동' 노선의 결합과 분화」. ≪역사문제연구≫, 11호.

형은화. 2013. 「열린우리당의 생성과 소멸에 관한 연구」. ≪현대사회과학연구≫, 17호.

Chambers, William Nisbet. 1972. *The First Party System: Federalists and Republicans.* Wiley.

Duverger, Maurice. 1954. *Political Parties, Their Organization and Activity in the Modern State.* Methuen.

Gosnell, Harold F. 1933. "The Political Party versus the Political Machine." *The ANNALS of the American Academy of Political and Social Science.* Vol.169, No.1.

Jones, James Rees. 1961. *The First Whigs: The Politics of the Exclusion Crisis, 1678~1683.* Oxford University Press.

Key, V. O. 1964. *Politics, Parties, and Pressure Groups,* 5th ed. Ty Crowell Co.

Metcalf, Michael F. 1977. "The first 'modern' party system?: Political parties, Sweden's Age of liberty and the historians." Published online: 23 Jun 2008 *Scandinavian Journal of History*, Vol.2, Issue 1~4.

Michels, Robert. 1913. *Political Parties: A Sociological Study of the Oligarchial Tendencies of Modern Democracy.* translated by Eden Paul. 2016. Martino Fine Books.

Panebianco, Angelo. 1988. *Political Parties: Organization and Power.* Cambridge: Cambridge University Press,

Parashar, Ram Kishan. 2002. *Party Politics in Indian National Congress.* Anamika Publishers & Distributors.

Sartori, G. 1976. *Parties and Party Systems: A Framework for Analysis.* Cambridge University Press.

Schattschneider. E. E. 1942/2004. *Party Government.* New York: Transaction Publishers.

## 7장 미투 100년, 성폭력을 넘어 민주주의로 가는 길

≪경향신문≫, ≪나눔터≫, ≪동아일보≫, ≪반성폭력≫, ≪오마이뉴스≫, ≪조선일보≫, ≪한겨레≫.

국가법령정보센터 www.law.go.kr
대법원종합법률정보 glaw.scourt.go.kr

국가인권위원회. 2017. 「초중고 교사에 의한 학생 성희롱 실태조사」. 한국여성정책연구원.

권귀숙. 2014. 「제주4·3의 진상규명과 젠더 연구」. ≪탐라문화≫, 45호.

권김현영. 2018a. 「페미니즘 없이 민주주의 없다: 광장에서 사라진 목소리에 대해」. 『지금 여기의 페미니즘X민주주의』. 교유서가.

_____. 2018b. 「성폭력 2차 가해와 피해자 중심주의의 문제」. 『피해와 가해의 페미니즘』. 교양인.

_____. 2019. 「그 남자들의 '여자 문제'」. 『미투의 정치학』. 교양인.

_____. 2020. 『늘 그랬듯이 길을 찾아낼 것이다』. 휴머니스트.

김경애. 2011. 「성폭력 피해자/생존자로서의 근대 최초 여성작가 김명순」. ≪여성과역사≫, 14호.

김경희. 2005. 「여성노동자의 작업장 생활과 성별분업: 1970년대 제조업을 중심으로」. ≪산업노동연구≫, 11권 1호.

김대현. 2020. 「워커힐의 '디바'에게 무대란 어떤 곳이었을까: 1960~70년대 유흥업과 냉전시대의 성문화」. 『원본 없는 판타지: 페미니스트 시각으로 읽는 한국현대문화사』. 후마니타스.

김보화. 2019. 「스피크 아웃, 한국 반성폭력 운동의 외침: 피해자 연대와 투쟁의 여정」. 『누가 여성을 죽이는가: 여성혐오와 페미니즘의 격발』. 돌베개.

김성례. 2001. 「국가폭력의 성정치학: 제주 4·3 학살을 중심으로」. ≪흔적≫, 2호.

김세은·홍남희. 2019. 「미투운동(#Metoo) 보도를 통해 본 한국 저널리즘 관행과 언론사 조직 문화」. ≪미디어, 젠더&문화≫, 34권 1호.

김원. 2006. 『여공 1970 그녀들의 반(反)역사』. 이매진.

김은경. 2007. 『1950년대 가족론과 여성』. 숙명여대 박사학위논문.

김은하·윤정란·권수현 엮음. 2010. 『혁명과 여성』. 선인.

김주수. 2009. 「가족법 반세기의 회고와 과제」, ≪가족법연구≫, 23권 1호.

김주희. 2020. 「N번방은 신종 범죄인가?」. 『코로나 시대의 페미니즘』. 휴머니스트.

김지은. 2020. 『김지은입니다: 안희정 성폭력 고발 554일간의 기록』. 봄알람.

김현아. 2017. 「고위공직자 성폭력 및 '권력형 성접대' 사건 대응활동」. 『한국여성단체연합 30년의 역사』. 당대.

루인. 2018. 「피해자 유발론과 게이/트랜스 패닉 방어」. 『피해와 가해의 페미니즘』. 교양인.

류진아. 2016. 「근대 여성 성폭력 연구: 김명순·나혜석·김일엽의 소설을 중심으로」. ≪국어문학≫, 61호.

민경자. 1999. 「성폭력추방운동사」. 『한국여성인권운동사』. 한울엠플러스.

박차민정. 2020. 「친밀성과 범죄 그리고 병리학: 1939년 '동성연애' 살인 사건과 '정신병학'의 영토」. 『원본 없는 판타지: 페미니스트 시각으로 읽는 한국현대문화사』. 후마니타스.

박찬성. 2019. 「'무고죄' 맞고소의 문제와 성희롱·성폭력 피해자 보호를 위한 대안, 그리고 그 너머」, ≪공익과인권≫, 19호.

박채복. 2018. 「한국의 여성운동」. 『젠더정치학』. 한울엠플러스.

배금자. 1995. 『이의 있습니다』. 문예당.

변혜정. 2004. 「성폭력 개념에 대한 비판적 성찰: 반성폭력운동단체의 성정치학을 중심으로」, ≪한국여성학≫, 20권 2호.

소현숙. 2017. 『이혼 법정에 선 식민지 조선 여성들』. 역사비평사.

안희정 성폭력 사건 공동대책위원회. 2019. "안희정 전 충남도지사 성폭력사건 2심판결 쟁점분석 변호인단 간담회". 한국성폭력상담소.

≪여성신문≫. 2018.3.13. "#미투 정국 속 다시 '김명순'의 이름을 부른다 ① 첫 '미투' 고발자, 김명순을 기억해야 하는 이유".

유진숙. 2018. 「여성과 성정책」. 『젠더정치학』. 한울엠플러스.

윤보라. 2020. 「디지털 거주지(digital dwelling)와 성폭력: '카카오톡 단체 채팅방 성희롱 사건'을 다시 보기」. ≪페미니즘연구≫, 20권 1호.

이나영. 2019. 「여성혐오와 페미사이드」. 『누가 여성을 죽이는가: 여성혐오와 페미니즘의 격발』. 돌베개.

이미경. 2017. 「말하기, 맞서기, 힘찾기: 반(反)성폭력 운동」. 『한국여성단체연합 30년의 역사』. 당대.

이영란. 1994. 「성폭력특별법의 형법적 고찰: 성폭력범죄의 처벌 및 피해자보호 등에 관한 법률」. ≪피해자학연구≫, 3권 1호.

이임하. 2004. 『여성, 전쟁을 넘어 일어서다』. 서해문집.

이임혜경·정하경주. 2008. 「민우회 20년, 반성폭력 운동을 만나다」. 『여성운동 새로 쓰기』. 한울엠플러스.

이정선. 2017. 『동화와 배제: 일제의 동화정책과 내선결혼』. 역사비평사.

이준식. 2015. 「일제강점기 치정사건의 사회사」. ≪나혜석연구≫, 6호.

이지원. 2017. 「직장 내 성희롱 예방 법정책의 문제와 입법적 대안: 고평법의 문제를 중심으로」. ≪법과사회≫, 55호.

임종명. 2016. 「지리산 지구 빨치산 전쟁 시기, 신문 지면의 빨치산 여성성 표상」. ≪역사학연구≫, 61호.

장미경. 2016. 「1970년대 여성노동자의 섹슈얼리티와 계급정치」. ≪사회과학연구≫, 14권 1호.

장미현. 2016. 「산업화 시기 여성 노동자들의 숙련과 '작업장 질서'의 전복」. ≪역사문제연구≫, 36호.

장미혜 외 지음. 『한국 여성·가족·사회변화 70년』. 한국학중앙연구원출판부

장필화·김정희·이미경·안연선·이명선. 1994. 「직장내 '성희롱'에 대한 이해와 대처방안의 모색: 지침서 계발을 중심으로」. ≪여성학논집≫, 11호.

정희진. 2018. 「'톰과 제리'는 적대관계지만 섹스하지 않는다: 젠더권력은 왜 현실정치로 사소화되는가」. 『지금 여기의 페미니즘×민주주의』. 교유서가.

_____. 2018 「피해자 정체성의 정치와 페미니즘」. 『피해와 가해의 페미니즘』. 교양인.

_____. 2019. 「여성에 대한 폭력과 미투 운동」. 『미투의 정치학』. 교양인.

조진희. 2020. 「스쿨미투 운동이 학교민주주의에 주는 함의」. 성공회대학교 석사학위논문.

참고문헌없음준비팀. 2018. 「문단 내 성폭력, 연대를 다시 생각한다」. 『피해와 가해의 페미니즘』. 교양인.

한국성폭력상담소. 1996. 『성폭력이란 무엇인가』(교육자료 1).

_____. 2011. 『성폭력 뒤집기: 한국성폭력상담소 20년의 회고와 전망』. 이매진.

_____. 2017. 『한국여성단체연합 30년의 역사: 폭력을 넘어 빈곤을 넘어 성평등의 세상으로』. 당대.

한국여성민우회20년 운동사 연구위원회 엮음. 2008. 『한국여성민우회 20년 운동사: 여성운동 새로쓰기』. 한울엠플러스.

한국여성정책연구원. 2012. 『한국여성사 주요 연표(1945.8.15~2011.12.31)』.

한봉석. 2014. 「정조(貞操) 담론의 근대적 형성과 법제화: 1945년 이전 조일(朝日) 양국의 비교를 중심으로」. ≪인문과학≫, 55호.

한채윤. 2018. 「소수자는 피해자인가: 커밍아웃, 아웃팅, 커버링」. 『피해와 가해의 페미니즘』. 교양인.

한채윤. 2019. 「춘향에겐 성적 자기결정권이 필요했다」. 『미투의 정치학』. 교양인.

허황. 2020. 「비동의 성범죄 신설에 관한 소고」, ≪피해자학연구≫, 28권 1호.

홍석률. 2017. 『민주주의 잔혹사: 한국현대사의 가려진 이름들』. 창비

MBC. 2020.8.4. "PD수첩 손정우의 나라, 가볍기만 한 성범죄의 무게".

## 8장 이념서클을 통해서 본 학생운동 조직문화의 변화

6.3동지회. 2001. 『6.3학생운동사』. 역사비평사.

71동지회. 2001. 『나의 청춘 나의 조국: 71동지회 30주년 기념문집』. 나남출판사.

80년대전반기학생운동기념문집출간위원회. 2006. 『5월 광주를 넘어 6월항쟁까지』. 자인.

강신철. 1988. 『80년대 학생운동사』. 형성사.

고려대학교 민주동우회. 2009 『고대 학생운동』, 1-2. 민동출판사.

고려대학교 청우회 엮음. 2012. 『고려대학교 청우회 40년 발자취』.

고려대학교100년사편찬위원회. 2005. 『고려대학교학생운동사』. 고려대학교출판부.

곽순모. 1984. 『민주사회주의란 무엇인가?』. 예지사.

긴급조치9호철폐투쟁30주년기념행사추진위원회. 2005. 『30년 만에 다시 부르는 노래』. 자인.

김동춘. 1988. 「민족민주운동으로서의 4·19시기 학생운동」. ≪역사비평≫, 3호.

김민호. 1988. 「80년대 학생운동의 전개과정」, ≪역사비평≫, 3호.

김영국. 1991. 『민주화와 학생운동의 방향』. 대왕사.

김원. 2011. 『잊혀진 것들에 대한 기억: 1980년대 대학의 하위문화와 대중정치』. 이매진.

김주호. 2016. 「자본주의 비판과 민주주의 요구의 결합: 1980년대 학생운동과 노동운동을 중심으로」. ≪경제와사회≫, 111호.

김진균 엮음. 2003. 『저항, 연대, 기억의 정치』. 문화과학사.

김태호. 1990. 『90년대 도약 청년학생운동』. 조국.

남재희. 2006. 『아주 사적인 정치 비망록』. 민음사.

농촌법학회50년사발간위원회 엮음. 2012. 『농촌법학회 50년사』

박종운. 1989. 「학생운동의 변혁운동으로의 정립(80년대 전반기 학생운동)」. 『80년대 사회운동논쟁』. 한길사.

박태순·김동춘. 1991. 『1960년대의 사회운동』. 까치.

박태영. 2020. 『서울법대 학생운동사』.

서울대학교 60년사 편찬위원회. 2006. 『서울대학교 60년사』.

서울대법대학생운동사편찬위원회. 2008. 『서울법대 학생운동사 정의의 함성 1964~1979』.

신동호. 2007. 『70년대 캠퍼스』, 1-2. 도요새.

_____. 1996. 『오늘의 한국정치와 6·3세대』. 예문.

오제연. 2007. 「1960년대 초 박정희 정권과 학생들의 민족주의 분화: '민족적 민주주의'를 중심으로」. ≪기억과 전망≫, 17호.

_____. 2008. 「1950년대 대학생 집단의 정치적 성장」. ≪역사문제연구≫, 19호.

_____. 2010. 「4월 혁명 직후 학생운동의 '후진성' 극복 지향과 동요」. ≪기억과 전망≫, 22호.

_____. 2012. 「1970년대 대학문화의 형성과 학생운동: 청년문화와 민속을 중심으로」. ≪역사문제연구≫, 28호.

유용태 외. 2020. 『학생들이 만든 한국현대사』. 한울엠플러스.

이기훈. 2005. 「1970년대 학생 반유신 운동」. 『유신과 반유신』. 민주화운동기념사업회.

이수인. 2008. 「대립성의 경합과 일면성의 확산, 1980년대 학생운동」. ≪사회와역사≫, 77호.

이재오. 1984. 『해방 후 한국학생운동사』. 형성사.

이창언. 2008. 『한국 학생운동의 급진화에 관한 연구』. 고려대출판부.

이호룡·정근식 엮음. 2013. 『학생운동의 시대』. 선인.

이희영. 2005. 「체험된 폭력과 세대 간의 소통: 1980년대 학생운동의 경험에 대한 생애사 재구성 연구」. ≪경제와사회≫, 68호.

일송정 편집부 엮음. 1988. 『학생운동논쟁사』. 일송정.

임춘식. 2001. 「1970년대의 사회상황과 학생운동」. ≪한국민주시민학회보≫, 6호.

조희연. 1988. 「80년대 학생운동과 학생운동론의 전개」. ≪사회비평≫, 창간호.

채장수. 2007. 「1980년대 한국 학생운동의 자주노선」. ≪한국동북아논총≫, 42호.

한국정신문화연구원. 2001. 『내가 겪은 민주와 독재』. 선인.

**집필**(가나다순)

**김동춘** | 성공회대학교 사회과학부, 한국민주주의연구소 소장
**김아람** | 한림대학교 글로컬융합인문학 전공
**김정인** | 춘천교육대학교 사회과교육과
**문지영** | 서강대학교 글로컬한국정치사상연구소
**서복경** | 서강대학교 현대정치연구소
**신진욱** | 중앙대학교 사회학과
**이나미** | 한서대학교 동양고전연구소
**전강수** | 대구가톨릭대학교 경제금융부동산학과
**정상호** | 서원대학교 사회교육과

## 민주화운동기념사업회

민주화운동기념사업회는 '민주화운동을 기념하고 그 정신을 계승하기 위한 사업을 수행함으로써 민주주의 발전에 이바지'하기 위해 설립된 행정안전부 산하의 공공기관이다. 주요 사업으로는 민주인권기념관 조성, 민주화운동 기념행사 및 추모행사 개최 및 지원, 민주시민교육 프로그램 진행, 국내외 민주화운동과 민주주의에 대한 조사 및 연구, 민주화운동 관련 사료의 수집 및 서비스, 국내외 유관 기관과의 협력사업 등이 있다. 이를 통해 민주주의 가치를 실현하는 시민의 동반자로서 민주화운동 정신을 계승하여 민주주의 발전에 이바지하고자 한다.

http://www.kdemo.or.kr

## 한국민주주의연구소

한국 민주주의의 과거를 기억하고, 현재를 성찰하며 미래를 전망하는 민주화운동기념사업회 소속 연구소이다. 민주화운동과 민주주의에 관한 학술연구 및 교류·협력 활동을 수행하고 있다. 이를 통해 민주화운동의 정신을 계승·발전시키고, 민주주의의 현재적 과제를 개발·확산하여 한국 민주주의 100년을 담아 연구 지평을 확대하고자 한다.

http://ikd.kdemo.or.kr

## 기획

김정인·신진욱·정상호(이상 집필자), 김동춘·이영제·현종철·김남희(이상 한국민주주의연구소)

한울아카데미 2273

한국 민주주의 토대연구 총서 2

**한국 민주주의 100년, 가치와 문화**

ⓒ 민주화운동기념사업회 한국민주주의연구소, 2020

엮은곳 | 민주화운동기념사업회 한국민주주의연구소
지은이 | 김동춘·김아람·김정인·문지영·서복경·신진욱·이나미·전강수·정상호
펴낸이 | 김종수
펴낸곳 | 한울엠플러스(주)
편집책임 | 최진희

초판 1쇄 인쇄 | 2020년 12월 20일
초판 1쇄 발행 | 2020년 12월 31일

주소 | 10881 경기도 파주시 광인사길 153 한울시소빌딩 3층
전화 | 031-955-0655
팩스 | 031-955-0656
홈페이지 | www.hanulmplus.kr
등록 | 제406-2015-000143호

Printed in Korea.
ISBN 978-89-460-7273-2 93300 (양장)
      978-89-460-8006-5 93300 (무선)

* 책값은 겉표지에 표시되어 있습니다.
* 이 책은 강의를 위한 학생용 교재를 따로 준비했습니다.
  강의 교재로 사용하실 때는 본사로 연락해 주시기 바랍니다.